Raupach/Pohl/Ditz/Spatscheck/Weggenmann · Praxis des Internationalen Steuerrechts 2012

www.nwb.de

Praxis des Internationalen Steuerrechts 2012

Von

Prof. Dr. Arndt Raupach
Rechtsanwalt, Fachanwalt für Steuerrecht, Of Counsel
McDermott Will & Emery, München

Dr. Dirk Pohl
Rechtsanwalt/Steuerberater,
Fachanwalt für Steuerrecht, Dipl.-Finanzwirt
McDermott Will & Emery, München

Dr. Xaver Ditz
Dipl.-Kaufmann, Steuerberater, Partner
Flick Gocke Schaumburg, Bonn

Dr. Rainer Spatscheck
Rechtsanwalt, Fachanwalt für Steuerrecht,
Fachanwalt für Strafrecht, Partner
Streck Mack Schwedhelm, München

Dr. Hans R. Weggenmann
Steuerberater
Rödl & Partner, Nürnberg

Unter Mitarbeit namhafter Fachleute

▶ nwb

ISBN 978-3-482-**63293**-8

© NWB Verlag GmbH & Co. KG, Herne 2012
www.nwb.de

Alle Rechte vorbehalten.

Dieses Buch und alle in ihm enthaltenen Beiträge und Abbildungen sind urheberrechtlich geschützt. Mit Ausnahme der gesetzlich zugelassenen Fäll ist eine Verwertung ohne Einwilligung des Verlages unzulässig.

Druck: Stückle Druck und Verlag, Ettenheim

Vorwort

Seit mehr als dreißig Jahren werden auf der jährlich veranstalteten Tagung zum Thema

„Praxis des Internationalen Steuerrechts"

und in den seit 2009 erscheinenden gleichnamigen Jahresbänden die aktuellsten Internationalen Steuerfragen anhand praktischer Fälle mit sehr ausführlichen Lösungshinweisen dargestellt.

Den Ausgangspunkt im ersten der sechs Themenbereiche, die der vorliegende Band behandelt, bildet der Fall eines liechtensteinischen Computerexperten, der die Kopie einer Datensammlung über den Bundesnachrichtendienst gegen ein Informationshonorar von EUR 4,6 Mio. an die deutsche Finanzverwaltung verkauft hatte. Der Fall ist Anlass ausführlich Fragen der Steuerhinterziehung im grenzüberschreitenden Bereich und die Möglichkeiten und Grenzen der Selbstanzeige unter Berücksichtigung des Schwarzgeldbekämpfungsgesetzes vom 28.4.2011 zu untersuchen.

In einem zweiten Themenbereich werden aktuelle Fragen und Änderungen von DBA behandelt, insbesondere die DBA Schweiz, Spanien und Irland betreffend.

Als dritter Themenbereich schließt sich ein Bericht zur neuesten Entwicklung im Internationalen Steuerrecht von Herrn Ministerialdirigent Gert Müller-Gatermann, dem zuständigen Referenten aus dem BFM an.

Der vierte Themenbereich ist Verrechnungspreisen in der Betriebsprüfung gewidmet, nachdem bereits im Zusammenhang mit der Steuerhinterziehung im grenzüberschreitenden Bereich auch die Frage von Verrechnungspreisen als Anwendungsfall des Steuerstrafrechts behandelt wurden.

Teil fünf schließlich behandelt die Missbrauchbekämpfung im Internationalen Steuerrecht und zwar sowohl auf der Grundlage des deutschen Außensteuerrechts (§ 50d Abs. 8 - 10 EStG) als auch nach den „subject to tax-Klauseln" in DBA.

Der abschließende sechste Teil ist Praxisfällen internationaler Umwandlungen unter Einbeziehung des ausländischen Rechts gewidmet.

Fragen der internationalen Unternehmensbesteuerung durchziehen die gesamte Tagung, so insbesondere

- Besonderheiten der Selbstanzeige in Unternehmen,
- Verrechnungspreise in international tätigen Unternehmen als Anwendungsfall des Steuerstrafrechts,
- Verrechnungspreise in der Betriebsprüfung und schließlich
- Internationale Umwandlungsfälle.

Vorbereitung und Leitung lagen bei den Unterzeichnern dieses Vorworts. Der Schwerpunkt der Fallberarbeitung lag in den Händen von Herrn Steuerberater Dr. Xaver Ditz, Bonn, Herrn Rechtsanwalt Dr. Rainer Spatscheck, München und Herrn Steuerberater Dr. Hans Robert Weggenmann, Nürnberg.

Die Berücksichtigung ausländischen Steuerrechts wurde durch die Mitwirkung von Herrn Rechtsanwalt Dr. Niko Burki, Zürich-Zollikon und Herrn Rechtsanwalt Andreas Trost, Barcelona gewährleistet. Schließlich danken wir Herrn Rechtsanwalt und Steuerberater Dr. Stephan Salzmann, München für seine Mitwirkung.

München, im Februar 2012

Prof. Dr. Arndt Raupach   Dr. Dirk Pohl

Inhaltsübersicht

Vorwort V

Autorenverzeichnis IX

Teil. I.   Steuerhinterziehung im grenzüberschreitenden Bereich – Einsatzbereich der Selbstanzeige? 1

A. Ankauf von Daten-CDs über Auslandsanlagen inländischer Steuerpflichtiger – Möglichkeit und Grenzen der Datenerhebung 2

B. Die „neue" Selbstanzeige nach Verlängerung der strafrechtlichen Verfolgungsverjährung und dem Hinzukommen neuer Sperrgründe durch das Schwarzgeldbekämpfungsgesetz vom 28.4.2011 17

C. Besonderheiten der Selbstanzeige im Unternehmen 55

D. Zahlungsfristen und Nebenfolgen der Selbstanzeige – Risiken des steuerlichen Beraters 61

E. Verrechnungspreise in international tätigen Unternehmen – ein Anwendungsfall des Steuerstrafrechts? 67

Teil II.   Aktuelles zu und Änderung von DBA 77

A. Schweiz – Amtshilfe, Abgeltungssteuer, Holdingstandort 78

B. Spanien – Immobilien, Holdingstandort, Möglichkeiten und Fallstricke für Investitionen deutscher Unternehmer 98

C. DBA – Irland 107

D. DBA – Diskriminierungsklauseln – Organschaft 114

Teil III.   Bericht aus dem Bundesministerium der Finanzen zu neuesten Entwicklungen im Internationalen Steuerrecht 121

Teil. IV. Verrechnungspreise in der Betriebsprüfung ... 135

A. Praxisfragen Datenbankanalyse, Jahresendabrechnungen ... 136

B. Dauerverluste ... 149

C. Verfahrensrecht ... 154

E. § 1 AStG und BMF-Schreiben v. 29.3.2011 (Forderungsverzicht) ... 158

F. Betriebstätten-Verrechnungspreise? (Art. 7 OECD-MA 2010) ... 173

Teil. V. Missbrauchsbekämpfung im Internationalen Steuerrecht ... 189

A. Holdinggesellschaften (Vodafone und anderes) ... 190

B. DBA-"Subject to tax"-Klauseln, neues DBA Großbritannien, § 50d Abs. 8 bis 10 EStG ... 196

C. Goldhandel und Progressionsvorbehalt ... 205

Teil. VI. Praxisfälle zu internationalen Umwandlungen unter Einbezug des ausländischen Rechts im Fokus des UmwSt-Erlasses v. 11.11.2011 ... 215

A. Hineinverschmelzung einer österreichischen Kapitalgesellschaft ... 216

B. Hinausverschmelzung einer dt. Kapitalgesellschaft ... 230

C. Formwechsel im (europäischen) Ausland ... 238

D. Einbringung durch Steuerinländer in EU Gesellschaft ... 263

E. Einbringung durch Steuerausländer in deutsche AG ... 268

F. Verschmelzung einer italienischen s.r.l. (GmbH) auf eine italienische s.a.s. (KG) ... 273

Stichwortverzeichnis ... 289

Autorenverzeichnis

Prof. Dr. Arndt Raupach,
Rechtsanwalt, Fachanwalt für Steuerrecht, McDermott Will & Emery, München

Dr. Dirk Pohl,
Rechtsanwalt und Steuerberater, McDermott Will & Emery, München

Dr. Xaver Ditz,
Steuerberater, Flick Gocke Schaumburg, Bonn

Dr. Rainer Spatscheck,
Rechtsanwalt, Fachanwalt für Steuerrecht, Fachanwalt für Strafrecht, Streck Mack Schwedhelm, München

Dr. Hans Robert Weggenmann,
Steuerberater, Rödl & Partner, Nürnberg

Unter Mitarbeit von

Dr. Nico H. Burki,
Rechtsanwalt, Burki Rechtsanwälte, Zürich-Zollikon

Dr. Stephan Salzmann,
Rechtsanwalt und Steuerberater, LKC Rechtsanwaltsgesellschaft mbH, München

Andreas Trost,
LL.M. Abogado, Cuatrecasas, Gonçalves Pereira, Barcelona

Gert Müller-Gatermann,
Ministerialdirigent, Bundesministerium der Finanzen, Berlin

Teil. I. Steuerhinterziehung im grenzüberschreitenden Bereich – Einsatzbereich der Selbstanzeige?

Dr. Rainer Spatscheck, Rechtsanwalt, Fachanwalt für Steuerrecht, Fachanwalt für Strafrecht, München

- A. Ankauf von Daten-CDs über Auslandsanlagen inländischer Steuerpflichtiger – Möglichkeit und Grenzen der Datenerhebung im Ausland — Fall 1
- B. Die "neue" Selbstanzeige nach Verlängerung der strafrechtlichen Verfolgungsverjährung und dem Hinzukommen neuer Sperrgründe durch das Schwarzgeldbekämpfungsgesetz vom 28.4.2011 — Fall 2
- C. Besonderheiten der Selbstanzeige in Unternehmen — Fall 3
  — Fall 4
- D. Zahlungsfristen und Nebenfolgen der Selbstanzeige — Fall 5
- E. Verrechnungspreise im international tätigen Unternehmen – ein Anwendungsfall des Steuerstrafrechts? — Fall 6

A. Ankauf von Daten-CDs über Auslandsanlagen inländischer Steuerpflichtiger – Möglichkeit und Grenzen der Datenerhebung

Fall 1:

Herr Heinrich KIEBER[1], ein liechtensteinischer Computerexperte. Er begann im April 2001 bei der LGT-Group. Seine Aufgabe bestand darin, sämtliche Papierdokumente der LGT-Treuhand AG zu digitalisieren, weshalb er unverdächtigen Zugang zum kompletten Archiv, bestehend u.a. aus Verträgen, Protokollnotizen und handschriftlichen Vermerken hatte. In dieser Zeit legte er, so die Vermutung, eine „private Kopie" der Datensammlung an. Im Januar 2003 kündigte Herr KIEBER bei der LGT und – so Presseberichte – versuchte von der liechtensteinischen Regierung freies Geleit und einen „neuen" Pass zu erpressen. Ansonsten würde er die LGT-Kundendaten an ausländische Medien und Behörden weitergeben. Hintergrund war wohl ein gegen Herrn KIEBER laufendes Ermittlungsverfahren wegen Betrugsverdacht im Zusammenhang mit Immobiliengeschäften in Spanien. Die liechtensteinische Regierung gab nicht nach und verurteilte Herrn KIEBER wegen Betrugs zu einer Bewährungsstrafe von einem Jahr. Die Entwendung der LGT-Daten wurde nicht sanktioniert, nachdem die Datenträger zurückgegeben wurden. Am 7.1.2004 schlossen die Liechtensteiner Behörden die Akte KIEBER. Tatsächlich hatte Herr KIEBER Kopien der Datensammlung zurückbehalten, die er den US-Behörden und der britischen Regierung „verkaufte". Mit E-Mail vom 24.1.2006 bot Herr KIEBER die Daten auch dem Bundesnachrichtendienst (BND) zum Kauf an. Am 11.5.2006 folgte ein erstes Treffen. Kurz darauf, am 21.6.2006, überlässt Herr KIEBER dem BND 14 Datensätze als „Arbeitsproben". Da der BND die Qualität der Daten nicht selbst beurteilen kann, bittet er die aus den Batliner-Verfahren bereits erprobte Wuppertaler Steuerfahndung um Unterstützung. Von dort kam am 10.7.2006 die Bestätigung, dass die Daten wertvoll sind.

Der erste unmittelbare Kontakt zwischen Herrn KIEBER und Steuerfahndern fand am 16. und 17.8.2006 in Offenburg und in Straßburg, begleitet und gesichert vom BND, statt. Der Bitte der Beamten, 150 Namen von LGT-Kunden aus Nordrhein-Westfalen als weitere Arbeitsprobe zu überreichen, kommt Herr KIEBER nach. Für die Überlassung der Datensammlung verlangt er insgesamt € 6 Mio. und eine neue Identität. Am 14.12.2006 informiert der BND das Kanzleramt. Als Ermächtigungsgrundlage für die erste Information der Steuerbehörden durch den BND wird von den beteiligten Stellen die Verpflichtung von Behörden im Rahmen der Amtshilfe Steuerstraftaten anzuzeigen,

---

[1] Fall aus *Spatscheck* in FS/VOLK 2009, S. 771, 773 ff.; LGT-Sachverhalt im Wesentlichen entnommen aus dem Spiegel, vom 25.2.2008, S. 20 ff.

§ 116 AO, gesehen. Die weitere Unterstützung bei der Datenerlangung soll ebenfalls im Wege der Amtshilfe, §§ 111 ff. AO, erfolgen. Die schriftliche Bitte der Steuerfahnder um Unterstützung des BND wird von dessen Amtsleitung am 11.5.2007 genehmigt. Am 12.6.2007 übergibt Herr KIEBER die Datensammlung an Steuerfahnder, während der BND das Treffen absichert. Auf den DVDs befinden sich Angaben über 4527 Liechtensteiner Stiftungen, von denen ca. 1400 deutschen Anlegern zugerechnet werden, der Rest stammt aus dem Ausland.

Neben der neuen Identität erhielt Herr KIEBER über den BND ein Informantenhonorar von € 4,6 Mio., von dem, nach Einbehaltung einer Pauschalbesteuerung, € 4,2 Mio. tatsächlich in drei Tranchen ausgezahlt wurden. Mit allen Aufwendungen hat die gesamte Datenbeschaffungsaktion den BND ca. € 5 Mio. gekostet, wofür das Bundesfinanzministerium zuvor eine Deckungszusage abgegeben hatte. Gleich im Anschluss beginnt die Steuerfahndung Wuppertal unter Anleitung der – ebenfalls aus den Batliner-Verfahren bereits geübten – Staatsanwaltschaft Bochum mit der Aufarbeitung der Daten betreffend deutsche Steuerbürger. Ab Februar 2008 erfolgten deutschlandweit Durchsuchungs- und Beschlagnahmeaktionen, die ausschließlich auf das angekaufte Datenmaterial gestützt sind.

Sie sind Berater. Vor Ihnen sitzt ein Anleger der LGT, dessen Daten sich mit einiger Wahrscheinlichkeit auf der CD befinden. Von den Ermittlungsbehörden hat er noch nichts gehört. Er fragt Sie:

a) Kann ich noch eine Selbstanzeige abgeben?

b) Können die Daten der CD für die steuerliche Veranlagung herangezogen werden?

Lösungshinweise[2]:

Schrifttum: *Kudlich*, Anmerkung zu FG Köln, Beschluss vom 15.12.2010, 14 V 2484/10, ZWH 2011, 33, 35; *Ignor/Jahn*, „Der Staat kann auch anders – Die Schweizer Daten-CDs und das deutsche Strafrecht", juS 2010, 390; *Kölbel*, „Zur Verwertbarkeit privatdeliktisch beschaffter Bankdaten", NStZ 2008, 241 ff.; *Schünemann*, „Die Liechtensteiner Steueraffäre als Menetekel des Rechtsstaats", NStZ, 2008, 305 ff.; *Sieber*, „Ermittlungen in Sachen Liechtenstein – Fragen und erste Antworten", NJW 2008, 881 ff.; *Spatscheck*, „Wird Gauner, wer mit Gaunern dealt?", FS VOLK 2009, 771 ff; *Trüg/Habetha*, „Die Liechtensteiner Steueraffäre – Strafverfolgung durch Begehung von Straftaten", NJW 2008, 887 ff.

---

[2] Aus *Spatscheck* in FS Volk, 2009, S. 771, 777 ff.

I. Problembereich Datenbeschaffung

Der Zeitraum zwischen ersten Informationen über die LGT-Unterlagen und deren Verfügbarkeit für die Ermittler wirft verschiedene Probleme auf.

1. Tätigwerden des BND

Für den Steuerstrafrechtler völlig neu ist das Tätigwerden des Bundesnachrichtendiensts (BND) bei der Ermittlung von Steuerstraftaten. Nach dem zwischen Strafverfolgungsbehörden und Geheimdiensten in der Bundesrepublik Deutschland geltenden „Trennungsgebot"[3] kann es hierzu eigentlich überhaupt nicht kommen, da ein Informationsaustausch zwischen Geheimdiensten und Strafverfolgungsbehörden dem Grunde nach nicht vorgesehen ist. Eng umgrenzte Ausnahmen sind gesetzlich normiert.

Nach § 1 Abs. 2 Satz 1 BND-Gesetz sammelt der BND zur Gewinnung von Erkenntnissen über das Ausland, die von außen- und sicherheitspolitischer Bedeutung für die Bundesrepublik Deutschland sind, die erforderlichen Informationen und wertet diese aus. Hierzu gehört sicher nicht das Auskundschaften und Sammeln von deutschen Privatanlegern, die im Ausland erzielte Erträge nach der Vermutung der Finanzbehörden dem deutschen Fiskus nicht erklären. Deshalb dürfen vom BND Informationen an öffentliche Stellen auch nur übermittelt werden, wenn diese „für Zwecke der öffentlichen Sicherheit" benötigt werden (§ 9 Abs. 1 BND-Gesetz) oder diese zur Wahrung außen- und sicherheitspolitischer Belange der Bundesrepublik Deutschland erforderlich sind (§ 9 Abs. 2 BND-Gesetz). Eine Weitergabe der Daten durch den BND an Ermittlungsbehörden sieht § 9 Abs. 3 BND-Gesetz iVm. § 20 BVerfSchG nur bei „Staatsschutzdelikten" vor. Zu keiner der genannten Kategorien gehören einfache Hinterziehungen von Steuern auf ausländische Kapitalerträge durch Deutsche.

Soweit sich Herr KIEBER also an die allgemeine E-Mail-Anschrift des BNDes gewandt hat, um Anlegerinformationen zu verkaufen, ist das Eingehen hierauf und die erste Nachfrage und Kontaktaufnahme nicht zu beanstanden. Es bestand die Möglichkeit, dass die Informationen Auskunft über internationale Geldtransfers mit terroristischem Hintergrund beinhalten, die von außen- und sicherheitspolitischer Bedeutung sind.

Problematisch hingegen ist schon die Weitergabe der erlangten Proben an die Finanzverwaltung. Soweit bereits erkennbar war, dass es sich bloß um Steuerhinterzieher handeln würde. Allerspätestens bei der zweiten Anforderung von Arbeitsproben durch die Steuerfahndung Wuppertal war klar, dass man sich letztlich lediglich Informationen

---

[3] *Schünemann*, NStZ 2008, 305.

über Hinterzieher aus Nordrhein-Westfalen erhoffte.[4] Eine sicherheitspolitische Bedeutung bestand nicht.

Die Übermittlung der Informationen durch den BND an die Finanzverwaltung war somit gesetzlich nicht gedeckt.

Soweit in der Literatur[5] eine Weitergabebefugnis unter die „Wesentlichkeitsschwelle" gestellt und versucht wird, eine Analogie zu den Weitergaberegeln in § 3 G 10-Gesetz herzustellen, lässt sich dies im Hinblick auf die eindeutige Regelung des BND-Gesetzes nur schwer nachvollziehen. Die Analogie ist jedenfalls nicht erforderlich.

Von der Finanzverwaltung und dem BND wird die Zusammenarbeit unter dem Gesichtspunkt der Amtshilfe (§§ 111 ff. AO) gesehen. Dies betrifft die Information des BND an die Finanzbehörden, dass Daten verfügbar sind, das Anfordern von Arbeitsproben sowie die Unterstützung der Finanzverwaltung durch den BND beim eigentlichen Ankauf der Daten.

Das erstmalige Zukommen des BND auf die Finanzverwaltung wird auf § 116 AO gestützt. Sollte diese Norm wegen der abweichenden Regelung in § 9 des spezielleren BND-Gesetzes überhaupt anwendbar sein[6], reduziert sich die Berechtigung des BND zum Tätigwerden auf die Information der Finanzbehörden über den Erstkontakt. Die „Anzeigepflicht" in § 116 Abs. 1 stellt jedenfalls keine „Hilfspflicht" des BND bei weiteren Ermittlungen der Finanzbehörden dar.

Die Voraussetzungen der Amtshilfe generell sind in § 112 AO geregelt. Nach dessen Absatz 2 darf die ersuchte Behörde, hier also der BND, Hilfe nicht leisten, „wenn sie hierzu aus rechtlichen Gründen nicht in der Lage ist". Die Amtshilfevorschriften erweitern nicht die Befugnis und die örtliche Zuständigkeit der ersuchten Behörde.[7] Da der BND normale, einfache Hinterziehungssachverhalte von Auslandsanlegern ohne staats- und sicherheitspolitischen Bezug weder ermitteln darf (§ 1 BND-Gesetz) noch evtl. zufällig erlangte Informationen weitergeben darf (§ 9 BND-Gesetz), kommt dessen Amtshilfe nicht in Betracht.

2. Strafbarkeit des Herrn KIEBER

Nach § 124 Abs. 1 StGB-Liechtenstein macht sich strafbar, wer ein Geschäfts- oder Betriebsgeheimnis mit dem Vorsatz auskundschaftet, dass es im Ausland verwertet,

---

[4] Warum sonst wurden 150 Namen und Daten von Bankkunden aus NRW und nicht zehn Arbeitsproben verdeckter Geldtransfers mit Geldwäscheverdacht bei Herrn Kieber angefordert?
[5] *Sieber*, NJW 2008, 881.
[6] Ebenso: *Schünemann*, NStZ 2008, 305, 307; aA: *Kölbel*, NStZ 2008, 241, der § 116 AO als „Ergänzung" des BND-Gesetzes ansieht, ohne dies jedoch zu begründen.
[7] *Tipke/Kruse*, AO, § 112, Rz. 4 (April 2008).

verwendet oder sonst ausgewertet werde. Sollte Herr KIEBER die Daten bei der LGT bereits mit dem Vorsatz entwendet haben, diese im Ausland in welcher Form auch immer zu verwerten, hätte er sich bereits durch die Datenbeschaffung strafbar gemacht.

§ 124 Abs. 2 StGB-Liechtenstein stellt den unter Strafe, der ein Geschäfts- oder Betriebsgeheimnis, zu dessen Wahrung er verpflichtet ist, der Verwertung, Verwendung oder sonstigen Auswertung im Ausland preisgibt. Die Tat ist mit Freiheitsstrafe bis zu fünf Jahren bedroht. Schon durch die Versendung von Arbeitsproben und erst recht durch die Überlassung der Daten und DVDs hat Herr KIEBER diesen Straftatbestand erfüllt.[8]

Für die Bewertung des Falles nach deutschem Recht kann sich Herr KIEBER als Verkäufer der Daten wegen der unbefugten Verwertung oder Mitteilung eines unbefugt verschafften Geschäftsgeheimnisses nach § 17 Abs. 2 Nr. 2 UWG strafbar gemacht haben. Das gilt selbst dann, wenn nur ein Teilakt in Deutschland begangen wurde.[9] Sofern Besprechungen, Abreden oder Übergaben von Daten und DVDs zwischen Herrn KIEBER und den deutschen Behörden auch nur zu einem kleinen Teil in Deutschland stattgefunden haben, was aufgrund der aktuell vorhandenen Pressemitteilungen nicht abschließend geklärt werden kann, hätte sich Herr KIEBER auch nach dem deutschen UWG strafbar gemacht.

Eine Strafbarkeit wegen Ausspähen von Daten nach § 202 a StGB und § 17 Abs. 2 Nr. 1 UWG würde nach § 3 StGB nicht dem deutschen Strafrecht unterfallen.

3. Mögliche Strafbarkeit deutscher Beamter nach der Literaturauffassung

Herr KIEBER hat sich schon durch die Erlangung der Daten von seinem ehemaligen Arbeitgeber strafbar gemacht. Nach dem derzeit bekannten Sachverhalt geschah dies ohne irgendein Zutun des deutschen BNDes oder der deutschen Finanzverwaltung. Eine Strafbarkeit kommt insofern nicht in Betracht.

Doch hat sich Herr KIEBER wegen des Verrats von Geschäftsgeheimnissen nach § 17 Abs. 2 Nr. 2 UWG strafbar gemacht.[10] Durch den Ankauf der Daten haben die hiermit betrauten Finanzbeamten jedenfalls Beihilfe geleistet.[11] Gegen eine Beihilfestrafbarkeit kann nicht vorgebracht werden, Herr KIEBER sei auch als Zeuge verpflichtet gewesen,

---

[8] Ebenso: *Schünemann*, NStZ 2008, 305, 308.
[9] §§ 3, 9 StGB.
[10] Siehe oben. Er hat aus Eigennutz ein fremdes Geschäftsgeheimnis, das er sich durch Herstellung einer verkörperten Wiedergabe unbefugt verschafft hatte, jemandem unbefugt mitgeteilt.
[11] *Schünemann*, NStZ 2008, 305, 308, geht sogar von Anstiftung aus. Es sei nicht nur ein zur Tat schon endgültig Entschlossener in seinem Entschluss bestärkt worden, sondern die Finanzverwaltung habe diejenige Bedingung erfüllt, die der Haupttäter für seinen Tatentschluss selbst gesetzt hatte.

Teil I. Steuerhinterziehung im grenzüberschreitenden Bereich 7

ohne irgendein Zeugnisverweigerungsrecht bei den deutschen Ermittlungsbehörden auszusagen. Die Unterlagen hätten beschlagnahmt werden können. Dies wäre nur dann richtig, wenn Herr KIEBER für die Zurverfügungstellung der Daten keine Zahlung verlangt und die Finanzverwaltung diese erbracht hätte.[12] Da es hier tatsächlich nicht um die Erfüllung einer Zeugenpflicht, sondern um einen Handel ging, besaß der Verkäufer gegenüber dem Geheimnisträger, hier der LGT, keine Befugnis zur Offenbarung, weshalb die Tatbestände sowohl bezüglich des Haupttäters, als auch der Beihelfer erfüllt sind.[13] Hier liegt der wesentliche Unterschied zwischen dem LGT- und dem LLB-Verfahren.[14]

Der Presse kann man entnehmen, dass nach Ansicht der Finanzverwaltung der Datenankauf notwendig war, um einen Auslandssachverhalt, der sonst nur schwer aufklärbar gewesen wäre, einer Ermittlung und Steuerfestsetzung zuzuführen.[15] Dieses Argument könnte in die Richtung deuten, dass die deutschen Behörden für sich den Rechtfertigungsgrund des Notstands nach § 34 StGB in Anspruch nehmen. Dieser ist jedoch nicht einschlägig, da die abschließend geregelten Ermittlungsbefugnisse der Behörden nicht durch allgemeine Rechtfertigungsgründe umgangen werden dürfen. Es gibt kein „Unrechtsverhinderungsrecht". Die Rechtsprechung hat lediglich in extremen Notsituationen die Rechtfertigung eines strafrechtlich relevanten Handelns des Staates anerkannt.[16] Eine solche kommt jedoch bei der bloßen „Rettung des Steueraufkommens" nicht in Betracht.

Auch soweit versucht wird, die Strafbarkeit der Finanzbeamten durch die Annahme eines Verbotsirrtums auszuschließen, ist dies nicht erfolgreich.[17] Soweit der Sachverhalt bisher bekannt ist, scheitert die Annahme des Verbotsirrtums an dessen Vermeidbarkeit iSv. § 17 Satz 1 aE StGB. Ein Verbotsirrtum ist dann vermeidbar, wenn dem Täter sein Vorhaben unter Berücksichtigung seiner Fähigkeiten und Kenntnisse hätte Anlass geben müssen, über dessen mögliche Rechtswidrigkeit nachzudenken oder sich zu erkundigen und er auf diesem Wege zu Unrechtseinsicht gekommen wäre.[18] Bislang gehen alle Veröffentlichungen in der Literatur davon aus, dass § 17 Abs. 2 Nr. 2 UWG

---

[12] *Sieber*, NJW 2008, 881, 884.
[13] Ebenso: *Schünemann*, NStZ 2008, 305, 308; SCHWEDHELM/WULF, Stbg 2008, 294.
[14] Die StPO sieht keine Zahlungen für die Zurverfügungstellung von Beweismitteln vor. Argument: § 136 a StPO. Demnach ist das „Versprechen eines gesetzlich nicht vorgesehenen Vorteils" im Hinblick auf den Beschuldigten und den Zeugen verboten.
[15] zB: SZ vom 1./2.3.2008, S. 1.
[16] *Fischer*, StGB, 58. Aufl., 2011, § 34 Rz. 23 mwN.
[17] aA: *Sieber*, NJW 2008, 881, 885.
[18] *Fischer*, 58. Aufl., 2011, § 17 Rz. 7.

tatbestandsmäßig erfüllt ist.[19] Soweit im Vorfeld abweichende Gutachten erstellt worden sein sollten, sind diese bislang nicht bekannt. Unstreitig scheint zu sein, dass bei dieser mehr als besonderen Ermittlungsmethode die Frage ihrer Zulässigkeit im Vorfeld diskutiert wurde und der Anlass, sich rechtskundig zu machen, bestand.

Eine Hehlerei, § 259 StGB, setzt voraus, dass eine fremde körperliche Sache ein Gegenstand ist. Insofern käme hier lediglich die CD/DVD in Betracht, auf der die Daten gespeichert waren. Nach dem aktuell bekannten Sachverhalt muss davon ausgegangen werden, dass die unkörperlichen Taten von Herrn KIEBER auf dessen eigenes Speichermedium kopiert wurden, sodass eine Hehlerei ausscheidet[20].

4. Verstoß gegen Völkerrecht/Umgehung der Rechtshilfe

Staaten haben jeweils die Souveränität des anderen Staates zu achten. Das bedeutet im Verhältnis zwischen Deutschland und Liechtenstein, dass die deutschen Ermittlungsbehörden die Gebietshoheit Liechtensteins nicht verletzen dürfen. In Steuersachen gewährt Liechtenstein derzeit anderen Staaten keine Amtshilfe. Rechtshilfe wird in Steuersachen – mit Ausnahme gegenüber den USA – ebenfalls nicht gewährt. Soweit eine Rechtshilfe wegen Nicht-Steuerdelikten in Betracht kommt, werden die zur Verfügung gestellten Unterlagen mit einem Spezialitätenvorbehalt versehen, der eine Verwendung dieser Informationen im Besteuerungs- bzw. Steuerstrafverfahren verhindert. Es gab somit keine legale Möglichkeit der deutschen Ermittlungsbehörden an die von Herrn KIEBER zur Verfügung gestellten LGT-Daten zu kommen.[21]

Wenn man nun in dem vorliegenden Fall argumentiert, nicht die deutschen Behörden selbst, sondern Herr KIEBER als Privatperson habe die Daten entwendet, so trifft diese Argumentation im Ergebnis nicht zu. Erkennt der Staat das Verhalten von Privatpersonen nachträglich als sein Eigenes an, dann wird es ihm auch unmittelbar zugerechnet.[22]

Im vorliegenden Fall hat der Staat, vertreten durch das Bundesfinanzministerium und den BND, das straf- und völkerrechtlich relevante Verhalten des Herrn KIEBER nicht etwa sanktioniert, sondern durch die Bezahlung mehrerer Millionen für den Datenkauf noch „belohnt". Er musste es sich somit als eigenes, völkerrechtswidriges Verhalten zurechnen lassen. Im Ergebnis haben die deutschen Ermittlungsbehörden die Rechtshilferegelungen mit Liechtenstein umgangen.[23]

---

[19] *Schünemann*, NStZ 2008, 305, 309, hält die rein strafrechtliche Beurteilung im Zusammenhang mit § 17 UWG für „nicht besonders kompliziert".
[20] *Stree* in Schönke/Schröder, StGB, 28. Aufl., 2010, § 259 Rz. 4.
[21] *Holenstein*, PStR 2008, 90; *Schünemann*, NStZ 2008, 305, 306.
[22] *Holenstein*, PStR 2008, 90, 91.
[23] Ebenso: *Trüg/Habetha*, NJW 2008, 887.

Exkurs: Umsatzsteuerbarkeit

Für die Finanzverwaltung könnte die Bezahlung von mehreren Millionen Euro für den Ankauf von Daten steuerlich als Bumerang wirken. So stellt eine Literaturstimme aus der Finanzverwaltung[24] nachvollziehbar dar, dass es sich bei dem Verkauf der Kundendaten durch den Informanten um einen steuerpflichtigen Umsatz handelte, für den der Bund als Leistungsempfänger nach § 13 b Abs. 2 Satz 1 iVm. Abs. 1 Satz 1 Nr. 1 UStG schuldet, da der Leistende im Drittland ansässig ist. Die Leistung ist ausgeführt. Die Umsatzsteuer also entstanden, § 13 b Abs. 1 Satz 1 Nr. 1 UStG. Ob der Finanzminister wohl eine entsprechende Steueranmeldung abgegeben hat?

II. Problembereich Datenverwendung

1. Örtliche Unzuständigkeit der Staatsanwaltschaft Bochum und Konsequenzen

Es überrascht, dass in allen LGT-Verfahren die Staatsanwaltschaft Bochum tätig wurde. Zwar gibt es das Band der Geldanlage bei ein und derselben Bank, doch wurden die eigentlichen Hinterziehungstaten – ohne irgendeine gemeinsame Verbindung zu Bochum – jeweils am „steuerlichen Sitz" der Beschuldigten, dh. regelmäßig am Wohnsitz, der dem Tatort entspricht, begangen.[25]

Die örtliche Zuständigkeit der Beamten der Staatsanwaltschaft richtet sich grundsätzlich nach der örtlichen Zuständigkeit des Gerichts, für das sie bestellt sind (§ 143 Abs. 1 GVG). Die örtliche Zuständigkeit – der Gerichtsstand – bestimmt sich nach den §§ 7 ff. StPO. Als primäre oder Hauptgerichtsstände bestimmt das Gesetz den Gerichtsstand des Tatorts (§ 7 Abs. 1 StPO), des Wohnsitzes (§ 8 Abs. 1 StPO) und des Ergreifungsortes (§ 9 StPO). Erweitert werden diese Gerichtsstände durch den Gerichtsstand des Zusammenhangs nach § 13 StPO. Danach ist für zusammenhängende Strafsachen, die einzeln nach den Vorschriften der §§ 7 bis 11 StPO zur Zuständigkeit verschiedener Gerichte gehören würden, ein Gerichtsstand bei jedem Gericht begründet, das für eine der Strafsachen zuständig ist. Der den Gerichtsstand nach § 13 StPO begründende Zusammenhang muss dabei ein solcher im Sinne des § 3 StPO sein.[26] Danach ist ein Zusammenhang gegeben, wenn eine Person mehrerer Straftaten beschuldigt wird oder wenn bei einer Tat mehrere Personen als Täter, Teilnehmer oder der Begünstigung, Strafvereitelung oder Hehlerei beschuldigt werden.

Die Zuständigkeit der Staatsanwaltschaft Bochum in dem Liechtensteinkomplex ist damit nur hinsichtlich derjenigen Fälle gegeben, in welchen sich der Tatort oder der Wohnsitz des jeweils Beschuldigten im Zuständigkeitsbereich der Landgerichtsbezirks

---

[24] *Rasche*, UR 2008, 285.
[25] OLG Hamm, 2 Ws 376/98 vom 10.9.1998, wistra 1999, 240; i.Erg. ebenso: *Salditt*, PStR 2008, 84, 88.
[26] *Erb* in Löwe/Rosenberg, StPO, 26. Aufl., 2006, § 13 Rz. 4; *Meyer-Großner*, 54. Aufl., 2011, § 13 Rz. 2.

Bochum befindet. Dies dürfte nur eine kleine Anzahl der Fälle sein. Eine Zuständigkeit für die Verfahren außerhalb Bochums kann auch nicht mit dem Gerichtsstand des Zusammenhangs nach § 13 StPO begründet werden. Dies betrifft nur diejenigen Fälle in denen entweder eine einzelne Person verschiedener Taten beschuldigt wird oder in denen an einer Tat mehrere Personen beteiligt sind oder sogenannter Anschlusstaten wie Hehlerei oder Begünstigung beschuldigt werden. In dem Liechtensteinverfahren sind jedoch eine Vielzahl von Beschuldigten jeweils eigenständiger und voneinander unabhängiger Straftaten beschuldigt. Ein Zusammenhang besteht nur insoweit, als die Taten gleichzeitig entdeckt worden sind und ähnliche Tatvorwürfe – die Nichterklärung von Einkünften aus Geldanlagen in Liechtenstein – betreffen. Die Ähnlichkeit des Tatvorwurfs oder die gleichzeitige Entdeckung der Taten ist jedoch keine zusammenhängende Strafsache im Sinne des § 7 StPO, welche den Gerichtsstand des Zusammenhangs begründen könnte.

Eine von dem Gerichtsstand abweichende Zuständigkeit der Staatsanwaltschaft ergibt sich nur in Ausnahmefällen. Nach den § 143 Abs. 2 bis Abs. 4 GVG sind dies folgende Fälle:

Nach § 143 Abs. 2 GVG hat sich ein unzuständiger Beamter der Staatsanwaltschaft, den innerhalb seines Bezirks vorzunehmenden Amtshandlungen zu unterziehen, bei denen Gefahr im Verzug ist. Für eine Gefahr im Verzug bestehen jedoch in den Ermittlungsverfahren in Sachen Liechtenstein keine Anhaltspunkte. Es wurde über Monate hinweg ermittelt. Eine Notzuständigkeit der Staatsanwaltschaft Bochum besteht damit nicht.

Können die Beamten der Staatsanwaltschaft verschiedener Länder sich nicht darüber einigen, wer von ihnen die Verfolgung zu übernehmen hat, so entscheidet der ihnen gemeinsam vorgesetzte Beamte der Staatsanwaltschaft, sonst der Generalbundesanwalt (§ 143 Abs. 3 GVG). Die Vorschrift setzt einen Kompetenzkonflikt über die örtliche Zuständigkeit verschiedener Staatsanwaltschaften voraus. Nicht umfasst wird von dieser Vorschrift hingegen die örtliche Konzentration bzw. Zusammenfassung der örtlichen Zuständigkeit verschiedener Staatsanwaltschaften. In dem Ermittlungsverfahren Liechtenstein kann die Bündelung der Verfahren bei der Staatsanwaltschaft Bochum daher nicht mit einem Kompetenzkonflikt begründet werden.

Nach § 143 Abs. 4 GVG kann den Beamten einer Staatsanwaltschaft für die Bezirke mehrerer Land- oder Oberlandesgerichte die Zuständigkeit für die Verfolgung bestimmter Arten von Strafsachen zugewiesen werden, sofern dies für eine sachliche Förderung oder schnellere Erledigung der Verfahren zweckmäßig ist; in diesen Fällen erstreckt sich die örtliche Zuständigkeit der Beamten der Staatsanwaltschaft, in den ihnen zugewiesenen Sachen auf alle Gerichte der Bezirke, für die ihnen diese Sachen zugewiesen sind. Die Form der Zuweisung nach § 143 Abs. 4 GVG richtet sich nach Landesrecht. Zuständig für staatsanwaltschaftliche Konzentrationszuweisungen innerhalb des Bezirks eines Oberlandesgerichts ist der Generalstaatsanwalt, im Übrigen die Landesjustizverwaltung. Möglich ist auch die Bildung von Schwerpunktstaatsanwaltschaften über ein Bundesland hinaus. Hierzu bedarf es jedoch im Hinblick auf die Justizhoheit der beteiligten Länder einer entsprechenden Vereinbarung zwischen den Bundesländern.[27]

Bei der Staatsanwaltschaft Bochum ist eine Schwerpunktstaatsanwaltschaft zur Bekämpfung der Wirtschaftskriminalität eingerichtet. Daneben bestehen in Nordrhein-Westfalen noch Schwerpunktstaatsanwaltschaften zur Bekämpfung der Wirtschaftskriminalität in Köln, Düsseldorf und Bielefeld. Die Schwerpunktstaatsanwaltschaft Bochum hat daher bereits keine alleinige Zuständigkeit innerhalb Nordrhein-Westfalens. Ebenso wenig bestehen Vereinbarungen zwischen den Bundesländern über eine bundesweite Zuständigkeit. Eine örtliche Zuständigkeit der Staatsanwaltschaft Bochum für sämtliche Ermittlungsverfahren in Sachen Liechtenstein kann daher auch nicht mit der Einrichtung des Schwerpunktbereichs Wirtschaftskriminalität begründet werden.

Im Ergebnis ist daher die Staatsanwaltschaft Bochum in einer Vielzahl der Ermittlungsverfahren wegen Steuerhinterziehung in Sachen Liechtenstein die örtlich unzuständige Behörde.

Maßnahmen einer örtlich unzuständigen Staatsanwaltschaft sind nicht von vornherein und generell unwirksam. Eine Unwirksamkeit wird nur in den Fällen angenommen, in denen die Staatsanwaltschaft willkürlich oder in offensichtlich unvertretbarer Weise ihre Zuständigkeit angenommen hat.[28] Die Frage der Wirksamkeit staatsanwaltschaftlicher Ermittlungsmaßnahmen hat auch Auswirkungen auf die Folgefrage der Verwertbarkeit von Beweisergebnissen, welche von einer örtlich unzuständigen Behörde ermittelt wurden. Auch für die Verwertbarkeit ist entscheidend, ob die Ermittlungsmaßnahme der Staatsanwaltschaft – trotz örtlicher Unzuständigkeit – wirksam ist.

Ob die Staatsanwaltschaft Bochum sich willkürlich über Zuständigkeitsfragen hinweggesetzt hat, ist letztendlich eine Wertungsfrage. Einen sachlichen Grund für die Bejahung der Zuständigkeit der Staatsanwaltschaft Bochum könnte allenfalls im Hinblick auf die mögliche Effizienz und Beschleunigung des Verfahrens oder auf die besondere fachliche Kompetenz in Betracht kommen. Hiergegen spricht jedoch, dass es bereits als fraglich angesehen werden muss, ob die Konzentration der Ermittlungen bei einer Staatsanwaltschaft zu einer höheren Effizienz und Beschleunigung des Verfahrens führt. Ein Beispiel dafür, dass dies nicht zwingend ist, zeigt dabei das Ermittlungsver-

---

[27] *Franke* in Löwe/Rosenberg, GVG, 26. Aufl., 2010, § 143 Rz. 19.
[28] *Franke* in Löwe/Rosenberg, GVG, 26. Aufl., 2010, § 143 Rz. 19; OLG Düsseldorf vom 19.8.1996, NStZ-RR 1997, 110.

fahren in Sachen LLB, bei der zwar zunächst auch die Daten zentral ausgewertet werden, diese jedoch dann an die jeweils (örtlich) zuständige Staatsanwaltschaft weitergeleitet werden. Auch mit einer besonderen fachlichen Kompetenz kann das Hinwegsetzen über die Zuständigkeit nicht begründet werden, da in sämtlichen Bundesländern entsprechende Schwerpunktstaatsanwaltschaften bzw. Abteilungen eingerichtet sind.

Für ein willkürliches Hinwegsetzen der Staatsanwaltschaft Bochum spricht hier jedoch vor allem, dass die Gesetzeslage eindeutig ist und daher angenommen werden muss, dass die Staatsanwaltschaft Bochum bewusst ihre Zuständigkeitsgrenzen überschritten hat, weshalb die von ihr ergriffenen Maßnahmen mit großer Wahrscheinlichkeit unwirksam sind.

III. Selbstanzeige und Tatentdeckung

Die Staatsanwaltschaft Bochum hat in mehreren Verfahren mitgeteilt, sie gehe davon aus, dass eine Selbstanzeige in den LGT-Verfahren für deutsche Anleger ab dem Zeitpunkt nicht mehr möglich gewesen sei, ab dem die Durchsuchungsmaßnahmen mit Öffentlichkeitswirkung begonnen hatten. Man habe mitgeteilt, dass die LGT durch die Steuerfahndung „geknackt" sei. Es liege Tatentdeckung vor. Jedenfalls müssten die Anleger mit einer solchen unmittelbar rechnen.

Diese rechtliche Einschätzung der Staatsanwaltschaft Bochum ist bei näherer Betrachtung sehr zweifelhaft.[29]

Eine die Selbstanzeige ausschließende Tatentdeckung iSv. § 371 Abs. 2 Nr. 2 AO liegt vor, wenn die Finanzbehörden Kenntnis vom objektiven und subjektiven Tatbestand der Steuerhinterziehung haben. Das Unterhalten eines Kontos in Liechtenstein begründet für sich allein noch nicht den Straftatbestand der Steuerhinterziehung. Hinzukommen muss vielmehr, dass auf das entsprechende Konto entfallende Erträge nicht erklärt werden. Die Tatentdeckung wirkt ferner nur dann als Ausschlussgrund einer Selbstanzeige, wenn sie zu deren Zeitpunkt bereits vorgelegen hat. Ein bloßer Anfangsverdacht ist hierbei nicht ausreichend.[30] Es muss vielmehr eine Konkretisierung des Tatverdachts eingetreten sein, die gegeben ist, wenn bei vorläufiger Tatbewertung die Wahrscheinlichkeit einer verurteilenden Erkenntnis gegeben ist. Die erst bevorstehende Tatentdeckung ist noch keine Tatentdeckung.[31] Eine Entdeckungsgefahr begründet ebenso wenig wie der Verdacht oder die überwiegende Wahrscheinlichkeit der Entde-

---

[29] *Schendehelm/Wulf*, Stbg 2008, 294.
[30] BGH vom 13.5.1983 3 StR 82/83, NStZ 1983, 415; BGH vom 5.4.2000 5 StR 226/99, NStZ 2000, 427.
[31] *Streck/Spatscheck*, Die Steuerfahndung, 4. Aufl., 2006, Rz. 269.

ckung eine Tatentdeckung.³² Teilweise wird für eine Tatentdeckung auch auf einen nach § 170 Abs. 1 StPO erforderlichen hinreichenden Tatverdacht abgestellt.³³ Unstreitig ist in den Fällen von Grenzkontrollen, bei denen Kontobelege gefunden werden, die auf Schwarzgeldkonten schließen lassen, dass eine Tatentdeckung erst gegeben ist, wenn das Veranlagungsfinanzamt hiervon Kenntnis erlangt hat.³⁴ Ebenso wird bei Bankermittlungen von einer Tatentdeckung erst ausgegangen, wenn das zuständige Veranlagungsfinanzamt feststellt, dass die Schwarzgeldkonten nicht erklärt wurden.³⁵ Demnach führt die Kenntnis der Finanzbehörden von einem Konto in Liechtenstein noch nicht zu einer Tatentdeckung. Eine solche ist vielmehr erst gegeben, wenn im vorliegenden Fall das Veranlagungsfinanzamt feststellt, dass die Erträge auf dem Schwarzgeldkonto in Liechtenstein nicht erklärt bzw. veranlagt wurden.

Ferner wird bei einer Aufdeckung der Tat aufgrund rechtswidriger Ermittlungsmaßnahmen keine Tatentdeckung iSv. § 371 Abs. 2 Nr. 2 AO angenommen.³⁶

Die Selbstanzeige ist nur dann ausgeschlossen, wenn der Täter Kenntnis von der Tatentdeckung hat oder mit ihr rechnen muss. Kenntnis von der Entdeckung liegt vor, wenn der Steuerpflichtige aus den ihm nachweislich bekannten Tatsachen, ebenfalls nachweislich, den Schluss gezogen hat, dass eine Behörde von seiner Tat so viel erfahren hat, dass bei vorläufiger Tatbewertung eine Verurteilung wahrscheinlich ist.³⁷ Mit der Entdeckung rechnen müssen heißt, dass der Täter aus den nachweislich bekannten Tatsachen einen Schluss hätte ziehen müssen, dass eine Behörde von seiner Tat der Steuerhinterziehung bereits Kenntnis erhalten hat.

Seinen Kenntnishorizont erfährt der Steuerpflichtige regelmäßig vom Finanzamt. Dessen Äußerungen kann er entnehmen, was bekannt ist.³⁸ Legt man nur die Äußerungen des Bundesfinanzministers unmittelbar nach den ersten Durchsuchungsmaßnahmen zugrunde, kann von einer Tatentdeckung nicht ausgegangen werden. Es wurde vielmehr vom Bundesfinanzminister aufgerufen, möglichst schnell Selbstanzeigen ab-

---

[32] *Joecks* in Franzen/Gast/Joecks, 7. Aufl. 2009, § 371 AO, Rz. 186; STAHL, Selbstanzeige und Strafbefreiende Erklärung, 2. Aufl., 2004, Rz. 313.

[33] *Kohlmann*, Steuerstrafrecht, § 371 AO, Rz. 204 (Juli 2011); *Stahl*, Selbstanzeige und Strafbefreiende Erklärung, 2. Aufl., 2004, Rz. 310.

[34] *Streck/Spatscheck*, Die Steuerfahndung, 4. Aufl., 2006, Rz. 269; *Vogelberg* in Wannemacher, Steuerstrafrecht, 5. Aufl., 2004, Rz. 2291; *Joecks* in Franzen/Gast/Joecks, 7. Aufl., 2009, Rz. 188.

[35] *Kohlmann*, Steuerstrafrecht, § 371 AO, Rz. 230 (Nov. 2010).

[36] *Vogelberg* in Wannemacher, Steuerstrafrecht, 5. Aufl., 2004, Rz. 2293; *Schwedhelm/Wulf*, Stbg 2008, 294.

[37] *Joecks* in Franzen/Gast/Joecks, 7. Aufl., 2009, § 371 AO, Rz. 193; *Stahl*, Selbstanzeige und Strafbefreiende Erklärung, 2. Aufl., 2004, Rz. 337.

[38] *Joecks* in Franzen/Gast/Joecks, 7. Aufl., 2009, § 371 AO, Rz. 189.

zugeben.[39] Die Möglichkeit, dass der Finanzminister im Bewusstsein, dass eine Selbstanzeige mit strafbefreiender Wirkung nicht mehr möglich ist, im Hinblick auf die erhoffte Einnahmenmaximierung dennoch zur Abgabe von Selbstanzeigen aufrief, schließe ich in der weiteren Untersuchung aus.

Nicht eindeutig geklärt ist, wie zu verfahren ist, wenn Informationen über die Presse in die Öffentlichkeit gelangen. Die herrschende Lehre vertritt die Ansicht, dass aufgrund der Presseberichterstattung der Täter noch keine Kenntnis über die Entdeckung der Tat hat und auch nicht damit rechnen muss, dass die Tat bereits entdeckt ist.[40] Hintergrund ist, dass Presseberichte stets global gehalten sind und nicht auf den Einzelfall abstellen. Zudem müsste dem Betroffenen anhand konkreter Umstände nachgewiesen werden können, dass sich ihm die Überzeugung von einer eigenen Tat hätte aufdrängen müssen. Schließlich ist noch darauf abzustellen, dass selbst mit der Kenntnis des Täters über die Entdeckung seiner Bankdaten noch keine zwingende Kenntnis über deren Qualität vorliegt. Der Täter hat in der Regel auch noch keine Kenntnis darüber, dass die Bankdaten bereits mit dem Veranlagungsfinanzamt abgeglichen worden sein könnten.[41] In diesen Fällen kann daher allenfalls angenommen werden, dass der Täter mit seiner bevorstehenden Entdeckung rechnen muss. Der Wortlaut des § 371 Abs. 2 Nr. 2 AO setzt jedoch voraus, dass der Täter bei ständiger Würdigung der Sachlage damit rechnen muss, dass die Tat bereits entdeckt war.

Im Ergebnis hat der Steuerpflichtige allenfalls Kenntnis der erhöhten Gefahr einer bevorstehenden Entdeckung der Tat bzw. muss mit einer solch erhöhten Gefahr einer bevorstehenden Entdeckung rechnen.

IV. Aktuelle Rechtsprechung zum Beweisverwertungsverbot
1. Bundesverfassungsgericht vom 9.11.2010 II B VR 2101/09[42]

Das Bundesverfassungsgericht betont in dem Nichtannahmebeschluss mehrfach, dass es lediglich die Prüfungskompetenz dafür hat, ob das Fachgericht bei der Rechtsfindung die gesetzgeberische Grundentscheidung respektiert und von den anerkannten Methoden der Gesetzesauslegung in vertretbarer Weise Gebrauch macht. So konnte die erste Kammer des zweiten Senats des Bundesverfassungsgerichts die meisten, hier drängenden Fragen, offen lassen.

---

[39] *Schwedhelm/Wulf*, Stbg 2008, 294.
[40] *Stahl*, Selbstanzeige und Strafbefreiende Erklärung, 2. Aufl., 2004, Rz. 341; ders. in Kösdi 1998, 11663; *Hofmann*, PStR 1998, 399; *Karpinski*, PStR 1998, 55; aA: *Feldhausen*, PStR 1998, 9; *Wehrus*, PStR 1998, 86.
[41] I. Erg. ebenso: *Schwedhelm/Wulf*, Stbg 2008, 294; Randt/Schauf, DStR 2008, 489.
[42] NJW 2011, 2417 ff.

Die Kammer stellt deutlich heraus, dass ein Beweisverwertungsverbot nur bei schwerwiegenden, bewussten oder willkürlichen Verfahrensverstößen, bei denen die grundrechtlichen Sicherungen planmäßig oder systematisch außer Acht gelassen worden sind, geboten sei. Ein absolutes Beweisverwertungsverbot unmittelbar aus den Grundrechten sei nur für solche Fälle anerkannt, in denen der absolute Kernbereich privater Lebensgestaltung berührt sei. Das sei vorliegend nicht der Fall, da es lediglich um die Geschäftsbeziehung des deutschen Bankkunden zu seinem Bankinstitut im Ausland gehe.

Die Frage, ob die Beschaffung der Daten in strafrechtlich relevanter Weise erfolgt sei, könne offen bleiben. Hintergrund ist, dass es im vorliegenden Fall nicht um die Frage der Schuldfeststellung im Rahmen eines strafrechtlichen Hauptverfahrens geht, sondern lediglich die Frage betroffen ist, ob die erlangten Daten weiteren Ermittlungsmaßnahmen zugrunde gelegt werden dürfen. Insofern hat das Bundesverfassungsgericht keine Bedenken. Sollten Straftaten von Privaten (hier Herr KIEBER) bei der Datenbeschaffung begangen worden sein, müsse dies bei der Beurteilung eines möglichen Verwertungsverbots keinesfalls berücksichtigt werden, da sich die Strafprozessordnung nur an die staatlichen Strafverfolgungsorgane richtet.

Schließlich sei das Trennungsgebot zwischen Geheimdiensten und Polizeibehörden nicht verletzt. Das Bundesverfassungsgericht hatte hierzu keine weiteren Informationen.

Anmerkung: Die Entscheidung ist letztlich nur im Bezug auf die Verwendung von Informationen im Ermittlungsverfahren und nicht im strafrechtlichen Hauptverfahren oder gar im steuerlichen Festsetzungsverfahren ergangen. Sie berücksichtigt den Umstand, dass Deutschland für die Erlangung der Informationen einen hohen Geldbetrag gezahlt hat nicht – obwohl die inkriminierte Herkunft der Daten-CD bekannt war.

2. Finanzgericht Köln[43]

Das Finanzgericht Köln beginnt seine Argumentation mit der überraschenden Ausführung, ernsthafte Zweifel an der Rechtmäßigkeit der angefochtenen Bescheide seien schon deswegen nicht hinreichend dargetan, da der Antragsteller seiner Mitwirkungspflicht nicht nachgekommen sei. Für Vorgänge die sich im Ausland ereignet hätten, träfe den Steuerpflichtigen eine erhöhte Mitwirkungspflicht. Doch gerade das Bestehen einer Einkunftsquelle im Ausland hatte der Steuerpflichtige bestritten. Die Argumentation wirkt hier etwas als Zirkelschluss. Zur Mitwirkungspflicht kommt man nur, wenn die Informationen, die nicht verwertbar sein sollen, als gegeben unterstellt werden.

---

[43] Beschluss vom 15.12.2010 14 V 2484/10, ZWH 2011, 33 ff.

Im Weiteren stellt das Finanzgericht dar, dass es ein qualifiziertes, materielles, steuerliches „Verwertungsverbot" nur gebe, wenn die Ermittlung der Tatsachen einen verfassungsrechtlich geschützten Bereich des Steuerpflichtigen verletzt oder selbige in strafbarer Weise von der Finanzbehörde erlangt worden seien. Es wird auf die Rechtsprechung des Bundesfinanzhofs und den aktuellen Beschluss des Bundesverfassungsgerichts vom 9.11.2010 Bezug genommen.

Weiter führt das Finanzgericht aus, der Ankauf der Daten sei nicht strafbar gewesen, denn das Geschäfts- oder Betriebsgeheimnis iSv. § 17 II Nr. 2 UWG sei nur dasjenige des Unternehmensinhabers. Eventuelle Geheimhaltungsinteressen der Kunden seien nicht betroffen. Ferner liege kein Verwertungsverbot aus völkerrechtlichen Gründen vor, die Bankangestellten hätten sich von selbst an die deutsche Finanzverwaltung gewandt. Deren Handlung sei Deutschland nicht zuzurechnen.

Die Argumentation des Finanzgerichts hat zwei Schwachstellen: Wer als Bankinstitut tätig wird, hat als Unternehmensinhaber selbstverständlich ein Geheimhaltungsinteresse, das auch all seine Kunden betrifft. Ferner muss sich der deutsche Staat die Frage gefallen lassen, ob durch eine Vergütung in Millionenhöhe nicht eine Anreizwirkung für die Datenbeschaffung im Bankensektor, dh. letztlich ein „schwarzer Markt" geschaffen wird.

B. Die „neue" Selbstanzeige nach Verlängerung der strafrechtlichen Verfolgungsverjährung und dem Hinzukommen neuer Sperrgründe durch das Schwarzgeldbekämpfungsgesetz vom 28.4.2011

Fall 2:

Die Eheleute A verfügen über zwei Geldanlagen im Ausland, die beide dem deutschen Fiskus nicht bekannt sind. Nachdem es immer mehr Pressemeldungen über Bank-Daten-CDs aus der Schweiz gibt, überlegen die Eheleute insofern eine Selbstanzeige abzugeben. Das Konto bei einer kleinen Privatbank in Österreich scheint nicht „gefährdet" und soll verschwiegen bleiben.

► Ist ein solches Verfahren sinnvoll/möglich?

► Mit welcher Zahlungsverpflichtung müssen die Eheleute rechnen, wenn die jährliche Steuererhöhung bei jeweils € 75.000,-- läge?

Lösungshinweise:

Schrifttum: *Streck/Spatscheck*, Die Steuerfahndung, 4. Aufl., 2006; *Franzen/Gast/Joecks*, Steuerstrafrecht, 7. Aufl., 2009; *Salditt*, „Geschützte Selbstanzeige – der Beschluss des 1. Strafsenats des BGH vom 20.5.2010", PStR 2010, 168 ff.; *Weidemann*, „Keine wirksame Teilselbstanzeige", PStR 2010, 175; *Wulf*, „Auf dem Weg zur Abschaffung der strafbefreienden Selbstanzeige (§ 371 AO)?", wistra 2010, 286; *Meyberg*, „Straffreiheit nur bei vollständiger Rückkehr zur Steuerehrlichkeit", PStR 2010, 162; *Wegner*, „Bedenken gegen Reform des Verjährungsrechts", PStR 2009, 33; *Bender*, „ Die Verfolgungsverjährung für Steuerhinterziehung nach dem JahressteuerG 2009", wistra 2009, 215; *Pelz*, „Neuregelung der Verfolgungsverjährung für Steuerhinterziehung – Neue Herausforderungen für die Praxis", NJW 2009, 470, 471 sowie *Wulf*, „Die Verschärfung des Steuerstrafrechts zum Jahreswechsel 2008/2009", DStR 2009, 459, 460; *Wulf*, „Strafrechtliche und steuerliche Verjährung im Steuerfahndungsverfahren", Stbg 2008, 445, 447; Bericht des Finanzausschusses, BT-Drucks. 17/5067 (neu), 21.

I. Systematische Funktion und Einordnung

§ 371 AO erscheint auf den ersten Blick wie ein Fremdkörper im Strafgesetzbuch und eine Besonderheit des deutschen Steuerstrafrechts. Tatsächlich ist dies nicht der Fall.

Die Steuerhinterziehung ist als Straftatbestand mit einem weit vorverlagerten Vollendungszeitpunkt ausgestaltet. Die Strafbarkeit wegen der vollendeten Tat tritt bereits mit der unzutreffenden Steuerfestsetzung als „Steuerverkürzung" ein, obwohl das geschützte Rechtsgut, das Fiskalvermögen des Staates, hierdurch zunächst nicht beeinträchtigt wird (der staatliche Steueranspruch besteht schließlich fort). Es handelt sich um ein **Delikt mit materieller Versuchsstruktur**, mit dem die bloße Gefährdung der Fiskalinteressen unter Strafe gestellt wird.

Unter diesem Blickwinkel fügt sich § 371 AO in die **sonstigen strafrechtlichen Regelungen** nahtlos ein: Die Versuchsstrafbarkeit wird nach deutschem Recht generell beseitigt, wenn der Täter **von der Tat zurücktritt** (§ 24 StGB), bei vielen Gefährdungstatbeständen des Strafgesetzbuchs mit einem vergleichbar weit vorverlagerten Vollendungszeitpunkt gewährt das Gesetz Straffreiheit, wenn der Täter die nachteiligen Folgen seiner Tat wieder beseitigt (vgl. bspw. die **Tätige Reue** bei den Brandstiftungsdelikten, § 306 e StGB); in ähnlicher Weise wie § 371 AO eröffnet schließlich auch das Parteiengesetz den Weg zur strafbefreienden **Selbstanzeige in den Fällen unzulässiger Parteifinanzierung** (§ 31 d Abs. 1 Satz 2 PartG).

Wie in Deutschland besteht auch in **vielen anderen Industriestaaten** die Möglichkeit, durch die Offenlegung von bewusst verschwiegenen oder auch nur rechtlich zweifelhaften Sachverhalten gegenüber den Finanzbehörden – gesetzlich garantiert – das strafrechtliche Risiko eines Steuervergehens auszuräumen.[1]

Für das **System der steuerlichen Mitwirkungspflichten** hat die Möglichkeit der Selbstanzeige zentrale Bedeutung: Der Bürger kann so dem Steuerfiskus auch nach einer bereits eingereichten Steuererklärung offen gegenübertreten, ohne strafrechtliche Verfolgung fürchten zu müssen. Wer über Jahre steuerlich fehlerhaft gehandelt hat, kann den Weg der Selbstanzeige (§ 371 AO) beschreiten, die Steuer nachzahlen und damit auch in der Zukunft ein steuerehrliches Leben führen. Der Einwand, an einer wahrheitsgemäßen Erfüllung seiner steuerlichen Erklärungspflichten gehindert zu sein, da er sich anderenfalls selbst der Strafverfolgung für die Vergangenheit ausgeliefert hätte, wird dem Steuerhinterzieher so genommen.

II. Aktuelle Rechtsentwicklung

Im Anschluss an die durch den Kauf gestohlener Bankdaten ausgelöste **Welle von Nacherklärungen** ist eine rechtspolitische Diskussion über die Zukunft der Selbstanzeige entbrannt. Im Mai 2010 hat der für das Steuerstrafrecht zuständige Strafsenat des BGH in diese Diskussion eingegriffen und in Form von „obiter dicta" höchst missverständliche Leitlinien zur Selbstanzeige formuliert, die erkennen lassen, dass der Senat einer Einschränkung der bestehenden Selbstanzeigemöglichkeiten wohlwollend gegenübersteht.[2] Die Anregungen des BGH sind im Gesetzgebungsverfahren aufgenommen

---

[1] Eine kurze Übersicht findet sich in der Erwiderung der Bundesregierung auf eine parlamentarische Anfrage der Fraktion „Die Linke" vom 6.4.2010, BT-Drucks. 17/1352, auszugsweise wiedergegeben im Gesetzgebungsbericht der wistra 2010, S. VI.

[2] BGH vom 20.5.2010 1 StR 577/09, BGHSt. 55, 180, mit kritischer Anmerkung *Salditt*, PStR 2010, 168; *Weidemann*, PStR 2010, 175; *Wulf*, wistra 2010, 286; dem BGH zustimmend hingegen *Meyberg*, PStR 2010, 162.

Teil I. Steuerhinterziehung im grenzüberschreitenden Bereich 19

worden. Der Bundesrat hatte sich in einer Beschlussempfehlung zum **Jahressteuergesetz 2010** der Entscheidung des 1. Strafsenats angeschlossen und zunächst noch weit über die Anregung des BGH hinausgehende Einschränkungen von § 371 AO vorgeschlagen.[3] Die Vorschläge des Bundesrats wurden im Gesetzgebungsverfahren als zu weitreichend kritisiert und deshalb zunächst nicht in das Jahressteuergesetz 2010 aufgenommen.

Die Bundesregierung stellte stattdessen am 14.12.2010 den Entwurf für ein **„Schwarzgeldbekämpfungsgesetz"** vor, mit dem das Projekt der Einschränkung von § 371 AO in revidierter Form vorangetrieben wurde.[4] Auch die dortigen Formulierungen wurden in der Sachverständigenanhörung kritisiert und als zu weitgehend gebrandmarkt.[5] Die Kritik bezog sich vor allem darauf, dass der Gesetzgeber zunächst die Absicht hatte, strafbare Selbstanzeigen nur noch dann anzuerkennen, wenn „aus sämtlichen strafrechtlichen bisher noch nicht verjährten Besteuerungszeiträumen (...) sämtliche Unrichtigkeiten vollumfänglich berichtigt" würden.[6]

Gesetz geworden ist dann eine etwas abgeschwächte Regelung, die hinsichtlich der Vollständigkeit der Erklärung nur noch alle (noch nicht verjährten) Taten einer Steuerart einbezieht. Das neue Gesetz wurde am 17.3.2011 im Bundestag und sodann am 15.4.2011 im Bundesrat verabschiedet. Der Bundespräsident hat das Gesetz am 28.4.2011 unterzeichnet und damit „ausgefertigt". Die Veröffentlichung im Bundesgesetzblatt erfolgte kurze Zeit später, bereits am 2.5.2011.

Damit sind die **Neuregelungen zum 3.5.2011 – am Tag nach der Verkündung – in Kraft** getreten.

§ 371 AO neuerer Form lautet:

„*§ 371 AO Selbstanzeige bei Steuerhinterziehung*"

1. Wer gegenüber der Finanzbehörde zu allen unverjährten Steuerstraftaten einer Steuerart in vollem Umfang die unrichtigen Angaben berichtigt, die unvollständigen Angaben ergänzt oder die unterlassenen Angaben nachholt, wird wegen dieser Steuerstraftaten nicht nach § 370 bestraft.

---

[3] BT-Drucks. 318/10, 79 ff.
[4] BT-Drucks. 17/4182, 3 ff.
[5] Vgl. bereits die Kritik des Bundesrats, BT-Drucks. 17/4802, 7 ff. sowie nachfolgend dann BT-Drucks. 17/5067, 8.
[6] Zitat aus der Begründung zum Regierungsentwurf, BT-Drucks. 17/4182, 5.

2. Straffreiheit tritt nicht ein, wenn
1. bei einer der zur Selbstanzeige gebrachten, unverjährten Steuerstraftaten vor der Berichtigung, Ergänzung oder Nachholung
   a) dem Täter oder seinem Vertreter eine Prüfungsanordnung nach § 196 bekannt gegeben worden ist oder
   b) dem Täter oder seinem Vertreter die Einleitung des Straf- oder Bußgeldverfahrens bekannt gegeben worden ist oder
   c) ein Amtsträger der Finanzbehörde zur steuerlichen Prüfung, zur Ermittlung einer Steuerstraftat oder einer Steuerordnungswidrigkeit erschienen ist oder
2. eine der Steuerstraftaten im Zeitpunkt der Berichtigung, Ergänzung oder Nachholung ganz oder zum Teil bereits entdeckt war und der Täter dies wusste oder bei verständiger Würdigung der Sachlage damit rechnen musste oder
3. die nach § 370 Abs. 1 verkürzte Steuer oder der für sich oder einen anderen erlangte nicht gerechtfertigte Steuervorteil einen Betrag von € 50.000,-- je Tat übersteigt.

3. Sind Steuerverkürzungen bereits eingetreten oder Steuervorteile erlangt, so tritt für den an der Tat Beteiligten Straffreiheit nur ein, wenn er die aus der Tat zu seinen Gunsten hinterzogenen Steuern innerhalb der ihm bestimmten angemessenen Frist entrichtet.

4. Wird die in § 153 vorgesehene Anzeige rechtzeitig und ordnungsgemäß erstattet, so wird ein Dritter, der die in § 153 bezeichneten Erklärungen abzugeben unterlassen oder unrichtig oder unvollständig abgegeben hat, strafrechtlich nicht verfolgt, es sei denn, dass ihm oder seinem Vertreter vorher die Einleitung eines Straf- oder Bußgeldverfahrens wegen der Tat bekannt gegeben worden ist. Hat der Dritte zum eigenen Vorteil gehandelt, so gilt Absatz 3 entsprechend."

III. Die Selbstanzeige im verschärften Steuerstrafrecht

Um die Änderungen bei § 371 AO richtig einzuordnen und die für die Praxis problematischen Fälle zu erkennen, muss man den gesetzgeberischen Hintergrund berücksichtigen. Die Änderungen des Schwarzgeldbekämpfungsgesetzes stellen nämlich nur eine Fortsetzung in der Entwicklung von Rechtsprechung und Gesetzgebung dar, die insgesamt auf eine Verschärfung des Steuerstrafrechts ausgerichtet ist.

1. Verschärfte Strafzumessung nach der BGH-Entscheidung vom 2.12.2008

Der 1. Strafsenat hat seit dem Sommer 2008 innerhalb der Geschäftsverteilung des BGH die **Zuständigkeit für die Steuerstrafverfahren** übernommen. Zuvor war diese

Teil I. Steuerhinterziehung im grenzüberschreitenden Bereich 21

Sonderzuständigkeit längere Zeit vom 5. Strafsenat in Leipzig wahrgenommen worden.[7] Die Karlsruher Richter haben ihre Tätigkeit mit einem Paukenschlag begonnen und sich mit einem Urteil vom 2.12.2008 grundlegend zur Strafzumessung im Steuerstrafrecht geäußert. Dabei ging es vorrangig um eine Vereinheitlichung der Strafzumessung und die Anknüpfung an das Regelbeispiel der Steuerverkürzung „in großem Ausmaß".

a) Hintergrund und Kernaussagen der BGH-Entscheidung

Der Entscheidung lag ein **typischer Steuerfahndungssachverhalt** zugrunde. Ein Trockenbauunternehmer hatte Schwarzlöhne gezahlt und die hierauf entfallenden Erlöse in den Umsatzsteuererklärungen verschwiegen. Um seinen Kunden den Vorsteuerabzug zu verschaffen, hatte er zusätzlich Abdeckrechnungen beschafft. Für fünf Jahre ergab sich ein Schaden von insgesamt rund € 2 Mio.[8] Der Unternehmer bezahlte die Nachforderungen und gab ein Geständnis ab. Das LG Landshut verurteilte zu einer Gesamtstrafe von einem Jahr und elf Monaten, die **nicht zur Bewährung ausgesetzt** wurde, wobei der Angeklagte zum Zeitpunkt der Tatbegehung bereits unter Bewährung wegen eines vorangegangenen ähnlichen Delikts stand. Der BGH bestätigte die Strafzumessung sowohl der Höhe nach als auch hinsichtlich der Versagung der Strafaussetzung zur Bewährung (vgl. § 56 Abs. 2 StGB).[9]

Das Ergebnis des Revisionsverfahrens ist als solches wenig überraschend. Aufmerksamkeit erregt die Entscheidung durch die **ausführlichen Darlegungen zur Strafzumessung** bei § 370 AO, die weit über das hinausgehen, was zur Entscheidung des Falls erforderlich gewesen wäre.

Die Kernaussagen der Entscheidung waren bereits in der Pressemitteilung enthalten:[10]

▶ Eine Steuerhinterziehung „in großem Ausmaß" iSd. Regelbeispiels aus § 370 Abs. 3 Nr. 1 AO ist danach anzunehmen, wenn der Steuerschaden im Einzelfall mehr als € 50.000,-- beträgt.

▶ Jedenfalls bei einem Schaden ab € 100.000,-- kommt die Verhängung einer Geldstrafe somit nur bei Vorliegen von gewichtigen Milderungsgründen in Betracht.

---

[7] Der Wechsel in der Zuständigkeit gilt für alle Revisionen, die seit dem 1.6.2008 beim BGH eingegangen sind. In der Zuständigkeit des 5. Strafsenats verbleiben nur die Verfahren, in denen neben Verstößen gegen die AO gleichzeitig über Vorwürfe nach dem BtMG zu entscheiden ist.

[8] Im Einzelnen: € 373.000,-- USt, € 354.000,-- LSt, € 200.000,-- Vorsteuer und € 947.000,-- Gesamtsozialversicherungsbeiträge.

[9] Weitergehender Schwerpunkt der Entscheidung war die Anwendung der Nettolohnfiktion aus § 14 Abs. 2 SGB IV bei Berechnung des strafrechtlichen Sozialversicherungsschadens, von einer Kommentierung dieser Frage wird hier abgesehen.

[10] BGH-Pressemitteilung Nr. 221/2008, abzurufen unter www.bundesgerichtshof.de.

▶ Bei einem Steuerschaden ab € 1 Mio. kommt eine aussetzungsfähige Freiheitsstrafe nur bei Vorliegen von besonders gewichtigen Milderungsgründen noch in Betracht. Dies bedeutet gleichzeitig, dass diese Fälle für eine Erledigung im Strafbefehlsverfahren regelmäßig nicht geeignet erscheinen.

b) Die maßgeblichen Strafzumessungsgesichtspunkte aus Sicht des 1. Strafsenats

Anders als die plakative Pressemitteilung zunächst befürchten ließ, hat sich der BGH – wie ein gründliches Studium der Urteilsgründe zeigt – keineswegs für eine gleichsam mathematische Ermittlung der „richtigen Strafe" im Bereich der Steuerhinterziehung ausgesprochen. Der BGH betont vielmehr gleich zu Beginn, dass zwar die Höhe der verkürzten Steuern ein bestimmender Strafzumessungsumstand sei, dass aber sowohl für die Auswahl des Strafrahmens als auch für die konkrete Strafzumessung eine **schematische und „tarifmäßige" Vorgehensweise** gesetzeswidrig wäre. Es bleibt auch für die Steuerhinterziehung dabei, dass alle in § 46 StGB beschriebene Strafzumessungsumstände zu berücksichtigen und gegeneinander abzuwägen sind.[11] Für die Auswahl des Strafrahmens (d.h. die Anwendung von § 370 Abs. 1 oder § 370 Abs. 3 AO) sei das Merkmal „in großem Ausmaß" allerdings von bestimmender Bedeutung. Aus Gründen der Rechtssicherheit müsse hierfür ein **objektives Kriterium** und damit ein konkreter Betrag gefunden werden, der im Anschluss an die Rechtsprechung zu § 263 StGG mit € **50.000,--** festzulegen sei.[12] Der Senat betont, er habe dabei die strukturellen Unterschiede zwischen dem Tatbestand des Betrugs und dem der Steuerhinterziehung durchaus bedacht, gleichwohl seien diese „qualitativen Besonderheiten" aber nicht geeignet, für § 370 AO zu einem anderen Grenzbetrag zu kommen.

Immerhin sei allerdings – wie auch beim Betrug – zwischen einem tatsächlich eingetretenen Vermögensverlust und einem bloßen Gefährdungsschaden zu unterscheiden: Beschränke sich das Verhalten des Täters auf die Untätigkeit gegenüber den Finanzbehörden und eine dadurch bedingte Gefährdung des Steueranspruchs (sprich: die **unterlassene Festsetzung**), so sei das „große Ausmaß" nicht bereits bei € 50.000,-- erfüllt. Der Senat nennt für diese Fälle eine **Wertgrenze von € 100.000,--**.[13]

Der BGH bestätigt schließlich ausdrücklich die bisherige Rechtsprechung, wonach für die Schwelle des „großen Ausmaßes" auf **jede einzelne Tat im materiellen Sinne** abzustellen ist. Nur bei tateinheitlicher Begehung (§ 52 StGB) kann auch nach Auffassung des 1. Senats eine Zusammenrechnung von Schadensbeträgen erfolgen.[14]

---

[11] BGH vom 2.12.2008 1 StR 416/08, wistra 2009, 107 ff., Tz. 20-24 der Entscheidungsgründe.
[12] BGH vom 2.12.2008 1 StR 416/08, wistra 2009, 107 ff., Tz. 25-34 der Entscheidungsgründe.
[13] BGH vom 2.12.2008 1 StR 416/08, wistra 2009, 107 ff., Tz. 37-39 der Entscheidungsgründe.
[14] BGH vom 2.12.2008 1 StR 416/08, wistra 2009, 107 ff., Tz. 40-43 der Entscheidungsgründe unter Hinweis auf *Joecks* in Franzen/Gast/Joecks, Steuerstrafrecht, 7. Aufl., 2009, § 370 Rz. 268.

Nur für die vom BGH genannten „Hinterziehungsbeträge in Millionenhöhe" bleibt nach den Urteilsgründen etwas unklar, ob sich dies auf die konkrete Einzeltat isv. § 52 StGB oder auf den abzuurteilenden Gesamtschaden bezieht. Liest man die entsprechende Passage des Urteils gründlich, so ergibt sich eigentlich, dass **auch die „Millionengrenze" wohl auf den konkreten Einzelfall zu beziehen** sein müsste. Denn der Senat beschäftigt sich an der entsprechenden Stelle mit der Frage, unter welchen Voraussetzungen von dem Indiz des „großen Ausmaßes" auf das Vorliegen eines „besonders schweren Falls" geschlossen werden kann, und dies ist für jeden Einzelfall zu beurteilen. Versteht man die Entscheidung so, dann sind die Ausführungen zur Steuerhinterziehung in Millionenhöhe von recht eingeschränkter Bedeutung. Denn Fälle, in denen bereits die Einzeltat zu einem Steuerschaden von € 1 Mio. und mehr führt, sind ausgesprochen selten. Anders wäre dies, wenn die „Millionengrenze" auf den abzuurteilenden Gesamtschaden zu beziehen sein sollte.

Der BGH beschreibt im Übrigen ausführlich, welche sonstigen **Strafmilderungsgründe** und welche **Strafschärfungsgründe** bezgl. der Strafrahmenwahl (also für die Frage, ob § 370 Abs. 3 AO Anwendung findet) zu berücksichtigen sind, und nennt in diesem Zusammenhang insbesondere die nachfolgenden Gesichtspunkte:[15]

„Die ‚Indizwirkung' des ‚großen Ausmaßes' kann einerseits durch sonstige Milderungsgründe beseitigt, andererseits aber auch durch Strafschärfungsgründe verstärkt werden.

Ein die Indizwirkung des Hinterziehungsbetrages beseitigender Milderungsgrund ist etwa gegeben, wenn sich der Täter im Tatzeitraum im Wesentlichen steuerehrlich verhalten hat und die Tat nur einen verhältnismäßig geringen Teil seiner steuerlich relevanten Betätigungen betrifft. Bedeutsam ist daher das Verhältnis der verkürzten zu den gezahlten Steuern. Hat sich der Täter vor der Tat über einen längeren Zeitraum steuerehrlich verhalten, ist auch dies in den Blick zu nehmen. In die vorzunehmende Gesamtwürdigung ist auch die Lebensleistung und das Verhalten des Täters nach Aufdeckung der Tat einzubeziehen, etwa ein (frühzeitiges) Geständnis, verbunden mit der Nachzahlung verkürzter Steuern oder jedenfalls dem ernsthaften Bemühen hierzu. Der „Schadenswiedergutmachung" durch Nachzahlung verkürzter Steuern kommt schon im Hinblick auf die Wertung des Gesetzgebers im Falle einer Selbstanzeige (§ 371 AO) besondere strafmildernde Bedeutung zu.

Gegen eine Geldstrafe oder – bei entsprechend hohem Hinterziehungsbetrag – eine aussetzungsfähige Freiheitsstrafe spricht es insbesondere, wenn der Täter Aktivitäten entfaltet hat, die von vornherein auf die Schädigung des Steueraufkommens in großem Umfang ausgelegt waren, etwa weil der Täter unter Vorspiegelung erfundener Sachverhalte das ‚Finanzamt als Bank' betrachtete und in erheblichem Umfang unberechtigte Vorsteu-

---

[15] BGH vom 2.12.2008 1 StR 416/08, wistra 2009, 107 ff., Tz. 44-47 der Entscheidungsgründe.

ererstattungen erlangt hat oder weil der Täter die Steuerhinterziehung in sonstiger Weise gewerbsmäßig oder gar ‚als Gewerbe' betrieb. Gleiches gilt auch für den Aufbau eines aufwendigen Täuschungssystems, die systematische Verschleierung von Sachverhalten und die Erstellung oder Verwendung unrichtiger oder verfälschter Belege zu Täuschungszwecken. Strafschärfende Bedeutung hat es zudem, wenn der Täter besondere Unternehmensstrukturen aufgebaut hat, die auch der Bereicherung durch Steuerhinterziehung dienen sollten, wenn der Täter das Ziel verfolgt, das Steueraufkommen durch wiederholte Tatbegehung über einen längeren Zeitraum nachhaltig zu schädigen, wenn er andere Personen verstrickt hat, wenn er systematisch Scheingeschäfte tätigt oder Scheinhandlungen vorgenommen hat (vgl. § 41 Abs. 2 Satz 1 AO) oder wenn er in größerem Umfang buchtechnische Manipulationen vorgenommen oder gezielt durch Einschaltung von Domizilfirmen im Ausland oder Gewinnverlagerungen ins Ausland schwer aufklärbare Sachverhalte geschaffen hat (vgl. auch die Beispiele bei Schäfer/Sander/Van Gemeren, Praxis der Strafzumessung, 4. Aufl., Rz. 1018, mwN). Solche Umstände sind bei anpassungsfähigen Hinterziehungssystemen, wie etwa den sog. Umsatzsteuerkarussellgeschäften, bei Kettengeschäften unter Einschaltung sog. „Serviceunternehmen" und im Bereich der illegalen Arbeitnehmerüberlassungen regelmäßig gegeben (vgl. BGH, NStZ-RR 2007, 176, 178)."

Abschließend betont der 1. Strafsenat nochmals den allgemeinen Grundsatz, wonach die Erfüllung des Merkmals „Steuerhinterziehung in großem Ausmaß" nur eine **Indizwirkung** bei der Entscheidung der Frage hat, ob der Grundstrafrahmen oder der erweiterte Strafrahmen Anwendung findet.[16]

2. Auswirkungen in der Praxis

Die Entscheidung des BGH hat mittelbare Auswirkungen auf die Praxis der Strafzumessung. Sie wirkt wie ein Aufruf an die Strafverfolgungsbehörden, ist aber nicht rechtsverbindlich.

Die sachliche **Unabhängigkeit eines jeden Richters** ist durch das Grundgesetz garantiert (Art. 97 Abs. 1 GG). Dies gilt auch rechtsprechungsintern, d.h. nach deutschem Rechtsverständnis werden die unteren Instanzgerichte durch Entscheidungen des BGH als Revisionsgericht prinzipiell nicht gebunden. Eine solche Bindung existiert nur ganz **ausnahmsweise im Falle des § 358 StPO**, wenn ein Strafurteil in der Revisionsinstanz aufgehoben und dann an das Untergericht zur anderweitigen Verhandlung und Entscheidung zurückverwiesen wird. Hier ist ausnahmsweise die rechtliche Beurteilung, die der Aufhebung des Urteils zugrunde liegt, zwingend auch bei der erneuten Entscheidung des Untergerichts zugrunde zu legen.

---

[16] BGH vom 2.12.2008 1 StR 416/08, wistra 2009, 107 ff., Tz. 49-50 der Entscheidungsgründe.

Außerhalb von § 358 StPO und insbesondere, wenn es sich nur um Mitteilungen aus Anlass einer Entscheidung („obiter dicta") handelt, stellen die Ausführungen des BGH als Revisionsgericht nur den Versuch dar, durch „geistige Überzeugungskraft" Einfluss auf die Praxis zu nehmen.[17]

Weicht das Untergericht bei seiner Strafzumessung von dem ab, was der BGH für zutreffend erachtet, dann bleibt die Entscheidung des Untergerichts auch im Rahmen der Revisionsinstanz unabänderlich, solange sich der Tatrichter innerhalb der ihm **durch das Gesetz eingeräumten Bandbreite** „richtige Strafzumessungsentscheidungen" bewegt.[18] Nur wenn der Richter am Amtsgericht oder am Landgericht diesen Spielraum verlässt, kann das Revisionsgericht eingreifen.

Im Übrigen haben es die Beteiligten des Verfahrens in der Hand, durch **Nutzung der gesetzlichen Einstellungsvorschriften** nach §§ 153 a, 154 und 154 a StPO Teile von Strafverfahren oder den Abschluss des Strafverfahrens insgesamt einer revisionsrichterlichen Überprüfung zu entziehen. Gleiches gilt selbstverständlich auch dann, wenn unter den Beteiligten des erstinstanzlichen Verfahrens eine Absprache getroffen wird und gegen das dann ergehende Urteil **keiner der Beteiligten Rechtsmittel einlegt**.

3. Verlängerung der strafrechtlichen Verjährung von fünf auf zehn Jahre (§ 376 AO idF des JStG 2009)

Der Gesetzgeber hat Ende 2008 die Vorschriften über die Strafverfolgungsverjährung im Steuerstrafrecht geändert und die maßgeblichen Fristen für die besonders schweren Fälle von fünf auf zehn Jahre verlängert. § 376 Abs. 1 AO in der Fassung des Jahressteuergesetzes 2009 lautet:

„In den in § 370 Abs. 3 Satz 2 Nr. 1 bis 5 genannten Fällen besonders schwerer Steuerhinterziehung beträgt die Verjährungsfrist zehn Jahre."

Die Verlängerung der strafrechtlichen Verjährungsfrist erfasst somit nur die Fälle, die im Rahmen der Strafzumessungsvorschrift des § 370 Abs. 3 AO als Regelbeispiele formuliert sind. Der bisherige Wortlaut von § 376 AO wird Abs. 2 der neuen Vorschrift. Ergänzend hat der Gesetzgeber den zeitlichen Anwendungsbereich der Neuregelung klargestellt (vgl. § 23 EGAO nF).[19]

Die Neuregelungen des Jahressteuergesetzes 2009 zur Strafverfolgungsverjährung sind nach der Bekanntmachung des Gesetzes im Bundesgesetzblatt vom 24.12.2008 am

---

[17] Anschaulich hierzu *Salditt*, PStR 2009, 15, 18 unter Hinweis auf *Hillgruber* in Maunz-Dürig, Kommentar zum Grundgesetz, Art. 97 Rz. 95 (Mai 2008).

[18] Einzelheiten bei *Schäfer/Sander/von Gemmeren*, Praxis der Strafzumessung, 2008, Rz. 461 ff.

[19] Zur Neufassung vgl. ua. *Wegner*, PStR 2009, 33; *Bender*, wistra 2009, 215; *Pelz*, NJW 2009, 470, 471 sowie *Wulf*, DStR 2009, 459, 460.

darauf folgenden Tag, dem 25.12.2008, in Kraft getreten (vgl. Art. 39 Abs. 1 JStG 2009).[20]

4. Anknüpfung an die Regelbeispiele des § 370 Abs. 3 AO

Der Grundgedanke der Neuregelung, wonach für besonders hervorgehobene Begehungsformen ein erhöhter Strafrahmen und eine verlängerte Strafverfolgungsfrist gelten sollen, ist nicht ungewöhnlich. Bislang galt dies aber, wie z.B. die Regelung zum gewerbsmäßigen Betrug in § 263 Abs. 3 StGB zeigt, nur für die Fälle der **abschließend umschriebenen Qualifikationstatbestände**. Die Verlängerung der Verjährungsfrist folgt dann systemkonform aus der höheren Strafdrohung (vgl. § 78 Abs. 3 Nr. 3 StGB).

§ 370 Abs. 3 AO formuliert dagegen bloß **Regelbeispiele**,[21] weshalb § 376 AO nF einen Systembruch darstellt, der zu erheblichen Problemen hinsichtlich der Neufassung führt.

Die Neuregelung verweist ausdrücklich auf die „*in § 370 Abs. 3 Satz 2 Nr. 1 bis 5* genannten Fälle". Die in diesen Ziffern aufgeführten Voraussetzungen werden damit zu Tatbestandsmerkmalen einer aus § 376 Abs. 1 nF und § 370 Abs. 3 Satz 2 AO bestehenden Verjährungsvorschrift transformiert. Für die Dauer der Verfolgungsverjährung ist maßgebend, ob die in den Nr. 1 bis Nr. 5 beschriebenen Merkmale erfüllt sind.

a) Steuerhinterziehung „in großem Ausmaß"

Zur problematischen Frage, wann eine Steuerverkürzung in großem Ausmaß gemäß § 370 Abs. 3 Nr. 1 AO vorliegt, kann auf die neuere Rechtsprechung verwiesen werden. Nach der bisherigen Rechtsprechung ließ sich das Merkmal an keinem konkreten Betrag festmachen und es war auf eine **Gesamtbetrachtung** abzustellen, wobei in der Gesetzesfassung bis zum 31.12.2007 auch noch das Merkmal des „groben Eigennutzes" zu beachten war.

Der 1. Strafsenat des BGH hat nunmehr – wie beschrieben – für die Strafzumessungsregel in § 370 Abs. 3 AO vorgegeben, ein „großes Ausmaß" sei **ab einem Betrag von € 50.000,--** anzunehmen. Scheinbar müsste somit zukünftig für jede Einzeltat mit einem Verkürzungsbetrag von € 50.000,-- oder mehr eine Verjährungsfrist von zehn Jahren angenommen werden. Eine genauere Analyse der **BGH-Entscheidung vom 2.12.2008** aber zeigt, dass (mit Blick auf § 370 Abs. 3 Nr. 1 AO) jeweils im Einzelfall zu entscheiden ist, ob ein Betrag ab € 50.000,-- das Merkmal der Hinterziehung in großem Ausmaß erfüllt. Im Falle der schlichten „Nicht-Festsetzung" nennt der 1. Strafsenat

---

[20] Das Jahressteuergesetz 2009 vom 19.12.2008 ist im Bundesgesetzblatt vom 24.12.2008 veröffentlicht worden (BGBl. I 2008, 2794 ff.); das Gesetz ist – von Sonderregelungen abgesehen – am Tag nach der Verkündung in Kraft getreten.

[21] Zur Unterscheidung zwischen echten Qualifikationsmerkmalen und der Regelbeispielstechnik vgl. nur Schmitz in MüKo-StGB, Bd. 3, 2003, § 243 Rz. 1-6, mwN.

selbst einen **Grenzbetrag in Höhe von € 100.000,--**. Im Ergebnis bleibt somit für den Strafrichter die Anwendung von § 370 Abs. 1 AO mit der Regelverjährung von fünf Jahren auch in den Fällen möglich, in denen formal ein Hinterziehungserfolg von € 50.000,-- oder mehr pro Einzeltat eingetreten ist. Wann Verjährung eintritt, ist nach der neuen Rechtslage für den Bürger nicht mehr vorherzusehen.

Neben der Problematik des Grenzbetrags stellt sich auch für § 376 AO die Frage, ob und inwieweit verschiedene Vorwürfe zusammenzurechnen sind. Für die Strafzumessung gilt der Begriff der Tateinheit nach § 52 StGB. Eine **Zusammenrechnung verschiedener Verkürzungsbeträge** kommt nach diesem Maßstab nur in Betracht, wenn verschiedene Erklärungen gleichzeitig abgegeben werden und inhaltlich übereinstimmende unrichtige Angaben enthalten.

Für die Verjährung ist allerdings zu überlegen, ob nicht für die Berechnung der Verjährungsfrist stets noch **nach den einzelnen Steuerarten innerhalb der Taten zu differenzieren** ist. Inhaltlich liegt dies nahe, da auch für den Beginn der Verjährungsfrist trotz tateinheitlicher Begehung durch unrichtige Angaben (§ 370 Abs. 1 Nr. 1 AO) zwischen der USt-, der ESt- und der GewSt-Hinterziehung zu unterscheiden ist.[22]

Bei einer **Steuerhinterziehung durch Unterlassen (§ 370 Abs. 1 Nr. 2 AO)** stellt sich diese Frage allerdings schon deshalb nicht, da dort die Verletzung jeder Erklärungspflicht stets jeweils eine selbständige Tat bildet, die isoliert auf das Vorliegen einer Verkürzung „großen Ausmaßes" hin zu untersuchen ist.[23] Angesichts der überaus problematischen Abgrenzung zwischen den Verhaltensvarianten[24] spricht dies letztlich dafür, in allen Fällen von § 370 Abs. 1 AO für die Anwendbarkeit von § 376 Abs. 1 AO nF auf jeden einzelnen Steueranspruch abzustellen.

Die Gesetzesänderung, nach der die Verdoppelung der Verjährungsfrist von fünf auf zehn Jahre von dem Vorliegen einer Steuerverkürzung „großen Ausmaßes" abhängig gemacht wird, erweist sich unter dem **Gesichtspunkt der Gesetzesbestimmtheit** als höchst fragwürdig. Zwar hat das BVerfG entschieden, dass Verjährungsregelungen nicht dem strengen Maßstab des Art. 103 Abs. 2 GG unterfallen,[25] so dass das vom 5. Strafsenat für § 370 a AO aF ausgesprochene Verdikt der Verfassungswidrigkeit nicht zwangsläufig auf § 376 AO nF zu übertragen ist. Es ist aber auch mit dem allgemeinen Rechtsstaatsprinzip und dem Gesetzesvorbehalt nicht zu vereinen, wenn der Richter

---

[22] Für eine Differenzierung bereits bei der Strafzumessung idS *Schauf* in Kohlmann, Steuerstrafrecht, § 370 Rz. 1099.5 (Aug. 2008), der allerdings selbst darauf hinweist, dass dem Täter damit eine Modifizierung des Strafbarkeitsrisikos durch Aufspaltung des Erklärungsvorgangs ermöglicht wird.

[23] So ausdrücklich BGH vom 5.2.2004 5 StR 580/03, wistra 2004, 185.

[24] Vgl. nur *Weidemann/Weidemann*, wistra 2005, 207; ausführlich *Wulf*, Handeln und Unterlassen im Steuerstrafrecht, 2001, 1 ff.; zuletzt *Hild*, StraFo 2008, 445.

[25] BVerfG vom 26.2.1969 2 BvL 15/68, 2 BvL 23/68, BVerfGE 25, 269 ff.

ohne klare gesetzliche Vorgabe darüber entscheidet, ob die Steuerhinterziehung im konkreten Fall nach fünf oder zehn Jahren verjährt. Solche grundlegenden Fragen, von denen im konkreten Einzelfall die Verhängung einer langjährigen Freiheitsstrafe abhängen kann, muss der Gesetzgeber durch eine konkrete Beschreibung der Umstände, bei deren Vorliegen die längere Frist greift, selbst entscheiden. Alles andere wird dem Institut der Verjährung als Begrenzung des staatlichen Strafanspruchs nicht gerecht.

In der Praxis wird man sich aber zunächst an der betragsmäßigen Grenze von € 50.000,-- (oder € 100.000,--)[26] orientieren müssen, bis höchstrichterlich geklärt ist, ob die Formulierung des Gesetzes an dieser Stelle dem Bestimmtheitsgebot genügt. Erhöhte Bedeutung erlangt dadurch die **Auseinandersetzung um die konkrete Höhe einer eventuellen Steuerverkürzung.**

b) Beteiligung eines Amtsträgers, der seine Befugnisse missbraucht (§ 370 Abs. 3 Nr. 2 und Nr. 3 AO)

Die Regelbeispiele in Nr. 2 und Nr. 3, welche auf die Beteiligung eines Amtsträgers abstellen, erweisen sich in der Interpretation als weniger problematisch. Es gilt die Begriffsdefinition des Strafgesetzbuchs (§ 11 Abs. 1 Nr. 2 StGB), als Amtsträger kommen somit **nicht nur Finanzbeamte** in Betracht.[27] Nach der Rechtsprechung kann auch der sachlich und örtlich zuständige Veranlagungsbeamte Täter einer Steuerhinterziehung sein, wenn er selbst die unzutreffende Veranlagungsentscheidung veranlasst.[28] Große praktische Relevanz hat diese Fallgruppe naturgemäß nicht.

Nicht ausreichend wäre es aber beispielsweise, wenn ein Staatsanwalt in seiner Einkommensteuererklärung unrichtige Angaben macht, die von dem Finanzamt im Vertrauen auf die Amtsstellung des Steuerpflichtigen akzeptiert werden. Denn in dieser Konstellation liegt kein **Missbrauch von Amtsbefugnissen** vor, wie ihn die Verhaltensbeschreibung des Tatbestands voraussetzt.[29]

---

[26] Bei genauer Betrachtung gibt der 1. Strafsenat eine betragsmäßige Grenze zwischen € 50.000,-- und € 100.000,-- vor (BGH vom 2.12.2008 1 StR 416/08, wistra 2009, 107 ff., Tz. 38 f.), vgl. hierzu unten B.III. und IV.

[27] Vgl. nur *Joecks* in Franzen/Gast/Joecks, Steuerstrafrecht, 7. Aufl., 2009, § 370 Rz. 272.

[28] BGH vom 6.6.2007 5 StR 127/07, NJW 2007, 2864, mwN.

[29] Einen Grenzfall hatte das OLG Brandenburg zu entscheiden (vom 3.3.2005 2 Ss 10/05, wistra 2005, 315): Dort ging es um einen Beamten des Bundesgrenzschutzes, der Zigaretten geschmuggelt hatte. Das OLG verneinte einen Missbrauch von Amtsbefugnissen und lehnte die Anwendung von § 370 Abs. 3 AO zudem auch wegen des geringen Schadensbetrags von weniger als € 25,-- pro Tat ab.

c) Fortgesetzte Begehung unter Verwendung gefälschter Belege (§ 370 Abs. 3 Nr. 4 AO)

Das Regelbeispiel aus § 370 Abs. 3 Nr. 4 AO setzt eine fortgesetzte Begehung unter „Verwendung nachgemachter oder verfälschter Belege" voraus. Für den Begriff der Belege idS finden die **Grundsätze der Urkundendelikte** Anwendung. Ein falscher Beleg idS setzt demnach eine Täuschung über den Aussteller der Erklärung voraus, nicht ausreichend ist die sog. „schriftliche Lüge". Die Verwendung von Scheinrechnungen erfüllt also nicht das Regelbeispiel, soweit jene tatsächlich von dem anderen Unternehmer ausgestellt wurden. Ein „nachgemachter Beleg" liegt erst dann vor, wenn die Scheinrechnung im Namen eines anderen Unternehmers als vermeintlichem Aussteller erstellt wird und dieser hierzu nicht iSd. sog. „Geistigkeitstheorie" sein Einverständnis erklärt hatte.[30]

Die falschen Urkunden müssen zur Erfüllung des Regelbeispiels **den Finanzbehörden im Besteuerungsverfahren vorgelegt werden**. Eine Ablage in der Buchhaltung oder die Übersendung an den Steuerberater sind nicht ausreichend.[31]

Der Tatbestand verlangt zudem eine fortgesetzte Begehung, d.h. der Täter muss **mehr als einmal** in der beschriebenen Art und Weise unrichtige Angaben iSv. von § 370 Abs. 1 Nr. 1 AO gemacht haben. Im normalen Veranlagungsverfahren kommen somit nur die Fälle für eine verlängerte Verjährungsfrist in Betracht, in denen mit der Erklärung selbst mehrfach Belege und Unterlagen vorgelegt werden. Im unternehmerischen Bereich stellt dies eher die Ausnahme dar. Die Unterlagen werden in diesen Fällen zumeist erst in der Betriebsprüfung durch das Finanzamt eingesehen. Es stellt sich dann die Frage, ob durch das **Verhalten in der Betriebsprüfung** die verlängerte Verjährungsfrist aus § 376 Abs. 1 iVm. § 370 Abs. 3 Nr. 4 AO eingreift, obwohl die Ursprungstat durch Abgabe der unzutreffenden Steuererklärung selbst die Voraussetzungen des Regelbeispiels nicht erfüllte. Der BGH behandelt in diesen Fällen die unrichtigen Angaben aus der Betriebsprüfung als mitbestrafte Nachtat.[32] Dies hat gerade für die Verjährung Bedeutung: Ist die Ursprungstat bei Aufdeckung des Sachverhalts bereits verjährt, so soll die später begangene Nachtat – die Täuschung in der Betriebsprüfung – strafrechtlich zu eigener Bedeutung erwachsen und ggf. zu einer Verurteilung führen können. Denkt man dies konsequent zu Ende, so könnte die in der Betriebsprüfung begangene Täuschung nach neuer Rechtslage die Gefahr begründen, dass sich die strafrechtliche Ver-

---

[30] Zur möglichen Stellvertretung bei der Ausstellung der Erklärung und dem Grundprinzip, wonach auf den „geistigen Urheber" abzustellen ist, vgl. nur *Fischer*, StGB, 58. Aufl., 2011, § 267 Rz. 18 f., mwN.

[31] BGH vom 12.1.2005 5 StR 301/04, wistra 2005, 144, 145; BGH vom 5.4.1989 3 StR 87/89, BGHR AO § 370 Abs. 3 Nr. 4 „Belege 2", mwN.

[32] BGH vom 27.10.1992 5 StR 517/92, wistra 1993, 113 sowie BGH vom 7.7.1993 5 StR 212/93, wistra 1993, 302 zur Strafbarkeit eines Steuerberaters, der sich an der Täuschung in der Betriebsprüfung beteiligt.

jährungsfrist ab diesem Zeitpunkt nochmals um zehn Jahre verlängert. Bereits der Grundgedanke der Rechtsprechung ist allerdings durchgreifenden Einwänden ausgesetzt, mit denen sich der BGH bislang nicht auseinandergesetzt hat.[33] Darüber hinaus scheidet auf der Grundlage der bisherigen BGH-Rechtsprechung die Anwendung von § 376 Abs. 1 AO nF jedenfalls aus, wenn im Rahmen der Betriebsprüfung **nur eine Tat nach § 370 Abs. 3 Nr. 4 AO** begangen wurde. Denn dann fehlt es jedenfalls an dem Merkmal der „fortgesetzten Begehung".

d) Bandenmäßige Umsatz- und Verbrauchsteuerhinterziehung

Der Gesetzgeber hat zum 1.1.2008 in § 370 Abs. 3 Nr. 5 AO ein neues Regelbeispiel geschaffen, welches **an die Stelle des Verbrechenstatbestands** der schweren Steuerhinterziehung (§ 370 a AO) getreten ist. Vorausgesetzt wird hier die Begehung als Mitglied einer Bande, die sich zur fortgesetzten Begehung von Umsatz- oder Verbrauchsteuerhinterziehungen verbunden hat.

Der Begriff der „Bande" setzt nach der Rechtsprechung einen Zusammenschluss von mindestens drei Personen voraus, die sich für eine künftige Begehung von Straftaten zusammengefunden haben.[34] **Einzelheiten des Bandenbegriffs** in seiner Funktion im Steuerstrafrecht ist bislang noch unklar, da es an einer höchstrichterlichen Rechtsprechung fehlt. Fraglich ist insbesondere, ob das Bandenmerkmal bereits dadurch erfüllt werden kann, dass sich drei oder mehr Beteiligte – sei es im Rahmen einer Personengesellschaft oder als mehrköpfige Geschäftsführung einer Körperschaft – zu einem legalen Zweck zusammenfinden, um ein Unternehmen zu betreiben, wenn dann innerhalb dieser Unternehmenstätigkeit (auch) Umsatz- oder Verbrauchsteuern hinterzogen werden.

Im Ergebnis ist dies zu verneinen: Erforderlich ist nach zutreffender Gesetzesauslegung eine Bandenabrede mit deliktischem Inhalt, d.h. der **Zweck des Zusammenschlusses muss gerade in der Begehung von Steuerstraftaten** bestehen.[35] Bei dieser Auslegung werden durch das Regelbeispiel in § 370 Abs. 3 Nr. 5 AO vorrangig die Strukturen aus dem Bereich der organisierten Kriminalität erfasst, wie sie etwa aus dem Bereich bandenmäßig organisierter Umsatzsteuerbetrügereien („Umsatzsteuer-Karusselle") oder aus dem Zigaretten- und Alkoholschmuggel bekannt sind.

Allerdings stellt sich auch hier die Frage, ob der Begriff der „Bande" als Tatbestandsmerkmal einer Vorschrift, die zu einer Verlängerung der systemkonformen Verjährungsfrist führt, hinreichend bestimmt ist.

---

[33] Vgl. nur *Schauf* in Kohlmann, Steuerstrafrecht, § 370 Rz. 908 (Okt. 2005) und § 376 Rz. 56 (Juni 2009), mwN; ausführlich *Witte*, Gibt es eine Steuerhinterziehung nach einer vollendeten Steuerhinterziehung?, 2004, 1 ff.
[34] BGH vom 22.3.2001 GSSt 1/00, BGHSt 46, 321 ff.
[35] Vgl. im Einzelnen *Wulf*, wistra 2008, 321, 322 ff., mwN.

5. Zeitlicher Anwendungsbereich

Bereits der Referentenentwurf zum Jahressteuergesetz 2009 ging davon aus, dass die Verlängerung der Verfolgungsverjährung nur für die Steuerstraftaten gelten sollte, die bei Inkrafttreten des Gesetzes noch nicht verjährt sind. Erfreulicherweise hat der Gesetzgeber dies in § 23 EGAO nochmals ausdrücklich festgehalten. In Kraft getreten ist die Neuregelung am Tag nach ihrer Verkündung, also am 25.12.2008. Die Verlängerung der Verfolgungsverjährung greift somit **nicht für diejenigen Taten**, für die die Verfolgungsverjährung mit Ende des **24.12.2008 (24:00 Uhr) bereits abgelaufen** war.

Für die Praxis empfiehlt es sich, in Grenzfällen den Ablauf der Verjährungsfrist zunächst nach der alten Rechtslage zu berechnen.[36] Ist der Erfolg bspw. durch Bekanntgabe des unrichtigen Steuerbescheids am 24.12.2003 eingetreten, so endete die Verfolgungsverjährung nach altem Recht mit Ablauf des 23.12.2008. Gleiches gilt, wenn bspw. die strafrechtliche Verjährung älterer Vorwürfe letztmalig am 24.12.2003 durch Unterzeichnung einer richterlichen Anordnung oder durch eine schriftliche Einleitungsverfügung unterbrochen wurde. Für solche Fälle wäre die **Verjährungsfrist vor dem 25.12.2008 abgelaufen** und die neue Regelung insoweit nicht mehr relevant.

Für die anderen Fälle, in denen die alte fünfjährige Verjährungsfrist unter Berücksichtigung einer möglichen Unterbrechung (§ 78 c StGB) oder Hemmung (§ 78 b StGB) der Frist bis zum Abend des 24.12.2008 noch nicht abgelaufen war, gilt **ab dem 25.12.2008 rückwirkend die verlängerte Verjährungsfrist** von zehn Jahren. Eine solche nachträgliche Verlängerung von Verjährungsfristen beinhaltet nach der Rechtsprechung des BVerfG keine verfassungsrechtlich unzulässige, rückwirkende Strafgesetzgebung und keinen Verstoß gegen Art. 103 Abs. 2 GG.[37]

IV. Verstärkte Einbeziehung der Staatsanwaltschaften

Steuerstrafrechtliche Ermittlungsverfahren werden formal gesehen in der Verantwortung der Staatsanwaltschaft als allgemeiner Strafverfolgungsbehörde geführt. Die **Staatsanwaltschaft ist die „Herrin des Verfahrens".**

Als Ausnahme hiervon sieht die Abgabenordnung allerdings vor, dass die Finanzbehörde das Ermittlungsverfahren auch selbständig durchführen kann (§ 386 Abs. 2 AO). Zuständig ist dann die **Straf- und Bußgeldsachenstelle**. Statistisch ist die „Ausnahme" die Regel; in der Praxis werden wahrscheinlich mehr als 90 % aller Steuerstrafverfahren durch die Finanzbehörden geführt. Die Staatsanwaltschaft kann das Ermittlungsver-

---

[36] Zu Einzelheiten der Berechnung anhand eines Beispiels vgl. *Wulf*, Stbg 2008, 445, 447.
[37] BVerfG vom 26.2.1969 2 BvL 15/68, 2 BvL 23/68, BVerfGE 25, 269; BVerfG vom 31.1.2000 2 BvR 104/00, NStZ 2000, 251, mwN.

fahren aber jederzeit an sich ziehen (§ 386 Abs. 4 AO); sie behält das sog. „Evokationsrecht".

Der 1. Strafsenat des BGH hat zuletzt mehrfach dazu aufgerufen, dass die Staatsanwaltschaften **von diesem Evokationsrecht Gebrauch machen** sollen:

*„Mit dieser Stellung der Staatsanwaltschaft in allen steuerstrafrechtlichen Ermittlungsverfahren korrespondiert eine Unterrichtungspflicht der Finanzbehörden gegenüber der Staatsanwaltschaft (...). Damit die Staatsanwaltschaft ihr Recht und ihre Pflicht zur Prüfung einer Evokation auch in jedem Einzelfall und in jedem Stadium des Verfahrens sachgerecht ausüben kann, muss sie aber in den „in Betracht kommenden Fällen" frühzeitig eingebunden sein. Die **Finanzbehörden haben daher die Staatsanwaltschaft über alle bei der Steuerfahndung anhängigen Ermittlungsverfahren, bei denen eine Evokation nicht fern liegt, frühzeitig zu unterrichten**, etwa bei regelmäßig stattfindenden Kontaktgesprächen. Die Übernahme durch die Staatsanwaltschaft kann wegen der Bedeutung einer auch kleineren Sache – wegen einer besonderen öffentlichen Aufmerksamkeit etwa – im Raum stehen, jedenfalls dann, wenn Zweifel bestehen oder während des Gangs der Ermittlungen entstehen, ob die Sache zur Erledigung im Strafbefehlsverfahren geeignet ist, insbesondere wenn – oder sobald – wegen der Größenordnung oder der Bedeutung des Falls eine Anklage beim Landgericht zu erwarten ist. Die **frühzeitige Einbeziehung der Staatsanwaltschaft** ist gerade auch dann angezeigt, wenn sich die Beweislage – wie im vorliegenden Fall – zu Beginn als schwierig darstellt."*[38]

In seiner Entscheidung vom 20.5.2010 hat der 1. Strafsenat dann bekräftigt, dass ein mitteilungspflichtiger Fall auch dann vorliege, **wenn über die Wirksamkeit einer strafbefreienden Selbstanzeige zu entscheiden** sei.[39]

In der Praxis muss sich eine Abgabe des Verfahrens an die Staatsanwaltschaft **nicht notwendigerweise negativ** auswirken. Insbesondere die Prüfung rechtlicher Fragen wie etwa die einer möglicherweise eingetretenen Strafverfolgungsverjährung kann bei der Staatsanwaltschaft durchaus „besser aufgehoben" sein als bei den Finanzbehörden. Mit der Prüfung der Wirksamkeit von Selbstanzeigen haben die Staatsanwaltschaften allerdings bislang eigentlich keine Erfahrung. Hier ist zu befürchten, dass sie eher zu einer restriktiven Rechtsauslegung neigen werden.

---

[38] BGH vom 30.4.2009 1 StR 90/09, wistra 2009, 363.
[39] BGH vom 20.5.2010 1 StR 577/09, wistra 2010, 304 ff., Tz. 38.

V. Form und Inhalt der Nacherklärung – der neue Vollständigkeitsbegriff

1. Formerfordernisse im Allgemeinen

Das Gesetz schreibt für die Selbstanzeige **keine Form** vor. Sie kann schriftlich oder mündlich erstattet werden. Um späteren Streit um die Frage auszuschließen, ob, wann und mit welchem Inhalt eine Selbstanzeige erstattet wurde, sollte die Selbstanzeige aber stets **schriftlich** erfolgen.

Die Selbstanzeige muss **nicht den Begriff „Selbstanzeige" beinhalten**. Es ist auch nicht erforderlich, dass sich der Anzeigende einer Hinterziehung bezichtigt. Er kann sich auf die reine Nacherklärung der relevanten Zahlen beschränken.

2. Adressat

Die Selbstanzeige ist nach neuem Wortlaut „**gegenüber der Finanzbehörde**" zu erstatten (alte Fassung: „bei der Finanzbehörde").

Damit ist vorrangig das **örtlich und sachlich zuständige Finanzamt** richtiger Adressat. Sind mehrere Finanzämter für einen Hinterziehungskomplex zuständig (ESt bei dem Finanzamt A, USt bei dem Finanzamt B), kann die gesamte Selbstanzeige wohl bei einem Finanzamt abgegeben werden. Die Finanzbehörden sind untereinander zur Weitergabe von Nacherklärungen verpflichtet. Ist für mehrere Personen eine Selbstanzeige abzugeben (zB Ehegatte, Mitgesellschafter, GmbH und Gesellschafter bei einer Hinterziehung durch vGA), sollte die Selbstanzeige bei jedem der zuständigen Finanzämter abgegeben werden. Hier ist besondere Sorgfalt darauf zu verwenden, dass die Anzeigen zeitgleich eingehen.

Riskant ist die Abgabe einer **Selbstanzeige gegenüber der Staatsanwaltschaft**. Zwar ist auch diese als Behörde zur Weitergabe an das zuständige Finanzamt verpflichtet. Höchstrichterlich ist aber nicht geklärt, ob dies ausreicht.

3. Der notwendige Inhalt der „Berichtigung"

Nach § 371 Abs. 1 AO müssen nur „**die unrichtigen Angaben berichtigt, die unvollständigen Angaben ergänzt oder die unterlassenen Angaben nachholt**" werden. Die inhaltlichen Anforderungen an eine Selbstanzeige-taugliche Mitteilung gegenüber den Finanzbehörden haben sich durch die Neuregelung des Jahres 2011 nicht verändert. Maßstab für den Umfang und den Inhalt ist die ordnungsgemäße Erklärung. Das Finanzamt muss aufgrund der Selbstanzeige in der Lage sein, die notwendigen Steuerfolgen zu ziehen und die Steuerbescheide zu verfügen (sog. „**Materiallieferung**"). Hinreichend ist damit, dass das Finanzamt ohne langwierige Nachforschungen den Sachverhalt aufklären und die Steuern berechnen kann. Eine gewisse eigene Auswertungstätigkeit wird dem Finanzamt also durchaus zugemutet. Die Übersendung von ausgefüllten Erklärungsvordrucken kann strafrechtlich nicht verlangt werden. In Ausnahmesituationen kann die Überlassung der Buchführung mit der Bezeichnung des strafbezogenen Bereichs ausreichend sein, ohne dass der Steuerpflichtige die relevanten Zahlen selbst zusammenstellt.[40]

Die Selbstanzeige sollte **so formuliert sein, dass das Finanzamt sofort Steuerbescheide fertigen kann**. Auf Zahlenangaben darf auf keinen Fall verzichtet werden.

Eine Ausnahme besteht nur dann, wenn die bisher erklärten Zahlen zutreffend und nur die bisherige Qualifikation bzw. Zuordnung unrichtig war. Hier kann man sich auf die **Korrektur der Qualifikation** bzw. Zuordnung beschränken.

4. Schätzungen und die Selbstanzeige „in Stufen"

Häufig können die konkreten Zahlen nicht in der erforderlichen Zeit beschafft werden. In einem solchen Fall bietet sich die Selbstanzeige in Stufen an:

Dem Finanzamt werden **im ersten Schritt geschätzte Zahlen** mitgeteilt.

Im zweiten Schritt erfolgt dann die **Konkretisierung**, ggf. anhand beigefügter Bankunterlagen, Auswertungen der Buchhaltung etc. Es kann auch darum gebeten werden, die endgültigen Beträge im Rahmen einer angekündigten Betriebsprüfung zusammen mit dem Finanzamt abzustimmen.

Eine solche Selbstanzeige in Stufen wird in der Praxis als ausreichend angesehen. Der 1. Strafsenat des BGH hat die beschriebene Vorgehensweise in seiner Leitentscheidung zur Verschärfung des Selbstanzeigerechts vom 20.5.2010 ausdrücklich als wirksam anerkannt.[41] Wichtig ist die **Abgrenzung zur schädlichen „pauschalen" Selbstanzeige**. Es müssen immer – wenn auch geschätzte – Zahlen mitgeteilt werden, die den einzelnen Steuern konkret zugeordnet werden.

Es empfiehlt sich, die Schätzung ausdrücklich als solche zu bezeichnen. Die Schätzungen müssen **begründbar** sein. Die Schätzungsgrundlagen können, müssen aber nicht in die Selbstanzeige aufgenommen werden.

Um die Wirkung der Selbstanzeige abzusichern, sollte der Steuerpflichtige zu seinen Lasten **eher zu hoch als zu niedrig** schätzen. Unter strafrechtlichen Gesichtspunkten muss allerdings nicht so hoch geschätzt werden wie unter steuerrechtlichen. Die Schätzung muss also die mögliche Bandbreite nicht vollständig zum Nachteil des Steuerpflichtigen ausnutzen, auch wenn dies steuerlich bei Verletzung der Mitwirkungspflichten zulässig wäre.

---

[40] BGH vom 16.6.2005 5 StR 118/05, NJW 2005, 2723 unter Hinweis auf BGH vom 5.5.2004 5 StR 548/03, wistra 2004, 309.
[41] BGH vom 20.5.2010 1 StR 577/09, wistra 2010, 304.

Ist eine **genaue Ermittlung** der nachzuerklärenden Beträge auch innerhalb einer angemessenen Frist nicht möglich, bleibt die Selbstanzeige letztlich mit geschätzten Zahlen wirksam.

Die Angabe zu hoher Beträge zum Zweck einer möglichst sicheren Straffreiheit führt nicht dazu, dass man an diese Zahlen auch steuerlich gebunden ist. Der Steuerpflichtige kann gegen die Steuerbescheide, die die Selbstanzeige auswerten, **Einspruch einlegen**. Sogar ein **Antrag auf Aussetzung der Vollziehung** ist möglich; hat das Finanzamt eine strafrechtliche Nachzahlungspflicht gesetzt, muss zunächst vorläufig gezahlt und dann der Antrag auf Aufhebung der Vollziehung gestellt werden.[42] Gestritten werden kann sowohl um die Höhe der nacherklärten Beträge als auch um die rechtliche Qualifikation. Dennoch darf nicht übersehen werden, dass man in der Praxis von dem selbst genannten Schätzungsniveau nur in Ausnahmefällen wieder herunterkommt.

5. Der neue Maßstab der Vollständigkeit und die sogenannte „Teilselbstanzeige"

Nach alter Rechtsprechung des 5. Strafsenats war auch die sogenannte „Teilselbstanzeige" wirksam. „Insoweit" wie berichtet wurde, erlangte der Betroffene Straffreiheit. Diese Rechtsprechung hat sich durch den Beschluss des 1. Strafsenats des BGH vom 20.5.2010 geändert. Nach neuer Rechtsprechung soll Straffreiheit nur dann eintreten, wenn der Täter hinsichtlich der jeweils zu beurteilenden **Tat im materiellen Sinne** (in der Regel definiert nach **Steuerart/Steuerpflichtigem/Veranlagungszeitraum**) vollständige Angaben macht.[43]

Der Gesetzgeber hat diese Änderung aufgenommen und § 371 AO entsprechend verschärft. Nach der Diskussion unterschiedlicher Formulierungsvorschläge im Gesetzgebungsverfahren hat man sich dann für eine Lösung entschieden, die noch über die vom BGH formulierten Anforderungen hinausgeht. Nach § 371 Abs. 1 AO idF des SchwGeldBekG muss der Betroffene **alle strafrechtlich noch verfolgbaren Taten derselben Steuerart** (also bspw. als noch nicht strafrechtlich verjährte ESt-Hinterziehungen) in einem Schritt „vollständig" anzeigen, um Straffreiheit zu erreichen.

---

[42] Dies ist gemäß BFH vom 22.1.1992 I B 77/91, BStBl. II 1992, 618, 621 zulässig.
[43] BGH vom 20.5.2010 1 StR 577/09, wistra 2010, 304; zur Kritik vgl. nur *Wulf*, wistra 2010, 286 ff., mwN.

Der Gesetzgeber hat allerdings zugunsten der Steuerpflichtigen eine Regelung geschaffen, die für die Abgabe von Selbstanzeige nach „altem Regime" **Vertrauensschutz** gewährt (**§ 24 EGAO**). Folgende Zeiträume sind zu unterscheiden: **Zeitpunkt der Erklärung**	Anwendbares Recht	Rechtsfolge
Bis 28.4.2011	§ 371 AO aF in der Auslegung des 5. Strafsenats	Teilselbstanzeige „insoweit" wirksam
29.4.-2.5.2011	§ 371 AO aF in der Auslegung des 1. Strafsenats	Teilselbstanzeige bezogen auf materielle Tat unwirksam
Ab 3.5.2011	§ 371 AO nF	Teilselbstanzeige zeitraumübergreifend unwirksam + Erweiterung der Sperrgründe

a) Vollständigkeit in „vertikaler" (zeitlicher) und „horizontaler" (sachlicher) Hinsicht

Neu eingeführt hat der Gesetzgeber das Erfordernis einer **zeitraumübergreifenden Nacherklärungspflicht**. Während nach altem Recht – auch im Sinne der Rechtsprechung des 1. Strafsenats – auf die einzelne Tat im materiellen Sinne und damit notwendigerweise auf den einzelnen Veranlagungszeitraum abzustellen war, um die Vollständigkeit zu prüfen, ist unter der Neuregelung nach der eindeutigen gesetzgeberischen Entscheidung auf alle „unverjährten Steuerstraftaten" abzustellen („Berichtigungsverbund").

Aus der Gesetzesbegründung ergibt sich eindeutig, dass insoweit die **strafrechtliche Verjährung** gemeint ist.[44] Die Bestimmung des notwendigen „vertikalen" Umfangs der Nacherklärung (dh. in zeitlicher Hinsicht) wird dadurch von einer komplexen rechtlichen Prüfung abhängig gemacht, nämlich wann Verfolgungsverjährung eingetreten ist.

---

[44] Bericht des Finanzausschusses, BT-Drucks. 17/5067 (neu), 21.

Teil I. Steuerhinterziehung im grenzüberschreitenden Bereich 37

Beispiel:
Die Selbstanzeige soll wegen eines verschwiegenen Auslandskontos erfolgen. Der Steuerpflichtige verfügt offiziell nur über Renteneinkünfte und hat daher in der Vergangenheit keine Einkommensteuererklärung abgegeben. In den Jahren 2001 und 2002 sind jeweils hohe Kapitaleinkünfte wegen der Fälligkeit sog. „Zero-Bonds" eingetreten, so dass die Einkommensteuernachzahlung sich auf jeweils rund € 60.000,-- beläuft. Ob diese Taten im Mai 2011 noch nacherklärt werden müssen, hängt davon ab, ob die Steuerverkürzung der Jahre 2001 und 2002 von der gesetzlichen Neuregelung in § 376 AO nF (siehe oben) erfasst werden, was auf Grundlage der geltenden Rechtsprechung sicher kaum vorherzusagen ist.

Die Praxis wird sich damit behelfen, im Zweifel **lieber „ein Jahr zu viel"** zu erklären und vorsorglich denkbar weit zurückzugehen. Dies kann allerdings Probleme bereiten, bspw. in dem Fall, dass die nicht erfassten Einnahmen eines Gewerbebetriebs nacherklärt werden müssen und man vor dem Problem einer sachgerechten Schätzung steht oder in dem Fall, dass in einem der älteren Jahre ein erheblicher Zufluss auf dem Auslandskonto sichtbar wird, den man nicht offenbaren müsste, wenn das betreffende Jahr nicht mehr strafbefangen ist.

Während der Gesetzgeber in zeitlicher Hinsicht über die Anforderungen des BGH aus dessen Entscheidung vom 20.5.2010 hinausgeht, bleibt er hinsichtlich der **sachlichen Vollständigkeit** letztlich hinter den Anforderungen des BGH zurück. Denn der BGH hatte den Begriff der Vollständigkeit jeweils auf die Tat im materiellen Sinne bezogen. Diese aber kann ausnahmsweise verschiedene Steuerarten einbeziehen, wenn nämlich verschiedene Steuererklärungen für ein Jahr zeitgleich abgegeben werden und inhaltlich übereinstimmende Falschangaben beinhalten (klassisches Beispiel: unversteuerte Einnahmen des gewerblichen Einzelunternehmers und der daraus resultierende Fehler in der Einkommensteuer-, der Umsatzsteuer- und der Gewerbesteuererklärung). Der Gesetzgeber bezieht die sachliche Vollständigkeit hingegen ausdrücklich auf dieselbe „Steuerart".

Der **Begriff der Steuerart** ist gesetzlich nicht definiert. In der Gesetzesbegründung wird angeführt, dass bspw. alle strafrechtlich noch nicht verjährten „Einkommensteuerhinterziehungen" angegeben werden müssen. Sicher ist damit zunächst, dass alle Fehler mit Auswirkung auf die Einkommensteuer berichtigt werden müssen, unabhängig von der Einkunftsart und der Frage, ob es sich um identische, gleichgelagerte (wie bspw. zwei unterschiedliche Auslandskonten) oder völlig unterschiedliche Sachkomplexe handelt (bspw. Zinseinnahmen und überhöhte Sonderausgaben).

Unklar ist, welche Fälle darüber hinaus als **Steuerstraftat „einer Steuerart"** anzusehen sind:

Beispiel 1:
Der A will eine Selbstanzeige wegen der bislang verschwiegenen Kapitaleinkünfte eines Auslandskontos abgeben. Er berichtet seinem Steuerberater, dass er darüber hinaus auch in den Betriebskostenabrechnungen eines VuV-Objekts überhöhte Werbungskosten berücksichtigt

hat und dass er eine Haushaltshilfe für monatlich € 500,-- beschäftigt, die bei den Finanz- und Sozialbehörden nicht angemeldet ist.

Beispiel 2:
Der B führt als Einzelunternehmer einen Handwerksbetrieb. Die Betriebsprüfung hat sich telefonisch angekündigt. Er selbst hat für Privatleute in jedem Jahr für ca. € 20.000,-- Arbeiten „ohne Rechnung" ausgeführt. Zudem hat er bei verschiedenen Kunden Arbeiten, die er in deren Privathaus ausgeführt hat, auf das Unternehmen der Kunden abgerechnet, wobei es sich teilweise um Einzelunternehmen der Kunden, teilweise aber auch um GmbHs (und deren Gesellschafter-Geschäftsführer) handelt. In einem Fall hat er die Rechnung auf eine inländische GmbH ausgestellt, obwohl Leistungsempfängerin eigentlich eine ausländische Schwestergesellschaft war.

Beispiel 3:
Der C war Inhaber eines Handelsunternehmens in der Rechtsform einer GmbH & Co. KG. Er hat noch von seinem Vater in den 80er Jahren ein Schwarzgeldkonto bei einer Schweizer Bank geerbt. Sein eigenes Unternehmen hat er im Jahr 2002 verkauft. Im Unternehmen gab es bis zuletzt betriebliche Schwarzeinnahmen, aus denen Löhne bezahlt worden sind. Er fragt, ob er hinsichtlich der Kapitaleinkünfte aus dem Schweizer Konto eine Selbstanzeige abgeben kann.

Beispiel 4:
Der D ist Geschäftsführer einer GmbH & Co. KG. Als Kommanditisten sind sowohl natürliche Personen als auch weitere GmbHs beteiligt. Das Unternehmen hat in den letzten Jahren Verluste erzielt. Tatsächlich ist man – über einen Treuhänder zur Verdeckung der gesellschaftsrechtlichen Beziehungen – zu 100 % an einer ausländischen Partnergesellschaft beteiligt, deren Gewinne nach den Regelungen des AStG hinzugerechnet werden müssten. Der D, der an der Gesellschaft selbst als Kommanditist nicht beteiligt ist, hat in der Vergangenheit im Rahmen seiner Einkommensteuererklärung unzutreffende Fahrtkosten abgerechnet. Er möchte dies korrigieren.

Die neue Fassung des Gesetzes lässt offen, ob sich das Kriterium der „Steuerart" nur auf die begangenen Steuerhinterziehungen des konkreten Steuerpflichtigen bezieht oder ob ggf. auch die Beteiligung an „gleichartigen" **Steuerhinterziehungen verschiedener Steuerpflichtiger** einzubeziehen ist. Aus der Gesetzgebungsgeschichte lässt sich hierzu nichts entnehmen. Dort wurde stets nur das Problem der Nacherklärung ausländischer Kapitaleinkünfte diskutiert. Die aus der Beteiligung verschiedener Personen entstehenden Probleme hat der Gesetzgeber komplett übersehen.

Unseres Erachtens ist es erforderlich, den Wortlaut einschränkend dahingehend auszulegen, dass **nur die „Steuerart" ein und desselben Steuerschuldners** einbezogen wird. Bei dieser Lösung sind auch Abzugsteuerbeträge wie bspw. Lohnsteuern (als besondere Erhebungsform der Einkommensteuer des Arbeitnehmers) von dem Vollständigkeitsmaßstab ausgenommen. Dagegen wird man nicht soweit gehen können, verfahrensrechtlich abgesonderte Ermittlungsbereiche der Bemessungsgrundlage (also bspw. die Hinzurechnungsbeträge nach dem AStG) von der nachzuerklärenden „Steuerart" auszunehmen.

Teil I. Steuerhinterziehung im grenzüberschreitenden Bereich 39

b) Das Problem „nicht-doloser" Teilselbstanzeigen

Bereits die Entscheidung des 1. Strafsenats vom 20.5.2010 hatte die Frage aufgeworfen, wie mit den Fällen umzugehen ist, in denen der Betroffene eine Selbstanzeige abgibt, dabei aber **Teilbereiche** nicht berücksichtigt, weil er an sie im Zeitpunkt der Abgabe der Erklärung **einfach nicht mehr gedacht** hat.

Beispiel:
S gibt eine Selbstanzeige für die Kapitalerträge eines Schweizer Bankkontos ab. Er berücksichtigt dabei nicht, dass er im Jahr 2007 auch aus der Veräußerung von Aktien in einem deutschen Depot einen Veräußerungsgewinn iHv. € 2.000,-- erzielt hat, ohne dies seinerzeit in der Steuererklärung anzugeben.

Bei abstrakter Betrachtung könnte man meinen, das Problem „nicht-doloser" Teilselbstanzeigen könne nicht auftreten. Denn wie soll jemand zunächst vorsätzlich (das heißt vereinfacht: wissentlich) eine unzutreffende Steuererklärung abgeben und damit eine Steuerhinterziehung begehen, dies dann aber nachfolgend bei der Berichtigung nicht mehr wissen? Die Praxis weiß, dass solche Fälle sehr wohl möglich sind. Dies gilt insbesondere auch vor dem Hintergrund, dass **Vorsatz und Fahrlässigkeit** bei der Steuerhinterziehung nicht immer klar voneinander zu unterscheiden sind.

Die Bundesregierung hatte dies in ihrem ersten Entwurf zur Reform von § 371 AO noch berücksichtigt, indem Unwirksamkeit der Selbstanzeige nur dann eintreten sollte, wenn der Täter wusste „oder **bei verständiger Würdigung der Sachlage damit rechnen musste**", dass seine Selbstanzeige unvollständig war. Zur Begründung hieß es: „Unbewusste Unrichtigkeiten und Unvollständigkeiten führen nicht zum Ausschluss der Straffreiheit."[45] In die jetzt beschlossene Gesetzesfassung ist dies nicht übernommen worden. Welche Folgen sich hieraus ergeben, ist unklar.

Selbst wenn man die Auffassung vertritt, auch die verabschiedete Neufassung sei im Sinne der ursprünglichen Gesetzesbegründung zu interpretieren, bleibt das Problem praktisch relevant. Denn die „unverschuldete" und die „bewusste" Unvollständigkeit lassen sich beweissicher – ex post, nach der Abgabe – **kaum voneinander unterscheiden**. Es dürfte vielfach schwer fallen, die Ermittlungsbehörden davon zu überzeugen, dass es sich um einen lediglich versehentlichen Fehler handelt.

Der zukünftige Umgang der Finanzbehörden mit diesem Problem bleibt abzuwarten. Dramatische Auswirkungen hätte es, wenn die Finanzbehörden die beschriebene **Unsicherheit zukünftig als Druckmittel** in streitigen Betriebsprüfungen und ähnlichen Situationen ausnutzen sollten:

---

[45] Gesetzesentwurf zum Schwarzgeldbekämpfungsgesetz vom 14.12.2010, BT-Drucks. 17/4182, 5.

Beispiel:
Der S gibt am 5.5.2011 eine Selbstanzeige wegen eines ausländischen Bankkontos ab. Das Verfahren wird abgewickelt, die strafbefreiende Wirkung der Selbstanzeige wird anerkannt. Im Dezember 2011 beginnt die reguläre Betriebsprüfung für das Einzelunternehmen des S und die Zeiträume 2006 bis 2009. S streitet mit dem Prüfer um die Frage, ob ohne weitere Nachweise Gewährleistungsrückstellungen gebildet werden durften, und um die Frage, ob die Reise zu einem ausländischen Geschäftspartner mit Firmensitz auf Mallorca zu Recht als betrieblich veranlasster Aufwand berücksichtigt worden ist. Der Prüfer erklärt, wenn der S sich mit der Streichung der betreffenden Positionen nicht einverstanden erkläre, würde er die Sache an die Steuerfahndung weitergeben. Er würde sich dann den Kollegen gegenüber auf den Standpunkt stellen, sowohl die Rückstellung als auch die Abzugsfähigkeit der Reisekosten seien strafrechtlich relevant. Sollten die Kollegen sich dem anschließen, so werde die abgegebene Selbstanzeige komplett als strafbarer Sachverhalt behandelt werden. Dies könne dann eine langjährige Freiheitsstrafe nach sich ziehen.

Der Steuerpflichtige wird **durch die Neuregelung erpressbar**. Dies ist nicht nur ein Fehler des Gesetzgebers, sondern bereits durch die Änderung der Rechtsprechung veranlasst.

Der Berater muss solche Probleme offen mit dem Mandanten erörtern, wenn über die Abgabe einer Selbstanzeige gesprochen werden soll. Wie relevant die beschriebenen Risiken sind, lässt sich heute noch nicht sagen.

Der Mandant ist hinsichtlich ergänzender Sachverhalte, die über den eigentlichen Kernbereich hinaus für die Vollständigkeit relevant sein könnten, **gründlich zu befragen**. Nicht wenige Mandanten verdrängen Fehler, die sie in der Vergangenheit bei der Abgabe von Steuererklärungen begangen haben, oder verstehen die zutreffende Bedeutung einer „steuergünstigen" Behandlung bestimmter Sachverhalte nicht. Der Berater muss hier **behutsam aufklären**. Andererseits dürfte kaum ein Mandant mehr zur Abgabe einer Selbstanzeige bereit sein, wenn der Berater die hier beschriebenen Risiken in dramatisierender Form ausmalt. Es ist Fingerspitzengefühl gefragt.

c) Das Problem geringfügiger Fehlbeträge

Nach alter Rechtslage galt: Geringfügige **Abweichungen zwischen der Nacherklärung und späteren tatsächlichen Steuerfestsetzungen** hoben die Wirksamkeit der Selbstanzeige nicht auf.[46] Dies war kein Problem der Wirksamkeit der sogenannten „Teilselbstanzeige", denn der über den erklärten Betrag hinausgehende Teil hätte auch nach alter Rechtsprechung des BGH eigentlich noch bestraft werden können. Soweit dieser über die nacherklärten Beträge hinausgehende Teil jedoch geringfügig war, sah man allgemein davon ab, eine strafrechtliche Sanktion zu verhängen.

---

[46] BGH vom 14.12.1976 1 StR 196/76, BB, 1978, 698.

Problematisch war seit jeher, was als „geringfügig" anzusehen ist. Das OLG Frankfurt hat in einer Entscheidung eine Differenz von 6 % noch als geringfügig anerkannt.[47] Als Faustformel galt eine Differenz von rund 10 %. Allerdings war bei hohen Hinterziehungsbeträgen bereits ein niedrigerer Prozentsatz anzusetzen, bei einer Hinterziehung von € 1 Mio. insgesamt wäre wohl eine Unterschreitung im Rahmen der Nacherklärung um den Betrag iHv. € 100.000,-- nur mit Glück als „geringfügige Abweichung" durchgegangen.

Das Problem gewinnt durch den neuen Vollständigkeitsbegriff an Brisanz. Es ist auch im Gesetzgebungsverfahren behandelt worden. Die Koalitionsfraktionen betonen, die gewählte Formulierung der Neufassung bedeute nicht, dass nunmehr im praktischen Vollzug jede Selbstanzeige auf Euro und Cent genau deckungsgleich mit der am Ende des Verfahrens von der Finanzbehörde festzusetzenden Steuer sein müsse. Genau wie bisher **müssten im praktischen Vollzug Unschärfen hingenommen werden**. Dies gelte umso mehr, wenn man berücksichtige, dass nunmehr statt eines Besteuerungszeitraums alle noch nicht verjährten Besteuerungszeiträume der Steuerart betroffen seien. Bagatellabweichungen sollten wie bisher nicht zur Unwirksamkeit der strafbefreienden Selbstanzeige als solcher führen.[48]

In Anlehnung an diese Zielvorstellungen ist auch für das neue Recht von der Unschädlichkeit „geringfügiger" Abweichungen auszugehen. Hier darf unseres Erachtens auf die Gesamtbeträge des „Berichtigungsverbunds" abgestellt werden. Insoweit wäre es sachgerecht, **bis zu einer Größenordnung von 10 %** an der Wirksamkeit der abgegebenen Selbstanzeige festzuhalten. Dies würde dann auch das unter Ziff. 2 beschriebene Problem der „nicht-dolosen" Selbstanzeigen erheblich entschärfen, zumindest wenn man annimmt, dass es sich bei versehentlich unterbliebenen Korrekturen regelmäßig nur um Beträge von geringerer Größenordnung handeln dürfte.

Der BGH[49] stellt in einer jüngeren Entscheidung dar, dass im Falle einer undolos zu gering abgegeben Selbstanzeige eine Toleranz von bis zu 5 % der Steuerschuld (!) nicht schädlich ist.

VI. Die gesetzlichen Ausschlussgründe

Vor der Abgabe der Selbstanzeige **muss geprüft werden, ob eine der gesetzlichen Sperren eingetreten ist**. Die Sperren aus § 371 Abs. 2 AO waren nach bislang geltender Fassung:

---

[47] OLG Frankfurt vom 18.10.1961 I Ss 854/61, NJW 1962, 974.
[48] Vgl. Bericht des Finanzausschusses, BT-Drucks. 17/5067 (neu), 19.
[49] BGH vom 25.7.2011, 1 StR 631/10 (juris);

- Erscheinen des Prüfers zur steuerlichen Prüfung, Nr. 1 a;
- Bekanntgabe der Einleitung eines Ermittlungsverfahrens, Nr. 1 b;
- Entdeckung der Tat, Nr. 2.

In der Gesetzesfassung bis zum 31.12.2007 war zusätzlich zu bedenken, dass eine wirksame Selbstanzeige ausgeschlossen war, wenn die Voraussetzungen des § 370 a AO vorlagen. Mit **Aufhebung des Verbrechenstatbestands** zum 1.1.2008 ist dieses Problem entfallen.

Neu hinzugekommen **mit Wirkung ab dem 3.5.2011** sind die folgenden zwei Sperren:

- Bekanntgabe der Prüfungsanordnung an den Täter
- Steuerverkürzung oder Steuervorteil von mehr als € 50.000,-- je Tat.

1. Neu: Sperre durch Bekanntgabe der Außenprüfungsanordnung (§ 371 Abs. 2 Nr. 1 AO nF)

Der Gesetzgeber hat mit dem SchwGeldBekG die durch eine steuerliche Außenprüfung eintretende **Sperrwirkung zeitlich vorverlagert**.

Während die Sperrwirkung bislang erst im Zeitpunkt des körperlichen Erscheinens des Prüfers eintrat, stellt § 371 Abs. 2 Nr. 1a AO nF bereits auf die **Bekanntgabe der Prüfungsanordnung** ab (der Sperrgrund des Erscheinens des Prüfers bleibt inhaltlich unverändert als Abs. 2 Nr. 1 c bestehen). Der Gesetzgeber hat insoweit einen Mittelweg gewählt, indem er einerseits der – argumentativ kaum untermauerten – Forderung nach einer Verschärfung in diesem Bereich nachgekommen ist, andererseits aber dem Vorschlag des Bundesrats nicht gefolgt ist, der die Sperrwirkung bereits mit dem Absenden der Prüfungsanordnung hatte eintreten lassen wollen.[50]

Die Neuregelung stellt auf die Bekanntgabe einer „Prüfungsanordnung nach § 196 AO" ab und bedient sich damit der feststehenden Terminologie der Abgabenordnung. Mündliche oder telefonische Ankündigungen entfalten keine Sperrwirkung, denn § 196 AO setzt ausdrücklich die **Schriftform** voraus.

Für den Zeitpunkt der Bekanntgabe gilt § 122 AO. Damit finden auch die gesetzlichen **Bekanntgabefiktionen** von § 122 Abs. 2 und Abs. 2 a AO Anwendung. Für die Neuregelung hat dies erhebliche Bedeutung.

---

[50] BT-Drucks. 318/10, 79 f.

Teil I. Steuerhinterziehung im grenzüberschreitenden Bereich 43

Beispiel:
Beim Steuerberater des A meldet sich telefonisch der Prüfer, um den Termin der für Mitte August vorgesehenen Betriebsprüfung 2007-2009 abzustimmen. Er bittet vorab um die Übersendung einer Daten-CD zur Vorbereitung der digitalen Außenprüfung isv. § 147 Abs. 6 AO. Die Prüfungsanordnung wird nachfolgend per einfachem Brief am Mittwoch den 13.7.2001 versandt. Sie geht am 14.7. beim Steuerberater ein.

In Fällen wie dem beschriebenen bleibt die Selbstanzeige auch zukünftig möglich, bis die Drei-Tages-Fiktion des § 122 Abs. 2 AO eingetreten und die Prüfungsanordnung damit wirksam bekanntgegeben worden ist. Erst **am dritten Tag nach Aufgabe zur Post** kann die Anordnung wirksam werden.[51] Die Übersendung einer Daten-CD bleibt ebenfalls unschädlich – sie führt den Sperrgrund des „Erscheinens" des Prüfers nicht herbei.

Wird die Prüfungsanordnung fristgerecht **mit dem Einspruch angefochten** und später aufgehoben oder erweist sie sich bspw. wegen eines Mangels in der zutreffenden Bezeichnung des Inhaltsadressaten als **nichtig**, so dürfte die Sperrwirkung ebenfalls nicht eintreten – dies folgt aus der Verknüpfung mit den verfahrensrechtlichen Vorgaben der Abgabenordnung und entspricht der Linie der bisherigen Rechtsprechung des BGH.[52]

Für die laufende Steuerberatung birgt die Neuregelung einige Sprengkraft. Denn häufig erfährt der laufende Berater von seinem Mandanten bei der Vorbereitung auf eine Außenprüfung von möglichen „Problemen" oder Unvollständigkeiten der Buchführung. Bislang konnte er seinem Mandanten dann noch im Vorfeld der Prüfung zur Selbstanzeige raten, um mögliche Strafbarkeitsrisiken auszuräumen. Nach der Neuregelung geraten Mandant und Berater nun in eine **Zwangslage, sobald die Bekanntgabe wirksam erfolgt ist**: Der Mandant wird gezwungen, die fraglichen Sachverhalte zusätzlich zu verschleiern, um nicht in der Betriebsprüfung entdeckt zu werden, der Weg in die Legalität ist ihm verbaut. Der Berater ist rechtlich nicht zu einer Anzeige des Mandanten verpflichtet, dies bleibt unverändert. Er muss aber höllisch aufpassen, im Gespräch mit dem Prüfer zu den fraglichen Sachverhaltskomplexen keine Angaben zu machen, die ihm später als unzutreffende Tatsachenangaben ausgelegt werden könnten. Denn unrichtige Tatsachenangaben des Beraters in dieser Situation können den Straftatbestand einer eigenen Steuerhinterziehung des Beraters begründen.[53]

In Anbetracht der beschriebenen Probleme könnten manche Betroffene auf den Gedanken kommen, den **Zugang der Prüfungsanordnung zu bestreiten**, um den Weg zu einer strafbefreienden Selbstanzeige offen zu halten. Praktisch dürfte dies in den meis-

---

[51] BFH vom 13.12.2000 X R 96/98, BStBl. II 2001, 274 – ggf. unter Einrechnung weiterer Tage, wenn der dritte Tag auf ein Wochenende oder einen gesetzlichen Feiertag fällt, vgl. nur *Brockmeyer* in Klein, AO, 10. Aufl., 2009, § 122 Rz. 52, mwN.
[52] Vgl. BGH vom 16.6.2005 5 StR 118/05, wistra 2005, 381, 383.
[53] RANSIEK in Kohlmann, Steuerstrafrecht, § 370 Rz.108 ff. (Juni 2009).

ten Fällen erfolgreich sein, denn der Zugang einer mit einfachem Brief versandten Prüfungsanordnung ist de facto nur im Ausnahmefall zu beweisen.

Für den betroffenen Steuerpflichtigen selbst wäre ein solches Bestreiten zum Zwecke der **Selbstbegünstigung auch tatbestandslos**. Schwieriger wird es erneut für den Berater: Denn die bewusst wahrheitswidrige Behauptung, die Prüfungsanordnung sei im Büro nicht eingegangen, um dem Mandanten noch die Abgabe einer Selbstanzeige zu ermöglichen, dürfte erhebliche Probleme unter dem Gesichtspunkt der **Strafvereitelung (§ 258 StGB)** aufwerfen und insoweit nicht anzuraten sein.

Die Beratungen im Gesetzgebungsverfahren haben sich in unheilvoller Form auf die Nacherklärung von Zinseinkünften etc. durch natürliche Personen fokussiert. Andere Konstellationen blieben unberücksichtigt. Dies führt zu einer Reihe von Konstruktions- und Formulierungsfehlern. Der neue Sperrgrund des § 371 Abs. 2 Nr. 1 a AO blieb von diesen handwerklichen Fehlern nicht verschont. Nach dem ausdrücklichen Wortlaut tritt die Sperrwirkung nur dann ein, wenn *„dem Täter oder seinem Vertreter"* die Prüfungsanordnung bekannt gegeben worden ist. Was passiert nun, wenn es sich bei dem Täter nicht um den Steuerpflichtigen selbst, also bspw. um den Mitarbeiter einer Kapitalgesellschaft handelt? Schon für den Gesellschafter-Geschäftsführer einer GmbH wirft der Wortlaut Probleme auf. Denn die **Prüfungsanordnung richtet sich** an die GmbH als Steuerpflichtige (und **nicht an den „Täter"**). Man mag über die sprachlichen Unfertigkeiten des Gesetzgebers noch hinwegsehen, soweit ein vertretungsberechtigtes Organ des Steuerpflichtigen als „Täter" anzusehen ist. Die Grenze des Wortlauts ist aber definitiv erreicht, wenn nicht-vertretungsberechtigte Mitarbeiter die eigentlichen Täter der im Unternehmen begangenen Tat sind. Ihnen ist keine Prüfungsanordnung bekannt gegeben worden. Für sie bleibt der Weg zur Selbstanzeige also offen – zumindest so lange, bis der Prüfer in der betrieblichen Sphäre erschienen ist. Denn dann gilt für alle Betriebsangehörigen der Sperrgrund des § 371 Abs. 2 Nr. 1b AO.

2. Neu: Sperre bei Steuerhinterziehung von mehr als € 50.000,-
(§ 371 Abs. 2 Nr. 3 AO nF)

Im Gesetzgebungsverfahren war zunächst vorgeschlagen worden, die strafbefreiende Wirkung der Selbstanzeige generell von der Zahlung eines **Zuschlags in Höhe von 5 %** auf die hinterzogene Steuer abhängig zu machen.[54] Hiergegen wurden verfahrensökonomische und verfassungsrechtliche Einwände erhoben.[55] Nach den Sachverständigenanhörungen einigte man sich im Finanzausschuss dann darauf, einen solchen Zuschlag nur in den Fällen der Steuerhinterziehung mit einem „Schaden" von mehr als € 50.000,-- zu erheben.

---

[54] § 371 Abs. 3 AO-E in der Fassung der Bundesratsempfehlungen zum JStG 2010, BT-Drucks. 318/1/10, 80
[55] Vgl. nur *Mack*, Stbg 2011, 162.

Das neue Prozedere ist der **Regelung des „§ 153 a StPO nachempfunden"**, wie es in dem Bericht des Finanzausschusses ausdrücklich heißt:[56] Der Täter wird nicht straffrei, sondern hat gemäß § 398 a AO nF lediglich einen Anspruch auf Einstellung des Verfahrens, wenn er neben der hinterzogenen Steuer einen weitergehenden Betrag „*in Höhe von 5 % der hinterzogenen Steuer an die Staatskasse zahlt*".

Man wird davon ausgehen müssen, dass das Verfahren sich vom Ablauf her an der zu § 153 a StPO geläufigen Praxis orientieren wird: Die Strafverfolgungsbehörde (dh. die Staatsanwaltschaft oder – an ihrer Stelle – die StraBu) verfügt die vorläufige Einstellung des Verfahrens und teilt ihre Entscheidung dem Betroffenen mit. Gleichzeitig wird der Täter über die im Gesetz vorgesehene Zahlungspflicht für Steuernachzahlung und den Zuschlag belehrt. Erfolgt die Zahlung dann fristgemäß, folgt die endgültige Verfahrenseinstellung nach § 398 a AO.

Beispiel 1:
Der Mandant will eine Nacherklärung für sein bei einer Schweizer Bank geführtes Auslandskonto abgeben. Das Vermögen beläuft sich auf rund € 3 Mio. Sein Steuerberater gibt eine Nacherklärung mit zunächst € 150.000,-- geschätzten Einnahmen pro Jahr ab. Nach Auswertung der Bankunterlagen ergibt sich: Die steuerpflichtigen Erträge (Veräußerungsgewinne und Zinsen etc.) belaufen sich auf durchschnittlich € 40.000,-- pro Jahr. Im Jahr 2006 ist durch die Vermögensverwaltung der Bank allerdings ein Veräußerungsgewinn aus einem Spekulationsgeschäft über € 210.000,-- angefallen.

Beispiel 2:
S betreibt einen größeren Altmetallhandel in der Rechtsform einer GmbH & Co. KG. Er ist alleiniger Kommanditist. Bei zwei Vertragspartnern finden Betriebsprüfungen statt, in denen Kontrollmitteilungen gefertigt worden sein sollen. Er entschließt sich daraufhin, eine Selbstanzeige abzugeben. Er schätzt die in der Vergangenheit ohne steuerliche Erfassung erzielten Einnahmen auf jeweils rund € 180.000,-- pro Jahr, wovon ihm ca. 1/3 als Handelsgewinn verblieben ist. Aufzeichnungen über seine Lieferanten oder Eingangsrechnungen hat er (selbstverständlich) nicht. Er erscheint am 15.6.2011 bei seinem Steuerberater. Zu diesem Zeitpunkt hat er – da er sich vor Sorge um die aktuellen Angelegenheiten wenig gekümmert hat – bei bestehenden Dauerfristverlängerungen die Umsatzsteuervoranmeldung für April 2011 noch nicht abgegeben. Diese weist ein Zahlungssoll von rund € 100.000,-- aus.

Die Neuregelung ist wenig durchdacht und wirft eine Fülle von Problemen auf:

Auch wenn der Wortlaut eine andere Interpretation ermöglicht, ist die Vorschrift doch jedenfalls in dem Sinne gemeint, dass die Sperrwirkung des § 371 Abs. 2 Nr. 3 AO **bezogen auf jede einzelne Tat (im materiellen Sinne) zu prüfen** ist,[57] was dazu führt, dass aus dem „Berichtigungsverbund" des § 371 Abs. 1 AO einzelne Taten ausscheiden, für die keine Strafbefreiung durch die abgegebene Selbstanzeige eintritt (im Beispiel 1 also

---

[56] BT-Drucks. 17/5067 (neu), 20.
[57] BT-Drucks. 17/5067 (neu), 21.

der Vorwurf der ESt-Hinterziehung 2006). Für das Tatbestandsmerkmal „je Tat" ist auf den materiellen Tatbegriff abzustellen (so.). Im Regelfall also: pro Steuerpflichtigem, pro Steuerart, pro Veranlagungsjahr. Ausnahmsweise können aber auch mehrere Steuerverkürzungen eines Jahres in „einer Tat" in diesem Sinne zusammen verwirklicht werden (Voraussetzung: gleichzeitige Abgabe und teilidentische Falschangaben).

Ein erstes praktisches Problem besteht darin, die **Höhe der verkürzten Steuer** betragsmäßig zu bestimmen. Denn der strafrechtlich relevante Verkürzungsbetrag stimmt vielfach nicht mit dem Betrag überein, der in den Änderungsbescheiden (bezogen auf die jeweilige Steuerart etc.) als Nachzahlung festgesetzt wird. Unterschiede können sich zum einen daraus ergeben, dass im Hinblick auf Schätzungen oder im Hinblick auf steuerliche Nachweispflichten strafrechtlich andere Beweismaßstäbe als im Besteuerungsverfahren gelten. Zum anderen können Fälle auftreten, in denen subjektiv (für die Frage des Vorsatzes) zwischen strafrechtlich relevanten und strafrechtlich irrelevanten Nachzahlungsbeträgen zu differenzieren ist.

Die aus der Neuregelung folgende Ungleichbehandlung verschiedener Fälle ist nach Maßgabe des allgemeinen Gleichheitssatzes nur gerechtfertigt, wenn ihr ein **sachgerechtes Differenzierungskriterium** zugrunde liegt. Im strafrechtlichen Regelungskontext kann dieses Differenzierungskriterium nur die individuelle Schuld des Täters sein. Nominell identische Verkürzungsbeträge können aber auf Taten mit einem erheblich abweichenden Unrechtsgehalt beruhen. Die Leitentscheidung des BGH vom 2.12.2008 zur Strafzumessung hat dies mit deutlichen Worten betont – auch wenn sie vielfach zu Unrecht im Sinne einer gleichsam mathematischen Strafzumessungslehre verstanden wird. Problematisch sind insbesondere die Fallgruppen, in denen selbst die Rechtsprechung für die Frage der Strafzumessung nicht von den nominellen „Verkürzungsbeträgen" ausgehen will: Fälle des Kompensationsverbots, Fälle der Steuerhinterziehung auf Zeit, Fälle der Umsatzsteuerhinterziehung ohne materiellen Steuerschaden („OR-Geschäfte" zwischen vorsteuerabzugsberechtigten Unternehmern) etc.

Die **Rechtsnatur des „Zuschlags"** ist ungeklärt. Der Finanzausschuss zieht in seinem Bericht die Parallele zu § 153 a StPO. Demnach müsste es sich um eine Zahlungsauflage strafrechtlicher Natur handeln. Folgerichtig müsste die Frage, ob § 398 a AO einschlägig ist, durch die Strafverfolgungsbehörde getroffen werden. Das Gesetz schweigt aber zu der Frage, welches Verfahren hierfür gilt.

Ein denkbarer Weg zur Klärung der Problemfälle ist klar: Die Strafverfolgungsbehörde trifft ihre Entscheidung und informiert den Betroffenen, für welche Taten und in welcher Höhe ihrer Auffassung nach der 5-prozentige Zuschlag zu zahlen ist. Weiterhin setzt sie eine Frist. Der Steuerpflichtige ist anderer Ansicht. Er zahlt nicht, was dazu führt, dass gegen ihn eine Anklage vor dem Strafgericht erhoben wird (bzw. ein Strafbefehl mit anschließendem Einspruch ergeht). Im Ergebnis erreicht der Steuerpflichtige

Teil I. Steuerhinterziehung im grenzüberschreitenden Bereich 47

eine gerichtliche **Überprüfung nur im Rahmen der strafrechtlichen Hauptverhandlung** – ein Weg, der für die Mandanten höchst unattraktiv erscheint.

Immerhin: Die Zahlung des „festgesetzten" Zuschlagbetrags führt ein **Verfahrenshindernis** herbei. Der Eintritt solcher Verfahrenshindernisse ist bis zum Schluss der mündlichen Verhandlung im Revisionsverfahren zu beachten. Der Betroffene kann also (scheinbar) gegen eine nachteilige Entscheidung auch noch Rechtsmittel einlegen, ohne den (bedingten) Anspruch auf Strafbefreiung zu verlieren. Hier ist gleichwohl Vorsicht angebracht. Denn die Zahlung erfolgt dann **nicht mehr fristgerecht im Sinne von § 398 a AO**. Nach dem Wortlaut des Gesetzes könnte bereits die Verletzung der von der Staatsanwaltschaft (bzw. der Straf- und Bußgeldstelle) gesetzten Frist zum Verlust der Einstellungsmöglichkeit führen. Eine Überprüfung im Strafverfahren ist somit nur denkbar, wenn die Ermittlungsbehörde die Zahlungsfrist zu diesem Zweck aussetzt. Der Betroffene hätte anderenfalls keine Möglichkeit, die Entscheidung der Strafverfolgungsbehörde überprüfen zu lassen.

Die gesetzliche Regelung ist lückenhaft. UE nach muss es möglich sein, den geforderten Zuschlag unter Vorbehalt zu zahlen und dann nachträglich um die Erstattung (und damit um die Frage des Eingreifens von § 371 Abs. 1 Nr. 3 AO) zu streiten. Man könnte z.B. überlegen, im Anschluss an die Zahlung einen Erstattungsantrag gegenüber der Staatsanwaltschaft (bzw. Bustra) zu stellen und den ablehnenden „Bescheid" als **Justizverwaltungsakt gemäß § 23 EGGVG** anzufechten. Man würde so nachträglich die Überprüfung der rechtlichen Einordnung durch das OLG erreichen.

Stellt sich nachträglich heraus, dass der Täter entgegen § 371 Abs. 1 AO nicht alle erklärungsbedürftigen Taten des „Berichtigungsverbundes" angegeben hat, so dürfte das strafrechtliche Ermittlungsverfahren wieder aufgenommen werden. Anders als in § 153 a StPO **enthält § 398 a AO keine Regelung zum Strafklageverbrauch**. Es wäre wohl auch widersinnig, dies in das Gesetz hineinlesen zu wollen, denn dann würde entgegen dem Gesetzeszweck die Teilselbstanzeige nach § 398 a AO eben doch strafbefreiende Wirkung entfalten. Unklar ist allerdings, was nach der Wiederaufnahme des Strafverfahrens mit dem gezahlten Zuschlag geschieht. UE nach müssen die gezahlten Beträge ggf. zurückerstattet oder als „Guthaben" mit den möglichen weitergehenden Folgen nach Abschluss des „neuen" Strafverfahrens (weitergehende Steuernachzahlung und/oder Geldstrafen oder Bewährungsauflagen) verrechnet werden.

Für die Beratungspraxis werden die Rechtsprobleme der § 371 Abs. 2 Nr. 3 AO und § 398 a AO nur im Ausnahmefall relevant – Steuerverkürzungen von mehr als € 50.000,-- pro Tat sind schließlich nicht an der Tagesordnung. Gerade im **unternehmerischen Bereich** – man denke an die Umsatz- oder Lohnsteuer – können diese Größenordnungen aber durchaus häufiger erreicht werden (in den Praxisfällen verschwiegener

Auslandskonten sind die Fälle Erbschafts- und Schenkungsfälle im Auge zu behalten). Zu weiteren Einzelheiten sei daher auf Abschnitt E. II. verwiesen.

3. Sperre durch Erscheinen des Prüfers

Mit dem Erscheinen des Prüfers ist eine Selbstanzeige nicht mehr möglich (§ 371 Abs. 2 Nr. 1 c AO). Maßgeblich ist das **körperliche Erscheinen des Prüfers** auf dem Grundstück mit den Betriebs- oder Wohnräumen des Steuerpflichtigen.[58]

Es handelt sich streng genommen um zwei verschiedene Sperrgründe: Zu unterscheiden sind die Fälle der steuerlichen Außenprüfung und die Fälle des Erscheinens der Steuerfahndung zu strafrechtlichen Ermittlungen.

a) Steuerliche Prüfung

Wird gemäß § 200 Abs. 2 AO im Falle der **Außenprüfung** die Prüfung einvernehmlich oder nach rechtskräftiger Anordnung **bei dem Steuerberater oder im Finanzamt** durchgeführt, so soll das Erscheinen des Prüfers beim Berater oder das körperliche Zusammentreffen im Finanzamt ausreichend sein.[59] Fraglich ist, ob dies für eine Prüfung in den Räumen des Finanzamts noch mit dem Wortlaut vereinbar ist.[60] Nicht ausreichend sind jedenfalls Ermittlungsmaßnahmen bei Dritten, z.B. Durchsuchungen bei Banken oder engen Geschäftspartnern. Hier ist nach zutreffender Ansicht noch eine Selbstanzeige in vollem Umfang möglich.

Der **inhaltliche Umfang der Sperrwirkung** bestimmt sich sachlich, zeitlich und persönlich bei einer Außenprüfung nach der Prüfungsanordnung.[61] Die Prüfung der Gewinnfeststellung bei einer Personengesellschaft sperrt nach bisherigem Verständnis die Abgabe einer Selbstanzeige hinsichtlich der Einkommensteuer der Gesellschafter nicht.[62] Ob hieran nach der Neuformulierung des Gesetzes noch festzuhalten ist, scheint fraglich. Denn nunmehr ist die Nacherklärung hinsichtlich aller zum „Berichtigungsverbund" zählenden Taten einer Steuerart erforderlich (ausführlich zu diesem Problem sogleich unter Ziff. D. III. 2.).

Der Prüfer erscheint auch dann zur Prüfung, wenn es „nur" um eine **Einzelprüfung** und nicht um eine Außenprüfung ieS geht.[63] Der Umfang der Sperrwirkung bestimmt sich

---

[58] Vgl. zur Abgrenzung *Joecks* in Franzen/Gast/Joecks, Steuerstrafrecht, 7. Aufl., 2009, § 371 Rz. 138.
[59] *Schauf* in Kohlmann, Steuerstrafrecht, § 371 Rz. 125 f. (Juli 2011).
[60] Sperrwirkung bejaht durch FG Münster vom 9.8.2007 6 K 5364/04 AO, EFG 2008, 79 zu § 7 StraBEG sowie nachfolgend BFH vom 9.3.2010 VIII R 50/07, wistra 2010, 313.
[61] So BGH vom 15.1.1988 3 StR 465/87, wistra 1988, 151; *Joecks* in Franzen/Gast/Joecks, Steuerstrafrecht, 7. Aufl., 2009, § 371 Rz. 149 ff.
[62] So BGH vom 15.1.1988 3 StR 465/87, wistra 1988, 151 für die Gewinnfeststellung einer GmbH & Still, zum Problem *Joecks* in Franzen/Gast/Joecks, Steuerstrafrecht, 7. Aufl., 2009, § 371 Rz. 154.
[63] BayObLG vom 17.9.1986 RReg 4 St 155/86, wistra 1987, 77.

hier nach dem sachlichen Umfang der Einzelprüfung. Keine Prüfung iSv. § 371 Abs. 2 Nr. 1 a AO ist **die Umsatzsteuernachschau** oder eine Liquiditätsprüfung.[64]

In **personeller Hinsicht** sollen **alle Betriebsangehörigen** von der Sperre beim Erscheinen des Prüfers erfasst sein. Für bereits ausgeschiedene Mitarbeiter bleibt die Selbstanzeige nach Auffassung des LG Stuttgart dagegen möglich.[65] Eine Selbstanzeige müsste nach dieser „räumlichen" Interpretation nach Erscheinen des Prüfers auch noch für einen selbst tatbeteiligten Steuerberater möglich sein.[66]

Die **Rechtswidrigkeit der Prüfungsanordnung** steht der Sperrwirkung nach Ansicht des BGH nur entgegen, wenn die Anordnung einen schwerwiegenden und offenkundigen Fehler aufweist, der zur **Nichtigkeit** führt.[67] Ergänzend ist darüber nachzudenken, ob die Anfechtung der Prüfungsanordnung mit dem Einspruch bzw. der Klage vor dem Finanzgericht den Weg zur Selbstanzeige wieder eröffnen kann (so. unter Ziff. D. I. zur Sperrwirkung der Bekanntgabe).

Nach Abschluss der Prüfung lebt die Möglichkeit der Selbstanzeige wieder auf. So die herrschende Meinung. Maßgebend für das Wiederaufleben ist die **Bekanntgabe des Berichtigungsbescheids** bzw. die Mitteilung gemäß § 202 Abs. 1 Satz 3 AO.[68] Wer ganz sicher gehen will, dass keine Diskussionen entstehen, wartet auch noch die Rechtskraft der bekanntgegebenen Änderungsbescheide ab.

b) Strafrechtliche Prüfung

Die **Fahndungsprüfung** setzt eine Prüfungsanordnung nicht voraus. Die Fahndung erscheint regelmäßig auf der Grundlage einer (richterlichen) Durchsuchungsanordnung, die zugleich die Einleitung des Verfahrens dokumentiert und insoweit mit dem Verfahrensgegenstand auch die Reichweite der Sperrwirkung bestimmt. Bedeutet das Erscheinen der Steuerfahndung ausnahmsweise keine Einleitung des Strafverfahrens nach § 371 Abs. 2 Nr. 1 b AO, bestimmt sich die Sperrwirkung nach dem sachlichen Umfang der Prüfung.[69] Abzustellen ist auf den Verfolgungswillen der Ermittlungsbehörden.

Nach Auffassung des BGH soll sich die Sperrwirkung bei strafrechtlichen Ermittlungen auch auf die **Vorwürfe** erstrecken, welche zwar nicht Gegenstand der Ermittlungen

---

[64] *Joecks* in Franzen/Gast/Joecks, Steuerstrafrecht, 7. Aufl., 2009, § 371 Rz. 140 a); *Schauf* in Kohlmann, Steuerstrafrecht, § 371 Rz. 136 (Juli 2011).

[65] LG Stuttgart vom 21.8.1989 10 KLs 137/88, wistra 1990, 72.

[66] Im Einzelnen *Joecks* in Franzen/Gast/Joecks, Steuerstrafrecht, 7. Aufl., 2009, § 371 Rz. 148.

[67] BGH vom 16.6.2005 5 StR 118/05, wistra 2005, 381, 383.

[68] BGH vom 23.3.1994 5 StR 38/94, wistra 1994, 228; *Schauf* in Kohlmann Steuerstrafrecht, § 371 Rz. 160-161 (Juli 2011), mwN.

[69] OLG Celle vom 27.3.2000 2 Ws 33/00, wistra 2000, 277.

sind, aber in einem engen sachlichen und/oder zeitlichen Zusammenhang stehen, so dass ihre Aufdeckung im weiteren Verlauf der Durchsuchung zu erwarten ist.[70] Dies hat der 1. Strafsenat in seiner Entscheidung vom 20.5.2010 bekräftigt. Auf das Erscheinen des Prüfers im Rahmen einer rein steuerlichen Prüfung wird man dies – entgegen der Auffassung von Teilen der Finanzverwaltung – nicht übertragen können. Denn anders als die Steuerfahndung ist der Prüfer zu Ermittlungsmaßnahmen außerhalb des durch die Prüfungsanordnung gezogenen Rahmens schon nicht ermächtigt, so dass für diese Komplexe auch keine gesteigerte „Entdeckungswahrscheinlichkeit" gegeben ist.

4. Sperre durch Einleitung des Steuerstraf- oder Bußgeldverfahrens

Die Einleitung eines Straf- oder Bußgeldverfahrens[71] ist in der Handhabung in der Regel unproblematisch. Die Einleitung des Verfahrens als solches reicht nicht aus. Zusätzlich ist die amtliche **Bekanntgabe erforderlich**. Der **Umfang** der Sperre richtet sich nach dem Inhalt der Einleitung.

Die Einleitungsverfügung darf nicht bloß resigniert zur Kenntnis genommen werden, sie ist auf ihre Wirksamkeit zu überprüfen. Ist sie so ungenau, pauschal (z.B. „wegen AO", „wegen Steuerhinterziehung", „für nicht verjährte Zeiträume"), dass nicht festgestellt werden kann, worauf sich der Vorwurf erstreckt, tritt keine Sperrwirkung ein.[72]

Auch bei § 371 Abs. 2 Nr. 1 b AO lebt die Möglichkeit zur Selbstanzeige **nach dem Abschluss des Straf- oder Bußgeldverfahrens** wieder auf. Dieses Wiederaufleben wird jedoch nur bei Einstellungen nach § 153 StPO, § 398 AO oder § 170 Abs. 2 StPO relevant. Soweit der Abschluss des Verfahrens durch eine Erkenntnis erfolgt, die den **Strafklageverbrauch** bewirkt (zB Freispruch, Urteil, Strafbefehl, Einstellung gegen Geldauflage nach Erfüllung der Auflage gem. § 153 a StPO), stellt sich diese Frage nicht mehr, da der unentdeckte Teil der Tat nicht mehr verfolgbar ist.[73]

5. Sperre durch Tatentdeckung

Sehr viel problematischer ist **§ 371 Abs. 2 Nr. 2 AO**, wonach die Sperrwirkung auch dann eintritt, wenn die Tat ganz oder teilweise entdeckt ist und der Täter dies wusste oder bei verständiger Würdigung der Sachlage damit rechnen musste. Das Merkmal wird durch eine objektive und eine subjektive Komponente bestimmt. Der Wortlaut dieses Sperrgrunds wurde durch das SchwGeldBekG geringfügig modifiziert, im Kern blieb die Regelung allerdings unverändert.

---

[70] BGH vom 5.4.2000 5 StR 226/99 „Konzertveranstalter", wistra 2000, 219, 225 sowie JÄGER, wistra 2000, 228.
[71] § 371 Abs. 2 Nr. 1 b AO.
[72] *Schauf* in Kohlmann, Steuerstrafrecht, § 371 Rz. 175 (Oktober 2007), ähnlich bereits *Bilsdorfer*, NWB F 13, 909, 924 (8/98); KLOS, NJW 1996, 2339.
[73] Vgl. *Joecks* in Franzen/Gast/Joecks, Steuerstrafrecht, 7. Aufl., 2009, § 371 Rz. 208.

Teil I. Steuerhinterziehung im grenzüberschreitenden Bereich 51

a) Objektive Komponente der „Entdeckung"

Die **Schwierigkeit dieses Tatbestands** liegt darin, dass er **nicht klar und eindeutig** zu konkretisieren ist. Wann ist die Tat entdeckt? Wann muss der Täter bei „verständiger Würdigung" damit rechnen? Die **Strafverfolgungsbehörden** versuchen hier naturgemäß eine möglichst **weitgehende Auslegung**. Die ältere Rechtsprechung des **BGH** hat versucht, diese Tendenz **einzuschränken** und klare Leitlinien zu formulieren. **Danach gilt Folgendes:**[74]

Eine Tatentdeckung liegt noch nicht vor, wenn ein Tatverdacht gegeben ist. Gleiches gilt, wenn Ermittlungen lediglich aufgenommen worden sind. Eine Tatentdeckung liegt selbst dann nicht vor, wenn das Finanzamt zu der Schlussfolgerung kommt, eine Steuerverkürzung sei objektiv vorgenommen worden. Vielmehr **bedarf es „einer Konkretisierung des Tatverdachts, die gegeben ist, wenn bei vorläufiger Tatbewertung die Wahrscheinlichkeit eines verurteilenden Erkenntnisses gegeben ist".**[75]

Der 1. Strafsenat des BGH hat diese Definition der objektiven Komponente der Tatentdeckung in seiner Entscheidung vom 20.5.2010 ausdrücklich bestätigt. Er hat (inhaltlich zutreffend) allerdings darauf hingewiesen, dass es sich um eine Bewertung auf vorläufiger Tatsachenbasis handelt, so dass der Begriff nicht mit dem Begriff des „hinreichenden Tatverdachts" nach einem aus ermittelten Strafverfahren gleichgesetzt werden kann.[76]

Einzelfälle:

▶ Die Kenntnis von dem fruchtlosen **Ablauf einer steuerlichen Erklärungsfrist** bedeutet noch nicht die objektive Entdeckung einer Steuerhinterziehung, weil das Fristversäumnis noch keinen Rückschluss auf eine Steuerschuld und auf den Vorsatz der Steuerhinterziehung erlaubt.[77]

▶ Der Umstand, dass ein Steuerpflichtiger es zu **Schätzungen** und zu **Haftungsbescheiden** kommen lässt, rechtfertigt für sich allein noch nicht die Annahme, dass die Steuerhinterziehung entdeckt ist.[78]

▶ Werden an einer **Grenzkontrolle** Belege über Konten oder Schließfächer bei ausländischen Banken gefunden, ist die Tat erst dann entdeckt, wenn ein für die Steuersa-

---

[74] Vgl. BGH vom 13.5.1983 3 StR 82/83, NStZ 1983, 415; BGH vom 24.10.1984 3 StR 315/84, NStZ 1985, 126; BGH vom 27.4.1988 3 StR 55/88, wistra 1988, 308; BGH vom 30.3.1993 5 StR 77/93, wistra 1993, 227; BGH vom 5.4.2000 5 StR 226/99 „Konzertveranstalter", wistra 2000, 219, 225; kritisch *Bilsdorfer*, DStZ 1985, 188; *Dörn*, wistra 1993, 169.

[75] Grundlegend BGH vom 13.5.1983 3 StR 82/83, NStZ 1983, 415.

[76] BGH vom 20.5.2010 1 StR 577/09, NJW 2010, 2146, Tz. 25.

[77] OLG Hamburg vom 27.1.1970 2 Ss 191/69, NJW 1970, 1385.

[78] OLG Celle vom 24.1.1984 1 Ss 367/83, wistra 1984, 116.

che zuständiger Beamter feststellt, dass der Steuerpflichtige entsprechende Vermögensgegenstände und/oder Einkünfte in seiner Steuererklärung nicht erklärt hat.[79] Regelmäßig setzt dies den Abgleich mit der Steuerakte voraus. Ausnahmsweise soll eine Tatentdeckung hiervon unabhängig möglich sein, wenn sich nämlich bereits aus den gefundenen Unterlagen selbst ergibt (bspw. durch handschriftliche Anmerkungen etc.), dass es sich um bislang nicht erklärte Einkünfte handelt.

▶ **Kontrollmitteilungen**, die beim Finanzamt über bestimmte Geschäftsvorfälle eingehen, schließen eine strafbefreiende Selbstanzeige solange nicht aus, bis das Finanzamt erfährt oder selbst feststellt, dass die betreffenden Geschäfte nicht verbucht worden sind.[80]

▶ **Veröffentlichungen in Presse oder Rundfunk** bieten im Allgemeinen nur Anhaltspunkte für einen Tatverdacht. Eine Tatentdeckung kann nur ausnahmsweise bei sehr eingehender und detaillierter Berichterstattung angenommen werden, aus denen der Betroffene als Leser Rückschlüsse auf seine individuelle Situation ziehen kann.[81]

▶ Nach altem Recht war es bereits ausreichend, wenn die Tat „zum Teil" entdeckt war. Nach dem Urteil des BGH vom 5.4.2000[82] bestimmt sich die Tat in diesem Sinne nach **Steuerpflichtigem, Steuerart und Veranlagungszeitraum**. Nach neuem Recht löst die Entdeckung eines Teils stets die Sperre für den gesamten „Berichtigungsverbund" aus (siehe unten Ziff. D. IV.).

▶ Nach Ansicht des BGH soll es wohl nicht darauf ankommen, dass auch die **konkrete Person des Täters** individuell (dh. namentlich) bekannt ist.[83] Angesichts der strafrechtlichen Kernbedeutung des Ausschlussgrunds erscheint diese Auffassung zweifelhaft.[84] Mit der neuen Gesetzeslage ist dieses weite Verständnis noch weniger zu vereinbaren.

▶ **Wer die Tat entdeckt** hat, ist nach herrschender Ansicht schließlich irrelevant. Typischerweise ist vom zuständigen Sachbearbeiter auszugehen. Es kommen jedoch

---

[79] Zum Umfang der zulässigen Kontrollmaßnahmen FG Baden-Württemberg vom 27.3.2007 11 K 297/02, DStRE 2007, 1575.

[80] Str., so *Streck/Spatscheck*, Die Steuerfahndung, 4. Aufl., 2006, Rz. 274; *Joecks* in Franzen/Gast/Joecks, Steuerstrafrecht, 7. Aufl., 2009, § 371 Rz. 189, mwN; aA LG Koblenz vom 13.3.1985 105 Js (Wi) 16966/83-4 Ls-12 Ns , DStR 1985, 668; FG Rheinland-Pfalz vom 13.6.2006 1 K 2590/05, EFG 2007, 1312 und nachfolgend BFH vom 26.11.2008 X R 20/07, BStBl. II 2009, 388 mit kritischer Anmerkung WULF, Stbg 2010, 175 ff. zu § 7 StraBEG.

[81] Zum Problem der Tatentdeckung in den Fällen der „Liechtenstein"-Ermittlungen ua. RANDT/SCHAUF, DStR, 2008, 489; *Schwedhelm/Wulf*, Stbg 2008, 294.

[82] BGH vom 5.4.2000 5 StR 226/99 „Konzertveranstalter", wistra 2000, 219, 225.

[83] BGH vom 5.5.2004 5 StR 548/03, wistra 2004, 309.

[84] *Joecks* in Franzen/Gast/Joecks, Steuerstrafrecht, 7. Aufl., 2009, § 371 Rz. 190 f.

auch Dritte in Betracht (zB Familienrichter, Polizei, ausländische Behörden, Privatpersonen). Bei diesen Dritten ist jedoch für die Sperrwirkung erforderlich, dass diese nicht nur die tatsächlichen Umstände kennen, sondern auch den Sinngehalt – dh. die Qualifizierung des Geschehens als Steuerhinterziehung – erfassen und damit zu rechnen ist, dass sie ihre Kenntnis der zuständigen Behörde weiterleiten.[85]

b) Subjektive Komponente der Kenntnis (bzw. des Kennen-Müssens)

Der Täter **muss mit der Entdeckung rechnen, wenn** er aus ihm – nachweislich – bekannten Tatsachen den Schluss ziehen muss, dass jemand seine Tat entdeckt hat. Die Wendung „bei verständiger Würdigung" bezieht sich nicht auf den Stand der Kenntnis, sondern darauf, ob er aufgrund seiner Kenntnis die Folgerung auf die Entdeckung seiner Tat gezogen hat.[86]

Wird der Steuerpflichtige vom Finanzamt aufgefordert, sich zu einem bestimmten Sachverhalt zu erklären (bspw. die Erkenntnisse aus einer Kontrollmitteilung zu erläutern, die mit den Steuererklärungen unvereinbar erscheint), so kommt es auf den genauen Wortlaut der Aufforderung an. **Auskunftsersuchen und** Mitwirkungsverlangen des Finanzamts sind grundsätzlich verpflichtend und vollstreckbar. Besteht nur der Anfangsverdacht einer Steuerhinterziehung (also weniger als „Tatentdeckung"), so muss das Finanzamt den Betroffenen auf seine möglichen Schweigerechte hinweisen (§ 393 Abs. 1 Satz 4 AO). Fehlt in dem Anschreiben ein entsprechender Hinweis, so darf der Steuerpflichtige davon ausgehen, dass keine Tatentdeckung eingetreten ist. Zumindest die subjektiven Voraussetzungen von § 371 Abs. 2 Nr. 2 AO liegen dann nicht vor.

Ist zweifelhaft, ob die Tat entdeckt ist, sollte regelmäßig mit Blick auf den möglicherweise entdeckten Sachverhalt gleichwohl eine Selbstanzeige erstattet werden. Die Begründung ist einfach: Ist die Tat noch nicht entdeckt, wirkt die Selbstanzeige. Ist die Tat bereits entdeckt, kann durch die Selbstanzeige nur selten etwas verschlimmert werden. Im Gegenteil, es kann auch die missglückte Selbstanzeige Vorteile bringen.

c) Wiederaufleben der Selbstanzeigemöglichkeit nach Tatentdeckung?

Teile der Finanzverwaltung vertreten die Auffassung, der **Sperrgrund der Tatentdeckung könne nie wieder entfallen**. Von Bedeutung ist dies in der Konstellation, dass nach einer (zunächst unvollständigen) ersten „Teil-Selbstanzeige" eine zweite Nacherklärung für einen identischen Zeitraum abgegeben wird.

---

[85] Vgl. dazu *Joecks* in Franzen/Gast/Joecks, Steuerstrafrecht, 7. Aufl., 2009, § 371 Rz. 192 ff., mwN.
[86] Vgl. *Joecks* in Franzen/Gast/Joecks, Steuerstrafrecht, 7. Aufl., 2009, § 371 Rz. 198; instruktiv BayObLG vom 24.2.1972 4 St 135/71, BB 1972, 524. Die fälschliche Annahme des Täters, seine Tat sei entdeckt, schließt die Straffreiheit nicht aus: *Schauf* in Kohlmann, Steuerstrafrecht, § 371 Rz. 236 (Nov. 2010).

Diese Auslegung widerspricht dem Zweck und der Struktur von § 371 Abs. 2 AO. Die Sperre der Tatentdeckung erfüllt die Funktion eines „Vorfeldtatbestands". Jede Tatentdeckung muss nach dem Legalitätsprinzip zur Einleitung und letztlich zur Bekanntgabe des Strafverfahrens führen. Im Vorfeld dieser Ermittlungstätigkeit soll ein „Wettrennen" zwischen dem Betroffenen und den Ermittlern verhindert werden. Sind aber die Ermittlungen dann später eingestellt worden, so entfällt bestimmungsgemäß auch der Sperrgrund der Tatentdeckung wieder. Denn führen die pflichtgemäß eingeleiteten Ermittlungen dazu, dass kein strafrechtlicher Vorwurf erhoben werden kann, so verliert die „Vorfeldsperre" der Tatendeckung ebenfalls ihre Berechtigung.

Die **Vervollständigung einer in der Vergangenheit abgegebenen Teilselbstanzeige** führt mithin zur Straffreiheit, unter der Voraussetzung, dass das Prüfungsverfahren wegen der Ersterklärung nach § 170 Abs. 2 AO eingestellt worden ist, bevor die zweite Erklärung abgegeben wird.

6. Nacherklärung trotz Sperre und das neue System der zeitraumübergreifenden Sperrwirkung

Bislang galt: War die Selbstanzeige **gesperrt, konnte sie gleichwohl sinnvoll sein.** Die Sperren beziehen sich eigentlich nur auf bestimmte Jahre und Sachverhalte (z.B. Betriebsprüfung für eine GmbH für die Jahre 2007 bis 2009). Außerhalb dieser Sperre konnte die Selbstanzeige vor dem 3.5.2011 ihre Wirksamkeit noch entfalten (z.B. bei der GmbH für die Jahre vor 2007 und uneingeschränkt für den Gesellschafter).

Durch eine solche **„ergänzende" Selbstanzeige** wird die Möglichkeit der Bestrafung entsprechend eingeschränkt. Würde der gesamte Hinterziehungssachverhalt eine Freiheitsstrafe ohne Bewährung rechtfertigen, kann durch die ergänzende Selbstanzeige u.U. eine Bewährungsstrafe erreicht werden; Die Bewährungsstrafe kann zur Geldstrafe, die Geldstrafe zu einer Einstellung nach § 153 a StPO werden.

Mit der **Neuregelung durch das SchwGeldBekG** sind die Möglichkeiten zur Abgabe solcher ergänzender Selbstanzeigen empfindlich eingeschränkt worden. § 371 Abs. 1 AO verlangt zur Abgabe einer vollständigen und wirksamen Selbstanzeige die Nacherklärung eines ganzen Verbunds von Taten („... *alle unverjährten Taten einer Steuerart...*"). § 371 Abs. 2 Nr. 1 und Nr. 2 AO überträgt diesen Gedanken auf die Reichweite der Sperrwirkung: Ist nur für eine der Taten, die eigentlich anzuzeigen sind, ein Sperrgrund eingetreten, so soll die Selbstanzeige **für den gesamten „Berichtigungsverbund" keine Strafbefreiung** mehr herbeiführen. Diese Zielrichtung ergibt sich eindeutig aus der Gesetzesbegründung des Finanzausschusses, auch wenn der Wortlaut (zumindest bei § 370 Abs. 2 Nr. 1 AO) sich auch anders verstehen ließe.

Die Beratungspraxis wird davon ausgehen müssen, dass die Rechtsprechung den Zielvorgaben des Gesetzgebers folgt.

Teil I. Steuerhinterziehung im grenzüberschreitenden Bereich 55

C. Besonderheiten der Selbstanzeige im Unternehmen

Fall 3:

F ist Finanzvorstand einer Aktiengesellschaft. Die Gesellschaft hat in der Vergangenheit Lizenzzahlungen an eine ausländische Schwesterngesellschaft geleistet. Tatsächlich waren die entsprechenden Patente im Jahr 2002 von der Schweizer Gesellschaft auf die deutsche Gesellschaft übertragen worden, die Lizenzzahlungen liefen allerdings weiter und wurden als Betriebsausgaben verbucht. Die Lizenzzahlungen belaufen sich auf € 300.000,-- pro Jahr

Fall 4:

G ist Geschäftsführer einer GmbH & Co. KG. Die Gesellschaft hat in der Vergangenheit die Warenbestände zu niedrig bewertet. Dies führte zu niedrigeren Gewinnfeststellungen. Die Bewertungsdifferenz beläuft sich zum 31.12.2011 auf rund € 2 Mio. Die Gesellschaft hat 10 Kommanditisten, darunter neben natürlichen Personen auch drei Kapitalgesellschaften. G will dies bereinigen.

Lösungshinweise:

Schrifttum: *Streck/Spatscheck*, Die Steuerfahndung, 4. Aufl., 2006; *Franzen/Gast/Joecks*, Steuerstrafrecht, 7. Aufl., 2009, *Salditt*, „Geschützte Selbstanzeige – der Beschluss des 1. Strafsenats des BGH vom 20.5.2010", PStR 2010, 168 ff.; *Weidemann*, „Keine wirksame Teilselbstanzeige", PStR 2010, 175; *Wulf*, „Auf dem Weg zur Abschaffung der strafbefreienden Selbstanzeige (§ 371 AO)?", wistra 2010, 286; *Meyberg*, „Straffreiheit nur bei vollständiger Rückkehr zur Steuerehrlichkeit", PStR 2010, 162; *Wegner*, „Bedenken gegen Reform des Verjährungsrechts", PStR 2009, 33; *Bender*, „ Die Verfolgungsverjährung für Steuerhinterziehung nach dem JahressteuerG 2009", wistra 2009, 215; *Pelz*, „Neuregelung der Verfolgungsverjährung für Steuerhinterziehung – Neue Herausforderungen für die Praxis", NJW 2009, 470, 471 sowie *Wulf*, „Die Verschärfung des Steuerstrafrechts zum Jahreswechsel 2008/2009", DStR 2009, 459, 460; *Wulf*, „Strafrechtliche und steuerliche Verjährung im Steuerfahndungsverfahren", Stbg 2008, 445, 447; Bericht des Finanzausschusses, BT-Drucks. 17/5067 (neu), 21;

I. Offene und „verdeckte" Stellvertretung bei der Abgabe

Jeder Beteiligte, der § 370 AO verletzt, sei er Alleintäter, Mittäter, mittelbarer Täter, Anstifter oder Gehilfe, kann Selbstanzeige erstatten. Jeder erstattet grundsätzlich für sich **persönlich** Selbstanzeige. Es ist jedoch nicht erforderlich, dass die Selbstanzeige höchstpersönlich abgegeben wird. Der Täter **kann sich vertreten lassen**. Die Vertretung kann durch einen Berufsträger (Steuerberater bzw. Rechtsanwalt), aber auch durch jede andere Person erfolgen.

Der Bevollmächtigte muss jedoch aufgrund einer entsprechenden **Vollmacht** handeln. Wie die Vollmacht erteilt worden ist, ist irrelevant. Es reicht eine **mündliche oder telefonische** Bevollmächtigung.

Im Unternehmen führt dies zu der Überlegung, die Nacherklärung zunächst nur durch einen Verantwortlichen abgeben zu lassen.

Beispiel:
Eine GmbH hat zu Unrecht Vorsteuern in Anspruch genommen. Daran beteiligt waren der Fremd-Geschäftsführer, der Alleingesellschafter und dessen in der Buchhaltung angestellte Ehefrau. Soll die Rolle des Alleingesellschafters und dessen Ehefrau zunächst nicht offengelegt werden, kann überlegt werden, gegenüber dem Finanzamt zunächst nur für den Fremd-Geschäftsführer Selbstanzeige zu erstatten.

Vorsichtshalber sollte in einem **internen Protokoll** festgehalten werden, dass die Selbstanzeige auch für die - namentlich benannten (!) - anderen Beteiligten erklärt wird. Erkennt das Finanzamt die Beteiligung der anderen und eröffnet es gegen diese ein Strafverfahren, kann die bisher verdeckte Stellvertretung unter Vorlage der Vollmachten und des internen Protokolls offengelegt werden. Die Selbstanzeige wirkt dann auch für diese.

Der BGH hat allerdings zuletzt Zweifel geäußert, ob die Selbstanzeige zugunsten des anderen bei **verdeckter Stellvertretung** wirksam ist. Denn gegenüber dem unbekannten Beteiligten sei es nicht möglich, eine strafrechtliche Zahlungsfrist nach § 371 Abs. 3 AO zu setzen.[1] UE nach kann dies aber nur zur Folge haben, dass die gesetzte Nachfrist auch gegenüber dem Vertretenen gilt.[2]

Bei Gesellschaften ist durch die Rechtsprechung ausdrücklich anerkannt, dass die Selbstanzeige des zuständigen Geschäftsführers auch **für die anderen Organe und Mitarbeiter** strafbefreiend wirkt, selbst wenn diese in der Nacherklärung nicht gesondert aufgelistet sind.[3] Dies bleibt auch nach der neueren Rechtsprechung richtig, solange eine Fristsetzung ihnen gegenüber mangels eines persönlichen Vorteils der Mitarbeiter sowieso nicht in Betracht kommen kann (§ 371 Abs. 3 AO). In allen anderen Fällen sollte dieses Problem bedacht werden.

Problematisch wird es, **wenn die Tatbeteiligten nicht in einem Lager** stehen.

Beispiel:
Der Händler arbeitet einvernehmlich mit dem Lieferanten mit unrichtigen Einkaufsbelegen; Selbstanzeige eines Steuerberaters wegen der Hinterziehung durch einen Mandanten, an der er beteiligt war.

---

[1] BGH vom 5.5.2004 5 StR 548/03, wistra 2004, 309, 310.
[2] So BGH vom 21.6.1994 5 StR 105/94, HFR 1995, 225.
[3] BGH vom 24.10.1984 3 StR 315/84, wistra 1985, 74.

Hier ist zu beachten, dass die Selbstanzeige eines Beteiligten die **Sperre des § 371 Abs. 2 Nr. 2 AO** für den anderen Beteiligten eintreten lässt, wenn die Selbstanzeige die Beteiligungsform erkennen lässt. In derartigen Fällen sollten sich die Beteiligten vor der Selbstanzeige **abstimmen.** Vorsicht jedoch bei Meinungsverschiedenheiten: Jeder der sich jetzt streitenden Beteiligten kann dem anderen durch eine „voreilige" Selbstanzeige die Möglichkeit zu einer eigenen Selbstanzeige nehmen.

II. Problembereiche der gesetzlichen Neuregelung

Das neue Verfahren der „Selbstanzeige zweiter Klasse" in den Fällen der Steuerhinterziehung von mehr als € 50.000,-- wirft für Unternehmensverantwortliche erhebliche Probleme auf.

Eine strafbefreiende Selbstanzeige im eigentlichen Sinne scheidet aus, wenn die „verkürzte Steuer oder der für sich oder einen anderen erlangte nicht gerechtfertigte Steuervorteil einen **Betrag von € 50.000,-- je Tat übersteigt**" (§ 370 Abs. 2 Nr. 3 AO nF). In den beschriebenen Fällen ist somit zunächst zu bestimmen, in welcher Höhe Steuerverkürzungen eingetreten sind bzw. Steuervorteile erlangt wurden. Hier treten die oben bereits beschriebenen allgemeinen Probleme auf, denn festzuhalten ist: der im Besteuerungsverfahren festgesetzte Nachzahlungsbetrag kann nicht mit dem maßgeblichen „Verkürzungsbetrag" im Sinne von § 371 Abs. 2 Nr. 1 AO gleichgesetzt werden.

Bei der Abgabe von Steuererklärungen im Unternehmen sind die **Konkurrenzverhältnisse zu prüfen**: Sind Steuererklärungen zeitgleich abgegeben worden und enthalten sie übereinstimmend unzutreffende Tatsachenangaben, so bilden die entstehenden Verkürzungen strafrechtlich eine Tat im materiellen Sinne. Dies dürfte auf die neuen Selbstanzeigeregelungen durchschlagen. Ggf. sind also KSt, GewSt und USt zusammenzurechnen.

Bei **unzutreffenden Gewinnfeststellungserklärungen** einer Mitunternehmerschaft ist – bei unterstellter Gutgläubigkeit der Mitunternehmer – von einer Steuerhinterziehung der Geschäftsführung in mittelbarer Täterschaft auszugehen. Die eintretenden Steuerverkürzungen sind zusammenzurechnen. Nach neuerer Rechtsprechung des BGH soll ein auf Ebene der Personengesellschaft ergangener überhöhter Verlustfeststellungsbescheid den Taterfolg des § 370 AO in der **Form der Vorteilserlangung** erfüllen. Wie der Umfang dieses Taterfolgs isoliert zu berechnen ist, also ohne hilfsweise auf die eintretenden Steuerverkürzungen abzustellen, bleibt unklar.

An einer Steuerhinterziehung im unternehmerischen Bereich sind in aller Regel **mehrere Personen beteiligt**. Die bei einer solchen Personenmehrheit auftretenden Fragen hat der Gesetzgeber bei Schaffung der Einstellungsmöglichkeit nach § 398 a AO nicht bedacht. Das Verfolgungshindernis tritt ein, *„wenn der Täter innerhalb einer ihm bestimm-*

ten angemessenen Frist (die zu eigenen Gunsten hinterzogene Steuer und) einen Geldbetrag in Höhe von 5 % der hinterzogenen Steuer zugunsten der Staatskasse zahlt."

Die Pflicht und **Fristsetzung zur Steuernachzahlung** ist für die nacherklärenden Mitarbeiter des Unternehmens vielfach irrelevant, da sie nicht zu eigenen Gunsten Steuern hinterzogen haben. Der neu eingeführte Zuschlag hat diese Einschränkung jedoch nicht übernommen. Darüber hinaus entstehen zwei Fragen: Muss jeder der strafrechtlich Beteiligten den Betrag in Höhe von 5 % zahlen? Und: Trifft die Verpflichtung nur den Täter, oder auch die Personen, die sich als Anstifter oder Gehilfen beteiligt haben?

UE muss Folgendes gelten: Dem eindeutigen Wortlaut nach kann **nur der Täter im strafrechtlichen Sinne** zur Zahlung verpflichtet sein – dies macht rechtlich und tatsächlich schwierige Abgrenzungen zwischen § 25 StGB einerseits und §§ 25, 26 StGB andererseits erforderlich.

Eine mehrfache Zahlungsbelastung von Fremdgeschäftsführern, die wie in den Beispielsfällen nicht einmal Vorteile aus den begangenen Steuerstraftaten erlangt haben, wäre uE nach unverhältnismäßig. Ergebnis: Die Täter müssen gleichsam **als Gesamtschuldner einmal nachzahlen**, dann tritt das Verfahrenshindernis für alle täterschaftlich beteiligten Mitarbeiter ein.

Die Zahlungspflicht (genauer: -obliegenheit) trifft die **Mitarbeiter persönlich**. Zahlt das Unternehmen den Zuschlag, so bleibt die Frage, ob es sich um eine lohnsteuerpflichtige Zuwendung handelt. Steuerlich abzugsfähig dürfte die Zahlung für das Unternehmen bzw. seine Mitarbeiter jedenfalls nicht sein.

III. Zusammenspiel mit § 153 AO und § 378 AO

Die beschriebenen Gesichtspunkte machen es nach neuer Rechtslage zu einer bedeutsamen Frage, ob die Fehler der Vergangenheit vorsätzlich begangen wurden. Haben die Mitarbeiter zunächst gutgläubig gehandelt, den korrigierten Fehler erst nachträglich erkannt und dann unverzüglich berichtigt, so findet § 371 AO keine Anwendung – es bleibt bei den steuerlichen Konsequenzen, alle hier diskutierten strafrechtlichen Fragen können dahinstehen. Vorsatz in diesem Sinne setzt allerdings nicht das zielgerichtete Handeln zum Zweck der Steuerhinterziehung voraus, ausreichend ist bereits **Eventualvorsatz**. § 370 AO greift ein, sobald der Mitarbeiter konkret damit rechnet, dass aus dem ihm bekannten Sachverhalt weitergehende Steueransprüche entstehen, die in den Erklärungen nicht vollständig deklariert werden. Die Schwelle ist somit denkbar niedrig und in kaum einem Fall in greifbarer Form nachweisbar.

Gelingt allerdings die Darlegung, dass es sich um einen unverschuldeten oder auch „nur" um einen grob fahrlässigen Fehler handelte, dann ist der Betroffene nach Maßgabe von § 371 Abs. 2 Nr. 3 AO „aus dem Schneider". Denn entgegen zwischenzeitlicher Überlegungen hat der Gesetzgeber die **Erweiterung der Sperrgründe nicht auf § 378 AO** übertragen. Bei der Ordnungswidrigkeit des § 378 AO kann der Täter eine strafbefreiende Nacherklärung abgeben, bis der Sperrgrund der Einleitung des Ermittlungsverfahrens eingetreten ist.

Damit ist eine Nacherklärung selbst dann, wenn sie in der Betriebsprüfung erfolgt und/oder der Betrag von € 50.000,-- pro Tat überschritten ist, noch wirksam, soweit den betroffenen Unternehmensverantwortlichen **nur grobe Fahrlässigkeit** vorgeworfen werden kann. Dies wird zukünftig eine wichtige Verteidigungslinie darstellen, wobei die Abgrenzung in der Praxis zumeist höchst problematisch ist.

Für eine Berichtigung nach § 378 AO gelten traditionell auch inhaltlich etwas andere Maßstäbe. Die Übergabe von Unterlagen an den Außenprüfer, aus denen sich die fraglichen Sachverhalte ergeben, wird als ausreichend angesehen.[4] **Der neue Vollständigkeitsbegriff** des § 370 Abs. 1 AO gilt für die „Steuerstraftaten" und damit **nicht für die Ordnungswidrigkeit des § 378 AO**. Es wäre auch sinnwidrig, den nicht vorsätzlich Handelnden zur Korrektur eines „Berichtigungsverbundes" im Sinne der Neuregelung zwingen zu wollen. UE, gelten daher für § 378 AO inhaltlich unverändert die Maßstäbe der alten Rechtsprechung: Insoweit wie der Steuerpflichtige berichtigt, kann er nicht mehr nach § 378 AO belangt werden.

Erhebliche Bedeutung nach neuem Recht gewinnt schließlich die Korrektur nach **§ 153 AO iVm. § 371 AO.** Erlangt ein Organ des Unternehmens nachträglich Kenntnis von steuerlichen Unregelmäßigkeiten und Erklärungsfehlern der Vergangenheit, so ist er nach § 153 AO zur Korrektur verpflichtet. Inhaltlich ist für ihn bereits ausreichend, dass er nur die Unrichtigkeit der für das Unternehmen abgegebenen Steuererklärungen anzeigt, die betragsmäßige Korrektur kann in einem zweiten Schritt (nach entsprechender Aufforderung durch das Finanzamt) erfolge.:

Die **Auswirkungen** seiner Anzeige **auf die übrigen Beteiligten** sind streitig.[5]

Richtigerweise gilt: Die Anzeige gilt als strafbefreiende Selbstanzeige zugunsten aller anderen Beteiligten, die vorhergehend entweder selbst unrichtige Angaben abgegeben haben, die Abgabe von Steuererklärungen für das Unternehmen unterlassen haben oder vorhergehend ihrer Berichtigungspflicht nach § 153 AO nicht nachgekommen sind. Die **strafbefreiende Wirkung dieser Drittanzeige** – und das ist das Entscheidende – ist wiederum nach dem eindeutigen Wortlaut des Gesetzes **nicht an die Sperrwirkung des § 370 Abs. 1 Nr. 3 AO geknüpft** und auch während einer laufenden Betriebsprüfung noch möglich!

---

[4] *Joecks* in Franzen/Gast/Joecks, Steuerstrafrecht, 7. Aufl., 2009, § 378 Rz. 69, mwN.
[5] *Joecks* in Franzen/Gast/Joecks, Steuerstrafrecht 7. Aufl., 2009, § 371 Rz. 127, mwN.

Ungewiss ist, ob dies als „**Gestaltungsmodell**" herangezogen werden sollte. Die bewusste Bestellung eines zunächst noch gutgläubigen Organs zu dem Zweck, diesen später zu einer Berichtigung nach § 153 AO zu veranlassen, kann wohl nicht angeraten werden. Eindeutig bleibt andererseits, dass die Berufung auf § 153 iVm. § 371 Abs. 4 AO ein weitergehendes Argument zur Verfügung stellt und insofern die Situation der nacherklärenden Unternehmensverantwortlichen jedenfalls nicht verschlechtert.

D. Zahlungsfristen und Nebenfolgen der Selbstanzeige – Risiken des steuerlichen Beraters

Fall 5:

Steuerberater S wird von seinem Mandaten M, der ein italienisches Restaurant betreibt, laufend bedrängt, Tipps für die Abgabe der Steuererklärungen zu geben. Der Gastronom befürchtet ansonsten wegen auffälliger Rohgewinnaufschlagsätze in den Fokus intensiver Prüfungen zu kommen. Eine Mitarbeiterin des Steuerberaters erbarmt sich. Nach einigen Jahren wird dem Mandanten die Sache „zu heiß". Gemeinsam mit dem Berater gibt er eine Selbstanzeige ab und zieht zurück nach Italien. Alle Vollstreckungsversuche sind erfolglos.

Womit muss der Berater rechnen?

Lösungshinweise:

Schrifttum: *Streck/Spatscheck*, Die Steuerfahndung, 4. Aufl., 2006; *Franzen/Gast/Joecks*, Steuerstrafrecht, 7. Aufl., 2009.

I. Nach der Abgabe – Zahlungsfristen und sonstige Rechtsfolgen

Die Straffreiheit einer Selbstanzeige tritt nach neuer Gesetzesformulierung nur ein, „wenn" die hinterzogenen Steuern innerhalb einer vom Finanzamt bestimmten, angemessenen Frist gezahlt werden (**§ 371 Abs. 3 AO**). Wie die Tilgung erfolgt, ist **irrelevant**. Auch ein unbeteiligter **Dritter** kann die noch zu entrichtenden Steuern zahlen.[1] Diese Bedingung muss bei der **Abwägung**, ob eine Selbstanzeige zu erstatten ist, berücksichtigt werden. Ist absehbar, dass der Steuerpflichtige die Zahlung innerhalb der gesetzten Frist nicht erbringen kann, scheidet eine Selbstanzeige häufig aus.

In der Praxis spielt die **Zahlungsfrist eine merkwürdig geringe Rolle**. Bei der Fristbestimmung handelt es sich nach hM um eine **strafrechtliche Frist**. Sie muss ausdrücklich als solche bestimmt werden. Die üblichen steuerlichen Fristen aus dem Steuerbescheid sind, isoliert gesehen, keine Fristen im Sinne des § 371 AO.[2]

Eine teilweise Nachzahlung führt zutreffenderweise auch nach neuem Recht zu einer teilweisen Strafbefreiung.

Die **steuerlichen Folgen** einer Hinterziehung werden durch eine Selbstanzeige nicht eingeschränkt. Dies gilt insbesondere für:

---

[1] Vgl. *Joecks* in Franzen/Gast/Joecks, Steuerstrafrecht, 7. Aufl., 2009, § 371 Rz. 126 ff.
[2] OLG Karlsruhe vom 22.12.2006 3 Ss 129/06, wistra 2007, 159.

- die Haftung des Hinterziehers nach § 71 AO;
- die Verlängerung der Festsetzungsfrist nach § 169 Abs. 2 Satz 2 AO;
- die Abänderungsbefugnis nach § 173 Abs. 2 AO;
- die Hinterziehungszinsen nach § 235 AO.

Auch in diesem Bereich hat die Selbstanzeige aber **Vorteile**: Stellt die Strafverfolgungsbehörde wegen der Selbstanzeige das Strafverfahren ein, muss das Finanzamt selbständig die Hinterziehung ermitteln. Es trägt die objektive Beweislast und kann nicht auf Strafakten zurückgreifen. Es sind keine strafprozessualen Eingriffe wie Durchsuchung oder Beschlagnahme zulässig.

Die Selbstanzeige ist **kein Geständnis** im strafrechtlichen Sinne.[3] Auch wer „vorsorglich" eine Selbstanzeige erstattet, kann später jede Hinterziehung verneinen. Er kann auch um die Höhe der nacherklärten Beträge streiten. Dieser rein steuerrechtliche Streit um die richtige Besteuerung ist nicht mit dem **Widerruf der Selbstanzeige** zu verwechseln, der zur Unwirksamkeit der Selbstanzeige führen kann. Der Anzeigenerstatter ist steuerlich nicht an die zunächst erklärten Zahlen gebunden. Dies ist insbesondere bei der Selbstanzeige in Stufen wichtig. Die bewusst zu hoch geschätzten Beträge können im Besteuerungsverfahren korrigiert werden. Gegen die Steuerbescheide kann damit das reguläre Rechtsbehelfsverfahren geführt werden. Wichtig ist vor dem Hintergrund des § 371 Abs. 3 AO nur, dass zunächst die festgesetzten Steuern gezahlt werden. Eine eventuelle AdV sollte deshalb – wenn überhaupt – nur im Nachhinein durch den Antrag auf Aufhebung der Vollziehung versucht werden. Selbstverständlich bleibt es dem Steuerpflichtigen auch unbenommen, in den Fällen des § 398 a AO um die Höhe der tatsächlichen Steuernachzahlung und damit ggf. auch um die Höhe und das Eingreifen der 5-prozentigen Zuschlagszahlung zu streiten.

Die Selbstanzeige unterliegt dem **Steuergeheimnis** nach § 30 AO. Das Gesetz formuliert jedoch weitreichende Ausnahmen und Mitteilungsbefugnisse: Trotz der Selbstanzeige bleiben **Disziplinarmaßnahmen** gegen Beamte, Richter und Soldaten zulässig. Ähnliches gilt für gewerberechtliche oder **sonstige Aufsichtsmaßnahmen**, soweit für deren Eingreifen keine Verurteilung wegen Steuerhinterziehung Voraussetzung ist (zB § 35 GewO). Zum Zweck dieser Verfahren kann eine Mitteilung erfolgen. Auch hier gilt aber: Eine wirksame Selbstanzeige belässt die objektive Beweislast bei der Behörde.

---

[3] *Streck/Spatscheck*, Die Steuerfahndung, 4. Aufl., 2006, Rz. 285.

II. Selbstanzeige und eigene strafrechtliche Risiken des Steuerberaters

Jeder Berater muss sich der Frage stellen: Ist der Steuerpflichtige/Mandant, der zur Verkürzung neigt, eher die **Regel oder eher die Ausnahme?** Das Verhalten in Regelsituationen ist ein anderes als die Vorbereitung auf Ausnahmefälle.

Steuerhinterziehung ist ein Delikt mit geringem Unrechtsbewusstsein; sie verfügt über keine moralische Instanz, über kein aktives Gewissen; erst durch einen willentlichen Vernunftsakt kommt der Bürger zu dem Ergebnis, es sei wohl richtig, Steuern zu zahlen. **Steuerhinterziehung kann folglich mit jeder Existenz verknüpft sein.** Jeder Berater und Fahnder wird bestätigen, dass Unternehmer wie Angestellte, Arbeiter wie Vorstandsmitglieder, Studenten wie Professoren, Hausfrauen wie Ordensmitglieder und Geistliche, Beamte wie Vertreter politischer Parteien hinterziehungsanfällig sind; Ausnahmen gibt es nicht.

Bezieht man die gesamte Kleinhinterziehung in die Beurteilung mit ein, so ist es keine Übertreibung, wenn man davon ausgeht, dass **nahezu jeder Steuerbürger hinterzieht.** Dieses Massenphänomen hat aber nicht etwa dazu geführt, die gesamte Kleinhinterziehung von § 370 AO auszunehmen, vielmehr verschließt der Gesetzgeber die Augen vor der offenkundigen Erkenntnis und verschärft die strafrechtlichen Regelungen.

Daraus folgt: Der Steuerberater muss davon ausgehen, dass die **Beratung eines Hinterziehers die Regel, nicht die Ausnahme ist.** Das damit verbundene Problem ist das einer Standardberatung, nicht das Problem besonderer Mandate. Es zeichnet den Berater nicht aus, wenn er sagt, bei meinen Mandanten gibt es keine Hinterzieher, ich lege für meine Mandanten die Hände ins Feuer. Was hier geschieht, ist ein Akt der Selbsttäuschung. Ein Berater ist im Übrigen nicht oder nur schlecht vorbereitet, wenn ihm die Augen über die Realität geöffnet werden. Jeder Berater muss sich fragen: Wie vermeide ich die Beteiligung an der Hinterziehung des Mandanten? Wie berate und vertrete ich den Hinterzieher-Mandanten?

Bei einer Beteiligung des Beraters an einer Steuerhinterziehung des Mandanten droht für den Berater die Gefahr, neben steuerstrafrechtlicher Verfolgung über die Hinterzieherhaftung auch noch die Steuern des Mandanten zahlen zu müssen. Wer eine Steuerhinterziehung begeht oder an einer solchen Tat teilnimmt (um diese Alternative wird es meistens gehen, wenn ein Steuerberater haften soll), haftet für die verkürzten Steuern. Das Finanzamt kann den Gehilfen in voller Höhe der hinterzogenen Steuer in Anspruch nehmen, ohne den Grad der Pflichtverletzung des Gehilfen im Verhältnis zum Haupttäter oder anderen Mittätern bei der Auswahl des Haftenden oder der Höhe der Haftungssumme berücksichtigen zu müssen.

Die **Grenzen zwischen Steuerberatung und Beteiligung** an der Vorsatztat des Mandanten einerseits, die Grenzen zwischen Beteiligung an der vorsätzlichen Tat und der leichtfertigen Steuerverkürzung andererseits sind mit hinreichender Bestimmtheit nur schwer zu ziehen. In der Praxis erfolgt die Grenzziehung zumeist weniger aufgrund eines Erkenntnisakts als durch eine Willensentscheidung.

Geht man davon aus, dass die Mehrzahl der Mandanten unrichtige Steuererklärungen abgibt und dies auch weiß (folglich Steuerhinterzieher ist), so ist der Berater, bereitet er diese falsche Steuererklärung vor, **Gehilfe im objektiven Sinne**. Er leistet einen wesentlichen Tatbeitrag zur hinterziehenden Tat. Er fertigt die falsche Steuererklärung.

Entscheidend ist die subjektive Komponente: Weiß er nicht, dass die Steuererklärung falsch ist, ist er nicht Gehilfe. Weiß er allerdings, dass die Steuererklärung falsch ist, ist er Gehilfe im strafrechtlichen Sinne.

Jedem Berater muss bewusst sein, dass ihn nur dieses **Wissen um die richtige oder falsche Steuererklärung** vor dem strafrechtlichen Vorwurf einer Gehilfenschaft schützt. Auch muss er deutlich sehen, dass in der Praxis der Steuerstrafverfolgung bei ihm als dem „Fachmann" eher das Wissen vermutet wird, als dass man von seinem Nichtwissen ausgeht. Es ist mithin nicht übertrieben, wenn man von einer hohen Brisanz des strafrechtlichen Risikos ausgeht. Allerdings wird diese Gefährlichkeit dadurch erträglich, dass die Steuerstrafverfolgung wie jede Strafverfolgung an die „justizförmig" ermittelte Wahrheit, nicht an die absolute Wahrheit anknüpft. Die Mitwisserschaft muss im strafrechtlichen Sinn beweisbar sein. Weiß der Steuerberater konkret um die Steuerhinterziehung des Mandanten, ist dieses Wissen aber in einem Steuerstrafverfahren nicht beweisbar, gibt es im strafrechtlichen Sinne kein steuerliches Beteiligungsdelikt.

Hieraus folgt:

Der Berater muss abstrakt davon ausgehen, d.h. in Rechnung stellen, dass sein Mandant Steuern hinterzieht. **Das abstrakte Wissen darf nicht konkret werden.** Richtig ist die stillschweigende Ausklammerung aus dem Beratungsverhältnis.

Der Berater ist nicht verpflichtet, im Beratungsverhältnis festgestellte Steuerstraftaten des Mandanten den Strafverfolgungsbehörden anzuzeigen. Sein abstraktes Wissen um die Möglichkeit der Steuerhinterziehung des Mandanten muss er niemandem mitteilen.

Ausgehend von dem abstrakten Wissen (oder: der abstrakten Möglichkeit) muss der Berater eine klare Sphären- und Risikotrennung durchführen. Die etwaige Hinterziehung ist Sache des Mandanten. Der Berater ist nicht für die Steuermoral des Mandanten verantwortlich; auf der anderen Seite darf der Mandant den Berater nicht etwa derart zum Komplizen machen, dass in gemeinsamer Tat hinterzogen wird. **Konkrete Hilfestellung** bringt den Berater nicht nur in die Gefahr der Steuerstrafverfolgung, sondern zwingt ihn auch morgen zur größeren Hilfe, die sodann schwer abgelehnt werden kann.

Die **Ablehnung jeder Hilfeleistung** muss mit großer Eindeutigkeit vollzogen werden. Hier darf auch nicht der umsatzträchtige Mandant besser stehen als der kleine Mandant.

Droht der Mandant mit dem **Mandatsentzug**, muss es bei der Ablehnung bleiben. Der Berater wird idR feststellen, dass der Mandant die Haltung des Steuerberaters akzeptiert. Kündigt dieser gleichwohl das Mandat, ist dies eine positive Investition in die Zukunft. Der Mandant wird den Berater nicht in den Strudel eines eigenen Verfahrens ziehen.

Der Berater muss immer daran denken, dass im Konfliktfall der **Mandant sein erster Belastungszeuge** ist.

Da die Steuerstrafverfolgung sich idR auf Urkunden, Schreiben und Vermerke stützt, muss den **schriftlichen Unterlagen eine besondere Aufmerksamkeit gewidmet** werden. Da es im Strafrecht nicht um die objektive Wahrheit, sondern um die justizförmig beweisbare Wahrheit geht, ist die notwendige Beweisvorsorge legitim.

In positiver Hinsicht **sollten Richtigkeits- und Vollständigkeitserklärungen des Mandanten** festgehalten werden; so sollten z.B. Erklärungen über Zinsen in die Akten aufgenommen werden. Auch sonstige Schreiben des Mandanten hinsichtlich seiner Korrektheit sind von Wichtigkeit. Negative Seite: Die Beraterhandakte kann zum primären Belastungsdokument für den Berater werden. Telefonvermerke oder dergleichen, von schneller flüchtiger Feder geschrieben – vielleicht zur Absicherung eines Mitarbeiters –, können bei ihrer Erfassung nicht gewollte Auswirkungen haben. Das Beschlagnahmeprivileg des § 97 StPO bringt keinen vollständigen Schutz.

Auf die Frage, in welcher Situation der Berater das Mandat niederzulegen hat, geben Rechtsprechung und Literatur unzureichende Antworten. Was den Berater beunruhigen muss, sind Urteile und Stimmen, die leichtfertig allzu schnell eine **Mandatsniederlegung** fordern. UE kann für den Berater folgende Verhaltensregel gelten:

Er ist nicht verpflichtet, sein Mandat niederzulegen, weil er abstrakt davon ausgeht, dass auch sein Mandant Steuern hinterzieht. Der Berater hat das **Recht, seinem Mandanten eher zu glauben als dem Finanzamt**. Nur dann, wenn der Mandant von ihm verlangt, in konkreter Weise Gehilfe oder Mittäter zu werden, kann er das Mandat nicht weiterführen.

Beispiel:
Weiß der Berater nachträglich, dass der Mandant bis 2010 ein Konto in Liechtenstein hatte, dessen Zinsen nicht erklärt wurden, ist er nicht gehindert, die Steuererklärung 2011 vorzubereiten. Anders: Weiß der Berater, dass der Mandant auch noch ein laufendes Konto im Jahr 2011 hat, dessen Zinsen nicht erfasst sind, muss er auf der Zinsdeklaration bestehen.

Aus diesen Regeln folgt auch das Verhalten bei einem **nicht befolgten Rat zur Selbstanzeige**. Diese Beratungssituation umschließt die Offenbarung einer Hinterziehung gegenüber dem Berater. Folgt nunmehr der Mandant einem positiven Rat zur Selbstanzeige nicht, so hat das Wissen um die Hinterziehung nur dann Auswirkung auf die laufende Steuerberatung, wenn die Hinterziehung fortgesetzt werden soll. Kein Problem also für den Berater, wenn es sich um einen abgeschlossenen Hinterziehungstatbestand handelt. Soll allerdings das Luxemburger Konto, um dessen mögliche Aufdeckung es geht, weiter als Schwarzkonto geführt werden, so kann der Berater seine Hand nachfolgenden Erklärungen nicht reichen.

Aus diesen Regeln folgt schließlich auch die Handhabung im Bereich des § 153 AO: Hat der Mandant irrtümlich in der Vergangenheit falsche Erklärungen abgegeben, so muss der Berater ihn auf die Fehler hinweisen. Ob der Mandant sodann der Pflicht des § 153 AO, dh. der Berichtigungspflicht, folgt oder nicht, ist seine Sache. Ist der Sachverhalt, um den es hier geht, abgeschlossen, ist die Sache erledigt. Handelt es sich um einen Dauersachverhalt, müssen allerdings die Steuererklärungen, die der Berater nach der Aufdeckung des Fehlers vorbereitet, richtig sein. Andernfalls muss er das Mandat niederlegen.

Teil I. Steuerhinterziehung im grenzüberschreitenden Bereich

E. Verrechnungspreise in international tätigen Unternehmen – ein Anwendungsfall des Steuerstrafrechts?

Fall 6:

Unternehmer W vertreibt von seinem Stammsitz in Deutschland aus Waren. Im Rahmen einer Betriebsprüfung beanstandet der Prüfer die Verrechnungspreise mit der Produktionsgesellschaft in der Schweiz (EK zu hoch). Ferner würden von Deutschland aus allgemeine Konzernaufwendungen, wie zB Produktentwicklung, Werbung, Kunst getragen, die im Wege einer Konzernumlage hätten abgegrenzt werden müssen. Er fordert zur Übergabe aussagekräftiger Unterlagen auf. Nachdem das Unternehmen längere Zeit keine Angaben macht, erscheint die Steuerfahndung und beschlagnahmt die maßgeblichen Dokumente. Zurecht?

Lösungshinweise:

Schrifttum: *Streck/Spatscheck*, Die Steuerfahndung, 4. Aufl., 2006; *Franzen/Gast/Joecks*, Steuerstrafrecht, 7. Aufl., 2009.

I. Übersicht

Steuervermeidung, -umgehung und -hinterziehung sind keine Themen, die sich allein im internationalen Geschäftsbereich abspielen. Aber gerade bei grenzüberschreitenden Transaktionen ergeben sich besondere Konstellationen. Die Finanzbehörden tendieren dazu, bei Auslandsgeschäften eher misstrauisch zu sein, was damit im Zusammenhang steht, dass die eigenen Ermittlungsmöglichkeiten grundsätzlich an der Staatsgrenze enden. Die fehlenden Ermittlungsmöglichkeiten werden durch erhöhte Mitwirkungspflichten beim Steuerpflichtigen ausgeglichen (§ 90 Abs. 2 AO). Im Gegensatz zum reinen Inlandsgeschäft muss der Steuerpflichtige detailliertere Tatsachen darlegen, wenn die Ware die Grenze überschreitet. Die Finanzbehörde ist hingegen mehr als beim reinen Binnensachverhalt dazu gezwungen, die Besteuerung allein an den Erklärungen des Steuerpflichtigen auszurichten. Hier besteht ein erhöhtes Missbrauchspotential. Es ist eine Balance zu finden zwischen dem berechtigten Interesse der Finanzverwaltung, Erklärungen auf ihre Richtigkeit überprüfen zu können und dem ebenso berechtigten Interesse des Steuerpflichtigen, nicht mit unerfüllbaren formalen Anforderungen überzogen zu werden.

Im Folgenden soll zunächst geklärt werden, was man unter den Begrifflichkeiten der Steuervermeidung, -umgehung und -hinterziehung zu verstehen hat. Daran schließt sich ein Überblick über die Missbrauchsschutzvorschriften auf nationaler und europäischer Ebene an. Schließlich wird geprüft, was der Steuerpflichtige erklären muss, um sich nicht der Gefahr der Steuerhinterziehung auszusetzen.

II. Begrifflichkeiten

1. Steuervermeidung

Steuervermeidung ist ein legitimes Ziel des Steuerpflichtigen. Sie ist Teil der Gestaltungsfreiheit, welche als Teil der grundrechtlich durch Art. 12, 14, 2 Abs. 1 GG verbürgten Freiheit des Steuerpflichtigen gewährleistet ist und seine Freiheit einschließt, die Steuer zu vermeiden.[1]

„Es kann (...) nicht als ein Missbrauch von Gestaltungsmöglichkeiten des bürgerlichen Rechts angesehen werden, wenn ein Stpfl. zur Ersparung von Steuern die für ihn günstigste Rechtsform wählt. Bei der einschneidenden Natur der Steuertarife kann es dem Stpfl. nicht verwehrt werden, die für ihn günstigste rechtliche Form zu wählen."[2]

„Das Gestaltungsmotiv der Ersparnis von Steuern macht die Gestaltung nicht unangemessen."[3]

2. Steuerumgehung

„Die Steuerumgehung ist ein Unterfall der Gesetzesumgehung. Sie besteht in einem Verhalten, auf das die durch Auslegung ermittelte Regelung des Gesetzes nicht anwendbar ist, obwohl dieses Verhalten dem Zweck der Gesetzesvorschrift widerspricht oder entspricht."[4]

Die Steuerumgehung ist die durch den Missbrauch qualifizierte Steuervermeidung.[5] Sie beginnt, wo die Auslegung des Gesetzes aufhört.[6] § 42 Abs. 1 AO definiert die Umgehung als „Missbrauch von Gestaltungsmöglichkeiten des Rechts".

Die Steuerumgehung ist weder verboten, noch strafbar.[7]

3. Steuerhinterziehung

Die Steuerhinterziehung ist in § 370 AO geregelt und stellt das falsche oder unvollständige Machen von Angaben über steuerlich erhebliche Tatsachen, welches zu einer Steuerverkürzung führt, unter Strafe.

---

[1] *Drüen* in Tipke/Kruse, AO, § 42 Rz. 3 (Okt. 2010).
[2] BFH vom 22.8.1951 IV 246/50 S, BStBl. II 1951, 181.
[3] BFH vom 29.11.1982 GrS 1/81, BStBl. II 1983, 272, 277.
[4] BFH vom 19.3.1980 II R 23/77, BStBl. II 1980, 598.
[5] *Drüen* in Tipke/Kruse, AO, § 42 Rz. 4. (Okt. 2010).
[6] *Klein*, AO, 10. Aufl., 2009, § 42. Rz. 36.
[7] BFH, vom 1.2.1983 VIII R 30/80, BStBl. II 1983, 534; *Drüen* in Tipke/Kruse, AO, § 42 Rz. 4. (Okt. 2010).

Während die Abgrenzung zwischen legaler Steuervermeidung und nicht anzuerkennender Steuerumgehung recht schwierig ist, ist die Abgrenzung zu § 370 AO im Grundsatz einfach. Der Steuerpflichtige muss den Sachverhalt, der der Besteuerung zugrunde liegt, vollständig deklarieren.

Beispiel[8]: Die Mitwirkung des Steuerpflichtigen an einer Steuerumgehung nach § 42 AO durch Gründung einer Schweizer Domizilfirma ist als solche nicht strafbar. Es erfüllt aber den Tatbestand des § 370 AO, wenn das Finanzamt durch Verschleierung von missbräuchlichen Gewinnverlagerungen ins niedrig besteuernde Ausland getäuscht wird.

III. Missbrauchsschutzregelungen und das Steuerstrafrecht

Obwohl die Steuerumgehung weder verboten noch strafbar ist, hat der Steuergesetzgeber verschiedene Regelungen geschaffen, um sie zu verhindern. Hier ist insbesondere § 42 AO zu nennen, der folgend näher in den Blick genommen wird.

1. Inländische Regelungen § 42 AO

Die Steuerumgehung ist in Deutschland in § 42 AO geregelt und als Missbrauch von Gestaltungsmöglichkeiten definiert. Der Missbrauch ist seit der Neufassung der Vorschrift im Jahr 2008 in § 42 Abs. 2 AO legal definiert. Demnach ist ein Missbrauch anhand folgender Prüfungsschritte festzustellen.

1. Es ist die angemessene und die gewählte Gestaltung zu vergleichen.
2. Ergibt der Vergleich einen Steuervorteil, ist zu prüfen, ob dieser gesetzlich vorgesehen ist (z.B. bei Ausübung steuerlicher Wahlrechte oder bei Nutzung von Fördernormen).
3. Ist der Vorteil nicht gesetzlich vorgesehen, ist zu prüfen, ob die Gestaltung unangemessen ist; Maßstab soll sein, ob ein verständiger Dritter die Gestaltung auch ohne den Steuervorteil gewählt hätte.

Diese Prüfung ist aber **zirkulär**, da von vornherein feststehen muss, was unangemessen ist.[9]

Daher sollte man besser auf folgenden Prüfungsschritt [10] abstellen:

1. Zunächst ist der wirtschaftliche Vorgang nachzuvollziehen.
2. Dann ist zu prüfen, ob der Vorgang unter die möglicherweise umgangene Steuernorm fällt.

---

[8] BGH vom 24.8.1983 3 StR 89/83, BGHSt. 32, 60.
[9] *Klein*, AO, 10. Aufl., 2009, § 42. Rz. 46.
[10] *Klein*, AO, 10. Aufl., 2009, § 42.Rz. 49.

3. Schließlich ist zu prüfen, ob die vorgenommene Gestaltung vom Steuerrecht (ebenfalls) gebilligt wird.

Jedenfalls missbräuchlich ist die Gestaltung, wenn allein steuerliche Gründe für die Gestaltung vorliegen. Es ist aber nicht erforderlich, dass steuerliche Gründe keine Rolle gespielt haben.[11]

Es ist jedoch anzuerkennen, wenn eine steuerliche Gestaltung gewählt wird, die erst durch die mit ihr verbundenen Steuervorteile attraktiv wird.[12]

Beispiel[13]:
„Eine Steuerumgehung kann nicht allein schon darin gesehen werden, dass der vom Kläger eingeschlagene Weg möglicherweise nur unter Berücksichtigung des Abzugs der Schuldzinsen als Sonderausgaben wirtschaftlich sinnvoll sein könnte. Es muss den Steuerpflichtigen überlassen bleiben, ob sie einen Versicherungsschutz so hoch einschätzen, dass sie hierfür auch hohe Zinsbelastungen in Kauf nehmen."

2. Europäisches Missbrauchsrecht

Auf europäischer Ebene existiert zwar keine Regelung wie § 42 AO, was angesichts der rudimentären gemeinschaftsrechtlichen Regelungen zum Steuerrecht auch nicht zu erwarten ist. Der EuGH hat aber in den letzten Jahren im grenzüberschreitenden Bereich eine eigene Missbrauchsrechtsprechung entwickelt. Diese betrifft meistens den Bereich des Umsatzsteuerrechts. Die Voraussetzungen des EuGH, einen Missbrauch des Steuerrechts bzw. eine Umgehung anzuerkennen, unterscheiden sich nicht wesentlich von den inländischen Voraussetzungen nach § 42 AO.

Nach dem EuGH fordert ein Missbrauch zum einen, dass eine formale Anwendung der Rechtsnormen zu einem Steuervorteil führt, dessen Gewährung mit dem Ziel der Bestimmungen nicht vereinbar ist. Zum anderen muss mit den Umsätzen ein Steuervorteil bezweckt werden, was nicht der Fall ist, wenn es andere (wirtschaftliche) Gründe außer dem Steuervorteil gibt.[14]

3. Übertragung der steuerrechtlichen Analogien auf die strafrechtliche Beurteilung

Für das Strafrecht gelten andere Maßstäbe als für das Steuerrecht. So ist beispielsweise die Beweislastumkehr des § 42 Abs. 2 S. 2 AO im Steuerstrafrecht wegen des in dubio pro reo Grundsatzes nicht anwendbar.[15]

---

[11] *Meine*, wistra 1992, S. 81 (S. 82).
[12] *Meine*, wistra 1992, S. 81 (S. 82).
[13] BFH vom 1.3.1974 VI R 31/71, BStBl. I 382 (383).
[14] EuGH vom 21.2.2006 C-255/02, DStR 2006, 420 (424 f.), „Halifax", Rz. 74 f.
[15] *Joecks* in Franzen/Gast/Joecks, 7. Aufl., 2009, § 370, Rz. 140 a.

§ 42 AO führt zu einer analogen Anwendung von Steuernormen, indem einzelne Vorschriften auf Sachverhalte erweitert werden, die vom Wortlaut der Norm nicht erfasst sind. Hier stellt sich die Frage nach dem Analogieverbot aus Art. 103 Abs. 2 GG. Fakt ist, dass das Analogieverbot im Steuerrecht nicht anzuwenden ist[16]. Nun ist es aber so, dass das Strafrecht an die steuerliche Beurteilung anknüpft. Ob etwas „steuerlich erheblich", oder „Steuerverkürzung" iSd. § 370 AO ist, ist ohne Rückgriff auf das Steuerrecht nicht zu beantworten.

Führt diese Anknüpfung nun dazu, dass für die strafrechtliche Beurteilung § 42 AO außen vor bleiben muss? Begehrt der Steuerpflichtige den Abzug von Betriebsausgaben im Zusammenhang mit Geschäften einer ausländischen Domizilgesellschaft, so ist nach § 42 AO der Betriebsausgabenabzug zu verneinen und eine höhere Steuer auf Grundlage der nicht geminderten Bemessungsgrundlage festzusetzen. Kann man aber auch strafrechtlich von einer Verkürzung sprechen, oder ist § 42 AO im Steuerstrafrecht wegen des Analogieverbots nicht anwendbar?

Diese Diskussion wird in der Literatur im Zusammenhang mit der Tatbestandsstruktur des § 370 AO diskutiert. Man kann die Steuerhinterziehung im Zusammenhang mit den jeweils einschlägigen Steuernormen als Gesamtstraftatbestand verstehen (so genannter Blankettstraftatbestand) oder man versteht die Anknüpfung an das Steuerrecht als eine Art normatives Tatbestandsmerkmal, wie bspw. beim Diebstahl nach § 242 StGB in Bezug auf das Merkmal „fremd" und die hiermit verknüpfte Anbindung an das BGB. Ob § 370 AO damit Blanketttatbestand oder normativer Tatbestand ist, ist in der rechtswissenschaftlichen Diskussion umstritten.[17] Die Mehrzahl der Vertreter in Literatur und Rechtsprechung bezeichnet § 370 AO als Blankettstraftatbestand oder zumindest „blankettartigen" Tatbestand.[18] Umso verwunderlicher ist es daher, wenn die Rechtsprechung und Literatur es für möglich hält, eine Steuerpflicht und -verkürzung über den Gestaltungsmissbrauch nach § 42 AO zu begründen. Untermauert wird dies mit dem Argument, es sei der Bestimmtheitsgrundsatz gewahrt, wenn sich die Besteuerung über § 42 AO auf allgemein anerkannte Fallgruppen stützt.[19]

Dogmatisch kann man diese Begründung durchaus angreifen. Im Ergebnis ist die Haltung allerdings sachgerecht. Das Steuerstrafrecht knüpft nicht an steuerliche Einzelnormen an, sondern übernimmt das Ergebnis der steuerrechtlichen Beurteilung. Es

---

[16] *Klein*, AO, 10. Aufl., 2009, Rz. 36.
[17] vgl. *Ransiek*, HRRS 2009, S. 422 ff., mwN.
[18] BGH vom 8.1.1965 2 StR 49/64, BGHSt. 20, S. 217 (S. 218); BGH vom 19.4.2007 5 StR 549/06, StV 2007, 468; BGH vom 9.10.2007 5 StR 162/07, DStR 2008, 144; *Thomas*, NStZ 1987, S. 260 (S. 261).
[19] BGH vom 27.1.1982 3 StR 217/81, wistra 1982, 108 f.; *Joecks* in Franzen/Gast/Joecks, 7. Aufl., 2009, § 370, Rz. 140 a; *Fischer* in Hübschmann/Hepp/Spitaler, AO, § 42, Rz. 59 (März 2008).

wird nicht an die Voraussetzungen, sondern an die Rechtsfolgen des Steuerrechts angeknüpft.[20] § 370 AO ist ein Tatbestand mit normativen Merkmalen und entspricht von seiner Struktur her § 242 StGB. Auch bei § 242 StGB ist im Hinblick auf das Merkmal „fremd" nicht entscheidend, *wie* der Bestohlene Eigentümer der Sache geworden ist, es reicht aus, *dass* er Eigentümer ist.

IV. Erklärungspflichten in Zusammenhang mit Auslandsgeschäften

Den Steuerpflichtigen trifft bei Auslandsgeschäften eine erhöhte Mitwirkungspflicht in Auslandsfällen über § 90 Abs. 2 AO. Diese erhöhte Mitwirkungspflicht soll das Defizit bei den Ermittlungsmöglichkeiten der Finanzbehörden ausgleichen.[21] Eine besonders ausgestaltete Darlegungspflicht enthalten die § 160 AO und § 16 AStG bei Zahlungsempfängern im Ausland.

1. Generelles zu § 160 AO und § 16 AStG

§ 160 AO regelt die Versagung des Betriebsausgabenabzugs, wenn der Steuerpflichtige den Empfänger der Leistung im Ausland nicht benennt. Zweck der Vorschrift ist es, inländische Steuerausfälle beim Geschäftspartner zu verhindern.[22] § 160 AO stellt die gewählte Gestaltung nicht in Frage und hat somit einen vollständig anderen Anwendungsbereich als § 42 AO.[23]

§ 160 AO führt zu einer Art Gefährdungshaftung zu Lasten des Leistenden, der den Empfänger der Leistung nicht benennt, weil die Gefahr besteht, dass die Einnahmen beim Geschäftspartner nicht erfasst werden können. Zahlt bspw. ein Steuerpflichtiger Schwarzlöhne, so haben er und der Leistungsempfänger ein Interesse daran, Letzteren nicht zu benennen. Da in einem solchen Fall der Leistungsempfänger die Einnahme nach der gesetzlichen Vermutung nicht versteuern wird, hält es der Steuergesetzgeber für sachgerecht, dem Leistenden dann den korrespondierenden Steuerabzug zu verwehren.[24] Dies kann aber nur dann gelten, wenn der Leistungsempfänger in Deutschland zu besteuern ist.[25] Deswegen ist die Aufforderung zur Empfängerbenennung ermessensfehlerhaft, wenn an einen Empfänger im Ausland gezahlt wird.[26] Dies beschränkt sich allerdings wieder dadurch, dass nachgewiesen sein muss, ob die Zahlun-

---

[20] *Puppe*, Nomos Kommentar, StGB, 3. Aufl., 2010, § 16, Rz. 22.
[21] *Klein*, AO, 10. Aufl., 2009, § 90 Rz. 8.
[22] BFH vom 30.3.1983 I R 228/78, BStBl. II 1983, 654.
[23] BFH vom 24.4.2009 IV B 104/07, BFH/NV 2009, 1398-1401.
[24] *Klein*, AO, 10. Aufl., 2009, § 160, Rz. 1.
[25] BFH vom 13.3.1985 I R 7/81, BStBl. II 1986, 318.
[26] BFH, vom 13.3.1985 I R 7/81, BStBl. II 1986, 318.

Teil I. Steuerhinterziehung im grenzüberschreitenden Bereich 73

gen tatsächlich an einen (in Deutschland nicht steuerpflichtigen) Ausländer gingen und vor allem dort verblieben und nicht wieder ins Inland zurückgeflossen sind.[27]

Die AEAO zu § 160 führt unter Nr. 4 dazu aus:

"Bei Zahlungen an ausländische Empfänger soll das FA (...) auf den Empfängernachweis verzichten, wenn feststeht, dass die Zahlungen im Rahmen eines üblichen Handelsgeschäfts erfolgtne, der Geldbetrag ins Ausland abgeflossen ist und der Empfänger nicht der deutschen Steuerpflicht unterliegt. Hierzu ist der Empfänger in dem Umfang zu bezeichnen, dass dessen Steuerpflicht im Inland mit hinreichender Sicherheit ausgeschlossen werden kann. Die bloße Möglichkeit einer im Inland nicht bestehenden Steuerpflicht reicht nicht aus".

Wird eine ausländische Domizilgesellschaft zwischengeschaltet, so ist nicht diese zu benennen, sondern der hinter ihr stehende Dritte[28]. Dies gilt aber nicht, wenn die Domizileigenschaft dem Leistenden bei Ausschöpfung aller Erkenntnismöglichkeiten nicht erkennbar war.[29]

Die Vorschrift des § 160 AO wird durch § 16 AStG verschärft bzw. konkretisiert. § 16 AStG schränkt § 160 AO nicht ein, sondern bestimmt das Tatbestandsmerkmal der genauen Bezeichnung in § 160 AO näher.[30] Beide Vorschriften haben die gleiche Schutzrichtung, allerdings ist § 16 AStG enger.[31] Erfasst werden nur Geschäftsbeziehungen zu anderen Personen oder Gesellschaften im unwesentlich besteuerten Ausland. Unwesentlich besteuertes Ausland und niedrig besteuertes Ausland iSd. § 8 AStG ist laut BMF-Schreiben[32] gleichzusetzen und bei einer ertragssteuerlichen Belastung von weniger als 25 % anzunehmen.

Liegt eine solche Geschäftsbeziehung vor, so müssen alle Umstände genannt werden, die für die Beurteilung der Geschäftsbeziehung bedeutsam sein können. Hierunter fallen beispielsweise Angaben zur Rechtsform, Beteiligungsstruktur, zu wirtschaftlichen Aktivitäten und wesentlichen, unternehmensbezogenen Verträgen.[33] Es müssen auch geschäftliche Verbindungen zu Dritten offenbart werden, die wirtschaftlich hinter dem ausländischen Geschäftspartner stehen, oder ihm sonst nahestehen.[34]

---

[27] BFH vom 24.4.2009 IV B 104/07, BFH/NV 2009, 1398-1401.
[28] BFH vom 10.11.1998 I R 108/97, BStBl. II 1999, 121.
[29] BFH vom 17.10.2001 I R 19/01, BFH / NV 02, 609.
[30] BFH vom 1.4.2003 I R 28/02, BStBl II 2007, 855; *Vogt* in Blümich, 108. Aufl., 2010, § 16 AStG, Rz. 12.
[31] *Seer* in Tipke/Kruse, AO/FGO, § 160, Rz. 26 (Mai 2010).
[32] AEAStG vom 14.05.2004, Tz. 16.1.2.
[33] *Seer*, in Tipke/Kruse, AO/FGO, § 160, Rz. 26 (Mai 2010).
[34] *Seer*, in Tipke/Kruse, AO/FGO, § 160, Rz. 26 (Mai 2010).

§ 16 AStG ist ebenso wie § 160 AO kein Instrument zur Bekämpfung internationaler Steuerhinterziehung.[35]

2. Verhältnis zur Steuerhinterziehung

Kommt ein Steuerpflichtiger einem Benennungsverlangen nach § 160 AO und/oder § 16 AStG gar nicht, oder nicht vollständig nach, so liegt hierin keine Steuerhinterziehung. Die Betriebsausgaben sind als solche zunächst einmal angefallen, so dass keine falschen Angaben über steuerlich erhebliche Tatsachen vorliegen. Die Tatsache, dass bei einer Nichtbenennung des Empfängers der Betriebsausgabenabzug aberkannt wird, hat eher Haftungs- oder Gefährdungscharakter. Es kommt auch nicht zu einer Verkürzung, da der Betriebsausgabenabzug nicht akzeptiert wird. Auch in dem Fall, in dem im VZ 1 der Betriebsausgabenabzug verneint und im folgenden VZ 2 wieder der gleiche Betriebsausgabenabzug begehrt wird, liegt keine Steuerverkürzung vor, so lange nur sämtliche Tatsachen vollständig erklärt werden.

Beispiel:
Der Steuerpflichtige begehrt einen BA-Abzug wegen Lieferung an eine schweizerische Gesellschaft, die von der Finanzverwaltung als Domizilgesellschaft eingeordnet wird. Der Steuerpflichtige verweigert aber (aus welchen Gründen auch immer) die Benennung des hinter der Gesellschaft stehenden Gesellschafters. Die Finanzverwaltung versagt daraufhin den BA-Abzug im VZ 1.

Im folgenden Jahr stellt sich der gleiche Fall wieder. Wenn nun der Steuerpflichtige angibt, dass es sich bei den begehrten BA um Leistungen an die schweizerische Gesellschaft handelt, so begeht er keine Steuerhinterziehung. Die Finanzverwaltung kann auf dieser Tatsachenbasis die Besteuerung vornehmen. Sie kann ein neues Benennungsverlangen stellen und ggf. den BA-Abzug verneinen. Anders wird es nur, wenn der Steuerpflichtige die Tatsachen verkürzt, etwa weil er weiß, dass die Finanzverwaltung die Ausgaben an die schweizerische Gesellschaft im Vorjahr nicht akzeptiert hat. Gibt er also nur an „Betriebsausgaben aus Geschäften mit Ausland Summe X", dann kann hierin sehr wohl eine Steuerhinterziehung liegen.

Diese Konstellation ist letztlich dieselbe, die in Literatur und Rechtsprechung unter dem Problemkreis „abweichende Rechtsauffassung" diskutiert wird.

3. Abweichende Rechtsauffassung

Zum Teil wird in der Literatur vertreten, es handele sich schon um „falsche Angaben" iSd. § 370 AO, wenn eine abweichende Rechtsauffassung mitgeteilt werde.[36] Dies ist aber zumindest unsauber, denn es verwischt die grundsätzliche Aufgabentrennung zwischen Steuerpflichtigem und Finanzbehörde. Der Steuerpflichtige hat lediglich Tatsachen mitzuteilen, die rechtliche Beurteilung übernimmt dann die Finanzbehörde (§ 90 AO).

---

[35] *Vogt* in Blümich, 108. Aufl., 2010, § 16 AStG, Rz. 9.
[36] *Lohmeyer*, GA 1973, S. 97 ff. (106).

Teil I. Steuerhinterziehung im grenzüberschreitenden Bereich 75

Der Steuerpflichtige muss also keine Rechtsansichten darstellen, so dass im Grundsatz auch die Darstellung falscher Rechtsansichten im Rahmen des § 370 AO tatbestandslos ist. Dies ist aber anders, wenn Tatsachen vorgetragen werden, die auf Basis einer Rechtsauffassung ausgewählt wurden, während andere steuerlich erhebliche Tatsachen verschwiegen werden.

Nach der Rechtsprechung steht es dem Steuerpflichtigen nicht frei, aus einem Gesamtsachverhalt nur Tatsachenteile vorzutragen und sie im Übrigen unter Berufung auf eine unzutreffende, eigene, rechtliche Bewertung zu verschweigen, obwohl die Tatsachen für die steuerliche Beurteilung von Bedeutung sein können.[37]

Beispiel:[38]

Ein Steuerpflichtiger deklariert Betriebsausgaben für ein Surfbrett, obwohl er dieses nur privat nutzt. Hier kann die Erklärung durchaus unterschiedlich ausfallen, was letztlich auch über die Strafbarkeit wegen Steuerhinterziehung entscheidet.

1. *Der Steuerpflichtige erklärt unter Betriebsausgaben:*
   „1000 EUR für Surfbrett"

2. *Der Steuerpflichtige erklärt:*
   „Betriebsausgaben: 1000 EUR"

Im ersten Fall liegen weder falsche noch unvollständige Angaben vor. Die Angaben sind vielmehr überflüssig, da sie den betrieblichen Bereich nicht betreffen.

Im zweiten Fall liegt die Sache anders. Das Surfbrett ist kein betrieblich benutztes Gerät. In der Erklärung ist aber zumindest konkludent miterklärt, dass die Ausgaben betrieblicher Natur sind. Die gemachten Angaben sind also falsch.

---

[37] BGH vom 19.12.1990, 3 StR 90/90, wistra 1991, 138 (143).
[38] nach *Ransiek* in Kohlmann, Steuerstrafrecht,§ 370, Rz. 243 (März 2010).

V. Fazit

Nicht jede Steuervermeidung ist zu missbilligen. Im Gegenteil stellt die Vermeidung von Steuern ein billigenswertes Handlungsmotiv des Steuerpflichtigen dar. Sobald die Schwelle zur Steuerumgehung überschritten ist, wird die Steuerminderung vom Gesetzgeber oder der Rechtsprechung im Inland und auf europäischer Ebene nicht (mehr) akzeptiert. Aber auch die Steuerumgehung ist nicht strafbar. Strafbar sind erst falsche oder unvollständige Tatsachenangaben. Für die Steuerhinterziehung gelten andere Spielregeln als für die Steuernormen im Besteuerungsverfahren. Allerdings übernimmt die Steuerhinterziehung die Ergebnisse des Steuerrechts. Hierin liegt kein Verstoß gegen den Bestimmtheitsgrundsatz. An der Schwelle zwischen strafloser Steuerumgehung und strafbarer Steuerhinterziehung ist darauf zu achten, dass die Tatsachen vollständig mitgeteilt werden. Nur so kann sicher eine Strafe nach § 370 AO vermieden werden.

Teil II. Aktuelles zu und Änderung von DBA

A. Schweiz – Abgeltungssteuer, Amtshilfe,
   Holdingstandort (Burki)   Fall 7

B. Spanien – Immobilien, Holdingstandort,
   Möglichkeiten und Fallstricke für Investitionen
   deutscher Unternehmer (Trost)   Fall 8
       Fall 8a

C. DBA – Irland (Pohl)

D. DBA – Diskriminierungsklauseln – Organschaft (Pohl)   Fall 9

A. Schweiz – Amtshilfe, Abgeltungssteuer, Holdingstandort

Dr. Nico H. Burki, Rechtsanwalt, Zürich-Zollikon

I. Revision des Doppelbesteuerungsabkommens zwischen Deutschland und der Schweiz – Amtshilfe

1. Einführung

Auf Grund des Druckes der OECD auf die Schweiz und insbesondere der Drohung, die Schweiz wegen ihres zurückhaltenden, bzw. unkooperativen Informationsaustausches mit anderen Staaten auf eine schwarze Liste zu setzen, entschied der Bundesrat am 13. März 2009, die Doppelbesteuerungsabkommen der Schweiz dem OECD Standard zum internationalen Informationsaustausch gemäss Art. 26 des OECD Musterabkommens (OECD-MA) anzupassen. Diese Anpassung sollte insbesondere dazu führen, dass nicht mehr nur in Steuerbetrugsfällen, sondern auch für die normale Steuerveranlagung im Vertragsstaat von der Schweiz Amtshilfe geleistet würde.

Die neue Praxis soll jedoch nicht zu einer Änderung für Steuerpflichtige mit Wohnsitz in der Schweiz führen. Das Bankgeheimnis wird damit für Personen mit Wohnsitz in der Schweiz gewahrt, sofern kein Steuervergehen (z.B. Abgabebetrug) vorliegt.

Anfangs April 2009 wurde die Schweiz zusammen mit Belgien, Luxemburg, Österreich, Singapur und weiteren Staaten auf eine graue Liste der OECD gesetzt. Diese Liste umfasste sämtliche Staaten, welche nicht mindestens zwölf Doppelbesteuerungsabkommen mit einer Bestimmung bezüglich Informationsaustausch entsprechend Art. 26 OECD-MA abgeschlossen hatten. Die Aufnahme in die schwarze Liste konnte damals durch die Erklärung des Bundesrates vermieden werden, wonach die Schweiz in ihren Doppelbesteuerungsabkommen die große Amtshilfeklausel einführen werde.

Seit dem 24. September 2009 ist die Schweiz nicht mehr auf der grauen Liste der OECD, da bis zu diesem Datum zwölf Abkommen mit erweiterter Amtshilfe gemäss Art. 26 OECD-MA unterzeichnet wurden. Inzwischen wurden insgesamt 35 Abkommen entsprechend revidiert, wovon 10 Abkommen in Kraft sind.

2. Neue Amtshilfebestimmungen in den schweizerischen Doppelbesteuerungsabkommen

Die Schweiz strebte in ihren Verhandlungen für die neuen Amtshilfebestimmungen folgende Eckpunkte an:

► Die Schweiz wird weiterhin nur auf Grund von Ersuchen des anderen Staates Amtshilfe leisten. Eine automatische oder spontane Auskunftserteilung ist damit ausgeschlossen.

Teil II. Aktuelles zu und Änderung von DBA 79

▶ Die Amtshilfe ist begrenzt auf Einzelfälle. Sogenannte „Fishing Expeditions" werden damit in der Schweiz nicht möglich sein.
▶ Die neuen Abkommensbestimmungen gelten frühestens ab dem Zeitpunkt der Unterzeichnung. Eine Rückwirkung ist demnach ausgeschlossen.
▶ Die Abkommensbestimmungen werden sich auf diejenigen Staaten beschränken, welche unter das entsprechende Doppelbesteuerungsabkommen fallen.
▶ Das Subsidiaritätsprinzip gemäß OECD-MA ist anwendbar. Dies bedeutet, dass sämtliche Informationsquellen im innerstaatlichen Verfahren auszuschöpfen sind, bevor ein Auskunftsersuchen gestellt werden kann.

3. Stand DBA Schweiz-Deutschland

Am 27. Oktober 2010 unterzeichneten die Bundesrepublik Deutschland und die Schweizerische Eidgenossenschaft ein Protokoll zum Doppelbesteuerungsabkommen zwischen Deutschland und der Schweiz vom 11. August 1971. Neben der Amtshilfe, auf welche im Folgenden näher einzugehen sein wird, wurden folgende Punkte neu geregelt:

▶ Die Quellensteuerbefreiung für Dividenden wird neu gewährt, wenn der Empfänger der Dividenden eine im anderen Vertragsstaat ansässige Gesellschaft ist, die während eines ununterbrochenen Zeitraumes von mindestens zwölf Monaten (Denkavit-Praxis anwendbar) unmittelbar über mindestens 10 % des Kapitals der die Dividenden zahlenden Gesellschaft verfügt.
▶ Art. 25 (Gleichbehandlung) des Doppelbesteuerungsabkommens wird insofern ergänzt, als Zinsen, Lizenzgebühren und andere Entgelte, die ein Unternehmen eines Vertragsstaates an eine im anderen Vertragsstaat ansässige Person zahlt, bei der Ermittlung der steuerpflichtigen Gewinne dieses Unternehmens unter den gleichen Bedingungen wie Zahlungen an eine im erstgenannten Staat ansässige Person zum Abzug zuzulassen sind. Dementsprechend sind Schulden, die ein Unternehmen eines Vertragsstaates gegenüber einer im anderen Vertragsstaat ansässige Person hat, bei der Ermittlung des steuerpflichtigen Vermögens dieses Unternehmens unter den gleichen Bedingungen wie Schulden gegenüber einer im erstgenannten Staat ansässigen Person zum Abzug zuzulassen. Dies gilt selbstverständlich nur unter dem Vorbehalt, dass die Beziehungen zwischen den Vertragsparteien „at arm's length" sind.
▶ Für den Fall des Scheiterns eines Verständigungsverfahrens wird neu ein Schiedsverfahren vorgesehen.

Bezüglich Amtshilfe erscheinen folgende Elemente wesentlich:

▶ Auskunft wird nur auf Ersuchen hin erteilt und beschränkt sich auf Bankdaten ab dem Jahr 2011 oder ältere Bankdaten, welche im Jahre 2011 noch aktuell sind (z.B. Unterschriftenkarte). Es erfolgt kein automatischer oder spontaner Informationsaustausch. Im Weiteren wird keine Amtshilfe bei gestohlenen Daten erteilt, sofern durch den Diebstahl der Daten schweizerisches Strafrecht verletzt wurde;

▶ Der Name und möglichst die Adresse des mutmaßlichen Inhabers der verlangten Informationen ist zu nennen. Damit sollen sogenannte „Fishing Expeditions" vermieden werden. Hinreichende Angaben zur Identifizierung der in eine Überprüfung oder Untersuchung einbezogenen Person müssen vorliegen, wobei diese Bestimmung so auszulegen ist, dass ein wirksamer Informationsaustausch nicht behindert wird.

▶ Informationen werden nicht nur bei Steuerbetrug oder Steuerhinterziehung, sondern auch für die Veranlagung der Steuern im anderen Vertragsstaat erteilt;

▶ Informationen werden für alle Steuerarten (auch Mehrwertsteuer, Erbschaftssteuer etc.) erteilt;

▶ Informationen werden jedoch nur erteilt, soweit diese für die Durchführung des deutschen Steuerrechts voraussichtlich erheblich sind;

▶ Verfahrensschutz;

In der Schweiz wurde das Abkommen am 17. Juni 2011 vom Parlament genehmigt und es gilt nach Ablauf der Referendumsfrist seit dem 17. September 2011 als ratifiziert. Nachdem der deutsche Bundestag das Abkommen inzwischen auch genehmigte, ist zu erwarten, dass das Protokoll zum Doppelbesteuerungsabkommen zwischen Deutschland und der Schweiz zum 1. Januar 2012 in Kraft treten wird.

4. Amtshilfeverordnung

Am 1. September 2010 wurde in der Schweiz die Verordnung über die Amtshilfe nach Doppelbesteuerungsabkommen („ADV") erlassen, welche in naher Zukunft durch ein neues Steueramtshilfegesetz ersetzt werden wird. Damit soll eine gesetzliche Grundlage im formellen Sinn für den Vollzug der in den DBA vorgesehenen Amtshilfe geschaffen werden. Bei einer Kollision zwischen einer ADV-Norm und einer DBA-Norm gilt die DBA-Norm, was sich aus dem Vorrang des internationalen Rechts vor dem Landesrecht ergibt.

Die Amtshilfeverordnung sieht insbesondere vor, dass Amtshilfe nur auf Ersuchen im Einzelfall geleistet wird. Gemäß bundesrätlicher Botschaft werden damit sowohl der automatische Informationsaustausch als auch die spontane Amtshilfeleistung grundsätzlich ausgeschlossen. Ausgeschlossen werden mit dieser Bestimmung auch sogenannte Gruppen- oder Sammelanfragen, bei denen die ausländische Behörde Informationen über eine unbestimmte Anzahl Personen auf Grund ihres mutmaßlichen Verhaltens verlangt.

Die Amtshilfeverordnung bezeichnet sodann die Eidgenössische Steuerverwaltung als zuständige Behörde und nennt die Angaben, die das Amtshilfegesuch des ersuchenden Staates enthalten muss. Im Weiteren sieht die Amtshilfeverordnung ausdrücklich vor, dass das Ersuchen abgelehnt wird, wenn es auf Informationen beruht, die durch nach schweizerischem Recht strafbare Handlungen beschafft wurden. Mitglieder ausländischer Behörden sind nicht befugt, an Amtshandlungen in der Schweiz teilzunehmen.

II. Abkommen zwischen der Schweizerischen Eidgenossenschaft und der Bundesrepublik Deutschland über Zusammenarbeit in den Bereichen Steuern und Finanzmarkt

1. Einführung

Am 21. September 2011 wurde zwischen Deutschland und der Schweiz ein Steuerabkommen unterzeichnet, mit welchem die seit Jahrzehnten zwischen Deutschland und der Schweiz offenen Fragen zur Besteuerung von Kapitalerträgen deutscher Anleger in der Schweiz gelöst werden sollen. Das Steuerabkommen respektiert einerseits den in der Schweiz geltenden Schutz der Privatsphäre von Bankkunden und gewährleistet andererseits die Durchsetzung berechtigter Steueransprüche der deutschen Behörden. Zwischen Deutschland und der Schweiz besteht das Verständnis, dass das vereinbarte System in seiner Wirkung mit dem automatischen Informationsaustausch im Bereich der Kapitaleinkünfte dauerhaft gleichzusetzen ist.

Das Abkommen bedarf der Genehmigung durch die Parlamente beider Staaten und soll zum 1. Januar 2013 in Kraft treten. Während das Steuerabkommen in der Schweiz wohl klare Mehrheiten im Parlament finden wird, besteht in Deutschland eine starke Opposition gegen das Abkommen, welche dazu führen könnte, dass das Abkommen im Bundesrat abgelehnt werden wird und damit scheitert oder zumindest Nachverhandlungen stattfinden.

Inzwischen erfolgten auch Kommentare seitens der EU, indem das Committee on Economic and Monetary Affairs (Econ), der Wirtschaftsausschuss des Parlaments, die EU Kommission aufforderte, sich die Steuerabkommen der Schweiz mit Deutschland und England gut und gründlich anzuschauen. Die Intervention des Econ bedeutet, dass das Abkommen nicht nur von der EU Kommission geprüft, sondern auch im Europaparlament debattiert werden wird. In der EU bestehen Bedenken, dass die Steuerabkommen das Abkommen über die Zinsbesteuerung zwischen der EU und der Schweiz aus dem Jahre 2004 unterlaufen könnten. Der Grund dafür liegt unter anderem in den unterschiedlichen Steuersätzen. Gemäß dem EU Zinsbesteuerungsabkommen muss die

Schweiz 35 % der Zinserträge einziehen, welche Personen mit Ansässigkeit in der EU in der Schweiz erzielen. Davon überweist der Bund ¾ an die betreffenden EU Staaten, während er ¼ behalten darf. Bei der Abgeltungssteuer mit Deutschland hat sich die Schweiz jedoch auf einen Satz von 26,375 % geeinigt. Zum Ausgleich verzichtet die Schweiz auf den Viertel, der ihr gemäß EU Abkommen zustehen würde. Diesen Verzicht leistet die Schweiz jedoch nicht bei Personen, die in anderen EU Staaten ansässig sind. Dies könnte als unerlaubte Ungleichbehandlung betrachtet werden.

Anderer Ansicht ist die Schweiz, welche darauf hinweist, dass genau der gleiche Anteil aus der Zinsbesteuerung nach Deutschland überwiesen werde wie bisher. Es sei Sache der Schweiz, wie sie den ihr zustehenden Anteil aus dem Zinsbesteuerungsabkommen verwende. Entsprechend stellten die Verträge mit Deutschland und England nicht eine Verletzung, sondern eine Ergänzung des EU Abkommens dar.

Sollte die EU Kommission zum Schluss kommen, dass Deutschland und England mit den Steuerabkommen gegen EU Recht verstießen, könnte sie gegen die beiden Länder ein Vertragsverletzungsverfahren einleiten. England und Deutschland würden dann aufgefordert, auf die neuen Abkommen zu verzichten. Täten sie dies nicht, käme der Fall vor den Europäischen Gerichtshof.

Aus diesen Ausführungen zeigt sich, dass noch erhebliche Zweifel darüber bestehen, ob das Steuerabkommen zwischen Deutschland und der Schweiz tatsächlich in seiner jetzigen Form in Kraft treten wird. Dennoch soll im Folgenden der Inhalt und die Wirkungsweise des Abkommens dargestellt werden.

2. Eckwerte des Abkommens

Vor der Erörterung der detaillierten Bestimmungen des Abkommens seien dessen Eckpunkte aufgeführt:

▶ Regularisierung der Vergangenheit durch Einmalzahlung:
  ▶ Besteuerung nicht versteuerter Gelder zu einem pauschalierten Satz und mittels einer pauschalierten Berechnungsformel.
  ▶ Anonyme Abführung der Steuern durch Schweizer Zahlstellen über die Eidgenössische Steuerverwaltung an die deutschen Steuerbehörden.

▶ Abgeltungssteuer:
  ▶ Erhebung einer Abgeltungssteuer ab 1. Januar 2013 durch Schweizer Zahlstellen auf Vermögenserträgen und Kapitalgewinnen.
  ▶ Anonyme Basis.
  ▶ Abgeltungswirkung.

- Strafbefreiung:
  - Keine Verfolgung von Steuerstraftaten im Zusammenhang mit undeklarierten Vermögen durch die deutschen Behörden im Falle der Regularisierung.
  - Schutz tritt mit Unterzeichnung des Abkommens in Kraft.
  - sgenommen sind Fälle, von welchen die deutschen Behörden schon vor der Unterzeichnung des Abkommens Kenntnis hatten.
  - Strafbefreiung gilt für Kunden, Banken und Bankmitarbeiter.
- Begleitende Maßnahmen:
  - Erweiterung Amtshilfebestimmung.
  - Akontozahlung der Schweizer Banken von CHF 2 Mrd.
  - Zielstaatenregelung.
- Erleichterte Bedingungen für Schweizer Banken auf dem deutschen Markt.

Wesentlich für die Schweiz ist, dass das Bankgeheimnis im Wesentlichen gewahrt werden kann, während für Deutschland die Zahlung von hinterzogenen Steuern aus der Vergangenheit und die Abgeltungssteuer für die Zukunft einen erheblichen pekuniären Vorteil darstellen dürfte.

3. Abkommensdetails

a) Betroffene Personen, Vermögenswerte und Zahlstellen

Vom Abkommen erfasst werden Personen, die ihren Wohnsitz am 31. Dezember 2010 in Deutschland hatten und zu diesem Zeitpunkt unmittelbar oder mittelbar (via Sitzgesellschaft, Stiftung, Trust) Vertragspartner oder Nutzungsberechtigte an einem Konto oder Depot einer schweizerischen Zahlstelle waren. Ebenfalls unter das Abkommen fallen Versicherungsnehmer einer Lebensversicherungsgesellschaft, wenn die steuerlichen Voraussetzungen für die Anerkennung der Lebensversicherungspolice in Deutschland nicht erfüllt sind.

Erfasst werden alle Vermögenswerte auf Konten/Depots bei Schweizer Zahlstellen sowie gewisse Lebensversicherungspolicen. Nicht unter das Abkommen fallen die Inhalte von Tresorfächern, Gelder auf Vorsorgekonten, Immobilien und von der schweizerischen Finanzmarktaufsicht (FINMA) regulierte Versicherungsverträge, sofern es sich dabei nicht um Lebensversicherungsmäntel handelt.

Als schweizerische Zahlstellen gelten Banken, dem Börsenaufsichtsgesetz unterstellte Effektenhändler und andere Personen oder Gesellschaften, die im Rahmen ihrer Geschäftstätigkeit regelmässig Vermögenswerte von Dritten entgegennehmen und in eigenem Namen halten und anlegen.

b) Wahlmöglichkeiten für den Kunden

Das Abkommen umfasst einerseits die Regularisierung der Vergangenheit und andererseits die Besteuerung in der Zukunft. Für die Regularisierung der Vergangenheit kann der Kunde grundsätzlich wählen, ob eine anonyme Einmalzahlung oder eine freiwillige Meldung erfolgen soll. Alternativ hat er die Möglichkeit, in Deutschland eine Selbstanzeige vorzunehmen, welche ebenfalls zur Strafbefreiung führen sollte.

Nicht im Abkommen ist die Rede davon, dass der Kunde sein Konto in der Schweiz auch vor dem 31. Mai 2013 saldieren und seine Vermögenswerte auf ein Konto in einem anderen Staat überweisen kann. Im Falle einer Saldierung vor dem 31. Mai 2013 erfolgt weder eine Einmalzahlung noch eine Meldung. Darauf hinzuweisen ist jedoch, dass die Vermögenswerte der zwischen dem 21. September 2011 und 31. Mai 2013 saldierte Konten und Depots den deutschen Behörden mitgeteilt werden. Die Meldung bezieht sich auf die 10 Staaten, in welche die höchsten Vermögenswerte transferiert wurden mit Nennung des Volumens und der Anzahl betroffener Personen pro Staat. Es fragt sich, ob Deutschland bei Extremfällen eine Gruppenanfrage an den Empfängerstaat der Vermögenswerte stellen und entsprechend die gewünschten Angaben über die deutschen Steuerpflichtigen erhalten könnte.

Ab dem 1. Januar 2013 hat der Kunde die Wahlmöglichkeit, auf Vermögenserträgen und Kapitalgewinnen auf anonymer Basis eine abgeltende Quellensteuer zu entrichten oder aber eine freiwillige Meldung vornehmen zu lassen.

Die freiwillige Meldung wird vor allem in den Fällen erfolgen, da der deutsche Kunde die entsprechenden Konten bereits in der Vergangenheit in Deutschland korrekt deklarierte.

c) Einmalzahlung für die Vergangenheit

Unter die Regelung der Nachversteuerung für die Vergangenheit fallen betroffene Personen, welche am 31. Dezember 2010 und am 31. Mai 2013 ein Konto oder Depot bei einer schweizerischen Zahlstelle unterhielten und am 31. Dezember 2010 in Deutschland ansässig waren. Nach dem 31. Dezember 2010 eröffnete Konten unterliegen dieser Regelung nicht.

Diese Bankkunden werden spätestens bis Ende Februar 2013 von ihrer Bank formell über das Abkommen und die verschiedenen Optionen informiert werden. Der Bankkunde hat sodann bis zum 31. Mai 2013 die Möglichkeit, der Bank mitzuteilen, ob er eine Einmalzahlung oder eine freiwillige Meldung wünscht, wobei diese Mitteilung unwiderruflich ist. Trifft der Bankkunde keine Wahl, erfolgt automatisch am 31. Mai 2013 eine Belastung seines Kontos mit der anonymisierten Einmalzahlung.

Die Höhe der Einmalzahlung errechnet sich auf Basis der Vermögenswerte des Kunden per 31. Dezember 2002 (oder per 31. Dezember des Jahres der späteren Kontoeröffnung) und per 31. Dezember 2010 oder 31. Dezember 2012 (höherer Betrag). Die Steuerbelastung beträgt 19 % bis 34 % der Vermögenswerte. Gemäß theoretischen Berechnungen ist davon auszugehen, dass die Steuerbelastung bei den meisten Kunden zwischen 20 % und 25 % der Vermögenswerte liegen wird.

Auf Grund der Einmalzahlungen erhält der Kunde eine Bescheinigung mit Nennung seiner Identität und des Betrages der Einmalzahlung, welche er im Falle der Notwendigkeit den deutschen Steuerbehörden vorlegen kann. Dabei wird die Anonymität gewahrt.

Mit der vollständigen Gutschrift der Einmalzahlung bei der schweizerischen Zahlstelle gelten sämtliche deutschen steuerlichen Ansprüche aus den relevanten Vermögenswerten als erloschen. Einzige Ausnahme ist die Körperschaftssteuer, welche beispielsweise in Fällen eine Rolle spielen kann, in welchen der Kunde Bezüge von deutschen Körperschaften auf nicht deklarierte schweizerische Bankkonten vornahm.

Die Erlöschenswirkung tritt jedoch nicht ein, wenn die Vermögenswerte aus Verbrechen im Sinne des deutschen Strafrechtes herrühren oder vor Unterzeichnung des Abkommens dem deutschen Fiskus die Tatsache einer Steuerstraftat/Ordnungswidrigkeit bekannt war und die Beteiligten dies wussten oder hätten wissen müssen.

d) Berechnung der Einmalzahlung

Der Betrag der Einmalzahlung wird auf Grund einer relativ komplizierten Formel berechnet. Dabei gilt grundsätzlich, dass die Einmalzahlung von der Dauer der Kundenbeziehung zwischen 2003 und 2010 und dem Verhältnis zwischen Startkapital und dem relevanten Kapital abhängt. Je länger die Dauer der Kundenbeziehung war und je höher das Startkapital im Verhältnis zum relevanten Kapital ist, desto tiefer fällt die Steuerbelastung aus. Die Art der Anlagen und die erzielten Erträge werden bei der Berechnung nicht berücksichtigt.

e) Besteuerung der künftigen Kapitalerträge

Ab dem 1. Januar 2013 unterliegen Erträge von betroffenen Personen der abgeltenden Quellensteuer, sofern der Bankkunde nicht die freiwillige Meldung wählt. Die abgeltende Quellensteuer entspricht dabei der deutschen Abgeltungssteuer und wird zum Satz von 26,375 % erhoben. Wählt der Kunde zusätzlich den Abzug der Kirchensteuer, beträgt die Belastung ca. 28 %. Erhoben wird die Steuer auf Zinserträgen, Dividendenerträgen, sonstigen Einkünften und Kapitalgewinnen.

Auch für die abgeltende Quellensteuer wird der betroffenen Person eine Bescheinigung ausgestellt, welche von den deutschen Steuerbehörden als ordnungsgemäßer Zahlungsnachweis akzeptiert werden wird.

Bei jeder Zahlstelle können die negativen Erträge mit den positiven Erträgen verrechnet werden. Die Verrechnung von Verlusten aus der Veräusserung von Aktien ist demgegenüber auf Gewinne aus der Veräusserung von Aktien beschränkt. Bestehen mehrere Zahlstellen, ist die Verlustverrechnung nur im Veranlagungsverfahren möglich.

Die Abgeltungssteuer kann mit dem EU-Steuerrückbehalt, der schweizerischen Verrechnungssteuer oder der deutschen Quellensteuer konkurrieren. Übersteigt der EU Steuerrückbehalt die abgeltende Quellensteuer, erstattet die schweizerische Zahlstelle der betroffenen Person den zuviel einbehaltenen EU-Steuerrückbehalt. Die Verrechnungssteuer wird von der schweizerischen Zahlstelle in eigenem Namen auf Rechnung der betroffenen Person zurückgefordert, wobei die nach DBA nicht rückforderbare Sockelsteuer bei Dividenden an die abgeltende Quellensteuer angerechnet wird. Unterliegen Erträge der deutschen Kapitalertragssteuer (in der Regel 26,375 %) rechnet die schweizerische Zahlstelle diese an die abgeltende Quellensteuer an.

f) Anonymität bei der Erbschafts- und Schenkungssteuer

Die Anonymität der betroffenen Person gilt nicht für die Schenkungs- und Erbschaftssteuer. Für diese Steuern ist keine Abgeltungssteuer vorgesehen, und entsprechend sind Erbschaften und Schenkungen in Deutschland im ordentlichen Verfahren zu deklarieren. Dies bedeutet, dass spätestens beim Tode des Kontoinhabers eine Offenlegung erfolgen muss.

g) Sicherung des Abkommenszwecks

Ab 1. Januar 2013 gilt eine erweiterte Amtshilfe, gemäß welcher die deutschen Steuerbehörden die richtige Umsetzung der Abgeltungssteuer durch die schweizerischen Banken anhand von stichprobenartigen Anfragen kontrollieren dürfen. Die deutschen Behörden können dabei während zwei Jahren durchschnittlich rund 500 Anfragen pro Jahr stellen, wobei die Anfrage zwingend den Namen des Kunden und eine begründete Vermutung bezüglich steuerlicher Unregelmäßigkeiten beinhalten muss. Fishing Expeditions sind ausgeschlossen. Der Name der Bank muss nicht in der Anfrage enthalten sein.

Sind die Voraussetzungen bei der Anfrage gegeben, suchen und melden die Schweizer Behörden einzig die vorhandenen Kontoverbindungen und keine weiteren Details. Die betroffene Person wird von den deutschen Steuerbehörden wie auch von der Eidgenössischen Steuerverwaltung informiert. Es steht ihr der deutsche Rechtsweg offen, und sie kann eine gerichtliche Überprüfung in der Schweiz verlangen. Möchten die deutschen Behörden weitere Informationen zu den gemeldeten Kontoverbindungen erhalten, müssen sie ein normales Amtshilfegesuch gemäß DBA stellen, wobei der betroffenen Person sämtliche schweizerischen Rechtswege offen stehen.

h) Strafbefreiung

Beteiligte an einer Steuerstraftat oder einer Steuerordnungswidrigkeit, die vor Unterzeichnung des Abkommens von einer betroffenen Person begangen wurden, werden nicht verfolgt. Die Entkriminalisierung gilt für Kunden, Banken und Bankmitarbeiter. Der Schutz tritt mit Unterzeichnung der Vereinbarung in Kraft.

Von dieser Regelung sind ausgenommen:

- Verfahren nach schweizerischem Recht gegen Mitarbeitende von Banken in der Schweiz;
- Fälle, von welchen die deutschen Behörden schon vor der Unterzeichnung des Abkommens Kenntnis hatten, und
- Betroffene Personen, die schon vor der Unterzeichnung Kenntnis hatten oder bei verständiger Würdigung der Sachlage damit hätten rechnen müssen.

i) Marktzugang für ausländische Bankinstitute

Ausländische Bankinstitute, welche grenzüberschreitende Finanzdienstleistungen in Deutschland erbringen wollen, müssen beim BaFin eine Freistellung von der Lizenzpflicht beantragen. Das Abkommen sieht dabei gewisse Erleichterungen für Schweizer Banken vor. Insbesondere fällt die Vermittlungspflicht über ein deutsches Kreditinstitut bei der Neukundengewinnung weg. Im Weiteren wird anerkannt, dass Schweizer Effektenfonds UCITS konform und damit in Deutschland zum Vertrieb zugelassen sind. Diese Bestimmungen treten mit Inkrafttreten des Abkommens am 1. Januar 2013 in Kraft.

III. Holdingstandort Schweiz

Fall 7:

A und B sind natürliche Personen mit Wohnsitz in Deutschland. Zusammen mit C, einer natürlichen Person mit Wohnsitz in Saudi Arabien, halten sie die D-GmbH mit Sitz in Deutschland zu gleichen Teilen. Die D-GmbH produziert Heimelektronikgeräte, welche durch zum Konzern gehörende inländische und ausländische Konzerngesellschaften vertrieben werden.

Die ausländischen Vertriebsgesellschaften werden von der E-Soparfi mit Sitz in Luxemburg gehalten, welche eine 100 % Tochtergesellschaft der D-GmbH ist. Die E-Soparfi hält Beteiligungen an der F-BV (Niederlande), G-Ltd. (UK), I-GmbH (Deutschland) und K-Ltd. (Cayman Islands).

Die Konzernleitung beschließt, eine geschäftsleitende Holdinggesellschaft in der Schweiz zu errichten, in welche die E-Soparfi ihre Beteiligungen an den Vertriebsgesellschaften des Konzerns einbringen wird. Damit ergibt sich folgende Struktur:

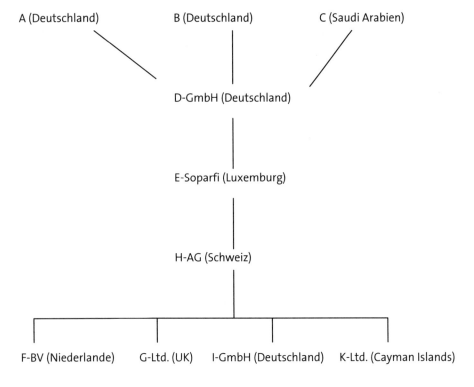

Im Folgenden soll dargestellt werden, wie die schweizerische Holdinggesellschaft (H-AG) von der Gründung bis zur Liquidation besteuert wird.

Lösungshinweise:

1. Gründung der H-AG und Sacheinlage der Beteiligungen durch die E-Soparfi

Auf der Begründung von Beteiligungsrechten einer schweizerischen Aktiengesellschaft und Zuschüssen von Gesellschaftern in das Eigenkapital wird die Emissionsabgabe zu einem Satz von 1 % erhoben. Dabei besteht ein Freibetrag von CHF 1 Mio.

Bei der Ermittlung der Höhe der Emissionsabgabe ist vorerst der Verkehrswert der eingebrachten Beteiligungen zu berechnen. Geht man im vorliegenden Fall davon aus, dass der gesamte Verkehrswert der eingebrachten Beteiligungen CHF 100 Mio. beträgt, CHF 60 Mio. auf Eigenkapital und CHF 40 Mio. auf Fremdkapital eingebracht werden, stellt sich die Frage, ob die Emissionsabgabe auf CHF 60 Mio. zu entrichten ist oder aber auf Grund eines Reorganisationstatbestandes vermieden werden kann.

Bringt eine Kapitalgesellschaft Beteiligungen an anderen Kapitalgesellschaften in eine schweizerische Gesellschaft ein, so wird diese Transaktion unter schweizerischem Steuerrecht als Ausgliederung qualifiziert. Eine Ausgliederung gilt als steuerneutrale Umstrukturierung im Sinne von Art. 6 Abs. 1 Buchstabe a[bis] des Bundesgesetzes über die Stempelabgaben (StG). Sofern die Höhe des nominellen Aktienkapitals das minimale Eigenkapital gemäß den Bestimmungen über das verdeckte Eigenkapital nicht übersteigt oder im Falle eines höheren nominellen Aktienkapitals keine Steuerumgehung vorliegt, erfolgt bei der Ausgliederung eine Befreiung von der Emissionsabgabe. Sollte das nominelle Aktienkapital für eine Befreiung von der Emissionsabgabe zu hoch sein, könnten beispielsweise CHF 20 Mio. gegen nominelles Aktienkapital und CHF 40 Mio. als Kapitaleinlage in die Rücklagen eingebracht werden. Seit 1.1.2011 können Kapitalrücklagen steuerfrei an den Anteilseigner ausgeschüttet werden.

Nachdem die Emissionsabgabe bei der Errichtung sehr substantieller Holdinggesellschaften ein echter Kostenfaktor sein kann, ist es oft entscheidend für die Wahl der Schweiz als Holdingstandort, dass bei der Gründung keine Emissionsabgabe anfällt. Die Befreiung von der Emissionsabgabe wird deshalb in aller Regel bereits im Planungsstadium mit der Eidgenössischen Steuerverwaltung besprochen, welche sodann einen verbindlichen Vorbescheid erlässt.

2. Laufende Besteuerung der H-AG in der Schweiz

a) Einführung

Die H-AG unterliegt grundsätzlich der Direkten Bundessteuer und den Kantons- und Gemeindesteuern. Dabei wird die Direkte Bundessteuer auf den Gewinn zu einem Satz von 8,5 % erhoben, während die Kantons- und Gemeindesteuern je nach Sitz der H-AG zwischen 12 % und 25 % liegen. Die Steuern gelten dabei als abzugsfähiger Aufwand für die Gewinnsteuern, was dazu führt, dass der effektive Gewinnsteuersatz in der Schweiz heute überall unter 25 % liegt. Aus deutscher Sicht führt dies dazu, dass eine Niedrigbesteuerung vorliegt und die Anwendung des Aussensteuergesetzes in der Schweiz nicht ausgeschlossen werden kann.

Die schweizerischen Gewinnsteuern werden vom weltweiten Gewinn der Gesellschaft erhoben. Ausgenommen sind jedoch Erträge von ausländischen Betriebsstätten und ausländischen Liegenschaften unter Progressionsvorbehalt. Zusätzlich entrichten Gesellschaften eine jährliche Steuer auf dem Eigenkapital in den Kantonen zu Sätzen von 0,1 - 0,5 %. In gewissen Kantonen ist dabei die Gewinnsteuer auf die Kapitalsteuer anrechenbar.

Die Attraktivität der Schweiz als Standort für Holdinggesellschaften ist hoch, da die Schweiz weder „controlled foreign company" (vgl. AStG) noch „subject to tax" Regeln kennt.

b) Beteiligungsabzug bei der direkten Bundessteuer

Eine spezielle Regelung gilt für Dividendenerträge und Kapitalgewinne aus maßgeblichen Beteiligungen. Um den Beteiligungsabzug für Dividenden beanspruchen zu können, muss eine Kapitalgesellschaft zu mindestens 10 % am Grund- oder Stammkapital der anderen Gesellschaft beteiligt sein oder eine Beteiligung am Grund- oder Stammkapital von mindestens CHF 1 Mio. halten. Der Beteiligungsabzug auf Kapitalgewinnen kann beansprucht werden, sofern der Veräusserungserlös die Gestehungskosten übersteigt, die veräusserte Beteiligung mindestens 10 % des Grund- oder Stammkapitals der anderen Gesellschaft ausmacht und die veräusserte Beteiligung während mindestens einem Jahr im Besitz der verkaufenden Kapitalgesellschaft war.

Die Schweiz kennt im Gegensatz zu Deutschland keine direkte Freistellung der Beteiligungserträge. Vielmehr erfolgt eine indirekte Freistellung durch Reduktion der Gewinnsteuer, welche im Verhältnis des Nettoertrages aus den entsprechenden Beteiligungen zum gesamten Reingewinn reduziert wird. Der Nettoertrag aus Beteiligungen entspricht dabei dem Bruttobeteiligungsertrag abzüglich der nicht rückforderbaren Quellensteuern, der Abschreibungen auf Beteiligungen, des auf die Beteiligungen entfallenden Finanzierungsaufwandes (Schuldzinsen und ähnliche Kosten) und eines Beitrages von 5 % zur Deckung des Verwaltungsaufwandes. Der Nachweis eines tieferen effektiven Verwaltungsaufwandes bleibt vorbehalten.

Die Regelung des Beteiligungsabzuges erfolgt beim Bund und in den Kantonen in analoger Weise. Der Beteiligungsabzug führt in aller Regel dazu, dass qualifizierende Beteiligungserträge vollständig von den schweizerischen Gewinnsteuern freigestellt sind, sofern die Gesellschaft keine anderen Erträge als Beteiligungserträge erzielt. Im Falle von gemischten Erträgen kann die Systematik der Berechnung des Nettoertrages aus Beteiligungen dazu führen, dass lediglich ein Teil der Beteiligungserträge von den Gewinnsteuern freigestellt wird.

Im vorliegenden Fall könnten grundsätzlich sämtliche Dividenden aus EU-Staaten auf Grund von Doppelbesteuerungsabkommen bzw. dem Zinsbesteuerungsabkommen quellensteuerfrei an die H-AG ausgeschüttet werden (unter Vorbehalt der deutschen Missbrauchsregeln, s. unten) und die H-AG könnte für Dividenden aus sämtlichen Beteiligungen den Beteiligungsabzug in Anspruch nehmen. Dies gilt auch für die K-Ltd. (Cayman Islands), da die Schweiz beim Beteiligungsabzug keine „subject to tax" Regel kennt.

3. Kantonales Holdingprivileg

Eine Gesellschaft kann für die Kantons- und Gemeindesteuern das kantonale Holdingprivileg beanspruchen, sofern folgende Voraussetzungen erfüllt sind:

- Der Hauptzweck der Gesellschaft muss in der dauernden Verwaltung von Beteiligungen liegen;
- Die Gesellschaft darf keine Geschäftstätigkeit in der Schweiz ausüben;
- $2/_3$ der Aktiven der Gesellschaft sind Beteiligungen oder $2/_3$ der Erträge sind Beteiligungserträge.

Nachdem Geschäftstätigkeiten für eine Holdinggesellschaft in der Schweiz nicht angängig sind, ist festzulegen, welche Tätigkeiten einer Holdinggesellschaft zulässig sind:

- Konzernleitung;
- Management- und Reportingsysteme;
- Verwaltungstätigkeiten;
- Rechts- und Steuerberatung;
- Bewirtschaftung von Immaterialgüterrechten;
- Konzernfinanzierung.

Nicht zulässig sind industrielle, gewerbliche oder kommerzielle Tätigkeiten oder Forschungs- und Entwicklungstätigkeiten.

Sofern einer Gesellschaft das Holdingprivileg gewährt wird, führt dies zu einer subjektiven Befreiung von den kantonalen Gewinnsteuern. Diese Befreiung betrifft im Unterschied zum Beteiligungsabzug nicht nur Dividenden und Kapitalgewinne auf Beteiligungen, sondern sämtliche Erträge der Gesellschaft mit Ausnahme von Erträgen aus schweizerischen Liegenschaften. Dies bedeutet, dass bei Einhaltung der oben genannten Bedingungen für die Gewährung des Holdingstatus erhebliche Erträge, wie beispielsweise Zinsen, Lizenzen und Management Fees frei von jeglicher kantonaler Steuerbelastung vereinnahmt werden können. Die Holdinggesellschaft bezahlt eine reduzierte Kapitalsteuer auf dem Eigenkapital, welche je nach Kanton zwischen 0,01 % und 0,1 % liegt.

Während Holdinggesellschaften in vielen Ländern Dividenden und Kapitalgewinne steuerfrei einnehmen können, ist die Steuerfreiheit von Zinsen, Lizenzen und anderen Einkünften auf kantonaler Ebene im internationalen Verhältnis ungewöhnlich. Dies führt denn auch zu regelmäßigen Angriffen der EU, welche in der Gewährung dieser Steuervorteile eine Verletzung des Freihandelsabkommens zwischen der Schweiz und der EG aus dem Jahre 1972 sieht. Obschon die Schweiz in rechtlichen Gutachten darlegte, dass das Freihandelsabkommen auf die kantonalen Steuerprivilegien keine Anwendung finde, war die Schweiz aus machtpolitischen Gründen genötigt, Gespräche mit der EU zu diesem Themenkreis aufzunehmen. In Verhandlungen erklärte sich die Schweiz bereit, das Holdingprivileg auf Dividenden und Kapitalgewinne zu beschränken sowie die steuerliche Privilegierung von Domizilgesellschaften abzuschaffen. In Verhandlungen kamen sich die Vertragspartner sehr nahe. Leider scheiterte aber eine Lösung bis anhin am Widerstand Italiens.

4. Dividenden der I-GmbH (Deutschland) an die H-AG (Schweiz)

a) Einführung: DBA Deutschland - Schweiz

Nachdem die I-GmbH eine 100 %-ige Tochtergesellschaft der H-AG ist, ist gemäß Art. 10 Abs. 3 des Doppelbesteuerungsabkommens zwischen der Schweiz und Deutschland auf dem Gebiete der Steuern vom Einkommen und Vermögen (DBAD) Deutschland nicht berechtigt, eine Quellensteuer auf Dividenden der I-GmbH zu erheben.

Im derzeit gültigen DBAD wird die Quellensteuerbelastung vollständig eliminiert, sofern die Beteiligung mindestens 20 % des Kapitals der die Dividenden zahlenden Gesellschaft beträgt. Inzwischen erfolgten Neuverhandlungen des DBAD, in welchen eine minimale Beteiligungshöhe von 10 % und zusätzlich eine Haltedauer von einem Jahr vereinbart wurde. Diese Bestimmung wird nach der Ratifizierung in beiden Staaten wahrscheinlich zum 1. Januar 2012 in Kraft treten.

b) § 50 d Abs. 3 EStG

Die Befreiung von der deutschen Kapitalertragssteuer kann jedoch durch die deutsche Treaty-Shopping Vorschrift des § 50 d Abs. 3 EStG verhindert werden. Gemäß dieser Bestimmung wird die Quellensteuerentlastung nach DBA und EU-Richtlinien einer ausländischen Gesellschaft versagt, soweit Personen an der Gesellschaft beteiligt sind, denen die Erstattung oder Freistellung nicht zustände, wenn sie die Einkünfte unmittelbar erzielten (subjektive Voraussetzung). Im vorliegenden Fall kann man sich fragen, ob die subjektiven Voraussetzungen vorliegen, wäre doch auch die E-Soparfi unter dem Doppelbesteuerungsabkommen zwischen Luxemburg und Deutschland und der Mutter/Tochter Richtlinie der EU zu einem Quellensteuersatz von 0 % berechtigt. Heikler erscheint jedoch die Tatsache, dass die oberste Holdinggesellschaft der Gruppe die D GmbH mit Sitz in Deutschland ist, welche zu 40 % von einer natürlichen Person mit Wohnsitz in Saudi Arabien gehalten wird. Das Vorliegen der subjektiven Voraussetzungen wäre entsprechend im vorliegenden Fall genau zu prüfen.

Liegen die subjektiven Voraussetzungen nicht vor, wird die Entlastung von deutschen Quellensteuern nicht gewährt, sofern

- für die Einschaltung der ausländischen Gesellschaft wirtschaftliche oder sonst beachtliche Gründe fehlen oder

- die ausländische Gesellschaft nicht mehr als 10 % ihrer gesamten Bruttoerträge des betreffenden Wirtschaftsjahres aus eigener Wirtschaftstätigkeit erzielt oder

- die ausländische Gesellschaft nicht mit einem für ihren Geschäftszweck angemessen eingerichteten Geschäftsbetrieb am allgemeinen wirtschaftlichen Verkehr teilnimmt.

Wie bereits erwähnt, ist es einer schweizerischen Holdinggesellschaft gestattet, neben der Verwaltung der Beteiligungen andere Wirtschaftsgüter zu verwalten und konzerninterne Dienstleistungen vorzunehmen. Wirtschaftliche oder sonstige beachtliche Gründe für die Einschaltung der Schweizer Holding sollten darstellbar sein. Beispielsweise sollen rechtliche Gründe genügen, wozu auch das Streben nach Haftungsausschluss durch Zwischenschaltung einer schweizerischen Kapitalgesellschaft zählen sollte.

Die Teilnahme am allgemeinen wirtschaftlichen Verkehr mit einem für den Geschäftszweck angemessen eingerichteten Geschäftsbetrieb dürfte ebenfalls möglich sein. Dies gilt, sofern selbst erbrachte Dienstleistungen für andere Konzerngesellschaften gegen ein dem Fremdvergleich standhaltendes Entgelt erfolgen. Zusätzlich ist eine eigene Infrastruktur (Personal, Büro, IT) aufrecht zu erhalten.

Für die Anwendung des § 50 d Abs. 3 EStG im schweizerisch/deutschen Verhältnis ist zu prüfen, ob diese Bestimmung dem DBAD widerspricht. Art. 23 Abs. 1 DBAD bestimmt, dass das Abkommen nicht so auszulegen ist, als hindere es einen Vertragstaat, seine innerstaatlichen Rechtsvorschriften zur Verhinderung der Steuerumgehung oder Steuerhinterziehung anzuwenden. Diese Bestimmung verweist für Missbrauchstatbestände auf das innerstaatliche Recht und dürfte wohl dazu führen, dass im Verhältnis zwischen Deutschland und der Schweiz § 50 d Abs. 3 EStG Anwendung findet. Demgegenüber stellt sich die Frage, ob § 50 d Abs. 3 EStG möglicherweise das EG-Recht verletzt.

Fraglich ist allerdings, ob der Druck der EU auf das schweizerische Holdingprivileg dazu führen könnte, dass reine Holdinggesellschaften in der Schweiz die Voraussetzungen von § 50 d Abs. 3 EStG nicht mehr erfüllen können, da ihr Zweck und auch die effektive Tätigkeit auf die Verwaltung und Bewirtschaftung von Beteiligungen beschränkt sein müsste. In diesem Fall wären nur noch Strukturen mit deutschen Beteiligungen ohne Holdingprivileg denkbar, bei welchen sich die schweizerische Gesellschaft auf die Beanspruchung des Beteiligungsabzuges beschränken und die in § 50 d Abs. 3 EStG verlangten Voraussetzungen erfüllen würde.

c) Schweizerischer Missbrauchsbeschluss

Im Jahre 1962 erließ der Bundesrat den Beschluss betreffend Maßnahmen gegen die ungerechtfertigte Inspruchnahme vom Doppelbesteuerungsabkommen des Bundes. Darin wurden die Voraussetzungen für schweizerische Gesellschaften definiert, welche erfüllt sein mussten, um Doppelbesteuerungsabkommen für quellensteuerbelastete Einkünfte zu beanspruchen.

Mit dem Missbrauchsbeschluss sollten vor allem Thesaurierungs- und Durchlaufgesellschaften an Attraktivität einbüßen. Dieser bestimmte, dass nicht mehr als 50 % der DBA-begünstigten Einkünfte an nicht abkommensberechtigte Personen weitergeleitet werden durften und mindestens 25 % der DBA-begünstigten Einkünfte als Dividende ausgeschüttet werden mussten. Im Jahre 1999 wurde ein Kreisschreiben der eidgenössischen Steuerverwaltung erlassen, welches im Jahre 2001 ergänzt wurde. Mit diesen Ergänzungen wurde der Missbrauchsbeschluss wesentlich entschärft. Holdinggesellschaften unterliegen seither nicht mehr dem Verbot der übermäßigen Weiterleitung, müssen jedoch ein Gewinnausschüttungsverhalten erfüllen, welches sicherstellt, dass keine Gefährdung des Steuerbezuges im Sinne des Verrechnungssteuergesetzes vorliegt.

Am 1. August 2010 wurde ein weiteres Kreisschreiben der Eidgenössischen Steuerverwaltung zu den Maßnahmen gegen die ungerechtfertigte Inspruchnahme von Doppelbesteuerungsabkommen des Bundes erlassen. Wesentlicher Inhalt dieses Kreisschreibens ist, dass Missbrauchsbestimmungen in Doppelbesteuerungsabkommen Vorrang vor den Bestimmungen des schweizerischen Missbrauchsbeschlusses haben.

Im vorliegenden Fall ist dies nicht maßgeblich, da in Art. 23 DBAD auf die innerstaatlichen Missbrauchsvorschriften des jeweiligen Staates verwiesen wird. Damit findet der Missbrauchsbeschluss im Verhältnis zwischen Deutschland und der Schweiz weiterhin Anwendung.

5. Umsatzabgabe auf Wertpapiergeschäfte

Die Umsatzabgabe wird auf der entgeltlichen Übertragung von in- und ausländischen Wertpapieren erhoben, sofern eine der beiden Parteien inländischer Effektenhändler ist. Dabei beträgt die Umsatzabgabe 0,15 % für inländische und 0,3 % für ausländische Urkunden.

Als Effektenhändler qualifizieren unter anderem Kapitalgesellschaften, deren Aktiven nach Maßgabe der letzten Bilanz zu mehr als CHF 10 Mio. aus steuerbaren Urkunden bestehen. Damit ist davon auszugehen, dass die H-AG als Effektenhändler qualifiziert. Käufe und Verkäufe von Beteiligungen unterliegen demnach der Umsatzabgabe.

Die Kapitaleinlage von Wertschriften bei der Gründung der H-AG gegen Fremdkapital unterliegt jedoch nicht der Umsatzabgabe, da noch keine Bilanz der H-AG vorliegt. Der Gesetzestext lautet ausdrücklich, dass die Aktiven „nach Maßgabe der letzten Bilanz" zu mehr als CHF 10 Mio. aus steuerbaren Urkunden bestehen müssen.

Für die Umsatzabgabe besteht ein umfangreicher Ausnahmenkatalog. Insbesondere Art. 14 j des Bundesgesetzes über die Stempelabgaben (StG) ist wesentlich für Holdinggesellschaften, welcher für die Übertragung von Beteiligungen von mindestens 20 % am Grundkapital anderer Gesellschaften an inländische oder ausländische Konzerngesellschaften eine Befreiung von der Umsatzabgabe vorsieht.

6. Mehrwertsteuer/Vorsteuerabzug

Die Mehrwertsteuer wird zur Zeit im Normalfall zu einem Satz von 8 % erhoben. Bis vor kurzer Zeit galten Holdinggesellschaften nicht als mehrwertsteuerpflichtig und konnten demgemäß auch keinen Vorsteuerabzug geltend machen. Heute hat eine Holdinggesellschaft die Möglichkeit, sich auch ohne steuerbaren Umsatz als Mehrwertsteuerpflichtiger registrieren zu lassen und den Vorsteuerabzug in Anspruch zu nehmen. Für das Halten, Kaufen und Verkaufen von maßgeblichen Beteiligungen (min. 10 % am Kapital) müssen Holdinggesellschaften nur dann eine Vorsteuerkorrektur vornehmen, wenn vorsteuerausschließende Einnahmen erzielt werden.

7. Gewinnausschüttungen der H-AG

a) Schweizerische Verrechnungssteuer

Gemäß Art. 4 Abs. 1 lit. b des Bundesgesetzes über die Verrechnungssteuer (VStG) unterliegen Gewinnausschüttungen einer schweizerischen Gesellschaft im Zeitpunkt der Fälligkeit der Ausschüttung der Verrechnungssteuer, welche gemäß Art. 13 Abs. 1 lit a VStG zu einem Satz von 35 % der steuerbaren Leistung erhoben wird. Art. 21 ff VStG sehen vor, dass schweizerische Empfänger von Gewinnausschüttungen Anspruch auf vollständige Rückerstattung der Verrechnungssteuer haben, wenn sie bei Fälligkeit der steuerbaren Leistung das Recht zur Nutzung der Gewinnausschüttung hatten und ihren Deklarations- und Buchführungspflichten nachkamen. Für schweizerische Empfänger stellt demgemäß die Verrechnungssteuer eine reine Sicherungssteuer dar. Art. 21 Abs. 2 VStG sieht jedoch vor, dass die Rückerstattung in allen Fällen unzulässig ist in denen sie zu einer Steuerumgehung führen könnte. Ausländische Empfänger können eine teilweise oder vollständige Entlastung von der Verrechnungssteuer nur durch Inanspruchnahme von Doppelbesteuerungsabkommen oder des Zinsbesteuerungsabkommens erlangen.

Wenn eine wesentliche Beteiligung einer ausländischen Gesellschaft an einer schweizerischen Gesellschaft vorliegt, findet für die Verrechnungssteuer auf Dividenden der schweizerischen Gesellschaft das Meldeverfahren Anwendung. Eine Entrichtung der Verrechnungssteuer entfällt damit. Voraussetzung für das Meldeverfahren ist, dass die Dividendenempfängerin eine Kapitalgesellschaft mit Ansässigkeit in einem DBA Staat ist und das Nutzungsrecht an den Dividenden hat. Die Empfängerin der Dividende muss maßgeblich an der schweizerischen Gesellschaft beteiligt sein, d.h. sie muss mindestens über eine Beteiligung in der Höhe verfügen, die sie nach dem maßgebenden DBA oder einem anderen Staatsvertrag zur Beanspruchung einer zusätzlichen oder vollständigen Entlastung von der Verrechnungssteuer berechtigt. Um das Meldeverfahren beanspruchen zu können, ist vor der Ausschüttung der Dividende Formular 823 B bei der Eidgenössischen Steuerverwaltung (EStV) einzureichen, auf Grund dessen die Bewilligung zur Inanspruchnahme des Meldeverfahrens bei Vorliegen der entsprechenden Voraussetzungen gewährt wird. Das Gesuch wird von der ESTV geprüft. Sofern das Gesuch gutgeheißen wird, wird von der EStV eine Bewilligung zur Inanspruchnahme des Meldeverfahrens für die Dauer von drei Jahren erteilt.

b) DBA Schweiz-Luxemburg

Im vorliegenden Fall wird die H-AG von einer luxemburgischen Soparfi gehalten. Gemäß Art. 10 Abs. 2 lit. b des Doppelbesteuerungsabkommens zwischen der Schweiz und Luxemburg unterliegen Dividenden einer schweizerischen Gesellschaft an eine luxemburgische Gesellschaft keiner Quellensteuer, sofern die luxemburgische Gesellschaft schweizerische Gesellschaft während eines ununterbrochenen Zeitraums von zwei Jahren vor der Zahlung der Dividende direkt über mindestens 25 % des Kapitals der schweizerischen Gesellschaft verfügte.

Zu prüfen ist vorerst, ob im vorliegenden Fall die luxemburgische Gesellschaft nutzungsberechtigt ist und sodann, ob die Zwischenschaltung der luxemburgischen Gesellschaft nicht zu einem missbräuchlichen Treaty Shopping führt. Für die Bestimmung der Nutzungsberechtigung wird im Wesentlichen darauf abgestellt, ob die luxemburgische Gesellschaft über genügend Eigenkapital verfügt und nicht eine reine Durchlaufgesellschaft für Dividenden der schweizerischen Gesellschaft darstellt. Von einer missbräuchlichen Gestaltung wäre auszugehen, wenn die luxemburgische Gesellschaft keine Substanz aufwiese und durch die Einschaltung der luxemburgischen Gesellschaft eine Verringerung der Verrechnungssteuerbelastung erreicht werden könnte. Dies ist vorliegend nicht der Fall, da Dividenden der H-AG an die D-GmbH unter dem DBAD ebenfalls vollständig von der Verrechnungssteuer entlastet würden. Nachdem die D-GmbH im Weiteren eine aktive Gesellschaft ist, kann auch die Tatsache, dass 40 % der

D-GmbH von einer in Saudi Arabien ansässigen Person gehalten werden, keinen negativen Einfluss auf die vollständige Entlastung von der Verrechnungssteuer haben.

c) Zinsbesteuerungsabkommen

Die Schweiz und die Europäische Gemeinschaft schlossen am 26. Oktober 2004 das Zinsbesteuerungsabkommen (ZBstA) ab, welches am 1. Juli 2005 in Kraft trat. Vorliegend ist Art. 15 ZBstA massgeblich, welcher vorsieht, dass Dividendenzahlungen von Tochtergesellschaften an Muttergesellschaften im Quellenstaat nicht besteuert werden, wenn

▶ die Muttergesellschaft mindestens zwei Jahre lang eine direkte Beteiligung von mindestens 25 % am Gesellschaftskapital der Tochtergesellschaft hält und

▶ die eine Gesellschaft in einem Mitgliedstaat der Europäischen Gemeinschaft und die andere Gesellschaft in der Schweiz steuerlich ansässig ist und

▶ nach den Doppelbesteuerungsabkommen mit Drittstaaten keine der beiden Gesellschaften in diesem Drittstaat steuerlich ansässig ist und

▶ beide Gesellschaften ohne Befreiung der Körperschaftssteuer unterliegen und beide Gesellschaften die Form einer Kapitalgesellschaft aufweisen.

Im vorliegenden Fall kann die Befreiung von der schweizerischen Verrechnungssteuer entweder auf Grund des Doppelbesteuerungsabkommens zwischen Luxemburg und der Schweiz oder auf Grund des Zinsbesteuerungsabkommens (Meldeverfahren mit Formular 823C) erfolgen. Bei Gesellschaften, welche Steuerprivilegien wie den Holdingstatus in einem Kanton geniessen, stellt sich die Frage, ob angenommen werden könnte, dass die Gesellschaft von der Körperschaftssteuer befreit sei. Nach schweizerischer Interpretation gilt das Holdingprivileg nicht als Befreiung von der Körperschaftssteuer. Eine solche Befreiung wird lediglich bei schweizerischen Gesellschaften angenommen, welche im Rahmen von Neuansiedlungen für einen gewissen Zeitraum vollständig von den schweizerischen Steuern befreit sind.

Im Weiteren stellt sich die Frage der Behandlung von Dividenden, welche von der H-AG vor Ablauf der zweijährigen Haltedauer ausgeschüttet werden. In diesen Fällen wendet die EStV analog zur EU die Denkavit-Praxis an. Die vollständige Befreiung von bzw. Erstattung der Verrechnungssteuer wird gewährt, sofern die Haltedauer von zwei Jahren nach Ausschüttung der Dividende erreicht wird.

B. Spanien – Immobilien, Holdingstandort, Möglichkeiten und Fallstricke für Investitionen deutscher Unternehmer

Andreas Trost, LL.M. Abogado, Barcelona, Spanien

Fall 8: Holdingstandort Spanien

Ein deutsches Unternehmen in der Form einer AG ist nach langjähriger Geschäftsbeziehung zu einem spanischen Konzern daran interessiert, eine Mehrheitsbeteiligung an dem spanischen Konzern zu erwerben.

Der spanische Konzern befindet sich im Familienbesitz und verfügt über eine Produktionsgesellschaft und mehrere Vertriebsgesellschaften in Spanien und verschiedenen lateinamerikanischen Staaten. Die spanische Produktionsgesellschaft ist Eigentümerin einer Fabrik auf einem teilweise unerschlossenen Gelände sowie eines Bürohochhauses im Zentrum von Barcelona.

Nach dem Erwerb möchte die AG die spanische Produktionsgesellschaft auf Contract Manufacturing umstellen. Ferner ist eine weitere Expansion nach Lateinamerika geplant. Es wird im Rahmen dieser Expansion mit hohen Anlaufverlusten gerechnet.

Frage: Welche steuerlichen Aspekte sind bei dieser Investition in Spanien aus der DBA- und der spanischen steuerrechtlichen Perspektive zu beachten?

Lösungshinweise:

I. Investitionsstruktur

Im Zusammenhang mit der Investitionsstruktur stellt sich zuerst die Frage, ob eine spanische Akquisitionsgesellschaft nötig bzw. sinnvoll ist.

In diesem Fall sprechen drei Gründe hierfür:

Eine spanische Akquisitionsgesellschaft würde völlig steuerneutrale Dividendenausschüttungen in Spanien ermöglichen, d.h., die Gewinne der operativen Gesellschaften könnten ohne jegliche Steuerbelastung aus dem operativen Geschäftsrisiko entnommen werden und in der Akquisitionsgesellschaft thesauriert werden oder in andere Tochtergesellschaften investiert werden.

Ein zweiter wichtiger Grund ist die Möglichkeit einer Organschaft der spanischen Gesellschaften. Dies sollte das Gesamtsteueraufkommen in Spanien normalerweise reduzieren.

Ferner gestattet die Zwischenschaltung einer Akquisitionsgesellschaft Optimierungsmöglichkeiten bei der Kauffinanzierung, insbesondere wenn Fremdfinanzierung notwendig ist. Auch praktische Erwägungen spielen hier eine Rolle, da normalerweise eine

Fremdfinanzierung leichter zu erhalten ist, wenn die absichernden Vermögenswerte sich in der gleichen Jurisdiktion befinden.

Ein weiterer Aspekt, der bei jeder Investition in eine spanische Gesellschaft zu beachten ist, ist die Grunderwerbsteuer. Es besteht zwar eine allgemeine Freistellung von der Grunderwerbsteuer von Aktien- bzw. Anteilserwerben, die jedoch nicht auf den Erwerb von nicht börsennotierten Immobiliengesellschaften Anwendung findet, falls der Erwerber direkt oder indirekt eine Beteiligung von mehr als 50 % auf Grund des Erwerbes erhält oder eine Erhöhung der Mehrheitsbeteiligung vorliegt.

Eine Gesellschaft gilt als Immobiliengesellschaft, wenn mehr als 50 % ihres Aktivvermögens aus Immobilien in Spanien besteht. Das spanische Grunderwerbsteuergesetz enthält eine sehr weite Definition des Immobilienbegriffes, daher ist auch bei Gesellschaften, die aus einer wirtschaftlichen Perspektive nicht als Immobiliengesellschaften gelten würden, dieser Steuertatbestand nicht ausgeschlossen. Es ist hierbei auch irrelevant, ob das Immobilienvermögen gewerblich genutzt wird oder nicht.

Der letzte Punkt, der bei der Entscheidung der Investitionsstruktur zu beachten ist, ist ob die Akquisition mit EK oder Fremdfinanzierung getätigt wird. Seit Dezember 2010 wird die 1 % Kapitalsteuer auf jede Art von Einlage nicht mehr erhoben, dieses Kriterium entfällt somit. Eine interessante Möglichkeit ist das sogenannte Beteiligungsdarlehen. Dieses Darlehen gilt aus gesellschaftsrechtlicher Perspektive für Solvenzzwecke als Eigenkapital in der Bilanz gestattet aber den vollen Zinsabzug.

In Bezug auf die Preisverhandlungen mit der spanischen Familie sollte das deutsche Unternehmen die Steuerlast der spanischen Familie bei einem Verkauf recherchieren, da der Gewinn auf die Anteile, die vor 1996 erworben worden sind, je nach Halteperiode zu einem großen Teil steuerfrei sein kann.

II. Laufende Besteuerung

Der allgemeine KSt-Satz beträgt in Spanien z.Z. 30 %, es gibt allerdings Gerüchte, wonach dieser Satz in näherer Zukunft reduziert werden sollte falls es zu einem Regierungswechsel kommen sollte. Ferner gibt es noch für Unternehmen mit Umsätzen unter 5 MM EUR reduzierte (25 % bzw. 20 %) KSt-Sätze.

In Spanien existiert zwar eine Gewerbesteuer, doch entsteht dadurch normalerweise keine nennenswerte Steuerbelastung.

Im Rahmen der KSt sind für das deutsche Unternehmen folgende Aspekte von Interesse:

Es gibt keinerlei Restriktionen beim Abzug von Zinsaufwand in Sinne einer Zinsschranke o.Ä. Die spanischen Unterkapitalisierungsvorschriften greifen ab einer 3:1 Ratio (Finanzierung von verbundenen nicht spanischen Personen/EK) ein, sind aber aufgrund des Lankhorst Urteiles nicht anwendbar auf EU Darlehensgeber. Die allgemeinen Missbrauchsvorschriften und Verrechnungspreisregeln sind natürlich auch in diesem Kontext zu beachten. Eine Fremdfinanzierung kann steuerlich daher sehr interessant sein, solange sie wirtschaftlich vertretbar ist.

Teilwertabschreibungen auf in- und ausländische Beteiligungen sind steuerlich absetzbar. Dies ist in Anbetracht der erwarteten hohen Anlaufverluste in den lateinamerikanischen Tochtergesellschaften von besonderem Interesse.

Die Veräußerung von Anlagevermögen kann bei Wiederinvestition des Erlöses der Veräußerung einem reduziertem 18 % Steuersatz unterliegen.

Ein weiterer interessanter Steueranreiz ist die Möglichkeit der freien Abschreibung für Investitionen in neues Anlagevermögen, die bis 2015 getätigt werden. Diese Maßnahme soll in dem jetzigen schwierigen wirtschaftlichen Umfeld eine klare Investitionsförderung darstellen.

Organschaft: Der Organträger muss eine direkte oder indirekte Beteiligung von ≥ 75 % (70 % bei börsennotierten Gesellschaften) halten und darf nicht von einem anderen spanischen Unternehmen abhängig sein. Es ist also durchaus möglich, eine Organschaft mit Minderheitsgesellschaften zu benutzen. Beherrschungs- und Gewinnabführungsverträge kennt das spanische Recht nicht.

Die Organschaft bietet mehrere Vorteile, wie:

- ▶ die Verrechnung der Verluste mit positiven Erträgen innerhalb der Organschaft,
- ▶ die Anwendung der Steuerabzüge einer Organgesellschaft durch eine andere Organgesellschaft,
- ▶ die Vermeidung von Bewertungsproblematiken (Verrechnungspreise !),
- ▶ die Entbindung von der Pflicht, die formelle Verrechnungspreisdokumentation vorzubereiten (die angewandten Preise müssen natürlich nach wie vor plausibel und nachvollziehbar sein), und
- ▶ die Aufhebung der Quellensteuer bei Geschäften innerhalb der Organschaft.

Exkurs: Es besteht auch die Möglichkeit einer Organschaft im Rahmen der USt (in diesem Fall bereits ab einer 50 % Beteiligung). Dies ist bei Konzernen mit verschiedenen USt – Sätzen oder freigestellten Aktivitäten (in diesem Fall, Exportaktivitäten der Vertriebsgesellschaften!) sehr interessant, da dadurch die abzuführende USt sehr reduziert werden kann.

Das sehr gute DBA Netzwerk Spaniens mit Südamerika und die Tatsache, dass Spanien ein DBA mit Brasilien hat, sind für die AG auch interessant, in diesem Kontext ist die spanische Holding (ETVE) eine gute Alternative.

Grundsätzlich kann jede spanische Kapitalgesellschaft dieses Regime anwenden. Das Regime ist auch mit der Ausübung von beliebigen anderen Tätigkeiten kompatibel, die ETVE unterliegt den allgemeinen spanischen Körperschaftssteuervorschriften, genießt aber eine Freistellung von Dividenden und Veräußerungsgewinnen aus ausländischen Beteiligungen, die auf der allgemeinen Freistellungsmethode für Dividende und Veräußerungsgewinne aus bestimmten ausländischen Beteiligungen basiert.

Hinzu kommt die volle Abzugsfähigkeit von Finanzierungsaufwand, Teilwertabschreibungen und Verlusten aus Veräußerungen von Beteiligungen, d.h. es handelt sich also um ein asymmetrisches Steuerregime.

Alle Gewinnausschüttungen an nicht ansässige Gesellschafter, sofern sie nicht in einer Steueroase ansässig sind (auch außerhalb der EU) sind steuerfrei – dieser Aspekt ist für die AG nicht relevant.

Folgende Voraussetzungen müssen erfüllt sein:
- 5 % Beteiligung oder Anschaffungspreis > 6 Mio. Euro.
- Indirekte Beteiligung: 5 % oder konsolidierte Bilanzierung.
- 1 Jahr Halteperiode (kann nach Ausschüttung erfüllt werden).
- Mindestens 85 % der Einkünfte der Tochtergesellschaften müssen gewerblicher Natur sein.

Die Kombination der freien Abschreibung, der Organschaft, der Abzugsfähigkeit von Finanzierungsaufwand und des ETVE Regimes sollte möglich machen, dass der spanische Konzern keinerlei KSt Belastung zu tragen hat.

Die AG und der spanische Konzern sollten jedoch stets die allgemeinen Missbrauchsvorschriften beachten, sollte eine derartige Kombination wirtschaftlicher Gründe entbehren, ist mit Auseinandersetzungen mit der spanischen Finanzverwaltung zu rechnen.

III. Umstellung des Geschäftsmodells

Die Idee, die spanische Produktionsgesellschaft in einen Contract Manufacturer zu verwandeln und die KSt-Last in Spanien durch ein Kostplus-System zu optimieren, ist theoretisch durchführbar aber in der Praxis komplex. Wichtige Aspekte sind:

- Verrechnungspreisregeln für die Vergütung.
- Gestaltungsmissbrauch: Grund und Zeitpunkt der Umstellung, eventuelle Gegenleistungspflichten wg. Goodwill usw.
- Vertragswerk, bestehende Verträge.

Es besteht jedoch die Möglichkeit, mit den spanischen Finanzbehörden ein APA zu vereinbaren.

IV. Gewinnrückführung

Nach dem DBA (alt / neu) unterliegt die deutsche Gesellschaft einer Quellensteuer auf die Ausschüttungen aus der spanischen Akquisitionsgesellschaft. Nach der Umsetzung ins spanische Recht der Mutter – Tochter Richtlinie ist die AG jedoch von Quellensteuer auf die Ausschüttungen aus der spanischen Akquisitionsgesellschaft befreit sein.

Nach Artikel 13 des noch bestehenden DBA ist ein eventueller Gewinn aus einer Veräußerung der Anteile an der Akquisitionsgesellschaft in Spanien nicht steuerpflichtig, da das DBA das Besteuerungsrecht Deutschland zuweist.

Nach in Kraft treten des neuen DBAs trifft diese Aussage nur noch insoweit zu, als dass die spanische Akquisitionsgesellschaft nicht als Immobiliengesellschaft gilt.

Teil II. Aktuelles zu und Änderung von DBA 103

Andreas Trost, LL.M. Abogado, Barcelona, Spanien
Fall 8a: Immobilieninvestition in Spanien

Auf Grund der heftigen Preisnachlässe in den letzten Jahren möchte ein deutscher Investor in eine bedeutende Anzahl von spanischen Wohnimmobilien investieren. Ziel der Investition ist die Erzielung von regelmäßigen Einkünften aus der Vermietung. Auch ein Verkauf der Objekte in der Zukunft ist nicht ausgeschlossen. Der Investor erwägt, diese Investition entweder aus seinem Privatvermögen vorzunehmen oder Mittel aus einer ihm gehörenden deutschen GmbH zu verwenden. Die Wohnimmobilen würden durch eine spanische Akquisitionsgesellschaft erworben werden. Zudem ist offen, ob neue oder bereits genutzte Wohnimmobilien erworben werden sollen.

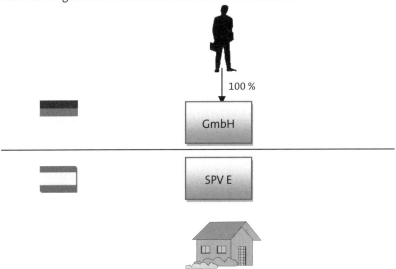

Frage: Welche steuerlichen Aspekte sind bei dieser Investition in Spanien aus der DBA- und der spanischen steuerrechtlichen Perspektive zu beachten?

Lösungshinweise:

I. Wer investiert?

Die Entscheidung, ob die Investition aus dem Privatvermögen getätigt wird oder aber von der GmbH ausgeführt wird, ist vor allem für zwei Aspekte wichtig, nämlich die Vermögensteuer und die Gewinnrückführung.

Vermögensteuer

Am vergangenen 16. September 2011 ist die Vermögensteuer in Spanien wieder eingeführt worden. Seit 2008 existierte eine 100 % Steuerbefreiung über die Steuerquote bei der Vermögensteuer, was nicht der endgültigen Abschaffung der Vermögensteuer glich. Obwohl die Abschaffung dieser Steuer von allen großen Parteien versprochen und befürwortet wurde, hat die notwendige Erhöhung des Steueraufkommens in der Wirtschaftskrise dazu geführt, die 100 % Steuerbefreiung für die Jahre 2011 und 2012 aufzuheben. Im Prinzip soll ab dem Jahr 2013 die Vermögensteuer nicht mehr erhoben werden, allerdings werden ähnliche Steuern erwogen.

Sowohl das bestehende als auch das neue DBA zwischen Deutschland und Spanien umfassen die Einkommensteuer und die Vermögensteuer. Die spanische Vermögensteuer, die nur auf natürliche Personen Anwendung findet, besteuert in der Tat spanisches Vermögen nach dem Belegenheitsprinzip. Die Investition aus dem Privatvermögen ist daher in diesem Kontext nicht empfehlenswert.

Nach dem bestehenden DBA zwischen Deutschland und Spanien würde das Eigentum von Anteilen an einer deutschen Gesellschaft mit unmittelbaren oder mittelbaren Immobilieneigentum in Spanien keine Vermögensteuer auslösen.

In dem neuen DBA wird jedoch die sogenannte Immobiliengesellschaftklausel auch für die Vermögensteuer eingeführt. Das neue DBA weist zudem nach Artikel 21 Spanien auch das Besteuerungsrecht zu, wenn das Aktivvermögen der deutschen GmbH mittelbar oder unmittelbar zu mehr als 50 vom Hundert aus spanischem Immobilienvermögen besteht. Der Investor kann also auch bei einer Investition durch die GmbH in Spanien vermögenssteuerpflichtig sein, falls das Aktivvermögen der GmbH letztendlich aus einem hohen Anteil an spanischen Immobilien besteht.

Gewinnrückführung

Nach dem DBA (alt/neu) unterliegt der Investor einer 15 % Quellensteuer auf die Ausschüttungen aus der spanischen Akquisitionsgesellschaft. Die GmbH würde auf Grund der Umsetzung der Mutter – Tochter Richtlinie ins spanische Recht von Quellensteuer auf die Ausschüttungen aus der spanischen Akquisitionsgesellschaft befreit sein. Auch dieser Aspekt spricht somit für eine Investition durch die GmbH.

Wahl des Investitionsvehikels

Aus spanischer Sicht empfiehlt sich eine spanische Kapitalgesellschaft, da Personengesellschaften wie die *„sociedad colectiva"* oder *„sociedad comanditaria"* in Spanien ebenso der Körperschaftsteuer unterliegen (und daher auf Grund der fehlenden Haftungsbeschränkung unattraktiv sind). Zudem sind Personengesellschaften im normalen Geschäftsverkehr völlig unbekannt.

Allerdings ist festzuhalten, dass auch die Ausschüttungen aus diesen spanischen Personengesellschaften in Spanien nach der Mutter Tochter Richtlinie von Quellensteuer befreit sind. Je nach der steuerlichen Behandlung dieser Ausschüttungen in der deutschen GmbH kann daher eine spanische Personengesellschaft eine zwar unübliche aber interessante Option sein.

2. Transaktionsteuern: Umsatzsteuer oder Grunderwerbsteuer

Die erste Übertragung von Wohnimmobilien unterliegt in Spanien der Umsatzsteuer mit 8 %. Weitere Übertragungen von Wohnimmobilien unterliegen der Grunderwerbsteuer, deren Steuersatz regional unterschiedlich ist und in den meisten Fällen 7 % oder 8 % beträgt. Da die Vermietung von Wohnimmobilien von der Umsatzsteuer befreit ist und somit kein Vorsteuerabzug gestattet ist, sollten die Transaktionsbesteuerung also kein Investitionskriterium sein.

Als eine außerordentliche Maßnahme zur Förderung des Wohnimmobilienmarktes gilt jedoch bis zum 31. Dezember 2011 für Übertragungen von Wohnimmobilien, die der Umsatzsteuer unterliegen, ein privilegierter 4 % Umsatzsteuersatz. Die Entscheidung für neue Wohnimmobilien in diesem Zeitraum könnte daher aus einer steuerlichen Perspektive sinnvoll sein.

3. Laufende Besteuerung

Im Allgemeinen gelten die unter Fall 1 dargestellten Regeln.

Allerdings existiert in der spanischen Körperschaftsteuer eine Sondervergünstigung für Gesellschaften, deren wirtschaftliche Tätigkeit hauptsächlich die Vermietung von Wohnimmobilien in Spanien ist: die aus dem Gewinn aus dieser Tätigkeit entstehende Körperschaftsteuer kann um 85 % (in Sonderfällen 90 %) reduziert werden. Die maximale effektive Körperschaftsteuerbelastung beträgt somit 4,5 %.

Folgende Voraussetzungen muss die Akquisitionsgesellschaft erfüllen:

▶ Mindestens 10 Wohnimmobilien müssen vermietet bzw. zur Vermietung angeboten werden (eine Höchstzahl besteht nicht). Hierbei ist zu beachten, dass in Spanien im Regelfall jede einzelne Wohnung als eine eigene separate Immobilie gilt.
▶ Die Bauoberfläche der Wohnungen darf 135 m2 nicht überschreiten.
▶ Die Wohnungen müssen mindestens 7 Jahre vermietet bzw. zur Vermietung angeboten werden.
▶ Eine gesonderte Gewinn- und Verlustrechnung für jedes Objekt muss sich aus der Buchhaltung herleiten lassen.

Die 4,5 % Besteuerung ist die endgültige Besteuerung dieses Gewinnes in Spanien. Einkünfte aus anderen Tätigkeiten (mit Ausnahme der Veräußerung von Wohnungen) dürfen nicht 45 % der Gesamteinkünfte überschreiten. Der Gewinn aus diesen anderen Tätigkeiten unterliegt den allgemeinen Körperschaftsteuerregeln.

4. (Unmittelbare oder mittelbare) Veräußerung der Wohnimmobilien

Nach Artikel 13 des noch bestehenden DBA ist ein eventueller Gewinn aus einer Veräußerung der Anteile an der Akquisitionsgesellschaft in Spanien durch die GmbH oder den Investor nicht steuerpflichtig, da das DBA das Besteuerungsrecht Deutschland zuweist.

Das neue DBA enthält in Artikel 13 die Immobiliengesellschaftsklausel, somit werden Gewinne aus der Veräußerung von Anteilen an einer Gesellschaft dessen Aktivvermögen mittelbar oder unmittelbar zu mehr als 50 vom Hundert aus Immobilien in Spanien besteht nun auch der spanischen Steuer unterliegen. Dies würde nach dem neuen DBA auch eine Veräußerung der GmbH betreffen, falls ihr Aktivvermögen mittelbar oder unmittelbar zu mehr als 50 vom Hundert aus spanischem Immobilienvermögen besteht Der anwendbare Steuersatz beträgt zurzeit 19 %.

Eine direkte Veräußerung der Wohnimmobilien durch die spanische Akquisitionsgesellschaft würde den allgemeinen spanischen Körperschaftsteuervorschriften unterliegen und mit maximal 30 % besteuert werden. Bei Reinvestition des Erlöses der Veräußerung kann der effektive Steuersatz jedoch auf 18 % reduziert werden.

C. DBA – Irland

Dr. Dirk Pohl, Rechtsanwalt, Fachanwalt für Steuerrecht, Steuerberater, München

I. Überblick

Die Bundesrepublik Deutschland hat am 30. März 2011 mit der Republik Irland ein neues Doppelbesteuerungsabkommen auf dem Gebiet der Steuern vom Einkommen und Vermögen abgeschlossen. Der Deutsche Bundestag hat das Zustimmungsgesetzes zum DBA am 21. September 2011, der Bundesrat am 14. Oktober 2011 beschlossen. Da in Irland die Ratifizierung noch nicht erfolgte, jedoch damit zu rechnen ist, dass die Ratifizierungsurkunden im Laufe des Jahres 2012 ausgetauscht werden, wird das neue DBA voraussichtlich 2012 in Kraft treten, so dass es erstmals ab dem Veranlagungszeitraum 2013 anzuwenden ist. (Für die Anwendung des neuen Methodenartikels gilt darüber hinaus zugunsten Irlands eine 12-monatige Übergangsfrist, s. unten.)

Das Abkommen ersetzt das DBA vom 17. Oktober 1962 (in Kraft seit 1964; BGBl. II 1964, 266, 267), eines der ältesten Abkommen im deutschen DBA-Netz. Es orientiert sich am OECD-Musterabkommen, entspricht weitgehend der aktuellen DBA-Politik Deutschlands und kann daher als Wegweiser für künftige deutsche DBA angesehen werden.

Das Änderungsprotokoll zum bisherigen DBA (s. unten, II.) und das neue DBA (s. unten, III.) sind Ergebnis der im Jahr 2007 aufgenommenen Verhandlungen mit Irland.

II. Änderungsprotokoll zum bisherigen DBA

Bereits mit Wirkung zum 1. Januar 2011 wurde durch das Änderungsprotokoll vom 25. Mai 2010 (BGBl. II 2011, 250) zum bisherigen DBA aus dem Jahr 1962 die sog. fiktive Quellensteueranrechnung aufgehoben. Diese war als Instrument der deutschen Hilfe zur wirtschaftlichen Entwicklung Irlands vereinbart worden. Danach konnten (fiktive) 18 % des Nettobetrages der empfangenen Dividenden als gezahlt geltende ausländische Steuern auf deutsche Steuern angerechnet werden, die auf diese Dividenden entfielen.

Die Aufhebung der fiktiven Quellensteueranrechnung orientiert sich an den Empfehlungen des Steuerausschusses der OECD aus dem Jahre 1998 (vgl. Kommentar Nr. 75 zum OECD-Musterabkommen zu Artikel 23 B – Stand Juli 2008). Der Bericht stellt den Nutzen der Gewährung fiktiver Quellensteueranrechnungen insbesondere wegen der Missbrauchsanfälligkeit, der Wirksamkeit als Instrument zur wirtschaftlichen Entwicklung und der Erosion der Besteuerungsgrundlagen zwischen den Staaten in Frage (vgl. Denkschrift zum Änderungsprotokoll vom 25. Mai 2010, I.).

Daneben wurde die Anwendung der irischen (gälischen) Sprachfassung aufgehoben. Das neue DBA wurde ebenfalls nicht mehr in die irische (gälische) Sprache übersetzt.

III. Regelungsinhalt des neuen DBA

Ansässigkeit, Art. 4 DBA: Grundsätzlich knüpft der Begriff der Ansässigkeit an das innerstaatliche Recht der Vertragsstaaten an. Soweit es sich nicht um eine natürliche Person handelt, ist für den Fall einer Doppelansässigkeit nach nationalem Recht in Art. 4 Abs. 3 DBA (entsprechend dem OECD-Musterabkommen) geregelt, dass die Person in dem Staat als ansässig gilt, in dem der Ort der tatsächlichen Geschäftsleitung liegt.

Im Notenwechsel, der nach Art. 31 Abs. 2b i.V.m. Abs. 4 WÜRV zur Abkommensauslegung heranzuziehen ist, wurde festgehalten:

„Die tatsächliche Geschäftsleitung eines nicht börsennotierten Unternehmens wird nicht unter Verweis auf Mitarbeiter einer Kanzlei, einer Verwaltungsgesellschaft oder eines anderen Dritten als in einem Vertragsstaat gelegen behandelt, wenn unter Berücksichtigung aller maßgeblichen Tatsachen und Umstände der andere Vertragsstaat der Ort ist, in dem die für die Führung der Geschäfte des Unternehmens als Ganzes grundlegenden unternehmerischen und kaufmännischen Entscheidungen im Wesentlichen getroffen werden."

Unternehmensgewinne, Art. 7 DBA: Hier kam noch nicht die aktuelle Fassung des OECD-Musterabkommens vom 22. Juli 2010 sondern dessen Vorgängerversion zur Anwendung.

In der aktuellen, dem neuen DBA zwischen Deutschland und Irland noch nicht zugrundeliegenden Version des OECD-MA wurde in Art. 7 OECD-MA das Verfahren der Erfolgs- und Vermögensabgrenzung zwischen Stammhaus und Betriebstätte geändert. Diese Abgrenzung erfolgt grundsätzlich nach dem international anerkannten Fremdvergleichsgrundsatz, nach dem die Betriebsstätte als fiktiv selbständiges Unternehmen behandelt werden soll. Allerdings ist die Reichweite dieser Selbständigkeitsfiktion national und international umstritten. Es werden zwei verschiedene Ansätze vertreten: der sog. *„Relevant Business Activity Approach"* (eingeschränkte Selbständigkeitsfiktion der Betriebsstätte) und der *„Functionally Separate Entity Approach"* (uneingeschränkte Selbständigkeitsfiktion der Betriebsstätte).

Nach dem „Relevant Business Activity Approach" werden der Betriebsstätte nur die Einkünfte aus der Ausübung der jeweiligen Geschäftstätigkeit des Gesamtunternehmens in der Betriebsstätte zugerechnet. Daneben erfolgt nur eine Aufwandsrechnung, wodurch innerunternehmerische Miet- oder Zinszahlungen grundsätzlich nicht möglich sind. Eine Gewinnzuordnung ist nur dann möglich, wenn das Gesamtunternehmen ein positives Ergebnis erzielt. Beim *„Functionally Separate Entity Approach"* hingegen wird die Betriebsstätte insbes. hinsichtlich der Leistungsbeziehungen zu anderen Unternehmensteilen als völlig selbständiges und unabhängiges fingiert. Es können der

Betriebstätte auch dann Gewinne zugerechnet werden, wenn das Gesamtunternehmen keine Gewinne erzielt.

Die OECD-Mitgliedsstaaten haben sich darauf geeinigt, dass nunmehr die uneingeschränkte Selbständigkeitsfiktion des „Functionally Seperate Entity Approach" dem Art. 7 OECD-MA zugrunde gelegt werden soll. Der indirekten Gewinnaufteilung wurde eine klare Ansage erteilt. Die bisherigen Art. 7 Abs. 4 (Möglichkeit zur Anwendung der indirekten Gewinnaufteilungsmethode) und Abs. 6 (Fortführung einer einmal angewendeten Zurechnungsmethode) wurden aufgehoben. Auch Art. 7 Abs. 3 (Abzugsfähigkeit der für die Betriebsstätte angefallenen Aufwendungen, gleichgültig, wo sie angefallen sind) und Abs. 5 (Sonderregelung für die Einkaufstätigkeit einer Betriebsstätte) finden aufgrund von Widersprüchen zum sog. Authorised OECD Approach (AOA) keine Anwendung mehr.

Zur Neufassung des Art. 7 OECD-MA im Rahmen der Aktualisierung des OECD-MA 2010 s. *Kahle/Mödinger*, IStR 2010, 757.

Seeschiffe oder Luftfahrzeuge, Art. 8 DBA: Für Gewinne aus dem Betrieb von Seeschiffen oder Luftfahrzeugen ist sowohl im internationalen Verkehr (Abs. 1) als auch in der Binnenschifffahrt (Abs. 2) der Ort der tatsächlichen Geschäftsleitung entscheidend. Insoweit kommt nicht das Betriebsstättenprinzip zur Anwendung. Vom Anwendungsbereich des Art. 8 ist auch die im Zusammenhang erfolgende, gelegentliche Vermietung von leeren Schiffen oder Luftfahrzeugen und die Nutzung oder Vermietung von Containern erfasst. Nach Abs. 5 gelten die Regelungen auch für Gewinne aus der Beteiligung an einem Pool, einer Betriebsgemeinschaft oder internationalen Betriebsstelle.

Verbundene Unternehmen, Art. 9 DBA: In Art. 9 Abs. 2 DBA wurde eine Regelung zur Gegenberichtigung vereinbart. Eine entsprechende Regelung ist in älteren DBA regelmäßig nicht enthalten. Jedoch hat Deutschland seinen Vorbehalt, dass Regelungen über Gegenberichtigungen einen zu starken Anreiz zu Erstkorrekturen geben und dass eine solche Klausel aus Sicht der Unternehmen als Minderung des steuerlichen Risikos bei Gewinnverschiebungen verstanden werden könnte, schon länger aufgegeben. Auch ohne Regelung entsprechend Art. 9 Abs. 2 OECD-MA kann eine Gegenberichtigung aufgrund eines Verständigungsverfahrens (Art. 25 OECD-MA) bzw. der EU-Schiedskonvention erfolgen, siehe auch § 175a AO zur verfahrensrechtlichen Umsetzung.

Dividenden, Art. 10: Der bisher einheitliche Quellensteuersatz für Dividenden i.H.v. 15 % wurde für Schachtelbeteiligungen auf 5 % gesenkt. Dies gilt für Ausschüttungen zwischen Mutter- und Tochtergesellschaften ab einer Mindestbeteiligung von 10 %. Allerdings darf die Empfängergesellschaft keine deutsche Personengesellschaft sein. In allen anderen Fällen bleibt es bei einem Quellensteuersatz von 15 %. Dies gilt insbesondere auch für Ausschüttungen an Personengesellschaften und deutsche REIT-Gesellschaften. (Allerdings entfällt nach der Mutter-Tochter-Richtlinie vom 23. Juni 1990, ABl. EG Nr. L 225, S. 6, zuletzt geändert durch RL. vom 22. Dezember 2003, ABl. EG 2004, Nr. L 7, S. 41, für eine in einem EU-Mitgliedsstaat ansässige Muttergesellschaft die Quellensteuer vollständig, wenn die Muttergesellschaft an der Tochtergesellschaft mindestens zu 10 % beteiligt ist und die Beteiligung 12 Monate ununterbrochen bestanden hat.) Nach Ziff. 2 des Protokolls umfasst der Begriff der Dividenden auch Einkünfte aus Ausschüttungen auf Anteilsscheine an einem deutschen Investmentvermögen. Das Besteuerungsrecht des Quellenstaates ist nach Ziff. 3 des Protokolls nicht eingeschränkt, wenn Dividenden auf Rechten oder Forderungen mit Gewinnbeteiligungen beruhen und die Dividenden beim Schuldner abzugsfähig sind. Erfasst sind insbesondere Einkünfte aus stillen Beteiligungen, aus partiarischen Darlehen oder Gewinnobligationen; für eine stille Beteiligung nach dem DBA mit Luxemburg s. BFH, Urteil v. 4. Juni 2008, I R 62/06, BStBl II 2008 793).

Zinsen und Lizenzgebühren, Art. 11 und 12 DBA: Die DBA-Regelungen zu Zinsen und Lizenzgebühren entsprechen im Wesentlichen dem OECD-Musterabkommen. Die in Art. 12 Abs. 2 DBA enthaltene Definition der Lizenzgebühren erfasst auch Vergütungen für die Benutzung oder für das Recht auf die Benutzung von Persönlichkeitsrechten sowie Entgelt für Aufzeichnungsrechte von Künstlern und Sportlern. Für den Fall, dass Irland sein nationales Recht über die Besteuerung von Lizenzen ändert, ist in Ziff. 4 des Protokolls vorgesehen, dass auf Antrag Deutschlands eine Neuverhandlung des Artikels vorgenommen wird, um aus Deutschland stammende Lizenzgebühren in Deutschland besteuern zu können. (Insoweit will Deutschland verhindern, dass Irland eine Patent-Box ähnlich den Niederlanden einführt; zur niederländischen „Innovatiebox" s. Baaijen/Almut, BB 2010, 2932 ff.)

Veräußerung von Vermögen, Art. 13 DBA: Nach Abs. 5 steht grundsätzlich dem Ansässigkeitsstaat das Recht zur Besteuerung von Veräußerungsgewinnen zu, allerdings hat im Falle der Veräußerung von unbeweglichem Vermögen (Abs. 1), Betriebsstättenvermögen (Abs. 2), von Schiffen und Luftfahrzeugen (Abs. 3) auch der andere Staat ein Besteuerungsrecht. Gleiches gilt nach Abs. 4 für Gewinne aus der Veräußerung von Aktien oder Anteilen an Gesellschaften, deren Wert zu mehr als 50 % mittelbar oder unmittelbar aus unbeweglichen Vermögen stammt. (Ausgenommen sind entsprechende Aktien, wenn sie börsengehandelt werden.) Für Wegzügler, die mindestens drei Jahre in einem Vertragsstaat ansässig waren, besteht ein Vorbehalt zugunsten des bisherigen Wohnsitzstaates, den bis zum Wegzug entstanden Vermögenszuwachs zu besteuern. Der Zuzugsstaat nimmt diesen Teil entsprechend aus. (Das ändert nichts daran, dass die Steuer bei Wegzug nach Irland oder innerhalb der EU bis zur späteren Veräußerung zu stunden ist, § 6 Abs. 5 AStG)

Unselbständige Arbeit, Art. 14 DBA: Besonderheit ist, dass für die Anwendung der 183-Tage-Regel nicht das Steuerjahr sondern ein beliebiger 12-Monts-Zeitraum maßgebend ist.

Ruhegelder und Renten, Art. 17 DBA: Künftig erhält der Kassenstaat ein Besteuerungsrecht für Sozialversicherungsrenten, so dass aus deutscher Sicht insbesondere die beschränkte Steuerpflicht nach § 49 Abs. 1 Nr. 7 EStG fortan nicht mehr durch das DBA beschränkt wird. Hat darüber hinaus ein Vertragsstaat über einen Zeitraum von mehr als zwölf Jahren den Aufbau anderer Renten gefördert, hat er künftig auch hierfür das alleinige Besteuerungsrecht. Diese Regelung zielt auf die nachgelagerte Besteuerung der in Deutschland geförderten „Riester-Renten" (§ 49 Abs. 1 Nr. 9 EStG). Für sonstige Renten verbleibt es bei dem ausschließlichen Besteuerungsrecht des Wohnsitzstaats des Rentenempfängers.

Offshore Activities, Art. 22: Neu ist auch eine spezielle Regelung für Tätigkeiten, die vor der Küste in Zusammenhang mit der Erforschung oder Ausbeutung des Meeresbodens/-untergrundes sowie natürlicher Ressourcen in Zusammengang steht. Insoweit wird eine Betriebsstätte angenommen, es sei denn die Tätigkeit dauert im Falle der Erforschung während eines 12-Montas-Zeitraums nicht länger als 90 Tage bzw. nicht länger als 30 Tage im Falle einer ausbeutenden Tätigkeit.

Methodenartikel, Art. 23 DBA: Deutschland vermeidet eine Doppelbesteuerung nach Abs. 2 lit. a bei den wichtigsten Einkünften grundsätzlich durch Freistellung, wie z. B. bei Einkünften aus einer Betriebsstätte in Irland und bei Dividendenausschüttungen einer in Irland ansässigen Gesellschaft bei einer Mindestbeteiligung von 10 % an deren Kapital (Schachtelbeteiligung). Die Freistellungsmethode setzt jedoch voraus, dass die Einkünfte in Irland tatsächlich besteuert wurden. Einkünfte sind nach dieser Bestimmung, wie in anderen DBA auch, nicht tatsächlich besteuert, wenn sie – wie auch in Ziff. 5 des Protokolls zum Abkommen erläutert – nicht steuerbar sind, aufgrund einer sachlichen oder persönlichen Steuerbefreiung nicht besteuert wurden, oder eine Besteuerung nicht durchgeführt wurde.

Bei Einkünften, die nach dem DBA von der Steuer freigestellt sind, greift jedoch nach Abs. 2 lit. d ein Progressionsvorbehalt.

Im Übrigen kommt die Anrechnungsmethode zur Anwendung. Dies gilt insbesondere für Dividendenbezüge aus im Streubesitz gehaltenen Anteilen, Veräußerungsgewinne von Aktien – ausgenommen börsennotierte Aktien – oder ähnlichen Rechten an einer irischen Gesellschaft, Aufsichtsrats- und Verwaltungsratsvergütungen und Einkünfte von Künstlern und Sportlern.

Stammen Einkünfte und Vermögen einer in Irland belegenen Betriebsstätte nicht ausschließlich oder fast ausschließlich (d.h. zu mindestens 90 %) aus aktiver Tätigkeit, sieht die Aktivitätsklausel in Abs. 2 lit. c einen Wechsel von der Freistellungsmethode zur Anrechnungsmethode vor. Die Anrechnungsmethode gilt dann auch für unbewegliches Betriebsstättenvermögen und die daraus erzielten Einkünfte und Gewinne. Für die Unterscheidung zwischen aktiven und passiven Einkünften ist eine funktionale Betrachtungsweise maßgeblich, wonach auch passive Einkünfte dem aktiven Bereich zuzuordnen sind, wenn sie funktional diesem Bereich der Betriebsstätte angehören. (Der EuGH hat in der Rs. C-298/05, Columbus Container Services, vom 6. Dezember 2007, DStR 2007, 2308 die Umschaltung von der Freistellung nach DBA auf die Anrechnungsmethode nach § 20 Abs. 2 AStG grundsätzlich als nicht europarechtswidrig angesehen.)

Darüber hinaus hat sich die Bundesrepublik zur Vermeidung einer doppelten Steuerbefreiung oder einer sonstigen ungerechtfertigten Inanspruchnahme des Abkommens in sog. Qualifikationskonflikten und Notifizierungsfällen einen Wechsel von der Freistellungs zur Anrechnungsmethode vorbehalten (Umschaltklausel oder switch-over). Bei Qualifizierungskonflikte soll nach Ziff. 7 des Protokolls eine mit dem Musterkommentar zum OECD-Musterabkommen konforme Auslegung erreicht werden. Insoweit, aber auch für die Notifizierungfälle setzt der switch-over jedoch die Durchführung eines Verfahrens eine Konsultation nach Art. 25 Abs. 3 des Abkommens voraus. Die Umschaltklausel geht deshalb als lex specialis § 50d Abs. 9 EStG vor, der nicht von einer gehörigen Konsultation mit einem Vertragspartner abhängig ist.

Irland vermeidet die Doppelbesteuerung durch Anrechnung der in Deutschland zu zahlenden Steuern auf die irische Steuer. Außerdem ist für Irland eine Übergangsregelung enthalten (Art. 32 Abs. 4 DBA), wonach innerhalb der ersten 12 Monate der Anwendbarkeit des neuen Abkommens der Methodenartikel des alten DBA zur Anwendung kommt, wenn sich hieraus eine höhere steuerliche Entlastung ergibt.

Sonstiges:

- *Auskunftsverkehr*, Art. 26 DBA: Der bilaterale Auskunftsverkehr beinhaltet künftig einen umfassenden Informationsaustausch. Neben Bankauskünften erstreckt sich dieser auch auf Sachverhalte der Bekämpfung von Geldwäsche, Korruption und Terrorismusfinanzierung.

- Neu aufgenommen wurden Regelungen über die Amtshilfe bei der Erhebung von Steuern (Art. 27 DBA) und Verfahrensregeln für die Quellensteuererhebung (Art. 28 DBA).

- *Einschränkung der Abkommensvergünstigung* für sog. „remmitance basis"-Besteuerung, Art. 28 DBA: Um die doppelte Nicht- bzw. Niedrigbesteuerung aufgrund der in Irland möglichen sog. „remmitance basis"-Besteuerung, wonach nicht nach Irland überwiesenen Einkünften steuerfrei bleiben, zu verhindern, werden die von Deutschland zu gewährenden Steuerbefreiungen und Steuerermäßigungen auf den Teil der Einkünfte beschränkt, der tatsächlich nach Irland überwiesen und dort besteuert wird.

▶ *Anwendung der nationalen Missbrauchsregelungen* (Gemeinsame Erklärung): Die Vertragsparteien haben sich drauf verständigt, dass das Abkommen nicht die Anwendung der Missbrauchsregelungen nach nationalem Recht ausschließen soll. Außerdem wurde definiert, wann ein Missbrauch vorliegt.

„Ein Abkommensmissbrauch liegt vor, wenn ein Hauptzweck, bestimmte Transaktionen oder Gestaltungen zu verwirklichen, darin besteht, eine günstigere Steuerposition zu erlangen, und diese günstigere Behandlung unter den gegebenen Umständen dem Sinn und Zweck der einschlägigen Vorschriften des Abkommens widersprechen würde."

▶ *Investmentvermögen* (Ziff. 1 des Protokolls): Das Protokoll sieht ein Verfahren zur Vereinfachung des Verfahrens bei Investmentvermögen vor. Hier sind noch weitere Verhandlungen und eine Verständigungsvereinbarung zu erwarten. („Das DBA-Irland aus investmentsteuerlicher Sicht" beleuchtet Geurts, in: IStR 2011, 573 ff.)

D. DBA – Diskriminierungsklauseln – Organschaft

Dr. Dirk Pohl, Rechtsanwalt, Fachanwalt für Steuerrecht, Steuerberater, München

Fall 9:

Die M-plc, eine Kapitalgesellschaft nach englischem Recht (public limited company), mit Sitz und Geschäftsleitung in Großbritannien, ist Alleingesellschafterin der deutschen T-GmbH. Die T-GmbH wiederum ist zu 96,5 % an der deutschen E-GmbH beteiligt. (Die übrigen 3,5 % hält die zum Konzern gehörende M-Ltd., ebenfalls mit Sitz in Großbritannien.)

In den Vorjahren hatte die E-GmbH bei der M-plc Darlehen in erheblicher Höhe aufgenommen, die zum 1. Januar 1999 die T-GmbH als Darlehensgeberin übernahm. Der Stand der Darlehen mit einer Laufzeit von mehr als zwölf Monaten belief sich (zum 31. Dezember 1999) auf insgesamt 569.667.978,05 DM. Hierfür fiel 1999 ein Darlehenszinsen i.H.v. 40.781.545 DM an.

Da das Finanzamt eine Organschaft nicht anerkannte, erließe es einen auf 0 lautenden Gewerbesteuermessbescheid und rechnete die Hälfte der Darlehenszinsen dem Gewinn der E-GmbH hinzu. Gegenüber der E-GmbH wurde ein entsprechend verringerter vortragsfähiger Gewerbeverlust gesondert mit 71.738.083 DM festgestellt.

(Der Fall ist angelehnt an das BFH-Urteil v. 9. Februar 2011, I R 54, 55/10, IStR 2011, 345).

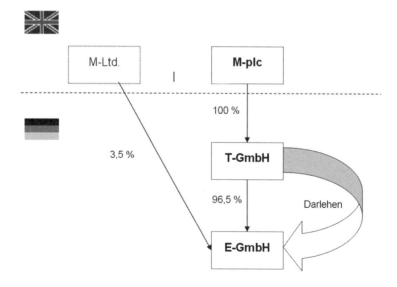

Lösungshinweise:

Schrifttum: *Behrens,* Organschaft über die Grenze aufgrund des DBA-Diskriminierungsverbots?, Ubg 2011, 665; *Buciek,* Gewerbesteuerliche Organschaft zwischen ausländischem Organträger und inländischer Organgesellschaft über inländische Zwischenholding, FR 2011, 588; *Dötsch,* Künftig Nullbesteuerung auslandsbeherrschter inländischer Kapitalgesellschaften?, Der Konzern 2011, 267; *Ehlermann/Petersen,* Abkommensrechtliche versus nationale Zuordnung von Beteiligungen – Besonderheiten bei ertragsteuerlicher Organschaft, IStR 2011. 747; *Frotscher,* Grenzüberschreitende Organschaft – wo stehen wir?, IStR 2011, 697; *Gosch,* Gewerbesteuerliche Organschaft zwischen ausländischem Organträger und inländischer Organgesellschaft über inländische Zwischenholding (Urteilsanmerkung), BFH/PR 2011, 266; *Kotyrba,* BFH: Grenzüberschreitende gewerbesteuerliche Organschaft anerkannt (Urteilsanmerkung) BB 2011, 1382; *Lendewig,* Neues zur grenzüberschreitenden Organschaftsbesteuerung, NWB 2011, 2539; Lüdicke, Das DBA-Gespenst bei der Organschaft, IStR 2011, 740; *Mitschke,* Keine Diskriminierung nach Art. XX Abs. 4 DBA-Großbritannien in Fällen ausländerbeherrschter Inlandskapitalgesellschaften, IStR 2011, 537; *Mössner,* Gewerbesteuerliche Organschaft zwischen einem in Großbritannien ansässigen Organträger und einer inländischen Organgesellschaft über eine inländische Zwischenholding (Urteilsanmerkung) IStR 2011, 349; *Rödder/Schönfeld,* Abschied (auslandsbeherrschter) inländischer Kapitalgesellschaften von der deutschen Ertragsteuerpflicht? - Erste Anmerkungen zum überraschenden Urteil des BFH v. 9.2.2011 (I R 54, 55/10), DStR 2011, 886; *Schnitger/Berliner,* Die Anwendung der deutschen Organschaft bei grenzüberschreitenden Sachverhalten, IStR 2011, 753; *Stöber,* Grenzüberschreitende Organschaft im Lichte abkommensrechtlicher Diskriminierung und der Niederlassungsfreiheit, BB 2011, 1943; *Tetzlaff/Pockelwald,* Die grenzüberschreitende gewerbesteuerliche Organschaft, StuB 2011, 414.

I. Gewerbesteuerliche Organschaft bis 2001 - Organgesellschaft

1. Bis einschließlich 2001 wurde eine gewerbesteuerliche Organschaft allein durch die finanzielle, organisatorische und wirtschaftliche Eingliederung einer Kapitalgesellschaft in ein anderes inländisches gewerbliches Unternehmen begründet; § 2 Abs. 2 Satz 2 GewStG 1999 (durch Verweis auf § 14 Nr. 1 bis 3 KStG). Ein Ergebnisabführungsvertrag war – anders als für eine körperschaftsteuerliche Organschaft – nicht zwingend zusätzlich erforderlich, führte jedoch zur Vermutung einer organisatorischen Eingliederung. Es war also eine gewerbesteuerliche Organschaft ohne körperschaftsteuerliche Organschaft möglich. Ab dem Veranlagungszeitraum 2001 entfiel für die körperschaftsteuerliche Organschaft das Erfordernis der organisatorischen und wirtschaftlichen Eingliederung. Ab 2002 wurden die Voraussetzungen für eine körperschaft- und gewerbesteuerliche Organschaft angeglichen.

In beiden Fällen sind nunmehr die finanzielle Eingliederung und ein Ergebnisabführungsvertrag erforderlich.

2. Das Erfordernis der wirtschaftlichen Eingliederung der deutschen operativen Gesellschaften in eine Landesholding nach dem Gesamtbild der tatsächlichen Verhältnisse führte insbesondere im internationalen Spartenkonzern immer wieder zu Unsicherheiten und Auseinandersetzungen mit der Finanzverwaltung (vgl. auch Raupach, IStR 1993, 194). Die Landesholding musste selbst geschäftsleitend sein (siehe BFH v. 9. Februar 2011, I R 54, 55/10, IStR 2011, 345, 347). An diesem Erfordernis war im Fall I R 54, 55/10 die Klägerin auf der Grundlage der Feststellungen des Finanzgerichts als Tatsacheninstanz für das Streitjahr 1999 gescheitert (vgl. Hessisches FG, Urteile vom 18. Mai 2010, 8 K 3137/06 und 8 K 1160/10, IStR 2010, 776 mit Anmerkung Mössner). Ihre Anträge, dass ihr gegenüber kein Gewerbesteuermessbescheid mit Festsetzung DM 0,- bzw. Bescheid über die Feststellung des vortragsfähigen Gewerbeverlustes zum 31. Dezember 1999 zu ergehen hatte, wurden deshalb vom Finanzgericht zurückgewiesen. Denn sie galt nach § 2 Abs. 2 Satz 2 GewStG nicht als Betriebsstätte der deutsche Holding (sog. „gebrochene Filialtheorie").

3. Dieses Ergebnis war für die Klägerin und den Konzern insgesamt unbefriedigend. Denn die inländische Holding, ihre direkte Muttergesellschaft, hatte am 1. Januar 1999 von deren Muttergesellschaft der C Plc. ein Darlehen in Höhe von DM 569.667.978,05 übernommen, wofür allein im Jahr 1999 Darlehenszinsen in Höhe von DM 40.781.545,-- anfielen. Diese Darlehenszinsen musste die inländische Holding als Betriebseinnahmen versteuern, während für die Klägerin nach Hinzurechnung der Zinsen als Dauerschuldzinsen, § 8 Nr. 1 GewStG, ein Verlustvortrag in Höhe von DM 71.738.083 festgestellt wurde. Deshalb wurde Revision zum I. Senat des BFH eingelegt.

4. Der I. Senat des BFH hatte im Urteil vom 29. Januar 2003 (I R 6/99, BStBl. II 2004, S. 1181) entschieden, dass es mit dem Diskriminierungsverbot nach Art. 24 Abs. 1 und 4 DBA USA 1989 nicht vereinbar war, dass eine doppelt ansässige US Kapitalgesellschaft nicht Organträgerin einer inländischen Kapitalgesellschaft war. Das Urteil hatte aufgrund einer erfolgten Gesetzesänderung nur Bedeutung für die Jahre vor 2001 (Aufgabe des doppelten Inlandbezugs für den Organträger; siehe nunmehr auch zur Aufgabe des doppelten Inlandsbezugs für die Organgesellschaft bei Sitz oder Ort der Geschäftsleitung innerhalb der EU/EWR auf Grund des von der EU Kommission eingeleiteten Vertragsverletzungsverfahren BMF vom 28. März 2011, DStR 2011, 674). Jedoch stellte sich bereits aufgrund dieses Urteils die Rechtsfrage, ob der Organträger überhaupt im Inland ansässig sein muss.

5. Die Finanzverwaltung schloss das aus (BMF-Schreiben vom 8. Dezember 2004, BStBl. I 2004, S. 1181f.). Die vergleichbare Situation sei für die inländische Kapitalgesellschaft nach Art. 24 Abs. 5 OECD-MA nicht gegeben. Denn dann drohe die Nichtbesteuerung der Gewinne, was nicht Zweck des Diskriminierungsverbots sei. Die ausländische Gesellschaft habe keine eigene Betriebsstätte und nach Art. 5 Abs. 7 OECD-MA werde auch nicht durch die Organgesellschaft eine Betriebsstätte der ausländischen Gesellschaft begründet. Deshalb könne nach Art. 7 Abs. 1 OECD-MA auch bei der ausländischen Gesellschaft keine Besteuerung erfolgen.

6. Diese Rechtsauffassung musste der BFH nunmehr in dem Revisionsverfahren I R 54, 55/10 unter Heranziehung der Diskriminierungsklauseln nach dem DBA Großbritannien 1964/1970 entscheiden, die aber in der Sache keine wesentlichen Unterschiede zum OECD-MA aufweisen. Denn die Klägerin war zwar nicht in ihre unmittelbare Gesellschafterin aber in die ausländische (Großmutter) Kapitalgesellschaft mittelbar finanziell, wirtschaftlich und organisatorisch eingegliedert. Das abkommensrechtliche Diskriminierungsverbot nach Art. 24 Abs. 5 OECD-MA besagt ohne irgendeinen Vorbehalt, dass Unternehmen eines Vertragsstaats, deren Kapital ganz oder teilweise unmittelbar oder mittelbar einer im anderen Vertragsstaat ansässigen Person oder mehreren solchen Personen gehört oder ihrer Kontrolle unterliegt, im erstgenannten Staat keiner Besteuerung oder damit zusammenhängenden Verpflichtung unterworfen werden dürfen, die anders oder belastender ist als die Besteuerung und die damit zusammenhängenden Verpflichtungen, denen andere ähnliche Unternehmen des erstgenannten Staates unterworfen sind oder unterworfen werden können. Er stellte fest, dass sich zwar Besteuerungsdefizite ergeben könnten, wenn die inländische Organgesellschaft sich darauf beruft und eine Besteuerung des ausländischen Organträgers weder im Ausland (wegen des dortigen Rechts) noch im Inland (wegen des fehlenden Besteuerungsrechts nach dem DBA). Doch das läge eben allein an dem innerstaatlichen Recht des anderen Vertragsstaates, der das von Deutschland im DBA weggegebene Besteuerungsrecht habe. Die 2008 in den OECD Musterkommentar Art. 24, Nr. 77 aufgenommene Auffassung, dass Vorschriften einer Gruppen- und Konzernkonsolidierung von Art. 24 Abs. 5 OECD-MA auszunehmen seien, schlägt nach Auffassung des BFH zumindest auf alte DBA als Auslegungshilfe nicht durch (siehe auch Gosch, BFH-PR 2011, S. 266/268, keine teleologische Reduktion). Eine Rechtfertigungsmöglichkeit im Fall einer Ungleichbehandlung (z.B. durch Heranziehung der Wahrung der Aufteilung der Besteuerungsbefugnisse) besteht bei Verletzung einer DBA Diskriminierungsklausel anders als bei den EU/EWR Grundfreiheiten nicht. (Anm.: Im neuen DBA-USA findet sich ein Vorbehalt in Bezug auf die Gruppenbesteuerungsvorschriften); zur Kritik siehe Mitschke, IStR 2011, S. 537 ff.

7. Das Revisionsverfahren war also zu Gunsten der Klägerin zu entscheiden. Die Frage ist lediglich, ob der Konzern selbst durch diese Entscheidung schon für das Streitjahr Steine statt Brot bekommen hat (zu den Folgejahren ab 2002 siehe noch sogleich). Denn zumindest die Zinserträge musste die deutsche Holding versteuern (siehe *Gosch*, a.a.O., es sei denn diese Holding ist ihrerseits auch Organgesellschaft ihrer ausländischen Mutter, da in diese nicht nur finanziell sondern auch wirtschaftlich und organisatorisch eingegliedert.

II. Gewerbesteuerliche Organschaft bis 2001 - Ausländischer Organträger

1. Wenn keine Besteuerung der inländischen Organgesellschaft möglich ist (nur das hat der BFH in I R 54, 55/10 entscheiden müssen), stellt sich die Frage, ob der Finanzverwaltung eine Besteuerung des ausländischen Organträgers gelingt. Soweit Gewerbesteuerbescheide bis 2001 noch offen sind und aufgrund eines Rechtsbehelfs des Steuerpflichtigen aufgehoben werden, greift die Berichtigungsmöglichkeit nach § 174 Abs. 4, 5 AO nur bei Hinzuziehung/Beiladung des ausländischen Organträgers.

2. Jedoch muss hier berücksichtigt werden, dass die ausländische Gesellschaft gegen einen Gewerbesteuermeßbescheid stets einwenden kann, nach deutschem nationalen Recht nicht der Gewerbesteuer zu unterliegen. Die Überlegungen dazu, ob nach DBA ein Besteuerungsrecht bestehen könnte, führen insoweit nicht weiter (siehe dazu u.a. *Jürgen Lüdicke*, IStR 2011, S. 740/744f). Das DBA hat steuerbegrenzende und keine steuerbegründende Wirkung.

3. Das Dilemma ist (abgesehen von zu verhandelnden Änderungen der DBA) wohl nur durch ein Treaty-Override-Gesetz zu lösen, das die Besteuerung bei der inländischen Gesellschaft ermöglicht (siehe aber *Schnitger/Berliner*, zu gesetzlichen Änderungen zur Sicherung der Besteuerung bei der ausländischen Gesellschaft, IStR 2011, S. 753ff.). Derartige rückwirkende Gesetze müssen aber zumindest den Grundsatz der Verhältnismäßigkeit beachten, um überhaupt ausnahmsweise verfassungsgemäß zu sein. Jedenfalls Dauerschuldzinsen im Verhältnis zum ausländischen Organträger nach § 8 Nr. 1 GewStG dürften nicht hinzugerechnet werden, wenn bei dem Treaty Override die Diskriminierungsklausel entsprechend Art. 24 Abs. 5 OECD-MA ausgehebelt wird und die inländische Organgesellschaft in entsprechenden Konstellationen durch eine gesetzliche Änderung der Gewerbesteuer unterworfen wird. Dies gilt, obwohl kein Verstoß gegen EU-Recht vorliegt (siehe EuGH vom 21. Juli 2011, C-397/09: Scheuten Solar Technology GmbH).

4. Deshalb sollten entsprechende Fälle offengehalten werden. Ggf. sollte auch sofort geklagt werden (siehe aber zum Wettlauf mit dem Gesetzgeber im Hinblick auf ei-

ne rückwirkende Änderung der gewerbesteuerlichen Mehrmütterorganschaft, *Raupach*, in: FS Kruse, S. 253, 267 f.).

III. Auswirkung auf körperschaftsteuerliche Organschaft (und gewerbesteuerliche Organschaft ab 2002) – finanzielle Eingliederung und EAV?

1. Im Grundsatz kann ein Ergebnisabführungsvertrag (EAV) mit einer inländischen AG oder GmbH auch von einer ausländischen Gesellschaft abgeschlossen werden. Sowohl der Abschluss als auch die tatsächliche Durchführung sind aber wohl erforderlich, um sich auf die Diskriminierungsklausel des DBA zu berufen (siehe auch *Rödder/Schönfeld*, DStR 2011, S. 886). Deshalb handelt es sich um eine zumindest faktische Barriere für den ansonsten drohenden „fiskalischen Supergau" (*Gosch*, a.a.O.).

2. Aus steuerplanerischer Sicht stellt sich aber die Frage, ob man vorsorglich einen entsprechenden Ergebnisabführungsvertrag abschließen und durchführen soll oder sich die Mühe im Hinblick auf ein (ggf.) rückwirkendes Eingreifen des Gesetzgebers ersparen soll?

3. *Ehlermann/Petersen*, IStR 2011, S. 748 weisen darauf hin, dass sich eine entsprechende Nichtbesteuerung auch ohne Vorliegen einer grenzüberschreitenden Organschaft ergeben könne. Komme es bei einer (inländischen) Organschaft zu einer von ausländischen Gesellschaftern gehaltenen deutschen Personengesellschaft (Organträger) zu einem Auseinanderfallen von nationaler und abkommensrechtlicher Zuordnung der Beteiligung an der Organgesellschaft (keine tatsächliche Zugehörigkeit zu einer Betriebsstätte des ausländischen Gesellschafters) über Deutschland sein Besteuerungsrecht unilateral bei den von der Organgesellschaft erzielten Erträgen nicht aus, dürfe aber nach DBA ggf. nicht auf Ebene des Organträgers versteuern.

IV. Fazit

Mit *Gosch* (a.a.O.) kann man festhalten: „Zweifelsfragen allerorten an etlichen Organschaftsbaustellen." Es bleibt abzuwarten, ob in dieser Legislaturperiode noch ein großer Wurf mit Umstellung zu einer modernen Gruppenbesteuerung gelingt, der neben dem Inboundfall auch den Outboundfall im Blickfeld haben muss (siehe dazu BFH Beschluss vom 9. November 2010 - I R 16/10, DStR 2011, 169; *Pohl*, in: Raupach/Pohl/Ditz/Schmidt, Praxis des Internationalen Steuerrechts 2011, Fall 30a, S. 159 ff.; sowie den jüngsten Reformvorschlag des Instituts Finanzen und Steuern, IFSt-Arbeitsgruppe, Einführung einer modernen Gruppenbesteuerung – Ein Reformvorschlag, IFSt-Schrift Nr. 471 (2011)).

Teil III. Bericht aus dem Bundesministerium der Finanzen zu neuesten Entwicklungen im internationalen Steuerrecht

Gert Müller-Gatermann, Ministerialdirigent, Bundesministerium der Finanzen, Berlin

Gruppenbesteuerung

- Wegfall des **Gewinnabführungsvertrages** als Voraussetzung der Organschaft

- **Alternativen** für die bisherige Organschaftbesteuerung

  - **IFSt-Modell**: 75 % Beteiligung, gemeinsamer Gruppenantrag, Liquidationsverluste, dreigliedriges Kontensystem statt Mehr- und Minderabführungen

  - **Gruppenbeitrags-Modell**: 95 % Beteiligung, Gruppenantrag, Gruppenbeiträge, keine Mehr- und Minderabführungen, keine grenzüberschreitende Berücksichtigung von Verlusten

  - **Begrenzung der Verlustberücksichtigung** auf den Wert der Beteiligung

- Stand der Überlegungen

3

Verlustberücksichtigung

- **Mindestgewinnbesteuerung**

- **Verlustvortrag**

- **Zukunft § 8 c KStG**
  - Mantelkaufregelung
  - Sanierungsklausel

- **Finale ausländische Verluste**
  (Betriebsstätte, Tochterges., KSt/GewSt)

4

Personengesellschaften/DE

- **gewerblich geprägte Personengesellschaft**
  - Verwaltung ·/· BFH
  - materielle Auswirkung (zweischneidig)
  - Gesetzesänderung?

- **Sondervergütungen (§ 50 d Abs. 10 EStG)**
  - BFH: Vorschrift zu knapp
  - Änderung/Abschaffung?

- **Bund-Länder-AG und DEUFRAP**

AOA

Entscheidung der OECD für den *Functionally Separate Entity Approach*

- Selbständigkeitsfiktion der BS (so weit wie möglich) und
- Nahezu uneingeschränkte Anwendung des Fremdvergleichsgrundsatzes

Gründe

- **Konsistenz** von Artikel 7 (2) OECD MA und Artikel 9 OECD MA („Fremdvergleichsgrundsatz")
- **Erleichterung für den Quellenstaat**, BS-Gewinn muss nicht mehr aus dem Gesamtgewinn des Unternehmens herausgerechnet werden
- **Vereinfachung**, weil die Grundsätze der BS-Gewinnermittlung so weit wie möglich den Grundsätzen für verbundenen Unternehmen entsprechen

Grundsätze des AOA

- Der BS sind die Gewinne bzw. Verluste zuzurechnen, die sie als **selbständiges Unternehmen** unter Anwendung der Verrechnungspreisgrundsätze der OECD erzielt hätte
- **Gewinnrealisierung** beim Unternehmen oder der BS zu einer Zeit, zu der das Unternehmen als ganzes noch keine Gewinne realisiert hat, Ausgleich über die Zeit (anders: *Relevant Business Approach*)
- Gewinnrealisierung z. B. im Zeitpunkt der:
  - **Überführung eines Wirtschaftsguts** von einem Unternehmen auf seine BS und umgekehrt
  - **Fiktiven Vermietung** eines Wirtschaftsguts von einem Unternehmen an die BS und umgekehrt (mit Gewinnelement)
  - **Fiktiven Erbringung von Dienstleistungen** von einem Unternehmen an seine BS und umgekehrt (mit Gewinnelement)

Grundsätze des AOA

- Die der BS zuzuordnenden Gewinne werden – soweit nötig – auf der Basis von **„fiktiven Transaktionen"** (dealings) zwischen dem Unternehmen und der BS berechnet

- Der Ausgangspunkt der Berechnung des BS-Gewinns ist **nicht der Gesamtgewinn** des Unternehmens im Außenverhältnis (so aber *Relevant Business Approach*)

- Die Ergebnisse des AOA (*Separate Entity Approach*) und des *Relevant Business Approach* weichen im Ergebnis nicht voneinander ab

Implementierung
allgemein

- Einführung **innerstaatlicher Rechtsgrundlagen** zur Schaffung eindeutiger Steueransprüche

- **Anpassung** der bestehenden Artikel 7 in zukünftigen Vertragsverhandlungen

- Beachtung des Artikels 7 OECD-MA für **neue DBA**

Implementierung

- Personengesellschaft und Mitunternehmerschaft als **Steuerpflichtiger** und **nahe stehende Personen** im Sinne des § 1 AStG

  - Korrektur bei Gewinnermittlung (Gewinnerzielungssubjekt)
  - Anwendung in allen offenen Fällen

Implementierung

- **Geschäftsbeziehungen**

  neu: wirtschaftliche Vorgänge (dealings), vor allem wegen BS-Fällen

  alt: schuldrechtliche Beziehungen (zwischen selbständigen Rechtsträgern)

Implementierung

- **Betriebsstätte** als selbständigen Unternehmen (AOA)

  - **1. Schritt:** „Konstruktion" der BS Funktionen („people's function"), WGer, Chancen + Risiken, Dotationskapital

  - **2. Schritt:** Anwendung des Fremdvergleichsgrundsatzes auf dealings

Implementierung

- **Besonderheiten**

  - **Einschränkung der Selbstständigkeitsfiktion**
    (Kreditrating, Darlehensverhältnisse)
  - **(temporäre) Abweichung** vom Gesamtergebnis möglich
  - **Verständigungsverfahren** unter Anwendung alter DBA
  - **RV-Ermächtigung** für Details zu Schritten 1 und 2

DBA-Politik

- **Betriebsstätten- Definition**
  - OECD- Diskussion
  - DEU Standpunkt

- **Quellensteuerreduzierung**
  - Dividenden (0 Satz/Realwirtschaftsklausel)
  - Zinsen, Lizenzen

- **Freistellung/Anrechnung**
  - Vermeidung von Doppelbesteuerung und doppelter Nichtbesteuerung
  - Anrechnung auf GewSt
  - Anrechnungsvortrag

- **Schiedsklausel**

- **DBA-Verhandlungen** (Japan, China, Türkei, Brasilien, Chile)

Informationsaustausch
(Entwicklung in Deutschland)

- **Anpassung der DBA** betr. Artikel 26 OECD-MA
  vgl. auch CHE: Altfallregelungen (Nachversteuerung), Abgeltungsteuerregime für zukünftige Kapitalerträge und **erweiterte Amtshilfe** in Steuersachen

- Abschluss von Abkommen über Informationsaustausch für Besteuerungszwecke **(TIEA)**: z.b. Monaco, Andorra und Cayman Islands, weitere stehen bevor

- **Steuerhinterziehungsbekämpfungsgesetz / **Steuerhinterziehungsbekämpfungsverordnung:
  bis jetzt kein Staat / Gebiet unkooperativ

Informationsaustausch
(Aktuelle EU-Dossiers)

- **EU-ZinsRL, EU-AmtshilfeRL,**
  EU-Betrugsbekämpfungsabkommen mit LIE, Verhandlungsmandate für die KOM für gleichartige Abkommen mit europ. Drittstaaten

- Ziel aller Dossiers: Verbesserung des Informationsaustauschs

- Blockade hauptsächlich durch **AUT und LUX**
  - (noch) keine Teilnahme am autom. Informationsaustausch im Rahmen der ZinsRL
  - Übergang zum autom. Informationsaustausch an Vereinbarung des OECD-Standards mit europäischen Drittstaaten geknüpft
  - Bedenken von AUT und LUX: Abwanderung der Anleger in Richtung CHE und LIE sowie Behandlung von Altfällen

Informationsaustausch
(OECD)

- Seit 2008: Durchbruch durch **Finanzkrise und Steuerhinterziehungsskandale**

  - Vorreiterrolle seitens **DEU und FRA** innerhalb der G20

  - insb. Gipfel von Washington und London: Androhung von Gegenmaßnahmen

  - Akzeptanz der OECD-Grundsätze durch **alle bedeutenden Finanzzentren** und Erklärung der Bereitschaft, diese umzusetzen

Informationsaustausch
(OECD)

- „**Global Forum** für Transparenz und Informationsaustausch für Steuerzwecke"

  - Bei OECD angesiedelt, 101 Staaten/Gebiete sind Mitglieder

  - Prüfung der Umsetzung des OECD-Standards (rechtlich und tatsächlich)

  - Die Beseitigung aufgedeckter Mängel wird erwartet

  - **Umfangreicher Prüfungsprozess** seit März 2010 (auch DEU)

  - bis Juni 2011: einstimmige Annahme der 34 Prüfberichten

Informationsaustausch
(OECD)

- **Prüfung Deutschlands**

  2 Kritikpunkte

  - **Inhaberaktien** von nicht börsennotierten Gesellschaften
    Kritik an der Identifizierung der Inhaber der Aktien
  - **Informationsaustausch** in nicht angemessener Frist
    90 Tage

  Der Prüfbericht Deutschlands wurde im Juni 2011 einstimmig durch das Global Forum angenommen.

GKKB
(Unterstützung des Projekts)

- Senkung d. Befolgungskosten (Investitionsanreiz)
- Vermeidung schädl. Steuerwettbewerbs
- Transparenz, Rechtssicherheit
- **Kongruenz d. Politiken** (vgl. Euroraum)

GKKB
(schrittweises Vorgehen)

- GKB/GUB
- konsolidierte Besteuerung
- Koordinierung d. Steuersysteme (KSt-System, einheitliche Besteuerung von Personengesellschaften)
- Koordinierung d. DBA-Politik
- Mindeststeuersätze

GKKB
(Probleme + offene Fragen bei der Konsolidierung + Verteilung)

- **Offene Fragen** bei Verrechnungspreisen im Verhältnis zu Drittstaaten
- Keine Erleichterung hinsichtlich deutscher GewSt
- **Aufkommensminderung** durch grenzüberschreit. Verlustverrechnung u. Zwischengewinneliminierung (Verlagerung stiller Reserven)
- Kein sachgerechter **Aufteilungsmaßstab** (im. WGer)

GKKB
(Bedenken gegen Optionalität und Komitologie)

- Mit **Option** keine Senkung d. Befolgungskosten
- Einschränkung d. Souveränität bei weitgehender **Komitologie**

GKKB
(Weiteres Vorgehen)

- AG mit den **Bundesländern**
- Verständigung mit **Mitgliedstaaten** über schrittweises Vorgehen und Diskussion über GKB
- **wissenschaftliche Begleitung**

EuGH

- Vertragsverletzungsverfahren § **50 d Abs. 3 EStG**
- Vertragsverletzungsverfahren **doppelter Inlandsbezug** bei OGen
- **Dividendenbesteuerung** C-284/09
- **Meilicke II**
- **Exit tax** - C371/10 National Grid
- **Finale Verluste** - C 123/11 OY A, C 322/11 K

Teil. IV. Verrechnungspreise in der Betriebsprüfung
Dr. Xaver Ditz, Steuerberater, Bonn

A.	Praxisfragen zu Datenbanken	Fall 10
	Jahresendabrechnungen	Fall 11
B.	Dauerverluste	Fall 12
C.	Verfahrensrecht	
	Fristsetzung durch die Betriebsprüfung	Fall 13
	Dokumentation, Schätzung und Strafgelder	Fall 14
D.	§ 1 AStG und BMF-Schreiben v. 29.3.2011	
	(Forderungsverzicht)	Fall 15
E.	Betriebsstätten-Verrechnungspreise ?,	
	Art. 7 OECD-MA	Fall 16

A. Praxisfragen Datenbankanalyse, Jahresendabrechnungen

Fall 10: Im Ausland erstellte Datenbankstudie

Bei der in Deutschland ansässigen D-GmbH, die zu einem internationalen Konzern gehört, fand eine Betriebsprüfung für die VZ 2008 bis 2010 statt. Die D-GmbH hatte von ihrer Muttergesellschaft, der M-Corp. in den USA, sog. Managementdienstleistungen (Unterstützung bei der Planung, Budgetierung und Abrechnung) erhalten. Dazu wurde im Jahr 2005 zwischen beiden Gesellschaften ein Dienstleistungsvertrag geschlossen, der die zu erbringenden Leistungen und die Ermittlung der Vergütung genau beschreibt. Die Vergütung wurde demnach unter Anwendung der Kostenaufschlagsmethode ermittelt. Der dazu ebenfalls notwendige Gewinnaufschlag orientierte sich an den Ergebnissen von Datenbankstudien, die dazu im Abstand von zwei bis drei Jahren in den USA von einem Beratungsunternehmen erstellt wurden.

Hinsichtlich der grundsätzlichen Anwendung der Kostenaufschlagsmethode bestand zwischen der Betriebsprüfung und der D-GmbH Einigkeit. Die Ermittlung des Gewinnaufschlags i.H.v. 12 % basierend auf den Datenbankstudien lehnte die Betriebsprüfung jedoch hinsichtlich der folgenden Punkte ab:

► Die deutsche Finanzverwaltung hatte keinen Zugriff auf die Datenbank, mit denen die Studien erstellt wurden.

► Das Ergebnis der Datenbankstudien enthielt eine Vielzahl von Vergleichsunternehmen, wobei aus der Beschreibung des Suchprozesses erkenntlich wurde, dass es sich um rein datenbankgestützte Studien handelte, ohne dass eine weitergehende Recherche erfolgte (z.B. über das Internet).

► Ausgeführt wurde in den Datenbankstudien, dass nur „unabhängige Unternehmen" als Vergleichsunternehmen herangezogen wurden. Aus den Suchschritten wurde erkennbar, dass die Vergleichsunternehmen dann als unabhängig angesehen wurden, wenn von ihnen kein Anteilseigner bekannt war, der mindestens 50 % der Anteile hielt.

► Die Datenbankstudien in englischer Sprache führen aus, dass die Berechnung des Gewinnaufschlags unter Anwendung der „comparable profit method (CPM)" erfolgte.

► Auch erfolgte eine Einengung der potentiell vergleichbaren Unternehmen anhand der Anwendung einer sog. „Interquartile-method", die nicht dem Berechnungsalgorithmus der Tz. 3.4.12.5 Buchst. d) BMF v. 12.4.2005, BStBl. I 2005, 570 folgt.

► Einige im Ergebnis der Datenbankstudie enthaltene Vergleichsunternehmen erwirtschafteten Verluste.

Vor diesem Hintergrund wollte die Betriebsprüfung lediglich einen Gewinnaufschlag i.H.v. 5 % anerkennen, ohne dessen Angemessenheit im Einzelnen nachzuweisen.

Lösungshinweise zu Fall 10:

I. Anerkannte Datenbanken

Typischerweise werden für die Ermittlung von Verrechnungspreisen für laufende Lieferungs- und Leistungsbeziehungen in Deutschland die Datenbanken „Amadeus" oder „Orbis" des Datenbankanbieters „Bureau van Dijk" eingesetzt.[1] Auch die deutsche Finanzverwaltung verfügt über entsprechende Lizenzen und kann angefertigte Datenbankstudien systemtechnisch nachprüfen.[2] Ausländische Berater verwenden häufig andere Datenbanken (z.B. Compustat oder FAME), wobei deren Verwendung insofern zulässig ist, als vom Steuerpflichtigen – der in Deutschland bei Erfüllung der Mitwirkungspflichten ohnehin nicht die Beweislast für die Angemessenheit der Verrechnungspreise trägt – nicht der Einsatz einer bestimmten Datenbank verlangt werden kann bzw. er auch nicht verpflichtet ist, Datenbankstudien zu erstellen.[3] Ferner sind freilich geographische Aspekte zu beachten, d.h. dass z.B. für die USt (hier: Dienstleistungserbringer M-Corp.) Datenbanken mit US-amerikanischen Unternehmen zu verwenden sind.

II. Notwendige Suchschritte

Ziel einer Datenbankstudie ist die Ermittlung von Fremdvergleichswerten (z.B. Nettoumsatzrenditen, Handelsspannen oder Gewinnaufschlägen), wobei Vergleichsunternehmen zu ermitteln sind, die hinsichtlich der üblichen fünf Vergleichbarkeitsfaktoren (Merkmale der Leistungen, ausgeübte Funktionen und übernommene Risiken, Vertragsbedingungen, wirtschaftliche Umstände und Geschäftsstrategie) zumindest eingeschränkt vergleichbar sind bzw. eine solche Vergleichbarkeit mittels Anpassungsrechnungen herbeigeführt werden kann.[4] Um dies zu erreichen, gliedert sich eine Da-

---

[1] Zum Einsatz von Datenbanken für die Ermittlung von Verrechnungspreisen vgl. auch BFH v. 17.10.2001, BStBl. II 2004, 171; *Tucha*, IStR 2002, 745 ff.; *Rehkugler/Vögele*, BB 2002, 1937 ff.; *Baumhoff*, IStR 2003, 1 ff.; *Oestreicher/Vormoor*, IStR 2004, 95 ff.; *Oestreicher/Duensing*, IStR 2005, 134 ff.; *Oestreicher*, StuW 2006, 243 ff.; *Scholz/Crüger*, RIW 2005, 34 ff.; *Wahl/Preisser*, IStR 2008, 51 ff.; *Vögele/Crüger*, in: Vögele/Borstell/Engler, Verrechnungspreise, München 2011, H Rz. 28 ff.

[2] Aus diesen Gründen ist es auch notwendig, anzugeben, mit welcher Versionsnummer die Studie erstellt wurde und die elektronische Suchdatei zu speichern. Vgl. BMF v. 12.4.2005, BStBl. I 2005, 570, Tz. 3.4.12.4.

[3] Vgl. BMF v. 12.4.2005, BStBl. I 2005, 570, Tz. 4.2 und 3.4.12.4.

[4] Vgl. Tz. 1.36 OECD-RL 2010; BMF v. 12.4.2005, BStBl. I 2005, 570, Tz. 3.4.12.7.

tenbankanalyse typischerweise in zwei Arten von Suchschritten, deren Ergebnisse in der Datenbankstudie dokumentiert werden müssen:

- ▶ automatische (datenbankgestützte) Suchschritte,
- ▶ manuelle Suchschritte.

Im Rahmen der automatischen Suchschritte werden die Funktionen der Datenbank genutzt, um aus der Vielzahl der Datensätze (vorläufig) vergleichbare Unternehmen zu ermitteln. Diese (vorläufig) vergleichbaren Unternehmen werden dann im Rahmen der manuellen Suchschritte durch genauere Überprüfung der Erfüllung der Vergleichbarkeitsfaktoren (i.d.R. durch Prüfung des Internetauftritts dieser Unternehmen) verifiziert.

Eine fest vorgegebene Methodik hinsichtlich der Verwendung der Suchschritte existiert nicht, vielmehr orientiert man sich an den Besonderheiten des Einzelfalls. Typische Suchschritte sind die Folgenden:

- ▶ Eingrenzung der Funktionen bzw. Leistungs- und Produktbereiche anhand der Branchenklassifizierung (z.B. Verwendung von NACE, SIC oder WZ-Codes),
- ▶ Regionale Eingrenzung (z.B. Westeuropa),
- ▶ Eliminierung von abhängigen Unternehmen,
- ▶ Eliminierung inaktiver Unternehmen,
- ▶ Eliminierung von Unternehmen, deren Finanzdaten nicht ausreichend zur Verfügung stehen,
- ▶ ggf. Verwendung eines Größenkriteriums, Verwendung einer Stichwortsuche oder weiterer Suchschritte.

Im Rahmen der manuellen Suche werden die vorläufigen Vergleichsunternehmen weiter hinsichtlich der einzelnen Vergleichbarkeitsfaktoren überprüft.[5] Dazu werden die Unternehmensbeschreibungen aus den Datenbanken und Internet-Auftritte durchgesehen. Da sich die Informationen im Internet häufig im Zeitablauf verändern, ist es weit verbreitet, dass eine Dokumentation des Standes zum Überprüfungszeitpunkt erfolgt (z.B. durch sog. „Screenshots"). Denn nicht selten will die Finanzverwaltung in späteren Betriebsprüfungen Vergleichsunternehmen aufgrund anderer Funktionsbeschreibungen im Internet ausschließen. Durch eine entsprechende Dokumentation kann aufgezeigt werden, dass eine Vergleichbarkeit zum Zeitpunkt der Anfertigung der Studie bestand bzw. man aufgrund der verfügbaren Informationen von einer Vergleichbarkeit ausgehen musste.

---

[5] Aufgrund dieser weiteren Überprüfung werden die automatischen Suchschritte mitunter auch „breiter" angelegt, um sicherzustellen, dass nicht vorzeitig Vergleichsunternehmen ausgeschlossen werden.

Die Ablehnung von Datenbankstudien mangels einer Durchführung weiterer manueller Suchschritte ist in der Betriebsprüfungspraxis weit verbreitet.[6] Gleichwohl können diese Suchschritte auch nachträglich durchgeführt werden. Denn es gibt in Deutschland keine steuerliche Vorschrift, die besagt, dass die Studien nicht (auch durch andere Personen) ergänzt werden können. Fehlende manuelle Suchschritte sind hingegen für in den USA angefertigte Datenbankstudien typisch. Insofern sollten sie hinsichtlich der manuellen Suchschritte ergänzt werden, indem die (vorläufigen) Vergleichsunternehmen der ausländischen Studie im Internet überprüft und die ausländische Studie durch einen Anhang ergänzt wird.

Die Erfahrung zeigt, dass in den Datenbanken mehrere Millionen Unternehmensdaten enthalten sind und nach Durchführung der automatischen Suchschritte ggf. über 100 (vorläufig) vergleichbare Unternehmen verbleiben. Nach Durchführung der manuellen Suchschritte umfasst das Ergebnis einer solchen Datenbankstudie aber meistens nicht mehr als sieben bis acht (eingeschränkt) vergleichbare Unternehmen. Nur in seltenen Fällen (z.B. im Dienstleistungssektor) ergeben sich mehr als fünfzehn (eingeschränkt) vergleichbare Unternehmen.

III. Unabhängigkeitskriterium

Die in dem BMF-Schreiben v. 12.4.2005 enthaltenen Ausführungen zur Erstellung von Datenbankstudien gehen nicht konkret auf das anzuwendende Unabhängigkeitskriterium ein,[7] d.h. das relevante Unabhängigkeitskriterium kann nur aus dem Ziel bzw. Zweck einer solchen Studie abgeleitet werden. Ziel einer Datenbankstudie ist immer die Ermittlung von Fremdvergleichswerten, d.h. die Ableitung einer Handelsspanne, eines Gewinnaufschlags oder einer Nettoumsatzrendite (sog. „PLI" – „profit level indicator"), die von unabhängigen Unternehmen erzielt werden. Diese Kennzahlen werden aus den vorliegenden Finanzdaten (GuV) der Vergleichsunternehmen berechnet. In der Praxis wird daher ein Unabhängigkeitskriterium angewendet, d.h. verbundene Unternehmen werden (ab einem bestimmten Prozentsatz) ausgeschlossen. Hintergrund ist, dass die Finanzdaten abhängiger Unternehmen selbst aufgrund unangemessener Verrechnungspreise verzerrt sein könnten.

Gemäß § 1 Abs. 2 AStG sind nahe stehende Personen bereits dann anzunehmen, wenn eine mittelbare bzw. unmittelbare Beteiligung von 25 % besteht. Aus diesem Grund hat es sich in der deutschen Praxis etabliert, dass Datenbankstudien mit einem Unabhängigkeitskriterium hinsichtlich der Beteiligungsquote von 25 % erstellt werden. Dazu werden im Rahmen der automatischen Suchschritte in der Datenbank entweder die

---

[6] Vgl. BMF v. 12.4.2005, BStBl. I 2005, 570, Tz. 3.4.12.4 und 3.4.19 Buchst. c).
[7] Vgl. BMF v. 12.4.2005, BStBl. I 2005, 570, Tz. 3.4.12.4.

vorgegebenen Abhängigkeitsstufen verwendet oder Unternehmen ausgeschlossen, die über Anteilseigner bzw. Tochtergesellschaften mit einer Beteiligungsquote von mehr als 25 % verfügen.[8]

Sofern (im Ausland) eine Studie mit einem höheren Unabhängigkeitskriterium angefertigt wurde, muss diese nicht völlig verworfen werden. Auch hier kann die Empfehlung gegeben werden, dass eine Ergänzung durch einen Anhang vorgenommen wird, der aus dem vorläufigen Ergebnis die Unternehmen eliminiert, die gegen das Unabhängigkeitskriterium von 25 % verstoßen.[9] Jedenfalls ist aus deutsch-gesetzlicher Sicht die vorgelegte Datenbankstudie im Hinblick auf das Unabhängigkeitskriterium fragwürdig.

IV. Auswahl der Verrechnungspreismethode

Ziel einer Datenbankstudie ist die Ermittlung sog. Fremdvergleichswerte. Je nach Funktions- und Risikoprofil der zu überprüfenden Leistungsbeziehung und dementsprechend anzuwendender Verrechnungspreismethode wird die dazu zu verwendende Kennzahl (z.B. Handelsspanne, Gewinnaufschlag oder Nettoumsatzrendite) gewählt, die aus den vorliegenden Finanzdaten berechnet wird. Aus der Datenbank können jedoch nur aggregierte GuV-Daten der Vergleichsunternehmen, nicht hingegen segmentierte Daten bspw. für die Produktion oder den Vertrieb ermittelt werden. Aus diesen Gründen erfolgt auch die Auswahl der Unternehmen anhand der Branchenklassifikation (s.o.). Denn sie soll es ermöglichen, dass nur Unternehmen mit einem vergleichbaren Leistungsportfolio (Vergleichbarkeit der Merkmale der Leistungen und Vergleichbarkeit der Funktionen und Risiken) in der Analyse berücksichtigt werden.[10] Die Ausübung der Tätigkeiten durch das potentielle Vergleichsunternehmen muss daher „funktionsrein" erfolgen, d.h. die Vergleichsunternehmen dürfen nur die eine Funktion ausüben, die Gegenstand der Studie ist.

Die Anwendung der Gewinnvergleichsmethode („comparable profit method – CPM") ist – im Gegensatz zur Auffassung der deutschen Finanzverwaltung, die die Anwen-

---

[8] Regelmäßig sind die Steuerpflichtigen vom Ergebnis der Datenbankstudien überrascht, da sie die Vergleichsunternehmen nicht kennen bzw. bislang nicht direkt als Wettbewerber wahrgenommen haben. Die ihnen bekannten Wettbewerber sind häufig nicht im Ergebnis der Datenbankstudien enthalten, da sie üblicherweise aufgrund der Anwendung dieses Unabhängigkeitskriteriums eliminiert werden.

[9] Mitunter ergibt sich bei der Erstellung von Datenbankstudien ein sog. „Nullergebnis", d.h. es werden keine (eingeschränkt) vergleichbaren Unternehmen ermittelt, die diese engen Vergleichbarkeitsvoraussetzungen erfüllen. Zur weiteren Verplausibilisierung der Verrechnungspreise wird dann ggf. eine Verprobung mit einem 50 %-Kriterium durchgeführt. Sofern nur diese weitere Verprobung als „letzte Möglichkeit" zur Ermittlung von Vergleichsdaten verbleibt, ist zu empfehlen, dass zunächst das „Nullergebnis" dokumentiert wird, um aufzeigen zu können, dass anderweitig keine Fremdvergleichsdaten ermittelbar waren.

[10] Ggf. werden dazu mehrere Suchschritte verwendet, die bspw. besondere Kategorien explizit ausschließen. Beispielhaft werden fallweise Großhändler explizit ausgeschlossen, wenn Einzelhändler Gegenstand der Analyse sind.

dung der CPM ablehnt[11] – in den USA unter bestimmten Voraussetzungen möglich. Sie stellt anhand einer spezifischen Kennzahl einen Vergleich der Gewinne des zu untersuchenden Unternehmens mit denen der Vergleichsunternehmen basierend auf den GuV-Daten dar. Auch wenn in der Datenbankstudie angegeben wird, dass die CPM verwendet wurde, muss dies noch nicht eine Unverwertbarkeit der Ergebnisse bedeuten. Sofern die Vergleichbarkeit (insbesondere die Funktionsreinheit) der Vergleichsunternehmen gegeben ist, können die Ergebnisse dennoch auch in Deutschland verwendet werden. Denn im Fall der Funktionsreinheit entsprechen die Ergebnisse der CPM denen anderer transaktionsbezogener Verrechnungspreismethoden (hier z.B. der Kostenaufschlagsmethode bei Anwendung eines Gewinnaufschlags bzw. der TNMM bei Anwendung der Nettoumsatzrendite als einschlägiger Kennzahl), da ein Transaktionsbezug hergestellt wird.

Insofern ist eine (ausländische) – auf CPM basierende – Datenbankstudie dahingehend zu überprüfen, ob sie nur funktionsreine Vergleichsunternehmen enthält. Sofern dies der Fall ist, kann die Studie – ggf. mit entsprechender Erläuterung – verwendet werden. Anderenfalls können die (insofern vorläufigen) Ergebnisse auch genutzt werden, indem die nicht funktionsreinen Unternehmen eliminiert werden und damit ebenfalls eine Vergleichbarkeit der dann verbleibenden Unternehmen hergestellt wird.

V. Berechnung der Interquartilsbandbreite

Als Ergebnis einer Datenbankstudie ergibt sich eine Liste von Vergleichsunternehmen, deren Finanzdaten zur Berechnung von Fremdvergleichswerten herangezogen werden. Trotz der automatischen und manuellen Suchschritte sind die Vergleichsunternehmen regelmäßig nur als eingeschränkt vergleichbar anzusehen, so dass eine Einengung der Ergebnisse – zumindest ab 2008 – obligatorisch ist.[12]

Eine Einengung kann durch eine qualitative Auswahl der Vergleichsunternehmen anhand einschlägiger Kriterien (z.B. qualitative Auswahl anhand der Vergleichbarkeitsfaktoren), Anpassungsrechnungen oder durch die Anwendung der sog. Interquartils-Methode erfolgen.[13] Auch wenn die Interquartils-Methode seitens des BMF gegenüber einer qualitativen Auswahl als nachrangige Methode angesehen wird, so stellt sie – mangels anderer einschlägiger Kriterien – die in der in- und ausländischen Praxis erfahrungsgemäß am häufigsten verwendete Methode dar.

Bei Anwendung der Interquartils-Methode wird das Ergebnis der Studie (Bandbreite aller ermittelten Vergleichsunternehmen) auf die sog. Interquartils-Bandbreite (1. und

---

[11] Vgl. BMF v. 12.4.2005, BStBl. I 2005, 570, Tz. 3.4.10.3 Buchst. d).
[12] Vgl. § 1 Abs. 3 S. 3 AStG.
[13] Vgl. BMF v. 12.4.2005, BStBl. I 2005, 570, Tz. 3.4.12.5.

3. Quartil) eingeengt. D.h. die Unternehmen mit den jeweils niedrigsten und höchsten 25 % der Werte werden für Zwecke der Studie ausgeblendet, so dass die mittleren 50 % der Werte verbleiben. Das BMF hat die Berechnung der Interquartils-Bandbreite an Beispielen konkret erläutert.[14] In der Statistik besteht jedoch kein vollständiger Konsens über die Berechnungsweise von Quartilen, so dass unterschiedliche Tabellenkalkulationsprogramme auch unterschiedliche Algorithmen verwenden. Beispielhaft verwendet auch „Excel" von Microsoft nicht den seitens des BMF beispielhaft dargestellten Algorithmus, so dass auch hier in Einzelfällen Abweichungen auftreten können.

Das BMF erkennt jedoch explizit die Anwendung anderer mathematischer Berechnungsarten zur Bestimmung der Quartilswerte an. Insofern ist eine Ablehnung der Ergebnisse der Interquartils-Bandbreite nicht gerechtfertigt, wenn entsprechende Statistik- bzw. Tabellenkalkulationsprogramme verwendet werden.[15]

VI. Einbeziehung von Unternehmen mit Dauerverlusten

Erfahrungsgemäß werden von der deutschen Finanzverwaltung Vergleichsunternehmen mit Verlusten im Rahmen von Datenbankstudien nicht anerkannt. Dies ist vor dem Hintergrund zu sehen, dass Datenbankstudien nur für die Ermittlung von Fremdvergleichswerten für Routineunternehmen akzeptiert werden.[16] In Anlehnung an die BFH-Rechtsprechung[17] wird insofern von der deutschen Finanzverwaltung häufig die Auffassung vertreten, dass Verlustgesellschaften nicht vergleichbar sind, da ein fremder Dritter entweder das Unternehmen schließen oder – zur Erzielung eines geringen aber stabilen Gewinns – die Preise nachverhandeln würde.

In diesem Zusammenhang muss jedoch beachtet werden, dass die wirtschaftlichen Verhältnisse (Vergleichbarkeitskriterium) vergleichbar sein müssen. Denn Verluste müssen nicht zwingend gegen die Charakterisierung als Routineunternehmen sprechen. Auch Routineunternehmen können über mehrere Jahre Verluste erwirtschaften, ohne dass der Grund in unangemessenen Verrechnungspreisen liegen muss. Gründe können bspw. auch Fehlentscheidungen (Managementfehler), Wirtschaftskrisen oder die Realisierung originärer Risiken sein.[18] Insofern sind die Ursachen für die scheinbaren Dauerverluste zu ermitteln und erst dann ist zu entscheiden, ob wirtschaftlich vergleichbare Verhältnisse vorliegen, die eine Einbeziehung von Dauerverlustgesellschaften rechtfertigen oder diese auszuschließen sind. Mithin kann damit nicht per se davon

---

[14] Vgl. BMF v. 12.4.2005, BStBl. I 2005, 570, Tz. 3.4.12.5 Buchst. d).
[15] Vgl. BMF v. 12.4.2005, BStBl. I 2005, 570, Tz. 3.4.12.5 Buchst. d).
[16] Vgl. BMF v. 12.4.2005, BStBl. I 2005, 570, Tz. 3.4.10.3 Buchst. b) und Tz. 3.4.10.2 Buchst. a).
[17] Vgl. BFH v. 17.2.1993, BStBl. II 1993, 457; BFH v. 17.10.2001, BStBl. II 2004, 171.
[18] Vgl. auch Fall 12.

ausgegangen werden, dass bei Routineunternehmen Verlustsituationen völlig ausgeschlossen sind.

VII. Ergebnis

Die Ablehnung der Datenbankstudie durch die deutsche Finanzverwaltung ist aus den vorliegenden Gründen nicht zulässig. Vielmehr sind die Ergebnisse der ausländischen Datenbankstudie – allein zur Beachtung des Verhältnismäßigkeitsgrundsatzes – zunächst anzupassen. Dazu sind die manuellen Suchschritte durchzuführen und es ist ein Unabhängigkeitskriterium von 25 % anzuwenden. Unternehmen mit Verlusten sind nur fallweise auszuschließen. Im Rahmen der manuellen Suchschritte ist insbesondere die „Funktionsreinheit" der Vergleichsunternehmen zu überprüfen und es sind nicht funktionsreine Unternehmen zu eliminieren. Dadurch wird sichergestellt, dass die „Anwendung der Gewinnvergleichsmethode" bei Verwendung der Kennzahl „Gewinnaufschlag" zu einem identischen Ergebnis wie die Anwendung der Kostenaufschlagsmethode führt.

Unabhängig von der Anerkennung bzw. Ablehnung der Datenbankstudie ist eine Einkünftekorrektur hinsichtlich eines Gewinnaufschlags i.H.v. 5 % nicht zulässig. Denn die Beweislast für die Unangemessenheit des Gewinnaufschlags liegt bei der deutschen Finanzverwaltung, so dass sie die Angemessenheit eines Gewinnaufschlags von nur 5 % nachzuweisen hat.[19] Selbst seitens der Finanzverwaltung festgestellte Mängel in der Begründung der Angemessenheit der Verrechnungspreise durch den Steuerpflichtigen reichen für eine Einkünftekorrektur nicht aus.[20] Eine Einkünftekorrektur kann seitens der deutschen Finanzverwaltung insofern nur dann vorgenommen werden, wenn die Anpassung der ausländischen Datenbankstudie durch die zuvor beschriebenen Suchschritte zu einer entsprechend niedrigeren Bandbreite fremdüblicher Gewinnaufschläge führt oder sie anhand der Ermittlung eigener Fremdvergleichswerte eine niedrigere Bandbreite nachweist.

---

[19] Vgl. BMF v. 12.4.2005, BStBl. I 2005, 570, Tz. 2.1 und 4.1; *Baumhoff*, in: Flick/Wassermeyer/Baumhoff, Außensteuerrecht, § 1 AStG Rz. 82; *Schneider*, IStR 1999, 65; *Engler/Elbert*, in: Vögele/Borstell/Engler, Verrechnungspreise, München 2011, F Rz. 80-82.

[20] Vgl. BMF v. 12.4.2005, BStBl. I 2005, 570, Tz. 3.4.20 Buchst. a).

Fall 11: Jahresendabrechnungen – Nachträgliche Anpassung von Verrechnungspreisen

Die in Großbritannien ansässige M-Ltd stellt Kupplungen für die Automobilindustrie her. Die Kupplungen werden am Stammsitz der M-Ltd in Großbritannien entwickelt, hergestellt und über die weltweit ansässigen Tochterkapitalgesellschaften vertrieben.

In Deutschland erfolgt der Vertrieb der Kupplungen über die T-GmbH. Dazu hat die M-Ltd mit der T-GmbH einen seit 2007 gültigen Vertriebsvertrag geschlossen, der vorsieht, dass die T-GmbH als sog. „low risk distributor" (risikoarmer Eigenhändler) agiert und die Kupplungen im eigenen Namen und auf eigene Rechnung an deutsche Automobilhersteller vertreibt. Für diese Tätigkeiten hat die T-GmbH dreißig Mitarbeiter für den Vertriebsaußen- und Vertriebsinnendienst sowie fünf Mitarbeiter für die allgemeine Verwaltung angestellt. Die T-GmbH wird – unstreitig – als sog. Routineunternehmen i.S.d. Tz. 3.4.10.2 Buchst. a) BMF v. 12.4.2005, BStBl. I 2005, 570 qualifiziert.

Basierend auf dem Vertriebsvertrag werden die Verrechnungspreise für die Lieferungen der M-Ltd – mangels von Fremdvergleichsdaten für die Anwendung der Wiederverkaufspreismethode – anhand der transaktionsbezogenen Nettomargenmethode (nachfolgend „TNMM") ermittelt. In diesem Zusammenhang wurde im Jahr 2007 eine Datenbankstudie erstellt, die im Hinblick auf angemessene Vertriebsmargen (verstanden als Nettomargen: EBIT/Umsatz) der T-GmbH zu folgendem Ergebnis kam:[1]

Obergrenze	10,8 %
3. Quartil	6,9 %
Median	4,8 %
1. Quartil	2,3 %
Untergrenze	0,4 %

Der Vertriebsvertrag sieht vor, dass die Verrechnungspreispreise im Rahmen der Budgetierungsphase für das jeweils folgende Kalenderjahr bestimmt werden und die sich dadurch ergebende Preisliste jährlich als Anlage zum Vertriebsvertrag aufgenommen wird. Für die Kalkulation der Preise wird eine Umsatzrendite (auf EBIT-Basis) in Höhe von 4,8 % (Median) zu Grunde gelegt werden. Darüber hinaus sieht der Vertriebsvertrag vor, dass im ersten Quartal des jeweiligen Folgejahres eine Überprüfung der erwirtschafteten Nettomarge der T-GmbH des Vorjahres erfolgt. Sofern die erwirtschaftete

---

[1] Die (eingeschränkte) Vergleichbarkeit der Ergebnisse und deren Anwendung auf den vorliegenden Fall seien unterstellt. Hinsichtlich von Besonderheiten der Vergleichbarkeit aufgrund unterschiedlicher Wirtschaftszyklen vgl. *Ditz*, in: Raupach/Pohl/Ditz, Praxis des Internationalen Steuerrechts 2010, Herne 2010, S. 1-7.

Nettomarge (vor einer Anpassungszahlung) außerhalb der Werte des 1. und 3. Quartils liegt, soll eine Anpassungszahlung seitens der M-Ltd bzw. T-GmbH erfolgen, so dass sich unter Berücksichtigung dieser Anpassungszahlung genau die Nettomarge des jeweils näheren (1. bzw. 3.) Quartils ergibt.

Die T-GmbH erwirtschaftete im Jahr 2009 eine Nettomarge von 0,6 %, so dass sie im ersten Quartal 2010 eine Anpassungszahlung seitens der M-Ltd erhielt (Korrektur auf das 1. Quartil in Höhe von 2,3 %). Die Anpassungszahlung wurde im Wirtschaftsjahr 2010 im außerordentlichen Ergebnis der T-GmbH erfasst. Aufgrund der plötzlichen – während der Budgetierung nicht erwarteten – Konjunkturerholung erwirtschaftete sie im Jahr 2010 eine Nettomarge von 11,4 %, so dass sie eine Anpassungszahlung an die M-Ltd im ersten Quartal 2011 leistete (Korrektur auf das 3. Quartil in Höhe von 6,9 %).

In einer Betriebsprüfung für die Veranlagungszeiträume 2009 bis 2011 wird die Anpassungszahlung der T-GmbH an die M-Ltd als beherrschenden Gesellschafter im Jahr 2011 aufgrund eines Verstoßes gegen das Rückwirkungsverbot als verdeckte Gewinnausschüttung (nachfolgen „vGA") aufgegriffen.

Lösungshinweise zu Fall 11:

I. Anwendung der TNMM

Die Anwendung der TNMM ist nach Ansicht der Finanzverwaltung zulässig, wenn die Standardmethoden (z.B. aufgrund des Fehlens von Fremdvergleichsdaten) nicht verlässlich anwendbar sind, die Anwendung für ein Routineunternehmen erfolgt und die zumindest eingeschränkte Vergleichbarkeit der Fremdvergleichswerte (hier: in Form der Ergebnisse der Datenbankstudie) sichergestellt ist.[2] Ausweislich des Sachverhalts sind diese Voraussetzungen erfüllt.[3]

II. Anerkennung der Jahresendanpassung

Die Betriebsprüfung möchte die Anpassungszahlung der T-GmbH im Jahr 2011 als vGA behandeln, da sie eine rückwirkende Anpassung der Verrechnungspreise zu Ungunsten der T-GmbH gegenüber einem beherrschenden Gesellschafter darstellt.

Grundsätzlich sind Verrechnungspreise im Vorhinein zu vereinbaren, d.h. gegenüber beherrschenden Gesellschaftern sind dazu nach ständiger Rechtsprechung des BFH zivilrechtlich wirksame, klare, eindeutige und im Voraus abgeschlossene Vereinbarun-

---

[2] Vgl. BMF v. 12.4.2005, BStBl. I 2005, 570, Tz. 3.4.10.3 Buchst. b).
[3] Zur Anwendung der TNMM im Einzelnen vgl. auch *Ditz*, in: Raupach/Pohl/Ditz, Praxis des Internationalen Steuerrechts 2010, Herne 2010, S. 2-5.

gen notwendig, die entsprechend umgesetzt werden.[4] Die zusätzliche Berücksichtigung solcher formaler Anforderungen beruht darauf, dass bei einem beherrschenden Gesellschafter strengere Anforderungen zu stellen seien, weil eher „Möglichkeiten zur Gewinnmanipulation"[5] bestünden. Klar und eindeutige Vereinbarungen liegen vor, wenn bei der Ermittlung kein Ermessensspielraum verbleibt, d.h. die Berechnungsgrundlagen und -vorgänge so bestimmt sind, dass die Rechenvorgänge ohne Ermessenakte durchgeführt werden können.[6]

Eine derartige ermessensfreie Ausübung der Berechnungsvorgänge ist im vorliegenden Fall gewährleistet. Denn anhand des GuV-Schemas sind der Umsatz und das EBIT der T-GmbH als Berechnungsgrundlagen eindeutig ermittelbar. Der Korrekturmechanismus ist hinsichtlich seines grundsätzlichen Anwendungsbereichs (hier: Nettomarge außerhalb der Bandbreite des 1. und 3. Quartils ohne Berücksichtigung der Anpassungszahlung) sowie hinsichtlich seines Mechanismus (hier: Korrektur in einem Umfang zur Erzielung einer Nettomarge i.H. des 1. bzw. 3. Quartils) klar bestimmt. Ebenso ist der Zeitraum der Ermittlung und Fälligkeit der Anpassungszahlung (hier: erstes Quartal des Folgejahres) vertraglich im Vorhinein vereinbart.[7] Von einer tatsächlichen Durchführung der Vereinbarungen ist ebenfalls auszugehen, wie die Anpassungszahlung der M-Ltd an die T-GmbH im Jahr 2010 für das Jahr 2009 deutlich aufzeigt.

Eine steuerliche Einkünftekorrektur in Form einer vGA gegenüber einem beherrschenden Gesellschafter scheidet somit aus.

III. Abwandlung des Falls: Fehlende Vereinbarung im Vorhinein im DBA-Fall

Für die Abwandlung des Falls sei angenommen, dass ein schriftlicher Vertriebsvertrag nicht geschlossen wurde. Gleichwohl existiert die Datenbankstudie und die Ermittlung der Verrechnungspreise sowie die entsprechenden Anpassungszahlungen wurden analog vorgenommen.

---

[4] Vgl. BFH v. 24.5.1989, BStBl. II 1989, 800; BFH v. 14.3.1990, BStBl. II 1990, 795; BFH v. 13.3.1991, BStBl. II 1991, 597; BFH v. 17.9.1992, BStBl. II 1993, 141; BFH v. 17.12.1997, BStBl. II 1998, 545; BMF v. 12.4.2005, BStBl. I 2005, 570, Tz. 3.4.12.8.

[5] BFH v. 17.12.1997, BStBl. 1998, 545.

[6] Vgl. BFH v. 24.5.1989, BStBl. II 1989, 800; BFH v. 17.12.1997, BStBl. II 1998, 545.

[7] Die Berechnung der Anpassungszahlung zu Beginn des Folgejahres ist international üblich, da erst nach Erstellung des Jahresabschlusses die Überprüfung der erwirtschafteten Rendite zweifelsfrei vorgenommen werden kann. Für die Praxis ist zu bedenken, dass derartige Anpassungsregelungen regelmäßig vorsehen, dass vorhergehende – für die Vergangenheit bestimmte Anpassungszahlungen – für die Ermittlung der erwirtschafteten Nettomarge unberücksichtigt bleiben. Dies bedeutet hier konkret, dass für die Berechnung der Anpassungszahlung im Jahr 2011 für das Jahr 2010, die seitens der M-Ltd an die T-GmbH geleistete Anpassungszahlung im Jahr 2010 für das Jahr 2009 nicht berücksichtigt wird.

Die Betriebsprüfung greift diesen Fall mangels einer entsprechenden Vereinbarung im Vorhinein auf und beabsichtigt die Anpassungszahlung der T-GmbH an die M-Ltd in 2011 als vGA zu behandeln.

In diesem Fall kann sich die T-GmbH nicht darauf berufen, dass eine entsprechende Vereinbarung im Vorhinein vorlag. Unter Anwendung der Rechtsprechung des BFH zu rein innerstaatlichen Sachverhalten läge damit eine Veranlassung der Zahlung im Gesellschaftsverhältnis vor. Folglich würde eine vGA angenommen werden (§ 8 Abs. 3 Satz 2 KStG).

Die Veranlassung im Gesellschaftsverhältnis beruht in diesem Fall jedoch auf rein formellen Kriterien in der Ermangelung einer im Vorhinein geschlossenen Vereinbarung. Hingegen ist für die Anwendung von Art. 9 OECD-MA maßgebend, dass „kaufmännische oder finanzielle Beziehungen" bestehen. Dabei sieht es der BFH als fraglich an, „ob sich aus abkommensrechtlicher Sicht ohne Weiteres vermuten lässt, dass es an einer solchen Beziehung fehle, wenn keine klaren und eindeutigen Abmachungen zu Grunde liegen."[8] Der BFH hat in seinem Urteil vom 9.11.2005 diese Frage ausdrücklich offengelassen. Die vom BFH umfassend gewürdigte Literatur geht jedoch überwiegend davon aus, dass Art. 9 OECD-MA keine spezifischen formalen Anforderungen enthält, wie sie bei einem beherrschenden Gesellschafter durch den BFH im Fall einer vGA zur Anwendung kommen.[9] Dass formale Anforderungen bei der Anwendung von Art. 9 OECD-MA keine Rolle spielen, lässt sich im Übrigen auch aus dem OECD-MK ableiten.[10] Ferner findet sich an keiner Stelle der OECD-RL 2010 ein Hinweis darauf, dass formale Anforderungen für die Verrechnungspreisermittlung und -prüfung von Bedeutung sein sollen. Vielmehr existieren in Kapitel VII der OECD-RL 2010 sogar Ausführungen, anhand derer deutlich wird, dass klare und im Voraus getroffene Vereinbarungen möglich, aber nicht erforderlich sind. So heißt es dort etwa, dass im Rahmen einer Verrechnungspreisprüfung „a tax administration will meet to identify what arrangements, if any, has actually been put in place". Demnach sind für die Verrechnungspreisprüfung getroffene Vereinbarungen heranzuziehen, aber nur, wenn solche tatsächlich im Voraus bereits abgeschlossen wurden. Damit wird deutlich, dass klare und im Voraus getroffene Vereinbarungen nach Ansicht der OECD zwischen verbundenen Unternehmen nicht zwingend notwendig sind.

---

[8] BFH v. 9.11.2005, BStBl. II 2006, 564.
[9] Vgl. *Gosch*, in: Gosch, KStG, München 2009, § 8 Rz. 190; *Schaumburg*, Internationales Steuerrecht, Köln 2010, Rz. 18.87; *Eigelshoven*, in: Vogel/Lehner, Art. 9 Rz. 27; *Becker*, in: Becker/Höppner/Grotherr/Kroppen, Art. 9 Rz. 116.
[10] Vgl. Tz. 4 OECD-MK zu Art. 9.

Ohnehin ist zu berücksichtigen, dass die Anwendung formaler Kriterien bei der internationalen Einkünfteabgrenzung ungeeignet ist. Denn auf Basis des Fremdvergleichsgrundsatzes soll ein Verrechnungspreis ermittelt werden, der für beide Vertragsstaaten akzeptabel ist.[11] Wenn noch (zusätzlich) formale Anforderungen maßgebend wären, könnte es zu Verrechnungspreisberichtigungen kommen, obwohl im Sinne des Fremdvergleichsgrundsatzes angemessene Verrechnungspreise vorliegen. Eine solche Berichtigung würde der andere Vertragsstaat allerdings nicht hinnehmen, käme es dadurch doch zu einer Abweichung vom Fremdvergleichsgrundsatz. Insoweit ist offensichtlich, dass formale Anforderungen nicht mit Art. 9 OECD-MA im Einklang stehen. Es ist daher festzustellen, dass bei der Anwendung des Art. 9 OECD-MA – im Gegensatz zur vGA – formale Anforderungen keine Rolle spielen. Dies bedeutet im Ergebnis, dass bei grenzüberschreitenden Geschäftsbeziehungen mit einem beherrschenden Gesellschafter zwar eine vGA vorliegen kann, allerdings ohne das Recht einer Einkünftekorrektur gem. Art. 9 Abs. 1 OECD-MA auszulösen. Im Hinblick auf die formale Dimension des Fremdvergleichs bei der vGA wird damit die Sperrwirkung des Art. 9 OECD-MA offensichtlich.[12] Diese wurde auch durch das rechtskräftige Urteil des FG Köln v. 22.8.2007 bestätigt. Im Übrigen erkennt auch die Finanzverwaltung an, dass Leistungen an den beherrschenden Gesellschafter ohne vorherige, klare und eindeutige Vereinbarung „von Art. 9 OECD-MA nicht erfasst werden."[13]

Im hier abgewandelten Fall hat die T-GmbH zwar gegen das Rückwirkungsverbot verstoßen, gleichwohl diente die geleistete Anpassungszahlung zur Korrektur unangemessener (zu niedriger) Verrechnungspreise. Erst durch die Anpassungszahlung wurde erreicht, dass die Verrechnungspreise zwischen M-Ltd und T-GmbH unter Berücksichtigung der TNMM als angemessen anzusehen sind. Aus diesem Grund entfaltet Art. 4 DBA-Großbritannien eine Sperrwirkung gegenüber § 8 Abs. 3 S. 2 KStG. Eine Einkünftekorrektur auf Ebene der T-GmbH scheidet daher in der Sachverhaltsabwandlung ebenfalls aus.

IV. Abschließender Hinweis

Grundsätzlich ist bei Vornahme von Anpassungszahlungen im Einzelfall auch immer zu untersuchen, wie diese umsatzsteuerlich zu behandeln sind. Gegenüber nicht EU-Staaten sind zudem Zollaspekte zu berücksichtigen.

---

[11] Vgl. *Eigelshoven/Nientimp*, DB 2003, 2309; *Eicker/Röhrbein*, WPg 2006, 1357 f.; *Kroppen/Rasch*, ITPJ 2004, 28 f.

[12] Vgl. FG Köln v. 22.8.2007, rkr. EFG 2008, 161. Vgl. dazu auch *Baumhoff/Greinert*, IStR 2008, 353 ff.; *Rasch*, IWB F. 3a Gr. 1, 1103 ff.; *Strunk/Kaminski*, Stbg 2008, 211; *Kaminski*, in: Grotherr, Handbuch der Internationalen Steuerplanung, Herne 2011, S. 704 f.

[13] BMF v. 12.4.2005, BStBl. I 2005, 570, Tz. 6.1.1.

B. Dauerverluste

Fall 12: Margenschwächen im „Commodity-Geschäft"

Ein internationaler Konzern unter Leitung der französischen F-S.A. ist weltweit in einer Vielzahl von Ländern mit Produktions- und Vertriebskapitalgesellschaften tätig. In Deutschland agiert die P-GmbH als Produzent und die V-GmbH als Vertriebsgesellschaft.

Die Produktionsgesellschaften produzieren jeweils sog. „Commodity-Ware", d.h. einfache Produkte für die kein Patentschutz besteht (z.B. Büro- und Haushaltsartikel). Die maschinellen Produktionsanlagen sind einfacher Natur und werden von fremden Dritten Werkzeugbauern geliefert, besonderes Produktions-Knowhow ist für die Fertigung nicht notwendig. Die Produktionsgesellschaften sind jeweils für die Belieferung bestimmter Landesvertriebsgesellschaften verantwortlich. Die Zuteilung erfolgte ursprünglich zur Minimierung der Frachtkosten, die einen erheblichen Kostenanteil ausmachen.

Die Vertriebsgesellschaften agieren als Eigenhändler im eigenen Namen und auf eigene Rechnung. Sie verfügen jeweils über einen eigenen Kundenstamm, wobei die Kunden in der Branche bekannt sind. Die V-GmbH bezieht die meisten Produkte von der P-GmbH, einzelne Produktgruppen jedoch auch von der F-S.A., da diese nicht von der P-GmbH gefertigt werden. Regelmäßig werden diese Produktgruppen seitens der V-GmbH auch von einem fremden dritten Fertiger erworben, wobei höhere Preise zu zahlen sind.

Das Geschäft mit den „Commodities" ist margenschwach, auf konsolidierter Ebene des Konzerns wird in wirtschaftlich guten Zeiten eine Umsatzrendite von ca. 1 % erwirtschaftet. Die Nutzung wesentlicher produktionsbezogener immaterieller Wirtschaftsgüter ist für den Geschäftserfolg nicht notwendig. Seitens der Konzerngesellschaften wird vielmehr eine Kostenführerstrategie angestrebt.

Zwischen den Produktions- und Vertriebsgesellschaften wurden Lieferverträge für die einzelnen Produktgruppen abgeschlossen wurden. Die Verrechnungspreisermittlung erfolgt dabei unter Anwendung der Kostenaufschlagsmethode basierend auf Planzahlen mit einem Gewinnaufschlag von 2 %. Eine Verprobung mit der transaktionsbezogenen Gewinnaufteilungsmethode hatte ergeben, dass dieser Gewinnaufschlag eine Aufteilung des budgetierten (konsolidierten) Gewinns im Verhältnis von 50:50 auf die Produktions- und Vertriebsgesellschaften ermöglicht, der als fremdüblich anzusehen sei.

Die P-GmbH und V-GmbH haben in den Jahren 2007 bis 2010 durchgehend Verluste (durchschnittliche Nettoumsatzrendite von -0,8 %) erwirtschaftet. Die Betriebsprüfung geht daher von der Unangemessenheit der Verrechnungspreise aus und will im Schätzwege die Verrechnungspreise derart korrigieren, dass sich für beide Gesellschaften jeweils eine Umsatzrendite von 1 % ergibt. Die Steuerpflichtigen führen nachweisbar aus, dass die Verluste folgende Ursachen haben:

▶ Die P-GmbH hatte Produkthaftungsfälle und aufgrund der Wirtschaftskrise unerwartete Auslastungsschwierigkeiten, ohne die sich ein positives Gesamtergebnis ergeben hätte.

▶ Die V-GmbH hat zwei wesentliche Kunden verloren und muss aufgrund der Wirtschaftskrise Umsatzrückgänge mit anderen Kunden hinnehmen, so dass Abwertungen des – „für just-in-time Lieferungen" – notwendigen und vorgehaltenen Lagerbestands notwendig waren.

Lösungshinweise zu Fall 12:

I. Funktionsanalyse und Unternehmensqualifizierung

Die Überprüfung der Angemessenheit von Verrechnungspreisen setzt eine Vergleichbarkeitsanalyse voraus, deren wesentliches Element die Überprüfung der Vergleichbarkeit ausgeübter Funktionen und übernommener Risiken mit denen von ermittelten fremden Dritten ist (sog. „Funktionsanalyse").[1] Ergebnis einer Funktionsanalyse ist auch die sog. „Unternehmensqualifizierung", anhand derer die beteiligten Transaktionspartner aufgrund der Funktionen, Risiken und dem Einsatz wesentlicher Wirtschaftsgüter in sog. „Strategieträger", „Routineunternehmen" oder „Mittelunternehmen" eingeteilt werden.[2]

Im vorliegenden Fall übernehmen die Produktions- und Vertriebsgesellschaften jeweils die typischen Funktionen und Risiken ihrer Wertschöpfungsstufe (P-GmbH: Produktions-, Lager- und Auslastungsrisiko; V-GmbH: Lagerrisiken, Preis- und Absatzrisiken). Ein Unterschied hinsichtlich der Wesentlichkeit einzelner Funktionen und Risiken bzw. des Einsatzes von wesentlichen Wirtschaftsgütern ist nicht auszumachen. Dies insbesondere, da weder Patente bzw. Know-how für die Produktion notwendig sind und auch die potentiellen Kunden in der Branche bekannt sind. Festzustellen ist insofern, dass die wirtschaftliche Bedeutung der jeweils übernommenen Funktionen und Risiken und der Einsatz von Wirtschaftsgütern zwischen Produktions- und Vertriebsgesellschaften gleich zu gewichten ist.

Dies zeigt sich auch in der gegenseitigen Abhängigkeit und der Aufteilung des wirtschaftlichen Erfolgs auf die Produktions- und Vertriebsgesellschaften sowie der konse-

---

[1] Vgl. BMF v. 12.4.2005, BStBl. I 2005, 570, Tz. 3.4.11.4.
[2] Vgl. Tz. 1.33-1.69 OECD-RL 2010; BMF v. 12.4.2005, BStBl. I 2005, 570, Tz. 3.4.10.2.

quenten Umsetzung der Unternehmensstrategie durch die Anwendung der – für die Ermittlung von Verrechnungspreisen gegenüber Vertriebsgesellschaften eher ungewöhnlichen – Kostenaufschlagsmethode. Denn die Unternehmensstrategie besteht darin, dass durch eine Steigerung des Absatzes eine Fixkostendegression eintritt, die es ermöglicht noch niedrigere Marktpreise anzubieten, um weitere Absatzsteigerungen zu erzielen. Durch Anwendung der Kostenaufschlagsmethode auf Planbasis in Kombination mit der Ermittlung des Gewinnaufschlags auf Basis der transaktionsbezogenen Gewinnaufteilungsmethode wird die Kostenführerstrategie sachgerecht umgesetzt. Denn für die Vertriebsgesellschaften verbleibt im vorliegenden Geschäftsmodell nur eine knappe Handelsspanne, so dass sie die budgetierte Absatzmenge erreichen müssen, um ihre operativen Kosten zu decken. Von einer Umsatzsteigerung profitieren sie angemessen, durch einen verbleibenden höheren Gewinnanteil. Ebenso werden die Chancen und Risiken der Produktionsgesellschaften angemessen berücksichtigt. Sie sind permanent an einer Kostenreduktion interessiert, da die Kostenaufschlagsmethode auf Planbasis gerade keine Weitergabe der Kosten garantiert.[3]

Bei dieser Gleichverteilung der Funktionen, Risiken, dem Einsatz wesentlicher Wirtschaftsgüter und dem Beitrag zur Umsetzung der Unternehmensstrategie verbleibt die Frage, wie die Gesellschaften zu qualifizieren sind. Die Unklarheiten der Definition von Strategieträgern und Mittelunternehmen lassen in Fällen mit einer gleichen Funktions- und Risikoaufteilung nicht immer eine zweifelsfreie Klassifizierung zu.[4] Die Gleichverteilung bedeutet jedenfalls, dass nicht ein Transaktionspartner als Strategieträger und der jeweils andere als Routinegesellschaft qualifiziert werden kann. Auch handelt es sich aufgrund der umfassenden Übernahme von Risiken bei beiden sicher nicht um Routineunternehmen. Vielmehr sind beide jeweils als Strategieträger oder beide als Mittelunternehmen zu qualifizieren. Aufgrund der gemeinsamen Strategieentwicklung, Beschlussfassung und konsequenten Umsetzung der Strategie sind beide vorliegend als Strategieträger zu qualifizieren.

II. Umkehr der Beweislast

Die Betriebsprüfung geht im vorliegenden Sachverhalt von einer Umkehr der Beweislast für die Angemessenheit der Verrechnungspreise aus. Richtig ist in diesem Zusammenhang, dass nach ständiger BFH-Rechtsprechung zur vGA bei fortdauernden Verlusten bei Vertriebsgesellschaften die Unangemessenheit der Verrechnungspreise als

---

[3] Zur Verwendung von Plankosten vgl. auch *Baumhoff*, in: Flick/Wassermeyer/Baumhoff, Außensteuerrecht, § 1 AStG, Rz. 492 ff.

[4] Vgl. BMF v. 12.4.2005, BStBl. I 2005, 570, Tz. 3.4.10.2 Buchst. b), c); *Baumhoff/Ditz/Greinert*, DStR 2005, 1551; Brem/Tucha, IStR 2006, 499 f.; *Engler*, in: Vögele/Borstell/Engler, Verrechnungspreise, München 2011, M Rz. 124.

Verlustursache vermutet wird.[5] Diese widerlegbare Vermutung kann der Steuerpflichtige dadurch entkräften, indem er plausibel darlegt, dass andere Ursachen für die Verluste bestehen und er Gegenmaßnahmen zur Beseitigung der Verlustsituation ergriffen hat.[6]

Diese widerlegbare Vermutung ist jedoch nicht gegeben. Denn es handelt sich – ausweislich der Funktionsanalyse und Unternehmenscharakterisierung – sowohl bei der P-GmbH als auch bei der V-GmbH um Strategieträger. Für diese Strategieträger ist es gerade eine Charaktereigenschaft, dass sie Risiken übernehmen, die sich über die gesamte Wertschöpfungskette erstrecken (z.B. Auslastungs-, Absatz- und Preisrisiken). Insofern sind auch nachhaltige Verluste bei Strategieträgern nicht ungewöhnlich. Eine Umkehr der Beweislast tritt somit hier nicht ein.

Um derartige Diskussionspunkte in einer Betriebsprüfung im Vorhinein zu vermeiden, ist es dennoch angebracht bzw. notwendig, die Verlustursachen unabhängig von einer Beweislast im Rahmen der Verrechnungspreisdokumentation zu beschreiben.[7] Demnach wäre für die P-GmbH anzuführen, dass sie die Verluste aufgrund der Produkthaftungsfälle und der geringen Auslastung erlitten hat. Bei der V-GmbH haben sich ebenfalls originäre Risiken materialisiert, da sie Abwertungen des Lagerbestands vornehmen musste und eine (Fix-)Kostendeckung aufgrund zu niedriger Umsätze nicht erreicht werden konnte. Sowohl bei der P-GmbH als auch der V-GmbH liegen folglich wirtschaftlich nachvollziehbare Verlustursachen vor, die eine widerlegbare Vermutung unangemessener Verrechnungspreise ausschließen.

Eine Korrektur der Verrechnungspreise gegenüber der V-GmbH ist auch insofern ausgeschlossen, als dass sie entsprechende Produktgruppen auch von einem fremden Dritten zu höheren Preisen erworben hat. Diese Erwerbe stellen einen internen Preisvergleich dar, der aufgrund der Methodenhierarchie vorrangig anzuwenden ist.[8] Eine Verrechnungspreiskorrektur aufgrund der Anwendung anderer Verrechnungspreismethoden oder – wie hier vorgesehen – aufgrund von Schätzungen wäre insofern auch aus diesem Grund ausgeschlossen.

In diesem Zusammenhang ist auch zu berücksichtigen, dass sich die einschlägigen innerstaatlichen Korrekturnormen hinsichtlich des Korrekturumfangs immer auf die „konkrete Geschäftsbeziehung" beziehen; § 1 Abs. 1 Satz 1 AStG stellt insofern explizit

---

[5] Vgl. BFH v. 17.2.1993, BStBl. II 1993, 457; BFH v. 17.10.2001, BStBl. II 2004, 171; BFH v. 6.4.2005, BStBl. II 2007, 658; *Baumhoff/Ditz/Greinert*, IStR 2005, 592 ff.

[6] Vgl. BFH v. 17.2.1993, BStBl. II 1993, 457; BFH v. 17.10.2001, BStBl. II 2004, 171; BFH v. 6.4.2005, BStBl. II 2007, 658.

[7] Vgl. § 5 Nr. 5 GAufzV.

[8] Vgl. § 1 Abs. 3 S. 1 AStG; *Baumhoff/Ditz/Greinert*, DStR 2007, 1462.

den Bezug zur konkreten Geschäftsbeziehung her.[9] Eine Einkünftekorrektur muss sich konkret auf die zwischen den verbundenen Unternehmen bestehenden Geschäftsbeziehungen und den in diesem Zusammen vereinbarten Bedingungen (hier: insbesondere den Verrechnungspreisen) beziehen. Einkünftekorrekturen, die sich – losgelöst von den konkreten Geschäftsbeziehungen – rein auf die Einkünftehöhe des entsprechenden verbundenen Unternehmens beziehen sind nicht durch die innerstaatlichen Einkünftekorrekturnormen gedeckt. Selbst wenn dies der Fall wäre, würde im DBA-Fall Art. 9 OECD-MA gegenüber diesen Korrekturen eine Sperrwirkung entfalten. Denn auch Art. 9 OECD-MA bezieht sich auf die einzelne „kaufmännische oder finanzielle Beziehung".

Bevor die widerlegbare Annahme getroffen werden kann, dass (Dauer-)Verluste durch unangemessene Verrechnungspreise bedingt sind, ist insofern zunächst zu prüfen, ob diese tatsächlich auch im Rahmen der jeweils konkreten Geschäftsbeziehung zu verbundenen Unternehmen erwirtschaftet werden.[10] Nur wenn festgestellt wird, dass die Verluste aus Geschäftsbeziehungen zu verbundenen Unternehmen erzielt werden, kann – auf diese Geschäftsbeziehungen begrenzt – die widerlegbare Annahme unangemessener Verrechnungspreise getroffen werden.

Eine – auch im Wege der Schätzung erfolgende – Einkünftekorrektur muss sich insofern auf den Umfang der konkreten Geschäftsbeziehung bis zur Höhe eines fremdüblichen Preises beschränken.[11]

---

[9] Vgl. § 1 Abs. 1 Satz 1 i.V.m. Abs. 5 AStG.

[10] Dazu ist eine Funktionsanalyse und segmentierte Finanzanalyse jeder einzelnen Geschäftsbeziehung zu jedem verbundenen Unternehmen notwendig. Denn zwingend auszuscheiden sind die Verluste, die aufgrund von Geschäftsbeziehungen zu fremden Dritten oder aufgrund von Geschäftsbeziehungen zu verbundenen Unternehmen, in denen der Steuerpflichtige als Strategieträger agiert (s.o.), erwirtschaftet werden.

[11] Vgl. BFH v. 6.4.2005, BStBl. II 2007, 658; *Baumhoff/Ditz/Greinert*, IStR 2005, 593 f.

C. Verfahrensrecht

Fall 13: Fristsetzung durch die Betriebsprüfung

Eine Betriebsprüfung bei der Auslands-Aktiv AG für den Prüfungszeitraum 2008 bis 2009 (Wirtschaftsjahr gleich Kalenderjahr) fordert am 12.10.2011 schriftlich (durch persönliche Übergabe im „Prüferzimmer") eine Verrechnungspreisdokumentation i.S.d. § 90 Abs. 3 AO für den Geschäftsbereich „Automatisierung" an. Die Dokumentation soll explizit die wesentlichen Geschäftsvorfälle des Einkaufs von Zwischenprodukten und Verkaufs von Fertigprodukten sowie – soweit vorhanden – außergewöhnliche Geschäftsvorfälle i.S.d. § 3 Abs. 1 GAufzV umfassen.

Die Betriebsprüfung bittet um Erledigung bis zum 18.11.2011 und verweist dabei auf die ansonsten zu ziehenden Rechtsfolgen des § 162 Abs. 3, 4 AO.

Lösungshinweise zu Fall 13:

I. Vorlagefrist für gewöhnliche Geschäftsvorfälle

Die Vorlagefrist einer Verrechnungspreisdokumentation für gewöhnliche Geschäftsvorfälle beträgt 60 Tage nach gesonderter Anforderung.[1] Die Bitte um Erledigung bis 18.11.2011 stellt insofern eine reine Bitte dar, an die bei Nichterledigung nicht die Rechtsfolgen des § 162 Abs. 3, 4 AO geknüpft werden können. Die Frist zur Vorlage einer Dokumentation der gewöhnlichen Geschäftsvorfälle endet vielmehr erst am 12. Dezember 2011.

II. Vorlagefrist für außergewöhnliche Geschäftsvorfälle

Für außergewöhnliche Geschäftsvorfälle wurde durch das Unternehmensteuerreformgesetz 2008[2] eine verkürzte Vorlagefrist von nur 30 Tagen eingeführt.[3] Die Verkürzung wurde damit begründet, dass die Dokumentation von außergewöhnlichen Geschäftsvorfällen zeitnah anzufertigen ist. D.h. konkret muss sie innerhalb von sechs Monaten nach dem Bilanzstichtag des Wirtschaftsjahres, indem sich der Geschäftsvorfall ereignete, erstellt sein.[4] Sofern keine zeitnahe Betriebsprüfung erfolgt, muss eine Verrechnungspreisdokumentation für diese außergewöhnlichen Geschäftsvorfälle zum Zeitpunkt der Anforderung durch eine Betriebsprüfung bereits angefertigt sein, so dass sie innerhalb von 30 Tagen vorgelegt werden kann.

---

[1] Vgl. § 90 Abs. 3 S. 8 AO; BMF v. 12.4.2005, BStBl. I 2005, 570, Tz. 3.4.9.
[2] UntStRefG v. 14.8.2007, BGBl. I 2007, 1912.
[3] Vgl. § 90 Abs. 3 S. 9 AO.
[4] Vgl. § 3 Abs. 1 S. 2 GAufzV.

Im vorliegenden Sachverhalt müsste der Bitte um Aushändigung der Dokumentation für außergewöhnliche Geschäftsvorfälle zum 18.11.2011 entsprochen oder eine Fristverlängerung beantragt (s.u.) werden, um die Rechtsfolgen des § 162 Abs. 3, 4 AO zu vermeiden.

III. Kritische Anmerkungen zur verkürzten Vorlagefrist

Die unterschiedlichen Vorlagefristen für die Dokumentation gewöhnlicher bzw. außergewöhnlicher Geschäftsvorfälle sind sehr kritisch zu beurteilen, da die inhaltliche Abgrenzung einer Dokumentation gewöhnlicher bzw. außergewöhnlicher Geschäftsvorfälle nicht klar ist. Es fehlt schlicht an einer gesetzlichen Regelung, was inhaltlich im Fall außergewöhnlicher Geschäftsvorfälle zu dokumentieren und daher auch innerhalb der verkürzten Frist von 30 Tagen vorzulegen ist. Bereits die Abgrenzung außergewöhnlicher von gewöhnlichen Geschäftsvorfällen ist mangels klarer Abgrenzungskriterien nicht eindeutig möglich.[5]

Beispielsweise stellt die Änderung von langfristigen Verträgen (z.B. die Änderung der Konditionen langfristiger Lieferbeziehungen) bereits einen außergewöhnlichen Geschäftsvorfall dar, wenn sich diese Änderung erheblich auf die Höhe der Einkünfte aus dem zu dokumentierenden Geschäftsvorfall auswirkt.[6] Eine Dokumentation eines solchen außergewöhnlichen Geschäftsvorfalls könnte auch sehr knapp ausfallen, indem die Änderung kurz beschrieben und (ggf. vor dem Hintergrund der Funktionen und Risiken) begründet wird. M.E. wird ein derartiger außergewöhnlicher Geschäftsvorfall sogar bereits dann zeitnah hinreichend dokumentiert, wenn die Vertragsänderung schriftlich erfolgt. Denn durch eine derartige Vertragsänderung erfolgt bereits eine schriftliche Dokumentation der Änderungen. Allenfalls der Umfang der Auswirkungen auf die Einkünfte könnte noch zusätzlich dokumentiert werden.

IV. Verlängerung der Vorlagefrist

In begründeten Ausnahmefällen kann die Vorlagefrist auf Antrag des Steuerpflichtigen verlängert werden.[7] Die Praxis zeigt, dass derartige Anträge in Fällen der ersten Aufforderung zur Abgabe einer Verrechnungspreisdokumentation durch die Finanzverwaltung häufig sehr wohlwollend beantwortet wurden. In folgenden Betriebsprüfungen ist jedoch zu erwarten, dass derartigen Anträgen nur sehr selten stattgegeben wird und die Steuerpflichtigen insofern besser vorbereitet sein sollten.

---

[5] Ausführlich vgl. *Cordes*, Steuerliche Aufzeichnungspflichten bei internationalen Verrechnungspreisen, Düsseldorf 2009, S. 47-49; *Baumhoff/Ditz/Greinert*, DStR 2004, 161; *Strunk/Kaminski*, RIW 2003, 561.

[6] Vgl. § 3 Abs. 2 GAufzV.

[7] Vgl. § 90 Abs. 3 S. 10 GAufzV.

Fall 14: Dokumentation, Schätzung und Strafgelder

Bei Fall 14 handelt es sich um eine Fortsetzung und Abwandlung von Fall 13. Bei der Auslands-Aktiv AG haben sich im Prüfungszeitraum nur gewöhnliche Geschäftsvorfälle ereignet. Auf die Anforderung der Verrechnungspreisdokumentation v. 12.10.2011 wird diese seitens des Steuerpflichtigen am 24.11.2011 in englischer Sprache übergeben, da für die Erstellung ein sog. „Masterfile" der Muttergesellschaft in den USA genutzt werden konnte. Ein Antrag zur Einreichung der Dokumentation in Englisch wurde zuvor nicht gestellt.

In einer Besprechung am 5.1.2012 führt die Betriebsprüfung aus, dass sie mangels der Vorlage eine Verrechnungspreisdokumentation in deutscher Sprache diese als Unverwertbar betrachtet. Sie geht daher davon aus, dass die Einkünfte der Auslands-Aktiv AG aus diesen Geschäftsbeziehungen vermindert sind. Sie wird im Schätzungswege eine (angemessene) Preisbandbreite ermitteln und diese zur Berechnung der steuerlichen Korrekturbeträge zu Lasten der Auslands-Aktiv AG ausnutzen. Zudem soll ein Strafzuschlag i.H.v. 5 % des steuerlichen Korrekturbetrags festgesetzt werden (§ 162 Abs. 4 AO).

Lösungshinweise zu Fall 14:

Es gilt gem. § 87 Abs. 1 AO der Grundsatz, dass die Amtssprache deutsch ist. Werden in einer anderen Sprache Anträge gestellt, Belege, Urkunden oder sonstige Dokumente vorgelegt, so kann die Finanzverwaltung eine unverzügliche Übersetzung verlangen.[1]

Diese allgemeinen Grundsätze werden für die Vorlage der Verrechnungspreisdokumentation durch § 2 Abs. 5 GAufzV konkretisiert. Die Dokumentation ist demnach grundsätzlich in deutscher Sprache zu erstellen, wobei seitens der Finanzverwaltung auf Antrag die Erstellung in einer anderen Sprache zugelassen werden kann. Ein solcher Antrag soll spätestens unverzüglich nach Anforderung der Dokumentation gestellt werden.

In § 2 Abs. 5 GAufzV ist jedoch keine Rechtsfolge geregelt, wenn eine fremdsprachige Dokumentation ohne vorhergehenden Antrag abgegeben wird. Insofern gilt der allgemeine Grundsatz des § 87 Abs. 4 AO, nach dem die Unterlagen als zu dem Zeitpunkt des (ursprünglichen) Eingangs bei der Finanzverwaltung als abgegeben gelten, wenn innerhalb einer von der Finanzverwaltung zu setzenden Frist eine Übersetzung vorgelegt wird. Wird die Übersetzung erst nach dieser Frist eingereicht, so ist der Tag des Eingangs der Übersetzung maßgeblich. Sollte eine Übersetzung nicht eingereicht wer-

---

[1] Vgl. § 87 Abs. 2 AO.

den, kann die Finanzverwaltung die Aufzeichnungen auf Kosten des Steuerpflichtigen übersetzen lassen oder die Aufzeichnungen als unbeachtlich behandeln.[2]

Diese Grundsätze bedeuten für den vorliegenden Fall, dass – ohne inhaltliche Prüfung – keine Unverwertbarkeit der Dokumentation aufgrund der Vorlage in englischer Sprache angenommen werden kann. Vielmehr ist der Auslands-Aktiv AG eine angemessene Frist zur Übersetzung der Dokumentation zu geben. Sofern sie innerhalb dieses Zeitraums eine Übersetzung einreicht, so gilt sie als am 24.11.2011 innerhalb der 60 Tagefrist übergeben. In diesem Fall können weder Schätzungen zur Ermittlung steuerlicher Verrechnungspreiskorrekturen angestellt werden (§ 162 Abs. 3 AO), noch darf ein Strafzuschlag festgesetzt werden (§ 162 Abs. 4 AO).

Wird die Übersetzung erst nach der Frist eingereicht, so ist der Tag der Übergabe der Übersetzung maßgeblich. Da Gegenstand der Dokumentation keine außergewöhnlichen Geschäftsvorfälle sind, ist die Rechtsfolge des § 162 Abs. 3 AO ausgeschlossen (keine Schätzungsbefugnis). In diesem Fall kann seitens der Finanzverwaltung nur ein Verspätungszuschlag festgesetzt werden, der mindestens 100 EUR je Tag der Fristüberschreitung beträgt, sofern die Überschreitung nicht ohnehin entschuldbar erscheint oder das Verschulden nur geringfügig ist.[3]

Wird auf Anforderung der Finanzverwaltung keine Übersetzung eingereicht, so steht es im Ermessen der Finanzverwaltung eine Übersetzung auf Kosten des Steuerpflichtigen anfertigen zu lassen oder von einer Nichtvorlage auszugehen. Bei dieser Ermessensentscheidung muss die Finanzverwaltung den Verhältnismäßigkeitsgrundsatz beachten, d.h. sie muss die Rechtsfolge wählen, die den Steuerpflichtigen am Wenigsten belastet. In aller Regel wird dies die Beauftragung einer Übersetzung sein. Denn der ansonsten festzusetzende Strafzuschlag beträgt mindestens 5.000 EUR bzw. 5 % bis 10 % des steuerlichen Korrekturbetrags, der unter Anwendung der Schätzungsermächtigung des § 162 Abs. 3 AO zu ermitteln ist.

---

[2] Vgl. *Brandis*, in: Tipke/Kruse, AO/FGO, § 86 AO Rz. 3, 4; *Söhn*, in: Hübschmann/Hepp/Spitaler, AO/FGO, § 87 AO Rz. 52, 68, 84.
[3] Vgl. § 162 Abs. 4 S. 3, 5 AO.

E. § 1 AStG und BMF-Schreiben v. 29.3.2011 (Forderungsverzicht)

Fall 15: Teilwertabschreibungen und Forderungsverzicht auf ein Darlehen gegenüber einer ausländischen Tochtergesellschaft

Die in Köln ansässige H AG gewährte ihrer italienischen Tochtergesellschaft in 2004 ein Darlehen in Höhe von EUR 100 Mio. Das Darlehen hat eine Laufzeit von fünf Jahren. Es wurde zu einem Zinssatz von 5,5 % fremdüblich verzinst. Die Tochtergesellschaft hatte für das Darlehen keine Sicherheiten gestellt.

Die italienische Tochtergesellschaft ist Vertriebsgesellschaft der H-Gruppe für den italienischen Markt und vertreibt die in Deutschland hergestellten Produkte im eigenen Namen und auf eigene Rechnung, d.h. als Eigenhändler. Wider Erwarten verschlechterten sich infolge von technologischem Fortschritt und Bedarfswandlungen auf nahezu allen für die H-Gruppe relevanten Märkten die Absatzzahlen erheblich. Die italienische Tochtergesellschaft kam deshalb Ende 2005 in wirtschaftliche Schwierigkeiten. Eine Erholung war nicht abzusehen. Auf Grundlage einer Unternehmensbewertung für die italienische Tochtergesellschaft auf den 31.12.2005 mit einem Unternehmenswert von EUR 50 Mio. wurde die Beteiligung zum Bilanzstichtag 2005 (31.12.2005) von EUR 100 Mio. auf EUR 50 Mio. abgeschrieben. Diese Teilwertabschreibung auf die Beteiligung an der italienischen Tochtergesellschaft hatte die H-AG gemäß § 8b Abs. 3 Satz 3 KStG außerbilanziell hinzugerechnet, sodass sich im Ergebnis keine steuerliche Auswirkung ergab.

Ferner nahm die H AG in der Handels- und Steuerbilanz des Geschäftsjahres 2005 erfolgsmindernd eine Teilwertabschreibung i.H.v. EUR 50 Mio. auf die Darlehensforderung gegenüber der italienischen Tochtergesellschaft vor (Verbuchung über einen passiven Wertberichtigungsposten). Die Wertberichtigung wurde unter Bezugnahme auf den im Bewertungsgutachten ermittelten Unternehmenswert der italienischen Tochtergesellschaft zum 31.12.2005 von EUR 50 Mio. begründet.

Im Geschäftsjahr 2006 war abzusehen, dass die italienische Tochtergesellschaft zum Bilanzstichtag ihres Geschäftsjahres (31.12.2006) aufgrund anhaltender Verlustsituation bilanziell überschuldet sein wird. Da die Präsenz der H-Gruppe auf allen europäischen Märkten, insbesondere aber auf dem italienischen Markt, von strategischer Bedeutung ist und die Umsätze der italienischen Tochtergesellschaft selbst in den schlechten Geschäftsjahren 2005 und 2006 EUR 150 Mio. bzw. EUR 140 Mio. betrugen sowie Erwartungen auf Umsatzsteigerungen mit neuen Produkten der H-Gruppe auf EUR 200 Mio. p.a. bestanden, verzichtete die H AG zum 30.9.2006 auf die Darlehensforderung. Eine auf diesen Stichtag gutachterlich vorgenommene Unternehmensbewertung kam zu einem Unternehmenswert von EUR 45 Mio. Buchhalterisch wurde der werthaltige Teil der Forderung i.h.v. EUR 45 Mio. auf die Beteiligung an der italienischen Tochtergesellschaft gebucht. Der nicht werthaltige Teil der Forderung wurde teils gegen den Wertberichtigungsposten gebucht (EUR 50 Mio.) und im Übrigen als Aufwand erfasst (EUR 5 Mio.).

Die Finanzverwaltung erkennt im Rahmen einer Betriebsprüfung die Teilwertabschreibung auf die Darlehensforderung dem Grunde und der Höhe nach an (§ 6 Abs. 1 Nr. 2 EStG). Gleiches gilt für die tatsächliche Wertminderung aufgrund des Forderungsverzichts. Da das Darlehen allerdings nicht fremdüblich besichert war, seien Einkünftekorrekturen nach § 1 AStG vorzunehmen. Infolgedessen seien – so der Betriebsprüfer – die Teilwertabschreibung für das Wirtschaftsjahr 2005 i.H.v. EUR 50 Mio. und die tatsächliche Wertminderung infolge des Forderungsverzichts für das Wirtschaftsjahr 2006 i.H.v. EUR 5 Mio. außerbilanziell hinzuzurechnen.

Lösungshinweise zu Fall 15:

I. Bisherige Auffassung der Finanzverwaltung

Die Finanzverwaltung hat in der Vergangenheit – insbesondere in Betriebsprüfungen – zur Gewährung eines unbesicherten Darlehens von einer inländischen Mutter-Kapitalgesellschaft an ihre ausländische Tochter-Kapitalgesellschaft bereits bisher die Auffassung vertreten, dass entsprechende Teilwertabschreibungen auf Gesellschafterdarlehen und Wertminderungen aufgrund Forderungsverzichts nach § 1 AStG zu korrigieren sind.[1] Hintergrund der Argumentation der Finanzverwaltung war, dass auf Grund einer fehlenden Besicherung des Darlehens „fremdunübliche" Bedingungen vorlägen und folglich die durch die Teilwertabschreibung bzw. den Forderungsverzicht eingetretene Einkünfteminderung bei der inländischen Muttergesellschaft nach § 1 Abs. 1 AStG außerbilanziell zu korrigieren sei.

II. Lösung auf Grundlage des BMF-Schreibens vom 29.3.2011

1. „Rückhalt im Konzern" als fremdübliche Sicherheit

Mit dem BMF-Schreiben vom 29.3.2011 bestätigt die Finanzverwaltung „offiziell" die Anwendung von § 1 AStG auf Teilwertabschreibungen und Forderungsverzichte auf Darlehen an ausländische Tochter-Kapitalgesellschaften.[2] Allerdings sieht die Finanzverwaltung (nunmehr) die fehlende Besicherung eines Darlehens nicht mehr per se als „fremdübliche" Bedingung i.S.v. § 1 Abs. 1 Satz 1 AStG mit der Folge einer dementsprechenden Einkünftekorrektur an. Vielmehr wird es im Einklang mit der Rechtspre-

---

[1] Vgl. bereits *Ditz/Tcherveniachki*, IStR 2009, 709 ff.
[2] Vgl. BMF v. 29.3.2011, BStBl. I 2011, 277.

chung des BFH[3] als mit dem Fremdvergleichsgrundsatz vereinbar angesehen, dass bei einer Darlehensgewährung im Konzern keine Sicherheiten vereinbart werden, weil die Konzernbeziehung („Rückhalt") für sich gesehen eine ausreichende Sicherheit darstellt.[4] Ferner folgt die Finanzverwaltung in den relevanten Fällen der Darlehensgewährung eines beherrschenden Gesellschafters an „seine" ausländische Kapitalgesellschaft der Rechtsprechung des BFH, dass in diesen Fällen der Zinssatz für unbesicherte Darlehen zugrunde zu legen ist. Dies bedeutet, dass der Rückhalt im Konzern als fremdübliche Sicherheit anerkannt wird.[5] Für Downstream-Darlehen ist nach Auffassung der Finanzverwaltung demnach wohl regelmäßig von einem besicherten Darlehen auszugehen.

Das BMF-Schreiben geht von einem bestehenden Rückhalt im Konzern aus, „solange der beherrschende Gesellschafter die Zahlungsfähigkeit der Tochtergesellschaft (Darlehensnehmer) gegenüber fremden Dritten (im Außenverhältnis) tatsächlich sicherstellt bzw. solange die Tochtergesellschaft ihre Verpflichtungen im Außenverhältnis erfüllt"[6]. Dieses Verständnis steht im Widerspruch zu der Tz. 6.8.3. VWG 1983, wo es heißt „Rückhalt im Konzern einschließlich des Rechts, den Konzernnamen zu führen, sowie der Vorteile, die sich allein aus der rechtlichen, finanziellen und organisatorischen Eingliederung in den Konzern ergeben"[7]. Gemeinhin setzt man den Rückhalt im Konzern mit sog. „passiven Konzerneffekten" gleich, worunter alle Vorteile verstanden werden, die sich bei völliger Passivität der Konzernleitung allein aus der Zugehörigkeit zum Unternehmensverbund ergeben.[8] Insofern liegt mangels Leistungsaustausches keine Geschäftsbeziehung i.S.v. § 1 Abs. 5 AStG vor; § 1 AStG ist nicht anwendbar.

Ferner geht die Finanzverwaltung davon aus, dass der Rückhalt im Konzern als faktische Sicherheit nachträglich entfallen kann. So wird ausdrücklich der Gegenbeweis konzediert, dass der Konzernrückhalt zum Zeitpunkt der Teilwertabschreibung nicht mehr bestanden hat.[9] Hierfür hat der Steuerpflichtige konkrete Umstände darzulegen. Entsprechend der beispielhaften Aufzählung in Rz. 15 des BMF-Schreibens will die Finanzverwaltung den Rückhalt im Konzern als faktische Sicherheit etwa dann nicht mehr annehmen, wenn der beherrschende Gesellschafter nicht mehr dafür sorgt, dass der Darlehensnehmer seine Außenverpflichtungen gegenüber fremden Dritten er-

---

[3] Vgl. BFH v. 21.12.1994, BFHE 176, 571; v. 29.10.1997, BStBl. II 1998, 573.
[4] Vgl. BMF v. 29.3.2011, BStBl. I 2011, 277, Rz. 10.
[5] Dazu kritisch *Prinz/Scholz*, FR 2011, 927.
[6] Vgl. BMF v. 29.3.2011, BStBl. I 2011, 277, Rz. 11.
[7] Vgl. BMF v. 23.2.1983, BStBl. I 1983, 218, Tz. 6.8.3.
[8] Vgl. *Baumhoff*, in: Flick/Wassermeyer/Baumhoff, Außensteuerrecht, § 1 AStG Rz. 641.
[9] Vgl. BMF v. 29.3.2011, BStBl. I 2011, 277, Rz. 15.

füllt.[10] Hiervon dürfte wohl nur auszugehen sein, wenn die ausländische Tochtergesellschaft im Außenverhältnis bereits ausgefallen ist und die Spitzeneinheit nichts veranlasst hat (z.B. nicht die erforderlichen Mittel zur Verfügung gestellt hat). Dies bedeutet letztlich, dass die Konzerngesellschaft „geopfert" werden muss, was jedoch in der Praxis deutscher Konzerne ein regelmäßig nur theoretisch in Betracht zu ziehendes „Gestaltungsmittel" darstellen dürfte.[11]

Überdies soll ein Nichtbestehen des Konzernrückhalts dann gegeben sein, wenn der beherrschende Gesellschafter gegenüber einem fremden Dritten, der im Vertrauen auf den Rückhalt im Konzern einer nahe stehenden Gesellschaft Darlehen ohne tatsächliche Sicherheit gewährt hat, diesen Rückhalt im Konzern tatsächlich nicht gewährt hat. Dies setzt zunächst voraus, dass fremde Dritte nur im Vertrauen auf den Rückhalt im Konzern, d.h. insbesondere ohne Garantiezusage oder harte Patronatserklärung durch die Spitzeneinheit, Darlehen an Gesellschaften des betreffenden Unternehmensverbundes vergeben. Schon dies sollte in der Praxis eher die Ausnahme sein.[12] Weiter sollte die tatsächliche Nichtgewährung des Konzernrückhalts voraussetzen, dass die betreffende Konzerneinheit ausgefallen ist, d.h. ihren Zahlungsverpflichtungen nicht vollständig nachgekommen ist, und dass die Spitzeneinheit nicht als faktischer „Haftungsschuldner" in die „Konzernhaftung" eingetreten ist.[13] Auch hier wäre letztlich die Konzerngesellschaft „aufzugeben". Schließlich will die Finanzverwaltung einen funktionsfähigen Rückhalt im Konzern auch dann nicht mehr annehmen, wenn die wirtschaftliche Situation des beherrschenden Gesellschafters bzw. des Konzerns insgesamt erkennen lässt, dass aufgrund des Rückhalts im Konzern keine Zahlungen geleistet würden bzw. geleistet werden könnten.[14] Hierbei bleibt allerdings fraglich, ob nicht die geforderte Werthaltigkeit des Konzernrückhalts voraussetzen muss, dass die Zahlungsverpflichtungen vollständig erfüllt werden können. Hierfür spricht auch, dass die Finanzverwaltung beim Rückhalt im Konzern von einer „ausreichenden Sicherheit" ausgeht.[15]

Sowohl das Grundverständnis der Finanzverwaltung vom Gegenstand des Rückhalts im Konzern wie auch die in Betracht gezogene Möglichkeit, der Konzernrückhalt könne bei fortbestehender Konzernbeziehung nachträglich entfallen, sind mit einem von passiven Konzerneffekten getragenen Begriffsverständnis nicht zu vereinbaren. Passive Konzerneffekte erwachsen allein aufgrund der Zugehörigkeit zum Unternehmensver-

---

[10] Vgl. BMF v. 29.3.2011, BStBl. I 2011, 277, Rz. 15, 1. Spiegelstrich.
[11] So auch *Roser*, GmbHR 2011, 846.
[12] A.A. *Prinz/Scholz*, FR 2011, 926.
[13] Vgl. *Kaminski/Strunk*, Stbg 2011, 250.
[14] Vgl. BMF v. 29.3.2011, BStBl. I 2011, 277, Rz. 15, 3. Spiegelstrich.
[15] Vgl. BMF v. 29.3.2011, BStBl. I 2011, 277, Rz. 11.

bund – und insbesondere – zwangsläufig. Ihnen kann sich die jeweilige darlehensnehmende Gesellschaft nur durch Ausscheiden aus dem Unternehmensverbund entziehen. Insofern sollte als gesichert gelten, dass jedenfalls mit dem Beteiligungsverkauf der Konzernrückhalt nicht mehr besteht.[16]

Nach dem „neuen" Verständnis der Finanzverwaltung wirkt die Konzernobergesellschaft aktiv auf die Tochtergesellschaft ein, ihren Verpflichtungen im Außenverhältnis nachzukommen, und gewährleistet die Zahlungsfähigkeit der ausländischen Tochter-Kapitalgesellschaft notfalls durch Kapitalzuführungen. Die Finanzverwaltung versteht den Rückhalt im Konzern somit als Kreditsicherheit („Konzernhaftung" als harte Besicherung). Diese Auffassung steht im Widerspruch zur jüngsten Rechtsprechung des BGH, nach der nur die konzernextern gegebene harte Patronatserklärung einen solchen Kreditsicherungscharakter entfalten kann.[17] Das „neue" Begriffsverständnis steht ferner nicht im Einklang mit der Rechtsprechung des BFH, der die Fremdüblichkeit der fehlenden Besicherung eines von einem beherrschenden Gesellschafter ausgereichten Darlehens nicht auf den „Rückhalt im Konzern", sondern auf Einflussnahmemöglichkeiten des beherrschenden Gesellschafters und auf dessen gesellschaftsrechtlich bestehende Möglichkeit gestützt hat, für die Rückzahlung des Darlehens Sorge tragen zu können.[18] Schließlich werden verrechnungspreisbezogene Folgefragen der Verrechenbarkeit des Rückhalts im Konzern aufgeworfen, die als völlig offen bezeichnet werden müssen.[19]

2. Darlehensgewährung neben weiteren Geschäftsbeziehungen

Das BMF unterscheidet für die Darlehensgewährung eines beherrschenden Gesellschafters einen Grundfall und zwei Abwandlungen. Im Grundfall wird davon ausgegangen, dass zwischen der beherrschenden Darlehensgeberin und der beherrschten Darlehensnehmerin keine weiteren Geschäftsbeziehungen bestehen.[20] Folgende Alternativen für die Ausgestaltung der Darlehensgewährung eines beherrschenden Gesellschafters bestehen:[21]

▶ die Darlehensgewährung erfolgt unter Vereinbarung einer tatsächlichen Sicherheit und diese Sicherheit wird im Zinssatz berücksichtigt (Alternative 1);

---

[16] Ein Indiz für den Wegfall des Rückhalts im Konzern könnte ein Memorandum of Understanding (MoU) sein. Spätestens ab dem Zeitpunkt der Unterzeichnung eines MoU könnte man an der Ernsthaftigkeit des Rückhalts im Konzern Zweifel haben.

[17] Vgl. BGH v. 19.5.2011 – IX ZR 9/10, GmbHR 2011, 769. Siehe ferner Roser, GmbHR 2011, 845.

[18] Vgl. BFH v. 21.12.1994, BFHE 176, 571; v. 29.10.1997, BStBl. II 1998, 573.

[19] Siehe hierzu z.B. hierzu Kaminski/Strunk, Stbg 2011, 249 ff.; Prinz/Scholz, FR 2011, 927 f.

[20] Vgl. BMF v. 29.3.2011, BStBl. I 2011, 277, Rz. 8-16.

[21] Vgl. BMF v. 29.3.2011, BStBl. I 2011, 277, Rz. 8.

- die Darlehensgewährung erfolgt ohne Vereinbarung einer tatsächlichen Sicherheit und die fehlende Sicherheit wird durch einen angemessenen Risikozuschlag auf den Zinssatz berücksichtigt (Alternative 2);
- Die Darlehensgewährung erfolgt ohne Vereinbarung einer tatsächlichen Sicherheit und es wird kein Risikozuschlag im Zinssatz berücksichtigt (Alternative 3).

Diese Unterscheidung beruht offenkundig auf einer strikten Trennung zwischen Sicherungsverhältnis einerseits und Darlehensverhältnis andererseits. Während in der Alternative 1 die Besicherung durch den Darlehensnehmer gestellt wird und in der Alternative 2 das Darlehen final unbesichert bleibt, tritt bei der Alternative 3 die Konzernobergesellschaft sowohl als Sicherungs- wie als Darlehensgeber auf, nämlich durch „Gewährung" des Rückhalts im Konzern.[22]

Bestehen wie vorliegend neben der Darlehensgewährung weitere Geschäftsbeziehungen zu der ausländischen Tochter-Kapitalgesellschaft, sind der Grundfall und damit die diesbezüglichen Grundsätze des BMF-Schreibens nicht (unmittelbar) einschlägig. Das BMF-Schreiben behandelt diesen Fall als Abwandlung I, dessen Beurteilung sich nach Tz. 17 bis 19 richtet. Für das Verständnis wichtig ist, dass die Behandlung von Teilwertabschreibungen und Forderungsverzicht auf Darlehen eines beherrschenden Gesellschafters in diesem Abschnitt des BMF-Schreibens nicht grundlegend neu aufbereitet werden, sondern dass Besonderheiten aus dem Zusammentreffen mit anderen Lieferungs- und/oder Leistungsbeziehungen Berücksichtigung finden. Deshalb gelten im Ausgangspunkt die allgemeinen Grundsätze für Darlehensgewährungen ohne anderweitige Geschäftsbeziehungen entsprechend.[23]

3. Die Behandlung der Teilwertabschreibung im Wirtschaftsjahr 2005

Die italienische Tochter-Kapitalgesellschaft hat für das betreffende Gesellschafterdarlehen keine tatsächlichen Sicherheiten gestellt. In diesem Fall ist nach den (neuen) Vorgaben der Finanzverwaltung zunächst zu prüfen, ob der angewandte Zinssatz einen „angemessenen Risikozuschlag" beinhaltet. Im vorliegenden Fall wurde der fehlenden Besicherung durch einen angemessenen Risikozuschlag auf den Zinssatz Rechnung getragen.[24] Das Darlehen ist deshalb entsprechend Alternative 2 ausgestaltet. Nach den Grundsätzen des BMF-Schreibens entspricht diese Fallgestaltung grundsätzlich dem Fremdvergleichsgrundsatz, wenn der angesetzte Verrechnungspreis (Zinssatz)

---

[22] Vgl. auch *Eisgruber*, in: Baumhoff/Schönfeld (Hrsg.), Grenzüberschreitende Verlustverrechnung, 2011, S. 162.
[23] Vgl. BMF v. 29.3.2011, BStBl. I 2011, 277, Rz. 17 Satz 1 mit Verweis auf Rz. 8 bis 11.
[24] Vgl. hierzu den Sachverhalt: „fremdüblich verzinst".

dem Zinssatz entspricht, den fremde Dritte ohne Gewährung einer tatsächlichen Sicherheit vereinbart hätten.[25]

In der Betriebsprüfung dürfte die Angemessenheit des Risikozuschlags regelmäßig streitanfällig sein. Denn das BMF-Schreiben v. 29.3.2011 regelt allerdings weder die Ermittlung des die fehlende Sicherheit „angemessen" berücksichtigenden Risikozuschlags, noch gibt es eine Größenordnung vor. Insofern ist auf die Grundsätze zurückzugreifen, nach denen die Angemessenheit von Zinssätzen für risikobehaftete Darlehen beurteilt wird. In der Praxis wird der Fremdvergleich üblicherweise auf Unternehmensanleihen abgestützt. Hierbei werden in einem ersten Schritt das Kreditrisiko der konzerninternen Darlehensvergabe (Risikoermittlung) und in einem zweiten Schritt der fremdübliche Zinssatz über Unternehmensanleihen entsprechend der Risikokategorie und unter Berücksichtigung weiterer zinsrelevanter Faktoren ermittelt.[26] Die Risikoermittlung kann entweder mittels eines externen Ratings (z.B. Standard & Poor's, Moody's, Fitch) oder durch internes Rating (z.B. Banken, Unternehmensberatungen) erfolgen. Fraglich ist hier, ob auf ein Konzern- oder auf ein Einzelrating abzustellen ist. Üblicherweise wird in der Beratungspraxis, insbesondere aus Praktikabilitätsgründen und aus Gründen der Informationsverfügbarkeit, das Konzernrating dem Einzelrating vorgezogen.[27] Insofern partizipiert die Konzerneinheit von Vorteilen bzw. nimmt Nachteile in Kauf, die allein aus der Konzernzugehörigkeit herrühren (passive Konzerneffekte = Rückhalt im Konzern). Nach dem BMF-Schreiben müsste demgegenüber für jede einzelne Konzerneinheit ein „Stand-alone"-Rating erfolgen.[28] Nach dem anleihebasierten Fremdvergleich wird der fremdübliche Zinssatz aus währungs-, fristen- und risikoklassenidentischen Unternehmensanleihen abgeleitet.

Ferner ordnet das BMF-Schreiben für die vorliegende Fallgestaltung ausdrücklich an, dass im Rahmen der Angemessenheitsbeurteilung zusätzlich zu prüfen ist, ob die weiteren Geschäftsbeziehungen Auswirkungen auf die Fremdüblichkeit der vereinbarten Bedingungen des Darlehensvertrags haben oder ob und in welcher Weise die Darlehenseinräumung wirtschaftlich mit den weiteren Geschäftsbeziehungen in Zusammenhang steht.[29] Allerdings äußert sich das BMF-Schreiben nicht ausdrücklich dazu, welche Schlussfolgerungen für die Beurteilung der Angemessenheit – hier des Zinssatzes einschließlich Risikoprämie – zu ziehen sind, wenn eine Beeinflussung des Zinssat-

---

[25] Vgl. BMF v. 29.3.2011, BStBl. I 2011, 277, Rz. 9 mit Verweis auf Rz. 6.

[26] Vgl. hierzu im Einzelnen *Brüninghaus*, in: Vögele/Borstell/Engler, Verrechnungspreise, München 2011, O Rz. 61 ff.

[27] Vgl. zu dieser Problematik die Entscheidung des Tax Court of Canada in Sachen GE Capital Canada v. 4.12.2009 und hierzu *Ditz/Schneider*, DB 2011, 779 f.

[28] Vgl. hierzu auch *Looks/Birmans/Persch*, DB 2011, 2111; a.A. *Teschke/Langkau/Sundheimer*, DStR 2011, 2024.

[29] Vgl. BMF v. 29.3.2011, BStBl. I 2011, 277, Rz. 17 Satz 2.

zes durch den daneben bestehenden anderweitigen Lieferungs- und Leistungsaustausch festzustellen ist.

Mittelbar lässt sich dagegen die Auffassung der Finanzverwaltung entnehmen, dass jedenfalls die Sicherung der Existenz des Darlehensnehmers und der bestehenden Lieferungs- und Leistungsbeziehungen geeignet ist, auch einen Zinssatz zu rechtfertigen, der unterhalb der Bandbreite angemessener Zinssätze liegt, die für die isolierte Darlehensgewährung festzustellen wäre[30]. Dies ist auch sachgerecht. Denn es entspricht dem Fremdvergleichsgrundsatz, dass die Interessen an einem bestehenden Lieferungs- und Leistungsaustausch in die Vereinbarung der Zinskonditionen für ein daneben gewährtes Darlehen einbezogen werden.

In der vorliegenden Fallgestaltung ist der Risikozuschlag gemäß Sachverhalt angemessen. Eine konkrete Prüfung hätte die Interessen der H AG an den bestehenden und erwarteten Lieferungen an die italienische Vertriebsgesellschaft mit einzubeziehen. Es dürfte außer Zweifel stehen, dass bei Umsätzen von EUR 150 Mio. Euro bzw. EUR 140 Mio. und erwarteten Umsätzen von EUR 200 Mio. p.a., um deren Sicherung es letztlich geht, fremde Dritte Konzessionen beim Risikozuschlag gemacht hätten. In welcher konkreten Höhe lässt sich wohl aber nicht eindeutig bestimmen.

Die Finanzverwaltung trifft speziell für das Zusammentreffen von Darlehens- und Lieferbeziehungen keine Aussage über die Anerkennung von Teilwertabschreibungen für Zwecke von § 1 AStG. Für den Grundfall jedenfalls erkennt die Finanzverwaltung die Teilwertabschreibung an. Dies soll allerdings davon abhängig sein, dass der konzerninterne Darlehensgeber während der Laufzeit wie ein fremder ordentlicher und gewissenhafter Geschäftsleiter alle Möglichkeiten zur Sicherung seiner Forderungen gewahrt hat.[31] Dieser Anforderung könnte entnommen werden, dass für die Alternative 1 eine vollständige Besicherung des Darlehens erforderlich ist, denn sie zielt auf die etwaige Gestellung zusätzlicher Sicherheiten, spricht aber nicht von der Werthaltigkeit der ursprünglich gestellten Sicherheiten. Letztere Frage bleibt im gesamten BMF-Schreiben offen. Überdies ist die Vorstellung mit dem Fremdvergleichsgrundsatz unvereinbar, fremde Dritte würden fortwährend über die Gestellung zusätzlicher Sicherheiten verhandeln bzw. dritte Darlehensgeber hätten (rechtlich und tatsächlich) die Möglichkeit, ohne weiteres zusätzliche Sicherheiten zu verlangen.[32] Letztlich bestimmt es sich nach dem vertraglich Vereinbarten, ob eine solche Möglichkeit überhaupt besteht und von

---

[30] Vgl. BMF v. 29.3.2011, BStBl. I 2011, 277, Rz. 19.
[31] Vgl. BMF v. 29.3.2011, BStBl. I 2011, 277, Rz. 12.
[32] Vgl. hierzu auch *Kaminski/Strunk*, Stbg 2011, 253 f.

welchen Voraussetzungen diese abhängt.[33] Üblicherweise werden Art und Umfang der Besicherung einschließlich Werthaltigkeitsprüfung der Sicherheiten ausschließlich zum Zeitpunkt des Vertragsabschlusses verhandelt.

Überdies ist die Vorstellung mit dem Fremdvergleichsgrundsatz unvereinbar, fremde Dritte würden fortwährend über die Gestellung zusätzlicher Sicherheiten verhandeln bzw. dritte Darlehensgeber hätten (rechtlich und tatsächlich) die Möglichkeit, ohne Weiteres zusätzliche Sicherheiten zu verlangen.[34] Letztlich bestimmt es sich nach dem vertraglich Vereinbarten, ob eine solche Möglichkeit überhaupt besteht und von welchen Voraussetzungen diese abhängt.[35] Üblicherweise werden Art und Umfang der Besicherung einschließlich Werthaltigkeitsprüfung der Sicherheiten ausschließlich zum Zeitpunkt des Vertragsabschlusses verhandelt. Die Finanzverwaltung meint, für die festzustellende Wahrung von Sicherungsmöglichkeiten den Fremdvergleich „wiederbeleben" zu können.[36] Es handelt sich vorliegend allerdings um rein gesellschaftsrechtlich veranlasste Vorgänge, die vom Begriff der Geschäftsbeziehung i.S.v. § 1 Abs. 5 AStG nur deshalb erfasst werden, weil ihnen keine gesellschaftsvertragliche Vereinbarung zugrunde liegt. Dessen ungeachtet bleibt für sie die Feststellung des BFH freilich bestehen, dass sich diese Vorgänge „schon ihrer Natur nach" einem Fremdvergleich entziehen, da „derartige Leistungen immer nur im Verhältnis zwischen Gesellschaft und Gesellschafter erbracht" werden.[37]

Diese Voraussetzung steht ferner für den hier betrachteten Sachverhalt nicht im Einklang mit den Grundsätzen der Darlehensausgestaltung des BMF-Schreibens. Denn für die hier betrachtete Alternative wird die fehlende Sicherheit durch einen angemessenen Risikozuschlag ausgeglichen, d.h. das Darlehen bleibt final unbesichert. Gleich in welcher Höhe dieser Risikozuschlag vereinbart wird, stellt er keine Sicherheit dar, sondern die Risikoprämie für die Übernahme des Kreditrisikos. Insofern ist vorliegend nach den Grundsätzen des BMF-Schreibens keine Nachbesicherung gefordert.

Die Teilwertabschreibung auf die Darlehensforderung i.H.v. EUR 50 Mio. im Wirtschaftsjahr 2005 ist nach den Grundsätzen des BMF-Schreibens für Zwecke des § 1 AStG anzuerkennen. Es erfolgt keine Einkünftekorrektur.

---

[33] Vgl. zur Anforderung eines "permanenten Fremdvergleichs" nach § 8b Abs. 3 Satz 6 KStG im Falle stehengelassener Darlehen in der Krise *Gosch*, in: Gosch, KStG, München 2009, § 8 Rz. 279e.
[34] Vgl. hierzu auch *Kaminski/Strunk*, Stbg 2011, 253 f.
[35] Vgl. zur Anforderung eines "permanenten Fremdvergleichs" nach § 8b Abs. 3 Satz 6 KStG im Falle stehengelassener Darlehen in der Krise *Gosch*, in: Gosch, KStG, München 2009, § 8 Rz. 279e.
[36] So auch *Roser*, GmbHR 2011, 846.
[37] BFH v. 29.11.2000, I R 85/99, BStBl. II 2002, 720.

4. Die Behandlung des Forderungsverzichts im Wirtschaftsjahr 2006

Das BMF-Schreiben behandelt den Forderungsverzicht für die vorliegende Fallgestaltung nicht ausdrücklich. Nicht einschlägig sind die Ausführungen zum Forderungsverzicht in den Darstellungen zur Abwandlung I, denn sie beziehen sich offenkundig auf Darlehen, bei denen keine tatsächliche Sicherheit gestellt wurde und die fehlende Sicherheit auch nicht durch einen angemessenen Risikozuschlag berücksichtigt wird.[38] Insofern beurteilt sich der Forderungsverzicht nach den Grundsätzen, die für den Grundfall aufgestellt werden. Hiernach gelten für den Forderungsverzicht dieselben Grundsätze wie für die Teilwertabschreibung.[39]

Dies bedeutet vorliegend für den Forderungsverzicht zum 30.9.2006, dass der tatsächlichen Wertminderung infolge des Forderungsverzichts in Höhe des Anteils des nicht werthaltigen Teils der Forderung, der nicht bereits zum Bilanzstichtag des Wirtschaftsjahres 2005 als Teilwertabschreibung erfasst wurde, die Grundsätze des BMF-Schreibens nicht entgegenstehen. Eine Einkünftekorrektur nach § 1 AStG erfolgt nicht. Eine außerbilanzielle Hinzurechnung i.H.v. EUR 5 Mio. hat zu unterbleiben.

III. Andere als preisbezogene Einkünftekorrekturen nach § 1 AStG?

Eine Korrektur von Teilwertabschreibungen und tatsächlichen Wertminderungen infolge von Forderungsverzichten nach § 1 AStG setzt voraus, dass diese Korrekturnorm auch andere als preisbezogene Einkünftekorrekturen zulässt. Zweifelsohne können auch bilanzielle Gewinnminderungen Einkünfteminderungen bewirken, die als solche i.S.v. § 1 Abs. 1 Satz 1 AStG qualifizieren. Gleichermaßen wäre die Nichtvereinbarung einer tatsächlichen Sicherheit eine Bedingung, die einer Überprüfung im Hinblick auf ihre Fremdüblichkeit zugänglich ist. Jedenfalls für Darlehensgewährungen durch beherrschende Gesellschafter folgt die Finanzverwaltung nunmehr der Auffassung der Rechtsprechung und nimmt in diesen Fällen eine fremdunübliche Bedingung nicht mehr an. In allen anderen Fällen konzerninterner Darlehensbeziehungen allerdings gehen weder Rechtsprechung[40] noch Finanzverwaltung[41] davon aus, dass fehlende Sicherheiten einem Fremdvergleich genügen.

Die Rechtsfolge des § 1 Abs. 1 Satz 1 AStG lautet wie folgt: „sind seine Einkünfte (...) so anzusetzen, wie sie unter den zwischen voneinander unabhängigen Dritten vereinbarten Bedingungen angefallen wären". Dem kann man nicht – jedenfalls nicht unmittel-

---

[38] Vgl. BMF v. 29.3.2011, BStBl. I 2011, 277, Rz. 19. Ob fremde Dritte auf die Forderung auch bei Vereinbarung einer tatsächlichen Sicherheit verzichtet hätten, kann denklogisch nur die Referenz für die Anerkennung des Rückhalts im Konzern als faktische Sicherheit sein.

[39] Vgl. BMF v. 29.3.2011, BStBl. I 2011, 277, Rz. 14.

[40] Vgl. BFH v. 14.3.1990, BStBl. II 1990, 795; v. 8.10.2008, BStBl. II 2011, 62.

[41] Vgl. BMF v. 29.3.2011, BStBl. I 2011, 277, Rz. 27.

bar – entnehmen, dass die Bedingungen selbst korrekturfähig seien und dementsprechend die Einkünfte auf Grundlage der korrigierten Bedingungen anzusetzen wären. Grundsätzlich gilt nach Auffassung der OECD[42] wie der deutschen Finanzverwaltung,[43] dass die tatsächlich verwirklichte Geschäftsbeziehung anzuerkennen ist, d.h. vorliegend die Darlehensgewährung ohne Gestellung tatsächlicher Sicherheiten. Allerdings sind aus der verwirklichten Geschäftsbeziehung die verrechnungspreisbezogenen Konsequenzen zu ziehen, d.h. es ist ein Zinssatz zugrunde zu legen, wie ihn fremde Dritte für unbesicherte Darlehen zugrunde gelegt hätten. Die Übernahme dieses Kreditrisikos widerspricht auch nicht den Grundsätzen der Funktions- und Risikoverteilung, die sich im Kern aus der unternehmerischen Disposition ergibt und von der deutschen Finanzverwaltung anerkannt wird.[44] Auch unter fremden Dritten werden unbesicherte Darlehen vergeben. Allerdings fordern ordentliche und gewissenhafte Geschäftsleiter für die Übernahme des (erhöhten) Ausfallrisikos eine Risikoprämie.

Dass Einkünftekorrekturen nach § 1 AStG der Höhe nach stets Ergebnis eines Preisvergleichs, nämlich des Vergleichs des Fremdvergleichspreises mit dem tatsächlich vereinbarten Verrechnungspreis sind, bestätigt auch § 1 Abs. 3 AStG in der aktuellen Fassung. § 1 Abs. 3 AStG regelt ausschließlich die Ermittlung des Fremdvergleichspreises („Verrechnungspreis")[45]. Dagegen fehlen – zu Recht – Rechtsgrundlagen für die Ermittlung „anderer" fremdvergleichskonformer Bedingungen, anhand derer die Einkünfte ermittelt werden können, die „unter den zwischen voneinander unabhängigen Dritten vereinbarten Bedingungen angefallen wären". Deshalb deckt § 1 AStG andere als preisbezogene Einkünftekorrekturen nicht ab.[46] Eine Einkünftekorrektur durch außerbilanzielle Hinzurechnung von Teilwertabschreibungen und tatsächlichen Gewinnminderungen aufgrund von Forderungsverzichten entbehrt einer Rechtsgrundlage, weil sie sich nicht aus einem Fremdvergleich (der Höhe nach!) rechtfertigen lässt.

IV. Europarechtswidrigkeit des § 1 AStG

Nach Auffassung des BFH bestehen ernstliche Zweifel, ob § 1 AStG mit der europarechtlichen Niederlassungsfreiheit (Art. 49 AEUV) und Kapitalverkehrsfreiheit (Art. 63 AEUV) vereinbar ist.[47] Auch die h.M. der Literatur geht im Übrigen von einer

---

[42] Vgl. Tz. 1.64 OECD-RL 2010.
[43] Vgl. BMF v. 13.10.2010, BStBl. I 2010, 774, Rz. 146.
[44] Vgl. BMF v. 13.10.2010, BStBl. I 2010, 774, Rz. 146 ff.
[45] Zu den legislativen Unzulänglichkeiten in dieser Unterscheidung siehe Wassermeyer, DB 2007, 536.
[46] Zu Einzelheiten vgl. auch Ditz/Tcherveniachki, IStR 2009, 711 ff.; Prinz/Scholz, FR 2011, 925 ff.
[47] Vgl. BFH v. 29.11.2000, BStBl. II 2002, 720; v. 21.6.2001, DB 2001, 1648.

Europarechtswidrigkeit des § 1 AStG aus.[48] Schließlich hat auch das FG Düsseldorf die Vereinbarkeit von § 1 AStG mit Europarecht klar verneint.[49] Danach verstößt § 1 AStG gegen die Niederlassungs- und Kapitalverkehrsfreiheit, indem die Vorschrift die Beteiligung an einer ausländischen Kapitalgesellschaft im Vergleich zu einer Beteiligung an einer inländischen Kapitalgesellschaft benachteiligt.

Soweit die Finanzverwaltung den Abzug von Teilwertabschreibungen auf Gesellschafterdarlehen an ausländische Tochtergesellschaften bis einschließlich Veranlagungszeitraum 2007 nach § 1 AStG außerbilanziell korrigiert, führt dies zu einer europarechtswidrigen Benachteiligung ausländischer Sachverhalte im Vergleich zu den nationalen Fällen.[50] Denn auf Darlehensgewährungen an inländische Tochtergesellschaften findet das Abzugsverbot gem. § 8b Abs. 3 Satz 3 KStG a.f. nach dem BFH-Urteil v. 14.1.2009[51] keine Anwendung. Es besteht keine Rechtfertigung diesbezüglich Inlands- und Auslandsfälle unterschiedlich zu behandeln. Daran ändert auch die Entscheidung des EuGH in der Rs. *SGI* nichts.[52]

Der EuGH sieht in seiner Entscheidung v. 21.1.2010 in der Rs. *SGI* in der Anwendung der belgischen Vorschrift, die sich wie § 1 AStG nur auf grenzüberschreitende Sachverhalte bezieht, eine Beschränkung der Niederlassungsfreiheit. Diese Beschränkung sei allerdings gerechtfertigt. Dabei werden zur Rechtfertigung der Ungleichbehandlung einerseits die Notwendigkeit einer ausgewogenen Aufteilung der Besteuerungsbefugnis zwischen den Mitgliedstaaten und andererseits die Vermeidung von Steuerumgehungen angeführt. Ein Absehen von der Besteuerung solcher außergewöhnlichen und unentgeltlichen Vorteile würde die Gefahr der Verlagerung von in Belgien erwirtschafteten Gewinnen in Niedrigsteuerländern mit sich bringen. Im Ergebnis gelangt daher der EuGH aus der Zusammenschau der beiden vorgenannten Rechtfertigungsgründe zu der Auffassung, dass die entsprechende belgische Vorschrift den Gründen des Gemeininteresses entspricht und zur Zielerreichung geeignet ist.[53]

Im Rahmen der Verhältnismäßigkeitsprüfung hat der EuGH auf folgende Bedingungen hingewiesen, die zur Wahrung des Verhältnismäßigkeitsgrundsatzes erfüllt sein müssen:[54]

---

[48] Vgl. *Kessler/Spengel*, DB Beilage 1/2009, 38 m.w.N.; *Rödder*, DStR 2004, 1632; *Schaumburg*, DB 2005, 1137; *Wassermeyer*, IStR 2001, 113 und 637.

[49] Vgl. FG Düsseldorf v. 19.2.2008, IStR 2008, 449; vgl. dazu *Rehm/Nagler*, IStR 2008, 421 ff.

[50] Vgl. *Schmidt*, NWB 2009, 1990.

[51] Vgl. BFH v. 14.1.2009, BStBl. II 2009, 674.

[52] Vgl. EuGH v. 21.1.2010 – Rs. C-311/08 – SGI, IStR 2010, 144.

[53] Vgl. EuGH v. 21.1.2010 – Rs. C-311/08 – SGI, IStR 2010, 144, Rd-Nr. 69.

[54] Vgl. EuGH v. 21.1.2010 – Rs. C-311/08 – SGI, IStR 2010, 144, Rd-Nr. 71 ff., vgl. dazu im Einzelnen *Englisch*, IStR 2010, 141 f.; *Scheipers/Linn*, IStR 2010, 472.

- Die nationale Regelung muss eine Prüfung objektiver und nachprüfbarer Umstände vorsehen, damit festgestellt werden kann, ob ein geschäftlicher Vorgang eine rein künstliche Konstruktion zu steuerlichen Zwecken darstellt. Dabei wird der Fremdvergleichsgrundsatz durch den EuGH als „objektives, für Dritte nachprüfbares Kriterium"[55] bezeichnet, anhand dessen festgestellt werden kann, ob eine rein künstliche Konstruktion zu steuerlichen Zwecken vorliegt oder nicht.

- Ferner muss dem Steuerpflichtigen Gelegenheit gegeben werden, wirtschaftliche Gründe für den Abschluss des beanstandeten Geschäfts nachzuweisen. Auch ein Abweichen vom Fremdvergleichsgrundsatz führt damit nicht zwangsläufig zu einer Verrechnungspreiskorrektur, wenn die Preisfindung gleichwohl von außersteuerlichen Erwägungen getragen wird.[56]

- Schließlich darf eine Einkünftekorrektur auf Grund unangemessener Verrechnungspreise nur insoweit durchgeführt werden, als das vereinbarte Entgelt zu Lasten des nationalen Fiskus nicht dem Fremdvergleichsgrundsatz entspricht.

Im Ergebnis sieht der EuGH eine grenzüberschreitende Einkünftekorrektur auf Grund unangemessener Verrechnungspreise bei der Gewährung von unentgeltlichen oder außergewöhnlichen Vorteilen für grundsätzlich zulässig an. Um den Grundsatz der Verhältnismäßigkeit zu entsprechen, unterliegt die Einkünftekorrektur jedoch Einschränkungen.

Vertreter der Finanzverwaltung ziehen aus der Entscheidung des EuGH in der Rechtssache *SGI* die Schlussfolgerung, dass es sich bei § 1 AStG um eine „zur Wahrung einer international ausgewogenen Aufteilung der Besteuerungsrechte und zur Verhütung von Steuerumgehungen dienende verhältnismäßige Regelung" handelt, „die den EG-rechtlichen Anforderungen vollumfänglich standhält".[57] Diese Aussage ist in ihrer Allgemeinheit unzutreffend. Zwar hat der EuGH klargestellt, dass Einkünftekorrekturvorschriften, die sich auf ungemessene Verrechnungspreise beziehen, als solche nicht europarechtswidrig sind. Dies gilt im Grundsatz auch für den in § 1 Abs. 1 Satz 1 AStG niedergelegten Fremdvergleichsgrundsatz.[58] Allerdings geht die Vorschrift des § 1 AStG teilweise über das hinaus, was der EuGH zur Rechtfertigung einer Ungleichbehandlung (Notwendigkeit einer ausgewogenen Aufteilung der Besteuerungsbefugnisse zwischen den Mitgliedstaaten und Vermeidung von Steuerumgehungen) als verhältnismäßig ansieht und was im Übrigen auch durch Art. 9 Abs. 1 OECD-MA gedeckt ist.[59] Dies gilt

---

[55] EuGH v. 13.3.2007 – Rs. C-524/04 – Thin Cap GLO, IStR 2007, 249.
[56] Vgl. auch *Englisch*, IStR 2010, 141; *Schön*, IStR 2009, 888.
[57] Vgl. *Becker/Sydow*, IStR 2010, 196.
[58] Gl. A. *Musil/Fähling*, DStR 2010, 1505; *Englisch*, IStR 2010, 141.
[59] Vgl. auch *Gosch*, in: Gosch, KStG, München 2009, § 8 Rz. 313.

insbesondere für die durch die Finanzverwaltung im BMF-Schreiben v. 29.3.2011[60] vorgesehene Anwendung des § 1 AStG auf Teilwertabschreibungen auf Gesellschafterdarlehen bei Auslandssachverhalten. Denn bei der Korrektur von Teilwertabschreibungen auf solche Gesellschafterdarlehen liegt gerade keine Maßnahme zur Wahrung einer ausgewogenen Aufteilung der Besteuerungsrechte vor. Darüber hinaus ist in (steuerbilanziell gem. § 6 Abs. 2 Nr. 2 EStG explizit vorgesehenen) Teilwertabschreibungen gerade keine Steuerumgehung zu erkennen. Infolgedessen sind die Regelungen im BMF-Schreiben v. 29.3.2011 nicht durch die Entscheidung des EuGH in der Rechtssache SGI[61] gedeckt. Es handelt sich insoweit um eine nicht gerechtfertigte, unverhältnismäßige Benachteiligung ausländischer Sachverhalte, welche gegen die Niederlassungsfreiheit des AEUV verstößt und für welche keine (verhältnismäßigen) Rechtfertigungsgründe vorliegen.

V. Verschärfte Rechtslage ab Veranlagungszeitraum 2008 durch § 8b Abs. 3 Satz 3 ff. KStG

Mit dem JStG 2008 wurde § 8b Abs. 3 KStG für Veranlagungszeitraum ab 2008 neu gefasst und um eine Regelung betreffend Wertverluste von Gesellschafterdarlehen ergänzt. Nach § 8b Abs. 3 Satz 4 KStG unterliege Gewinnminderungen aus sämtlichen – und nicht nur eigenkapitalersetzenden – Darlehensforderungen sowie aus der Inanspruchnahme von Sicherheiten, die für ein Darlehen hingegeben wurden, dem Abzugsverbot gemäß § 8b Abs. 3 Satz 3 KStG, wenn

▶ das Darlehen oder die Sicherheit von einem Gesellschafter gewährt wird, und

▶ der Gesellschafter zu mehr als 25 % unmittelbar oder mittelbar an der Körperschaft, der das Darlehen gewährt wurde, beteiligt war oder ist (wesentlich beteiligter Gesellschafter).

Die Neuregelung gilt auch für dem Gesellschafter nahestehende Personen i. S. des § 1 AStG sowie für Gewinnminderungen aus dem Rückgriff eines rückgriffsberechtigten Dritten auf den wesentlich beteiligten Gesellschafter (§ 8b Abs. 3 Satz 5 KStG). Ausgenommen sind lediglich Darlehensfinanzierungen, für die ein Fremdvergleich gelingt, wobei nur die eigenen Sicherungsmittel der Gesellschaft zu berücksichtigen sind (§ 8b Abs. 3 Satz 6 KStG).

Für Veranlagungszeiträume ab 2008 verschlechtert sich die Rechtslage gegenüber dem BMF-Schreiben vom 29.3.2011 erheblich. Dies insbesondere vor dem Hintergrund, dass der Fremdvergleich nach § 8b Abs. 3 Satz 6 KStG ein eingeschränkter ist, der nicht nur

---

[60] Vgl. BMF v. 29.3.2011, BStBl. I 2011, 277.
[61] Vgl. EuGH v. 21.1.2010 – Rs. C-311/08 – SGI, IStR 2010, 144.

auf „Stand-alone"- Basis durchzuführen ist, sondern (wohl) auch auf die konkrete Darlehensbeziehung beschränkt ist.

VI. Ergebnis

Einkünftekorrekturen der auf die Forderung der H AG im Geschäftsjahr 2005 vorgenommenen Teilwertabschreibung und der tatsächlichen Wertminderung infolge des Forderungsverzichts zum 30.9.2006 nach § 1 AStG sind nicht vorzunehmen.

F. Betriebstätten - Verrechnungspreise? (Art. 7 OECD-MA 2010)

Fall 16: Markenlizensierung in einer ausländischen Betriebsstätte

Die in Düsseldorf ansässige A GmbH ist im Bereich des Design, der Herstellung und des Vertriebs von hochpreisigen Textilien tätig. Die Textilien werden im Stammhaus der A GmbH in Düsseldorf entworfen, durch Lohnfertiger in Asien hergestellt und unter der Marke „AB" über Boutiquen der A GmbH im In- und Ausland vertrieben.

Die Marke „AB" spielt im Rahmen der Unternehmenspolitik der A GmbH eine sehr wesentliche Rolle. So investiert die A GmbH jährlich Millionenbeträge in Marketing, Werbung und zahlreiche „Events", um die Marke in den in- und ausländischen Verbraucherkreisen bekannt zu machen. Die entsprechende Marketingabteilung mit über 20 Mitarbeitern ist dabei im Düsseldorfer Stammhaus angesiedelt.

Die A GmbH verfügt unter anderem auch über mehrere Boutiquen in Frankreich. Die Boutiquen, die nach französischem Recht und auf Basis des DBA Frankreich als Betriebsstätten zu behandeln sind, wurden in 2006 gegründet und haben in den ersten drei Jahren, d.h. bis einschließlich 2008 Verluste erwirtschaftet. Erst in 2009 konnten die Boutiquen Gewinne erzielen. Die französischen Boutiquen verfügen jeweils über eine eigene Buchführung, auf deren Basis die Einkünfte der jeweiligen Boutique ermittelt werden. Die Boutiquen bestellen bei den vom Stammhaus vorgegebenen Lohnfertigern regelmäßig selbst die Ware. Darüber hinaus betreiben die Boutiquen selbst Werbung in einschlägigen französischen Zeitschriften und organisieren ferner Modeschauen in Paris. Sie verfügen über speziell ausgebildetes Personal, welches die qualitativ hochwertigen Textilien an – in der Regel sehr wohlhabende – Kunden in Frankreich vertreibt.

Die Marke „AB" ist als sog. EU-Marke markenrechtlich auf den Namen der A GmbH in sämtlichen EU-Mitgliedsstaaten geschützt. Die Markenverwaltung erfolgt alleine durch das Düsseldorfer Stammhaus der A GmbH.

Im Rahmen der Betriebsprüfung für die Wirtschaftsjahre 2007 bis 2009 geht der Betriebsprüfer von einer „fiktiven" Lizenzierung der Marke „AB" vom deutschen Stammhaus der A GmbH in die französischen Betriebsstätten (in Form der Boutiquen) aus. In seiner entsprechenden Prüfungsfeststellung verweist der Betriebsprüfer dabei auf § 12 Abs. 1 KStG sowie auf Art. 4 Abs. 2 DBA-Frankreich, wobei er den im Jahre 2010 durch die OECD verabschiedeten „Authorized OECD Approach" anwenden will. Als angemessene Lizenzgebühr für die Nutzungsüberlassung der Marke an die französischen Betriebsstätten soll eine Umsatzlizenz in Höhe von 5 % zum Ansatz kommen.

Lösungshinweise zu Fall 16:
I. Rechtsfolgen nach innerstaatlichem Recht
1. Tatbestandsvoraussetzungen des § 12 Abs. 1 KStG

Das Stammhaus (hier: die A GmbH) und die Betriebsstätte (hier: französische Boutiquen) bilden eine rechtliche Einheit (sog. Einheitsunternehmen). Zivilrechtlich sind damit Verträge zwischen dem Stammhaus und seinen Betriebsstätten nicht möglich. Nach § 12 Abs. 1 Satz 1 KStG wird indessen eine Veräußerung oder eine Überlassung eines Wirtschaftsguts fingiert, sofern das deutsche Besteuerungsrecht hinsichtlich des Gewinns aus der Veräußerung bzw. aus der Nutzung des Wirtschaftsguts ausgeschlossen oder beschränkt wird. Insoweit stellt § 12 Abs. 1 Satz 1 KStG die korrespondierende körperschaftsteuerliche Regelung zum einkommensteuerlichen Entstrickungstatbestand gemäß § 4 Abs. 1 Satz 3 EStG dar, wonach eine (fiktive) Entnahme für betriebsfremde Zwecke vorliegt, wenn das deutsche Besteuerungsrecht hinsichtlich des Gewinns aus der Veräußerung bzw. aus der Nutzung des Wirtschaftsguts ausgeschlossen oder beschränkt wird.

Nach der Gesetzesbegründung soll durch § 4 Abs. 1 Satz 3 EStG bzw. § 12 Abs. 1 Satz 1 KStG insbesondere die Entstrickung von Wirtschaftsgütern erfasst werden, die in eine im Ausland belegene Betriebsstätte überführt werden.[1] Diese Auffassung wird von der h.M. in der Literatur mit Verweis auf das BFH-Urteil v. 17.7.2008[2] abgelehnt. Danach hat der BFH entgegen seiner früheren Rechtsprechung zur finalen Entnahmetheorie entschieden, dass die Überführung von Wirtschaftsgütern in eine ausländische Betriebsstätte keine gewinnrealisierende Entnahme i.S.d. § 4 Abs. 1 Satz 2 EStG darstellt. Dies gilt auch dann, wenn der Gewinn der ausländischen Betriebsstätte nach einem DBA von der deutschen Besteuerung freigestellt ist. Darauf basierend vertritt die h.M. die Auffassung, dass im gesetzlich vorgesehenen Hauptanwendungsbereich des § 4 Abs. 1 Satz 3 EStG und des § 12 Abs. 1 Satz 1 KStG, der Überführung von Wirtschaftsgütern in eine ausländische Betriebsstätte, das deutsche Besteuerungsrecht weder ausgeschlossen noch eingeschränkt wird.[3] Die Finanzverwaltung geht hingegen in mehreren BMF-Schreiben[4] davon aus, dass das BFH-Urteil v. 17.7.2008 keine Ein-

---

[1] Vgl. BR-Drucks. 542/06 v. 11.8.2006.

[2] Vgl. BFH v. 17. 7. 2008, BStBl. II 2009, 464.

[3] Vgl. *Wassermeyer*, DB 2006, 1176; ders., IStR 2008, 176; *Rödder/Schumacher*, DStR 2006, 1483; *Gosch*, BFH-PR 2008, 500; *Prinz*, DB 2009, 810; *Ditz*, IStR 2009, 120; *Schneider/Oepen*, FR 2009, 572; *Kahle/Franke*, IStR 2009, 408; *Kolbe*, in: Herrmann/Heuer/Raupach, EStG/KStG, § 12 KStG Rz. 7; a.A. *Mitschke*, DB 2009, 1377f.; *Rupp*, in: Preißer/Pung, Die Besteuerung der Personen- und Kapitalgesellschaften, Stuttgart 2009, S. 1307.

[4] Vgl. BMF v. 20. 5. 2009, BStBl. I 2009, 671; BMF v. 18.11.2011, DStR 2011, 2355; siehe ferner BMF v. 25.8.2009, BStBl. I 2009, 888 und dazu *Ditz/Schneider*, DStR 2010, 81 ff.

schränkungen auf die Anwendung des § 4 Abs. 1 Satz 3 EStG und des § 12 Abs. 1 Satz 1 KStG zur Folge hat.

Vor diesem Hintergrund wurden mit dem JStG 2010[5] die Entstrickungstatbestände ergänzt. Nach § 4 Abs. 1 Satz 4 EStG bzw. § 12 Abs. 1 Satz 2 KStG liegen nunmehr eine fiktive Entnahme bzw. eine fiktive Veräußerung ausdrücklich dann vor, wenn ein Wirtschaftsgut, das bisher einer inländischen Betriebsstätte des Steuerpflichtigen zugeordnet wurde, künftig einer ausländischen Betriebsstätte zuzuordnen ist. Dabei ist unerheblich, ob die Betriebsstättengewinne der DBA-Freistellungs- oder Anrechnungsmethode unterliegen.[6]

Die dargestellten Regelungen gelten für alle Wirtschaftsjahre, die nach dem 31.12.2005 enden. Für Wirtschaftsjahre, die vor dem 1.1.2006 enden, soll durch rückwirkende Anwendung des § 4 Abs. 1 Satz 3 EStG bzw. § 12 Abs. 1 KStG die finale Entnahmetheorie auch für Altjahre gelten (§ 52 Abs. 8b EStG, § 34 Abs. 8 KStG). Diese Rückwirkung ist verfassungsrechtlich problematisch.[7]

Vor dem Hintergrund des § 12 Abs. 1 KStG stellt sich im vorliegenden Sachverhalt zunächst die Frage, ob eine Überführung oder eine Nutzungsüberlassung der Marke „AB" von der A GmbH an deren französischen Betriebsstätten erfolgte.

2. Abgrenzung der Überführung von der Nutzungsüberlassung

Hinsichtlich der Frage, ob die Marke „AB" in die französischen Betriebsstätten überführt oder diesen lediglich zur Nutzung überlassen wird, kommt es auf die Zuordnung der Marke „AB" an. Nach Auffassung der Finanzverwaltung kann ein Wirtschaftsgut entweder nur dem Stammhaus oder der Betriebsstätte zugeordnet werden.[8] Die im Schrifttum dargestellte Möglichkeit, für Zwecke der Gewinnabgrenzung Wirtschaftsgüter anteilig dem Stammhaus und der Betriebsstätte zuzuordnen, wird damit nicht von der Finanzverwaltung geteilt.[9]

Im Hinblick auf die Zuordnung folgt die Finanzverwaltung[10] der ständigen Rechtsprechung des BFH, wonach unter Berücksichtigung des Veranlassungsprinzips und seiner Konkretisierung durch den Fremdvergleichsgrundsatz der Betriebsstätte die Wirtschaftsgüter zuzuordnen sind, die ihr in Bezug auf die von ihr ausgeübten Funktionen

---

[5] BGBl. I 2010, 1768.
[6] Vgl. *Scheunemann/Dennisen*, BB 2011, 222.
[7] Vgl. *Micker*, NWB 2011, 716 m.w.N.
[8] Vgl. BMF v. 24.12.1999, BStBl. I 1999, S. 1076, Tz. 2.4, zuletzt geändert durch BMF v. 25.8.2009, BStBl. I 2009, 888.
[9] Vgl. dazu *Andresen*, in: Wassermeyer/Andresen/Ditz, Betriebsstätten-Handbuch, 2006, Tz. 2.44.
[10] Vgl. BMF v. 24.12.1999, BStBl. I 1999, 1076, Tz. 2.4; BMF v. 16.4.2010, BStBl. I 2010, 354, Tz. 2.2.4.1.

dienen.[11] Auf das zivilrechtliche Eigentum der Wirtschaftsgüter kann es indessen auf Grund der zivilrechtlichen Unselbstständigkeit der Betriebsstätte nicht ankommen.[12] Nach Auffassung der Finanzverwaltung liegt ein funktionaler Zusammenhang mit der Betriebsstätte insbesondere bei Wirtschaftsgütern vor, die zur „ausschließlichen Verwertung und Nutzung durch die Betriebsstätte bestimmt sind". Damit führt eine dauerhafte Nutzungsüberlassung zu einer Überführung des betreffenden Wirtschaftsguts vom Stammhaus in die Betriebsstätte.[13] Wird hingegen das Wirtschaftsgut der Betriebsstätte nur vorübergehend, d.h. zeitlich befristet, überlassen und wäre die Überlassung unter fremden Dritten auf Grund eines Miet-, Pacht- oder ähnlichen Rechtsverhältnisses erfolgt, soll es – so der Betriebsstättenerlass v. 24.12.1999[14] – nicht zu einer Überführung des Wirtschaftsguts vom Stammhaus in die Betriebsstätte kommen. Eine Nutzungsüberlassung liegt dabei auch dann vor, wenn das entsprechende Wirtschaftsgut von mehreren Betriebsstätten gleichzeitig oder nacheinander genutzt wird.[15] Wann diese Kriterien erfüllt sind, bleibt allerdings völlig offen.

In diesem Zusammenhang können Anhaltspunkte einer Unterscheidung zwischen der Übertragung und Nutzungsüberlassung aus der Rechtsprechung zur Unterscheidung zwischen der Veräußerung und der Lizenzierung von Rechten zwischen rechtlich selbständigen Personen abgeleitet werden. Danach ist darauf abzustellen, ob die Rechte und Pflichten aus dem Wirtschaftsgut in das Vermögen des Nutzungsberechtigten übergehen.[16] Als maßgebliches Differenzierungsmerkmal gilt dabei die Dauer der Nutzungsüberlassung.[17] Dementsprechend liegt eine Rechtsübertragung insbesondere dann vor, wenn das Nutzungsrecht der Nutzungsberechtigten zeitlich unbefristet überlassen wird, d.h. bei ihm endgültig verbleibt, oder sich das überlassene Recht während der Dauer seiner Nutzung in seinem wirtschaftlichen Wert erschöpft.[18]

Vor allem das temporäre Moment sowie die Ausschließlichkeit der Überlassung können daher als Kriterium einer Unterscheidung zwischen Übertragung eines Wirtschaftsguts und dessen Nutzungsüberlassung an die ausländische Betriebsstätte herangezogen

---

[11] So ausdrücklich BFH v. 30. 8. 1995, IStR 1996, 81; BFH v. 29. 11. 2000, DStRE 2001, 600; BFH v. 13.2.2009, BStBl. II 2009, 414.
[12] Vgl. *Pinkernell/Ditz*, FR 2001, 1274; *Wassermeyer*, IStR 2008, 178.
[13] Vgl. *Benecke*, in: Dötsch/Jost/Pung/Witt, KStG, § 12 KStG Rz. 123; *Ditz*, Internationale Gewinnabgrenzung bei Betriebsstätten, Berlin 2004, S. 294; *Wassermeyer*, in: Debatin/Wassermeyer, Art. 7 OECD-MA Rz. 278.
[14] Vgl. BMF v. 24.12.1999, BStBl. I 1999, 1076, Tz. 2.4, zuletzt geändert durch BMF v. 25.8.2009, BStBl. I 2009, 888.
[15] Vgl. BMF v. 24.12.1999, BStBl. I 1999, S. 1076, Tz. 2.4, zuletzt geändert durch BMF v. 25.8.2009, BStBl. I 2009, 888.
[16] Vgl. BFH v. 27.7.1988, BStBl. II 1989, 101.
[17] Vgl. BFH v. 1.12.1982, BStBl. II 1983, 367 m.w.N.
[18] Vgl. BFH v. 27.2.1996, BStBl. II 1976, 529.

werden. So spricht die langfristige sowie ausschließliche Nutzung eines Wirtschaftsguts in der Betriebsstätte für dessen Übertragung. Ist dagegen nur eine vorübergehende Nutzung des Wirtschaftsguts durch die Betriebsstätte vorgesehen, bzw. ist bei der Übertragung des Wirtschaftsguts noch nicht abzusehen, wie lange es in der Betriebsstätte zum Einsatz kommt, sollte von einer Nutzungsüberlassung ausgegangen werden. Dabei ist allerdings zu berücksichtigen, dass auch unter fremden Dritten Miet-, Pacht- oder Lizenzverträge mit sehr langen Laufzeiten abgeschlossen werden. Vor diesem Hintergrund besteht hier seitens des Steuerpflichtigen ein gewisser Ermessensspielraum. Die entsprechende Entscheidung ist in jedem Fall zu dokumentieren.

Vorliegend handelt es sich bei der Marke „AB" um ein immaterielles Wirtschaftsgut. Eine Überführung eines immateriellen Wirtschaftsguts setzt nach den vorstehend dargestellten Grundsätzen voraus, dass dieses beim Stammhaus vorhanden ist und anschließend dauerhaft und ausschließlich durch die ausländische Betriebsstätte genutzt wird. Darüber hinaus muss das immaterielle Wirtschaftsgut von der Betriebsstätte tatsächlich genutzt werden und zu ihrem Ergebnis beitragen.[19] Dies ist insbesondere dann der Fall, wenn die Betriebsstätte das immaterielle Wirtschaftsgut, hätte sie dieses nicht vom Stammhaus erhalten, selbst hätte entwickeln, herstellen oder anschaffen müssen.[20]

Die Marke „AB" wird vorliegend sowohl durch das Stammhaus, A GmbH, als auch durch deren inländischen und ausländischen Betriebsstätten genutzt. Damit wird die Marke „AB" nicht ausschließlich durch eine französische Betriebsstätte genutzt. Daher ist davon auszugehen, dass die Überlassung der Marke „AB" unter fremden Dritten auf Grundlage eines Lizenzvertrags erfolgt wäre. Im Ergebnis kommt damit nach den vorstehend dargestellten Grundsätzen eine Überführung der Marke „AB" in die französischen Betriebsstätten nicht in Betracht. Vielmehr liegt lediglich eine „Nutzungsüberlassung" vor. Dafür spricht auch das BFH-Urteil v. 8.9.2010. Danach ist es für die Zuordnung von den Lizenzvergütungen gehörenden Lizenzrechten ausschlaggebend, wo und von wo aus die Lizenzrechte verwaltet und vermarktet werden.[21] Im vorliegenden Sachverhalt wird die Marke „AB" von der Marketingabteilung der A GmbH in Düsseldorf verwaltet und vermarktet. Dies spricht für deren bloße Nutzungsüberlassung an die französischen Betriebsstätten.

---

[19] BMF v. 16.4.2010, BStBl. I 2010, 354, Tz. 2.2.4.1.
[20] Vgl. Ditz/Schneider, DStR 2010, 83.
[21] Vgl. BFH v. 8.9.2010, BFH/NV 2011, 138.

3. Rechtsfolgen einer Nutzungsüberlassung
a) Ansatz einer fiktiven Lizenzgebühr

Die Anwendung des § 12 Abs. 1 Satz 1 KStG hat im vorliegenden Sachverhalt die Annahme einer (fiktiven) Nutzungsüberlassung zur Folge, die mit dem gemeinen Wert zu bewerten ist.[22] Was das konkret heißt, lässt indessen das BMF-Schreiben v. 25.8.2009[23], wonach der Betriebsstättenerlass an die durch das SEStEG[24] eingeführten Steuerentstrickungs- und Verstrickungsvorschriften angepasst wurde, offen.

In diesem Zusammenhang wird zunächst diskutiert, dass der Gesetzeswortlaut den Schluss zulässt, dass die Nutzungsüberlassung in ihren Rechtsfolgen mit der Überführung eines Wirtschaftsguts gleichgestellt wird. Damit wäre der gemeine Wert der (fiktiven) Nutzungsüberlassung mit dem kapitalisierten Barwert der zukünftigen Nutzungsvergütungen bezogen auf die voraussichtliche Nutzungsdauer als Einmalbetrag anzusetzen.[25] Eine solche (sehr weitgehende) Rechtsfolge ist gesetzgeberisch jedoch nicht beabsichtigt. Der Gesetzgeber wollte vielmehr durch die Einbeziehung der Nutzungsüberlassung verhindern, dass die Rechtsfolgen der Fiktion einer Entnahme bzw. einer Veräußerung durch die Vereinbarung eines Miet-, Pacht- oder ähnlichen Verhältnisses vermieden werden können, weil eine Zuordnung von Wirtschaftsgütern zu einer ausländischen Betriebsstätte in diesen Fällen unterbleibt.[26] Daher kann die bloße Nutzungsüberlassung eines Wirtschaftsgutes an eine ausländische Betriebsstätte nicht zur (sofortigen) Aufdeckung der stillen Reserven führen, die sonst nur dann stattfinden würde, wenn das Wirtschaftsgut vom Stammhaus in die Betriebsstätte überführt wird. Mithin liegt vorliegend jedoch keine Überführung der Marke „AB" in die französischen Betriebsstätten vor. Insoweit ist eine sofortige Gewinnrealisierung der in der Marke „AB" enthaltenen stillen Reserven nicht sachgerecht.

Vor diesem Hintergrund erfolgt nach wohl überwiegender Auffassung im Schrifttum bei einer fiktiven Nutzungsüberlassung eines Wirtschaftsguts an eine Betriebsstätte keine Realisierung der stillen Reserven. Eine solche wäre auch nicht mit der europarechtlichen Niederlassungsfreiheit vereinbar.[27] Vielmehr besteht die Rechtsfolge einer fiktiven Nutzungsüberlassung eines immateriellen Wirtschaftsguts im Ansatz einer

---

[22] Vgl. BR-Drucks. 542/06, 42.
[23] Vgl. BMF v. 25.8.2009, BStBl. I 2009, 888.
[24] BGBl. I 2006, 2782, ber. BGBl. I 2007, 68.
[25] Vgl. *Brüninghaus*, in: Vögele/Borstell/Engler, Verrechnungspreise, München 2011, K Rz. 121; *Frotscher*, in: Frotscher/Maas, KStG, § 12 KStG Rz. 402; Werra/Teiche, DB 2006, 1456.
[26] Vgl. BR-Drucks. 542/06, 43.
[27] Vgl. *Körner*, IStR 2012, 4 mit Verweis auf EuGH v. 29.11.2011, C-371/10, Rs. National Grid Indus B.V., DStR 2011, 2334; a.A. *Hruschka*, DStR 2011, 2344.

jährlichen fremdüblichen Nutzungsvergütung („fiktive Lizenzgebühr") für den Zeitraum der Nutzungsüberlassung.[28] Dies wird von Vertretern der Finanzverwaltung insbesondere mit Verweis auf den „Authorized OECD Approach" begründet.[29]

b) Beschränkung des deutschen Besteuerungsrechts

Die Anwendung des § 12 Abs. 1 Satz 1 KStG setzt voraus, dass das deutsche Besteuerungsrecht hinsichtlich des (fiktiven) Entgelts für die Nutzungsüberlassung zumindest beschränkt wird. Der Sinn und Zweck der Vorschrift besteht – analog zu § 1 AStG – darin, dem inländischen Stammhaus bei der Nutzung ihm zuzuordnender (materieller oder immaterieller) Wirtschaftsgüter durch eine ausländische Betriebsstätte diesen Nutzungsentgelte in Form von fiktiven Miet-, Pacht- oder Lizenzeinnahmen zuzuordnen. Diese nach § 12 Abs. 1 KStG angedachte Zielsetzung wird indessen durch den Wortlaut der Vorschrift[30] nicht erfüllt.[31] Denn der Ansatz von Erträgen bzw. Einnahmen aus der fingierten Nutzungsüberlassung von Wirtschaftsgütern an eine ausländische Betriebsstätte hat mit der Frage des Ausschlusses oder der Beschränkung des deutschen Besteuerungsrechts nichts zu tun. Vielmehr geht es um die Frage, ob überhaupt Einnahmen entstanden sind, hinsichtlich derer das deutsche Besteuerungsrecht ausgeschlossen oder beschränkt werden kann. Dies würde indessen in Bezug auf den vorliegenden Betriebsprüfungsfall voraussetzen, dass entsprechende Lizenz- oder Mieteinnahmen des inländischen Stammhauses der A GmbH vorliegen. Dies ist indessen nicht der Fall. Nach zutreffender Auffassung von *Wassermeyer* kann jedoch das deutsche Besteuerungsrecht im vorliegenden Sachverhalt nicht beschränkt sein. Denn abkommensrechtlich steht das Besteuerungsrecht für Vergütungen aus der Nutzungsüberlassung von Rechten immer dem Staat zu, in dem der das Recht Überlassende ansässig ist.[32] So wird vorliegend das Besteuerungsrecht für (fiktive) Lizenzvergütungen gem. Art. 15 Abs. 1 DBA-Frankreich ausschließlich Deutschland als Ansässigkeitsstaat des Überlassenden (hier: A GmbH) zugewiesen. Zudem erwirtschaften die französischen Betriebsstätten zumindest in den ersten drei Jahren Verluste, so dass diesen keine Erträge aus der Nutzung der Marke „AB" zugeordnet werden können. Im Ergebnis liegt eine Beschränkung oder ein Ausschluss des deutschen Besteuerungsrechts als Tatbestandsvoraussetzung für die Anwendung des § 12 Abs. 1 Satz 1 KStG nicht vor. § 12

---

[28] Vgl. *Benecke*, in: Dötsch/Jost/Pung/Witt, KStG, § 12 KStG Rz. 113; *Benecke/Schnitger*, IStR 2006, 766; *Brüninghaus*, in: Vögele/Borstell/Engler, Verrechnungspreise, München 2011, K Rz. 122; *Frotscher*, in: Frotscher/Maas, KStG, § 12 KStG Rz. 402; *Hofmeister*, in: Blümich, EStG/KStG/GewStG, § 12 KStG Rz. 55; *Rupp*, in: Preißer/Pung, Die Besteuerung der Personen- und Kapitalgesellschaften, Stuttgart 2009, S. 1314.

[29] Vgl. *Benecke*, in: Dötsch/Jost/Pung/Witt, KStG, § 12 KStG Rz. 122.

[30] Das Gleiche gilt im Übrigen für die Vorschrift des § 4 Abs. 1 Satz 3 EStG.

[31] Vgl. *Wassermeyer*, IStR 2008, 179; *Wassermeyer*, in: FS Krawitz, Wiesbaden 2010, S. 502.

[32] Vgl. *Wassermeyer*, IStR 2008, 179.

Abs. 1 Satz 1 KStG geht damit hinsichtlich seiner Rechtsfolge bei der fiktiven Nutzungsüberlassung von Wirtschaftsgütern ins Leere.[33] Daran ändert auch die Ergänzung der Vorschrift durch das JStG 2010 nichts (s.o.); denn diese betrifft nur den Fall einer Zuordnung eines Wirtschaftsguts zur ausländischen Betriebsstätte. Bei einer (fiktiven) Nutzungsüberlassung ist diese Voraussetzung indessen nicht erfüllt.

Es ist darauf hinzuweisen, dass diese Auffassung von Vertretern der Finanzverwaltung bislang abgelehnt wird. Dies wird insbesondere damit begründet, dass von der Rechtsfolge (fiktive Nutzungsüberlassung) nicht auf den Tatbestand (Gewinn aus der Nutzung) geschlossen werden kann.[34] Da § 12 Abs. 1 KStG im vorliegenden Betriebsprüfungsfall nicht einschlägig ist, kommen die allgemeinen Regelungen im Rahmen der Gewinnabgrenzung zwischen inländischem Stammhaus und österreichischen Betriebsstätten zur Anwendung. Diese beziehen sich auf eine veranlassungsgerechte Zuordnung von für das Gesamtunternehmen entstandenen Aufwendungen und Erträgen. Ein fiktives Miet-, Pacht- oder Lizenzverhältnis kann insoweit nicht angenommen werden.[35] Infolgedessen sind die durch die Verwaltung und Bewirtschaftung der Marke „AB" im Inland bei der A GmbH entstandenen Aufwendungen verursachungsgerecht zwischen dem inländischen Stammhaus und den österreichischen Betriebsstätten aufzuteilen. Ist eine direkte Ermittlung der entsprechenden Aufwendungen nicht möglich, können diese im Wege der Schätzung über einen Aufteilungsschlüssel ermittelt und den österreichischen Betriebsstätten zugeordnet werden. Dabei ist kein Gewinnaufschlag zu verrechnen, d.h. es bleibt bei einer reinen Zuordnung von Außenaufwand.[36]

4. Keine Einkünftekorrektur gem. § 1 AStG

Über den Anwendungsbereich des § 12 Abs. 1 Satz 1 KStG hinaus fehlt es nach nationalem Recht an einer Korrekturvorschrift, welche die Besteuerung von fiktiven Nutzungsüberlassungsvergütungen vorsieht.[37] Eine Einkünftekorrektur nach § 1 AStG kommt in diesem Zusammenhang bei der A GmbH nicht in Betracht. Für eine Einkünftekorrektur nach § 1 Abs. 1 AStG müssen die folgenden drei Tatbestandsvoraussetzungen erfüllt sein:

► Es muss sich um eine Geschäftsbeziehung zum Ausland handeln (§ 1 Abs. 1 i.V.m. Abs. 5 AStG i.d.F. des UntStRefG 2008);

---

[33] Vgl. *Kolbe*, in: Herrmann/Heuer/Raupach, EStG/KStG, § 12 KStG Rz. 30.

[34] Vgl. *Benecke*, in: Dötsch/Jost/Pung/Witt, KStG, § 12 KStG Rz. 122.

[35] Vgl. auch *Ditz*, in: Wassermeyer/Andresen/Ditz, Betriebsstätten-Handbuch, Köln 2006, Rz. 4.47; *Schaumburg*, Internationales Steuerrecht, Köln 2011, Rz. 18.43.

[36] Gl.A. *Schaumburg*, Internationales Steuerrecht, Köln 2011, Rz. 18.44.

[37] Vgl. *Wassermeyer*, IStR 2008, 179.

- die Geschäftsbeziehung muss zwischen einem inländischen Steuerpflichtigen und einer ihm „nahe stehenden Person" bestehen (§ 1 Abs. 1 i.V.m. Abs. 2 AStG);
- die Geschäftsbeziehung führt auf Grund der Vereinbarung einer fremdunüblichen Bedingung zu einer Einkünfteminderung beim inländischen Steuerpflichtigen (§ 1 Abs. 1 AStG).

Die Anwendung des § 1 AStG setzt eine schuldrechtliche Geschäftsbeziehung i.S.d. § 1 Abs. 5 AStG voraus. Nach Auffassung des BFH besteht allerdings zwischen dem Stammhaus und deren Betriebsstätte keine schuldrechtliche Geschäftsbeziehung.[38] Denn nach § 1 AStG soll eine Geschäftsbeziehung zwischen nahe stehenden Personen bestehen. Eine Betriebsstätte stellt jedoch keine „Person" dar, sondern ist gem. § 12 AO ein rechtlich unselbstständiger Teil eines Unternehmens.[39] Folglich ist § 1 Abs. 1 AStG nach h.M. im Verhältnis zwischen Stammhaus und Betriebsstätte nicht anwendbar.[40] Damit kann die Betriebsprüfung vorliegend eine Einkünftekorrektur bei der A GmbH nicht nach § 1 AStG vornehmen.

Es bestehen allerdings Bestrebungen des Gesetzgebers, § 1 AStG dahingehend zu ändern, dass eine Einkünftekorrektur auch im Verhältnis zwischen Stammhaus und Betriebsstätte ermöglicht wird. Ein entsprechender Gesetzesentwurf liegt allerdings bislang (offiziell) nicht vor.

II. Rechtsfolgen nach Abkommensrecht

1. Änderung des Art. 7 OECD-MA durch das Update 2010

Am 22.7.2010 verabschiedete der OECD-Rat im Rahmen des Updates 2010 weitgehende Änderungen des Art. 7 OECD-MA in Bezug auf Unternehmensgewinne und des dazu ergangenen Musterkommentars. Dabei wurden der Inhalt und die Struktur des Art. 7 OECD-MA grundlegend verändert:[41]

- Art. 7 Abs. 2 OECD-MA wurde dahingehend angepasst, dass die Selbstständigkeitsfiktion der Betriebsstätte für Zwecke der Gewinnabgrenzung deutlicher hervorgeht und infolgedessen eine Gewinnabgrenzung nach Maßgabe der von ihr ausgeübten Funktionen, der von ihr wahrgenommenen Risiken und der von ihr verwendeten Wirtschaftsgüter erfolgen soll.

---

[38] Vgl. BFH v. 28.4.2004, BStBl. II 2005, 516; siehe aber auch Nichtanwendungserlass dazu BMF v. 22.7.2005, BStBl. I 2005, 818.

[39] Vgl. *Schreiber*, in: Kroppen, Handbuch der Verrechnungspreise, FVerlV Rz. 37.

[40] Vgl. *Wassermeyer*, in: Flick/Wassermeyer/Baumhoff, Außensteuerrecht, § 1 AStG Rz. 894; *Ditz*, in: Wassermeyer/Richter/Schnittker, Personengesellschaft im internationalen Steuerrecht, Köln 2010, S. 587; *Andresen*, in: Wassermeyer/Andresen/Ditz, Betriebsstätten-Handbuch, Köln 2006, Tz. 2.61; *Kaminski/Strunk*, DB 2008, 2502.

[41] Vgl. dazu auch *Plansky*, Die Gewinnzurechnung zu Betriebsstätten im Recht der Doppelbesteuerungsabkommen, Wien 2010, S. 252 ff.; *Ditz/Schneider*, DStR 2010, 82 f.

▶ Art. 7 Abs. 3 OECD-MA a.F. wurde durch eine Regelung analog Art. 9 Abs. 2 OECD-MA ersetzt. Danach soll es bei einer Korrektur der Betriebsstättengewinne durch einen Vertragsstaat im anderen Vertragsstaat eine korrespondierende Gewinnberichtigung geben.

▶ Art. 7 Abs. 4 OECD-MA, wonach im Rahmen der Betriebsstättenabgrenzung auch die sog. „indirekte Methode" Anwendung finden kann, wurde gestrichen.

▶ Art. 7 Abs. 5 (keine Gewinnzurechnung zur Betriebsstätte auf Grund des bloßen Einkaufs von Gütern und Waren) und Abs. 6 (Stetigkeitsgebot) OECD-MA wurden ebenfalls gestrichen.

Die vorstehend dargestellten Änderungen des Art. 7 OECD-MA wurden bislang in keinem deutschen DBA umgesetzt. Parallel zur Neufassung des Art. 7 OECD-MA wurde auch der OECD-MK zu Art. 7 grundlegend überarbeitet. Die Änderungen des Art. 7 OECD-MA sowie des entsprechenden MK gehen zurück auf den „Report on the attribution of profits zu permanent establishments" der OECD vom 17.7.2008, welche im Jahr 2010 in einer überarbeiteten Fassung veröffentlich wurde (nachfolgend: OECD-Betriebsstättenbericht).

Nach dem OECD-Betriebsstättenbericht wurde der „Authorized OECD Approach" entwickelt. Danach soll die Auslegung und die Anwendung des Art. 7 OECD-MA international vereinheitlicht und an Art. 9 OECD-MA angeglichen werden. Nach dem Authorized OECD Approach sind die der Betriebsstätte zuzurechnenden Gewinne auf Basis einer funktional selbstständigen Unternehmenseinheit zu ermitteln (Selbstständigkeitsfiktion der Betriebsstätte).[42] Hierzu sollen grundsätzlich sog. „internal dealings" zwischen Stammhaus und Betriebsstätte im Rahmen der Betriebsstättengewinnabgrenzung berücksichtigt werden. Damit wird eine Verrechnung von Dienstleistungsentgelten, Lizenzgebühren, Lieferpreisen, Mieten etc. im Verhältnis zwischen Stammhaus und Betriebsstätte zugelassen.[43] Insoweit werden – unabhängig von der zivilrechtlichen Einheit zwischen Stammhaus und Betriebsstätte – Geschäftsbeziehungen zwischen den beiden Unternehmensteilen angenommen.

Der neue OECD-MK sieht im Hinblick auf die Betriebsstättengewinnermittlung nach Art. 7 Abs. 2 OECD-MA n.F. eine zweistufige Vorgehensweise vor:

In einem ersten Schritt ist eine detaillierte Funktions- und Risikoanalyse durchzuführen. Dabei sind die durch beide Unternehmen ausgeübten Funktionen, die durch sie wahrgenommenen Risiken und die durch sie eingesetzten Wirtschaftsgüter zu identifizieren und zu analysieren. Sowohl die Wirtschaftsgüter als auch die Risiken sollen dabei der

---

[42] Vgl. OECD-Betriebsstättenbericht 2008, Rz. 69 ff.
[43] Vgl. *Kahle/Mödinger*, IStR 2010, 758; *Kroppen*, in: FS Herzig, Köln 2010, S. 1075.

Betriebsstätte auf Basis des Kriteriums „significant people functions" zugeordnet werden. Im Rahmen dieser Funktions- und Risikoanalyse sind ferner die zwischen dem Stammhaus und der Betriebsstätte durchgeführten „dealings" zu identifizieren.[44] In einem zweiten Schritt sind dann im Rahmen der Funktions- und Risikoanalyse identifizierten „dealings" auf Basis des Fremdvergleichsgrundsatzes zu bewerten. Neu ist in diesem Zusammenhang, dass der Fremdvergleichsgrundsatz hier uneingeschränkt anzuwenden ist. Insbesondere sind die OECD-RL 2010, die grundsätzlich zur Verrechnungspreisermittlung zwischen (rechtlich selbstständigen) verbundenen Unternehmen ergangen sind, nunmehr auch bei Betriebsstätten anzuwenden.[45]

b) Lizenzierung einer Marke als „internal dealing"

a) Zuordnung der Marke „AB"

Nach dem „Athorized OECD Approach" erfolgt die Zuordnung von Wirtschaftsgütern mangels zivilrechtlich wirksamer Vertragsbeziehungen im Verhältnis zwischen Stammhaus und Betriebsstätte auf Grundlage des Konzepts des wirtschaftlichen Eigentums „economic ownership".[46] Im Kern dieses Konzepts liegt der Gedanke, dass demjenigen Unternehmensteil, der die Chancen und Risiken aus der Wertänderung eines Wirtschaftsgutes trägt, auch die resultierenden Einnahmen und Ausgaben zugeordnet werden sollen.[47] Dabei bestimmt sich die Zuordnung der Wirtschaftsgüter durch die Funktionen, welche von der Betriebsstätte ausgeübt werden. Ferner sind auch die Bedingungen, unter denen die einzelnen Wirtschaftsgüter genutzt werden (z.B. als alleiniger oder gemeinschaftlicher Eigentümer, Lizenznehmer oder Mitglied einer Umlagevereinbarung), von Bedeutung.

Die Zuordnung einer Marke soll nach Maßgabe der signifikanten Personalfunktionen erfolgen, welche die Entscheidung hinsichtlich der Übernahme und des Managements der mit der Entwicklung der Marke einhergehenden Risiken treffen. Als signifikante Personalfunktionen kommen insbesondere Entscheidungen über die Einführung und Steuerung von Markenstrategien sowie Maßnahmen zum Schutz einer etablierten Marke in Betracht.[48] Damit wäre im vorliegenden Sachverhalt die Marke „AB" auch nach den Grundsätzen des Art. 7 OECD-MA 2010 dem Stammhaus, A GmbH zuzuordnen. Dies insbesondere deswegen, weil die wesentlichen Entscheidungen über die

---

[44] Vgl. Tz. 21 OECD-MK zu Art. 7.
[45] Vgl. Tz. 22 OECD-MK zu Art. 7.
[46] Vgl. *Jacobs*, Internationale Unternehmensbesteuerung, München 2011, S. 686.
[47] Vgl. *Digeronimo/Kolb*, IWB 2011, 30; *Kahle/Mödinger*, IStR 2010, 760 m.w.N.
[48] Vgl. OECD-Betriebsstättenbericht 2010, Rz. 97; *Kroppen*, in: FS Herzig, Köln 2010, S. 1077.

Entwicklung und Verwaltung der Marke „AB" in der Düsseldorfer Marketingabteilung der A-GmbH getroffen werden.

b) Fiktion eines Lizenzverhältnisses

Die zentrale Änderung des Art. 7 Abs. 2 OECD-MA besteht in der uneingeschränkten Anwendung der Selbständigkeitsfiktion der Betriebsstätte im Verhältnis zum Stammhaus, woraus sich (fiktive) innerunternehmerische Leistungsbeziehungen („dealing") ergeben. Dabei versteht die OECD unter „dealing" das Äquivalent zu konzerninternen Transaktionen zwischen rechtlich selbständigen Unternehmen.[49] Die Anerkennung eines „dealing" setzt allerdings voraus, dass wirtschaftlich bedeutsame Risiken, Verantwortlichkeiten und Vorteile zwischen den einzelnen Unternehmensteilen transferiert werden und eine entsprechende Dokumentation erfolgt.[50] Die Finanzverwaltungen der jeweiligen Vertragsstaaten haben die unternehmensinterne Leistungsbeziehung anzuerkennen, wenn

▶ die Dokumentation zutreffend die im Rahmen der Funktionsanalyse ermittelte wirtschaftlichen Realität abbildet,

▶ die im Zusammenhang mit dem „dealing" dokumentierten Vereinbarungen in ihrer Gesamtheit nicht von denen abweichen, die zwischen vergleichbaren selbständigen Unternehmen getroffen worden wären, oder aber die Dokumentation die Finanzverwaltung nicht daran hindert, einen fremdübliche Verrechnungspreis für die Leistungsbeziehung zu bestimmen und

▶ das vom Steuerpflichtigen dokumentierte „dealing" nicht dazu führt, dass die Risiken von den korrespondierenden Funktionen getrennt werden.[51]

Vor diesem Hintergrund ist nach dem Verständnis des „Authorized OECD Approach" im vorliegenden Sachverhalt ein fiktives Lizenzverhältnis zwischen dem Stammhaus (A GmbH) und den französischen Betriebsstätten anzunehmen.

Das derzeit bestehende DBA-Frankreich vom 21.7.1959[52] enthält indessen in seinem Art. 4 noch die bisherige Version des Art. 7 Abs. 2 OECD-MA.

Vor diesem Hintergrund ist der Verweis der Betriebsprüfung auf das Authorized OECD Approach nicht sachgerecht. Dies insbesondere aus den folgenden Gründen:

▶ Die Neukonzeption des Art. 7 OECD-MA und des korrespondierenden OECD-MK ist auf Art. 4 DBA-Frankreich, welcher derzeit noch auf der alten Fassung des

---

[49] Vgl. *Kahle/Mödinger*, IStR 2010, 762.
[50] Vgl. Tz. 25 OECD-MK zu Art. 7.
[51] Vgl. Tz. 26 OECD-MK zu Art. 7.
[52] BGBl. II 1961, 398.

Art. 7 OECD-MA beruht, nicht anwendbar. Damit sind weder das OECD-MA noch der OECD-MK Bestandteile des bestehenden DBA-Frankreich. Folglich entfalten beide keine normative Wirkung.

- Nach Tz. 33 der Einleitung des OECD-MK sollten die früher abgeschlossenen bzw. bestehenden DBA auch im Sinne der jeweils geltenden Fassung des OECD-MA und des OECD-MK ausgelegt werden. Diese Auffassung wird allerdings von der h.M. abgelehnt. Danach können für die Auslegung eines bereits bestehenden DBA (hier: DBA-Frankreich) das OECD-MA und der OECD-MK nur in der Fassung herangezogen werden, die im Zeitpunkt des Vertragungsabschlusses gegolten haben.[53] Dies insbesondere deswegen, weil nur der im Zeitpunkt des Vertragsschlusses schon vorhandene Kommentar die Wortwahl der Parteien bestimmen konnte.[54]

- Art. 7 OECD-MA entfaltet für Zwecke der Gewinnermittlung (insbesondere der Frage des Ansatzes von fiktiven Nutzungsüberlassungsvergütungen) keine „self-executing"-Wirkung.[55] Damit setzt der Ansatz von fiktiven Vergütungen im Zusammenhang mit der Nutzungsüberlassung von Markenrechten vom inländischen Stammhaus an die ausländische Betriebsstätte immer eine innerstaatliche Rechtsgrundlage voraus. Etwas anderes folgt auch nicht aus der Neufassung des Art. 7 OECD-MA und dem OECD-MK zu Art. 7.[56] Wie aber vorstehend dargestellt wurde, sind weder § 12 Abs. 1 Satz 1 KStG noch § 1 AStG im vorliegenden Sachverhalt anwendbar. Damit fehlt es an einer innerstaatlichen Rechtsgrundlage, wonach eine fiktive Nutzungsvergütung angesetzt werden kann.

3. Bisherige Auffassung der OECD im Hinblick auf die Verrechnung fiktiver Lizenzgebühren

Die bereits bestehenden deutschen DBA beruhen auf dem Art. 7 Abs. 2 und 3 OECD-MA a.F. Im Rahmen des OECD-MK zu Art. 7 Abs. 3 a.F. vertrat der OECD-Steuerausschuss die Auffassung, dass die Eigentumsrechte an immateriellen Wirtschaftsgütern auf Grund der zivilrechtlichen Einheit von Betriebsstätte und Stammhaus keinem Unternehmensteil ausschließlich zugeordnet werden können. Dementsprechend seien im Rahmen der Nutzungsüberlassung von immateriellen Wirtschaftsgütern die tatsächlich entstandenen Kosten „ohne jeden Gewinn- oder Lizenzaufschlag"[57] aufzuteilen. Insoweit war – nach bisheriger Auffassung der OECD – die Auslegung des Fremdvergleichsgrundsatzes bei verbundenen Konzernunternehmen nicht auf die Leistungsverrechnung im interna-

---

[53] Vgl. *Schaumburg*, Internationales Steuerrecht 2011, Rz. 16.77 m.w.N.
[54] Vgl. *Vogel*, in: Vogel/Lehner, 5. Aufl. 2008, Einleitung des OECD-MA, Rz. 127.
[55] Vgl. zu Einzelheiten *Ditz*, IStR 2005, 39 ff.; *Ditz*, IStR 2009, 118.
[56] Wohl a.A. *Mitschke*, FR 2008, 1146.
[57] Vgl. OECD-MK zu Art. 7 2008, Tz. 17.4.

tionalen Einheitsunternehmen übertragbar. Eine unternehmensinterne Verrechnung von Lizenzgebühren war daher nach Auffassung der OECD nicht möglich.[58]

Vor diesem Hintergrund weicht der Authorized OECD Approach erheblich von den bisherigen DBA-Regelungen ab. Danach scheidet der Ansatz von „fiktiven" Lizenzgebühren aus. Im Ergebnis besteht nach der geltenden Fassung des Art. 4 DBA-Frankreich keine Grundlage zur Verrechnung von „fiktiven" Lizenzvergütungen von den französischen Betriebsstätten an das Stammhaus (A GmbH).

III. Ergebnis

Die Marke „AB" wird vorliegend sowohl durch das Stammhaus, A GmbH, als auch durch deren inländischen und ausländischen Betriebsstätten genutzt. Damit ist davon auszugehen, dass die Überlassung der Marke „AB" unter fremden Dritten auf Grundlage eines Lizenzvertrags erfolgt wäre, so dass eine Überführung der Marke „AB" in die französischen Betriebsstätten nicht in Betracht kommt. Vielmehr liegt lediglich eine Nutzungsüberlassung vor. Dafür spricht auch, dass die Marke „AB" von der Marketingabteilung der A GmbH in Düsseldorf verwaltet und vermarktet wird.

Die Anwendung des § 12 Abs. 1 Satz 1 KStG hat im vorliegenden Sachverhalt die Annahme einer (fiktiven) Nutzungsüberlassung zur Folge, die mit dem gemeinen Wert zu bewerten ist. Dies führt nach wohl überwiegender Auffassung im Schrifttum zum Ansatz einer jährlichen fremdüblichen Nutzungsvergütung („fiktive Lizenzgebühr") für den Zeitraum der Nutzungsüberlassung. Gegen diese Auffassung spricht allerdings, dass das deutsche Besteuerungsrecht hinsichtlich des (fiktiven) Entgelts für die Nutzungsüberlassung gem. Art. 15 Abs. 1 DBA-Frankreich weder beschränkt noch ausgeschlossen wird. Damit sind die Tatbestandsvoraussetzungen für die Anwendung des § 12 Abs. 1 Satz 1 KStG nicht erfüllt. Es verbleibt vielmehr bei einer Anwendung der allgemeinen Grundsätze der Betriebsstättengewinnermittlung, wonach nach dem Veranlassungsprinzip die für das gesamte Unternehmen entstandenen Aufwendungen und Erträge veranlassungsgerecht den Unternehmensteilen zuzuordnen sind.

Über den Anwendungsbereich des § 12 Abs. 1 Satz 1 KStG hinaus fehlt es nach innerstaatlichem Recht an einer Korrekturvorschrift, welche die Besteuerung von fiktiven Nutzungsüberlassungsvergütungen vorsieht. Eine Einkünftekorrektur nach § 1 AStG kommt mangels einer schuldrechtlichen Geschäftsbeziehung zwischen dem Stammhaus (A GmbH) und den französischen Betriebsstätten nicht in Betracht.

Art. 7 OECD-MA 2010 sieht nach Maßgabe des „Athorized OECD Approach" eine Selbständigkeitsfiktion im Verhältnis zwischen Stammhaus und Betriebsstätte vor. Danach

---

[58] Vgl. *Ditz*, Internationale Gewinnabgrenzung bei Betriebsstätten, Berlin 2004, S. 117; *Kroppen*, in: FS Herzig, Köln 2010, S. 1074.

würde im vorliegenden Sachverhalt ein fiktives Lizenzverhältnis zwischen dem Stammhaus (A GmbH) und den französischen Betriebsstätten angenommen werden. Gegen diese Vorgehensweise spricht allerdings, dass der Authorized OECD Approach erheblich von den bisherigen DBA-Regelungen abweicht. Eine Anwendung des Art. 7 OECD-MA 2010 scheidet daher bei der Auslegung des Art. 4 DBA-Frankreich (Unternehmensgewinne) aus. Zudem entfaltet Art. 7 OECD-MA für Zwecke der Gewinnermittlung (insbesondere der Frage des Ansatzes von fiktiven Nutzungsüberlassungsvergütungen) keine „self-executing"-Wirkung. Im Ergebnis ist damit die von der Betriebsprüfung vorgesehene Verrechnung von „fiktiven" Lizenzvergütungen mit Verweis auf Art. 7 Abs. 2 OECD-MA 2010 nicht sachgerecht.

Teil. V. Missbrauchsbekämpfung im Internationalen Steuerrecht

A. Holdinggesellschaften (Vodafone und anderes) (Pohl)   Fall 17

B. DBA-"Subject to Tax"-Klauseln,
   neues DBA Großbritannien, § 50 d Abs. 8 bis 10 EStG (Pohl)   Fall 18

C. Goldhandel und Progressionsvorbehalt (Salzmann)   Fall 19

A. Holdinggesellschaften (Vodafone und anderes)

Dr. Dirk Pohl, Rechtsanwalt, Fachanwalt für Steuerrecht, Steuerberater, München

I. Überblick

Holdinggesellschaften sind in der Konzernorganisation unverzichtbar. Da sie auch der internationalen Steuergestaltung und -optimierung dienen können, stehen sie – nicht nur in Deutschland – unter besonderer Beobachtung der Steuerbehörden. Die Abwehrgesetzgebung umfasst insbesondere:

- Nationale Missbrauchsvorschriften (ggf. unter treaty override); wirtschaftliche Betrachtungsweise;
- „beneficial ownership"-Regelungen in den DBA;
- Regelungen zur Ansässigkeit von Holding-Gesellschaften;
- „limitation on benefits"-Regelungen (LOB) in den DBA.

Neben der deutschen Abwehrgesetzgebung, vor allem

im Inbound-Fall:	§ 50d Abs. 3 EStG	§ 42 AO
im Outbound-Fall;	§ 42 AO „Basisgesellschaft"	§§ 7 - 14 AStG Hinzurechnungsbesteuerung,

sind hier die hochkomplexen Regelungen gerade im Verhältnis zu den USA mit der *limitation on benefits clause* in Art. 28 DBA USA zu nennen, die für Deutschland so nur im Verhältnis zu den USA gilt, in den US DBA aber zum Standard gehört (s. V. 2.).

Fall 17: 1. Durchgriff – Der Vodafone-Fall

Aber auch außerhalb der klassischen Industriestaaten stehen Holdinggesellschaften mittlerweile „under attack", wie z.B. der Durchgriff im indischen Vodafone-Fall zeigt. Vodafone International Holdings B.V. v. Union of India & Anr., Urteil des Bombay High Court vom 8. September 2010:

Teil V. Missbrauchsbekämpfung im Internationalen Steuerrecht

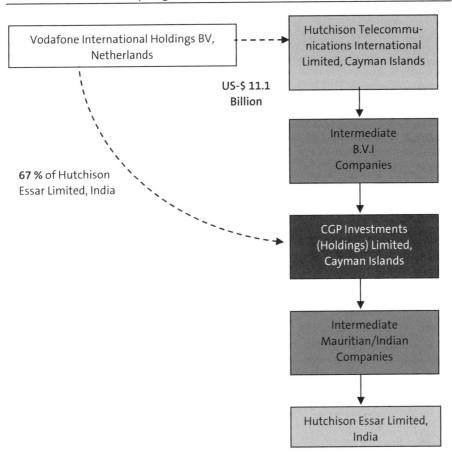

Im Jahr 2007 kaufte der britische Mobilfunkkonzern Vodafone durch seine niederländische Tochter Vodafone International Holdings B.V. für 11,1 Milliarden US-$ eine Mehrheitsbeteiligung in Höhe von 67 % an dem indischen Mobilfunkbetreiber Hutchison Essar. Es wurde jedoch nicht unmittelbar die indische Gesellschaft gekauft, sondern die auf den Cayman Islands ansässige CGP Investments (Holdings) Limited. Nach Auffassung der indischen Finanzverwaltung war die Erwerberin dennoch bei dem Kauf – wie im Fall des unmittelbaren Erwerbs einer indischen Gesellschaft – zur Einbehaltung und Zahlung von Quellensteuer in Höhe von 2,1 Milliarden US-$ in Indien auf den Kaufpreis verpflichtet. Mit Urteil vom 8. September 2010 entschied der Bombay High Court erstmals, dass auch der mittelbare Erwerb einer indischen Gesellschaft einer Quellenbesteuerung in Indien unterliegt, obwohl er sich außerhalb Indiens vollzieht.

Das Gericht begründet seine Entscheidung damit, dass wirtschaftlich betrachtet nicht der Erwerb der auf den Cayman-Inseln ansässigen CGP Investments (Holdings) Limited beabsichtigt war, sondern dass die in Indien ansässige Hutchison Essar Limited erworben werden sollte, die ihre Einkünfte in Indien erzielt. Es bestehe daher wie bei einem unmittelbaren Erwerb eine Verpflichtung zur Zahlung von Quellensteuer. Die Entscheidung ist noch nicht rechtskräftig. Vodafone hat das Urteil vor dem Indischen Supreme Court angefochten, das Vodafone bereits im November des vergangenen Jahres zu einer Sicherheitsleistung von 25 Mrd. Rupien (rd. US$ 554 Mio.) verpflichtet hat. In der bis Oktober 2011 andauernden mündlichen Verhandlung bezeichnete der Vertreter der Finanzverwaltung den Deal zwischen Vodafone und Hutch als „künstliche Steuerumgehungsgestaltung" (*„artificial tax avoidance scheme"*).Am 20. Januar 2012 entschied jedoch der Indische Supreme Court zugunsten von Vodafone. Danach stehe der Republik Indien für die Übertragung einer Beteiligung an einer außerhalb von Indien ansässigen Gesellschaft durch einen außerhalb Indiens ansässigen Verkäufer auf einen ebenfalls außerhalb Indiens ansässigen Käufer kein Besteuerungsrecht zu, auch wenn durch die Transaktion indirekt in Indien belegenes Vermögen betroffen ist. (Die Entscheidung ist noch nicht rechtskräftig. Die Indische Finanzverwaltung will gegen das Urteild es Supreme Court Revision einlegen.)

II. Beneficial Ownership – Indofoods

Im Jahr 2003 wurde der Kommentar zum OECD-Musterabkommen geändert und die Definition des *„benefical owners"* / Nutzungsberechtigten erweitert. So heißt es etwa in der Kommentierung zu Art. 12 des OECD-Musterabkommens:

> „Der Ausdruck „Nutzungsberechtigter" wird nicht in einem engen technischen Sinne verwendet, vielmehr sollte er aus dem Zusammenhang und im Lichte des Sinns und Zwecks des Abkommens einschließlich der Vermeidung der Doppelbesteuerung und der Verhütung der Steuerhinterziehung und -umgehung verstanden werden." (Ziff. 4 aE)

> „....eine Durchlaufgesellschaft [kann] normalerweise nicht als Nutzungsberechtigte angesehen werden, wenn sie, obwohl sie formal Nutzungsberechtigte ist, praktisch sehr enge Befugnisse hat, die sie in Bezug auf die fraglichen Einkünfte nur zu einem für Rechung der interessierten Parteien handelnden Treuhänder oder Verwalter machen." (Ziff. 4.1. aE)

Indofood International Finance Ltd. v. JPMorgan Chase Bank N.A., London Branch (Entscheidung des Court of Appeal vom 2. März 2006, EWCA Civ. 158)

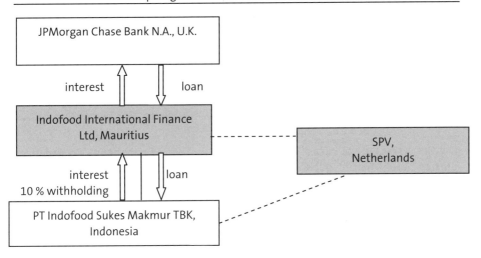

Zur Deckung des Finanzbedarfs der indonesischen Muttergesellschaft, *PT Indofood Sukes Makmur TBK*, sollte eine Anleihe auf den Markt gebracht werden. Eine entsprechende Anleihe mit einem Volumen von US-$ 280 Millionen und einem Zinssatz von 10,375 % wurde im Jahr 2002 aufgelegt. Als formaler Emittent der Anleihe fungierte jedoch nicht die indonesische *PT Indofood Sukes Makmur TBK* selbst, sondern die *Indofood International Finance Ltd*, eine auf Mauritus ansässige Tochtergesellschaft. Die Muttergesellschaft verbürgte sich für die Anleihe und die Tochtergesellschaft reichte den Erlös an die Muttergesellschaft weiter. Die Zwischenschaltung der Tochtergesellschaft auf Mauritius diente lediglich dem Zweck, die indonesische Quellensteuer von 20 % auf 10 % zu senken. Denn das Doppelbesteuerungsabkommen zwischen Indonesien und Mauritus sah für Zinszahlungen lediglich einen Quellensteuereinbehalt von 10 % vor. Der Anleihenvertrag beinhaltete eine Klausel, die es der Tochtergesellschaft ermöglichte die Anleihe vorzeitig zurückzuzahlen, wenn die günstige Regelung im Doppelbesteuerungsabkommen nicht mehr zur Anwendung kommen sollte und wenn keine andere Möglichkeit der Kompensation erreicht werden konnte. Als Indonesien ankündigte, im Jahr 2005 das DBA mit Mauritius kündigen zu wollen, schlug JP Morgan als Treuhänderin der Anleihenehmer vor, das Darlehen zwischen der auf den Mauritus ansässigen Tochtergesellschaft und der indonesischen Muttergesellschaft auf eine niederländische SPV zu übertragen. Dadurch sollte für die Zinszahlungen aus Indonesien eine Berechtigung zur Reduzierung der Quellensteuer, wie sie das DBA zwischen Indonesien und den Niederlanden vorsieht, erreicht werden. In der Zwischenzeit waren jedoch die Zinsen auf dem Kapitalmarkt so gefallen, dass ein wirtschaftliches Interesse der Tochtergesellschaft bestand, die Anleihe zu kündigen.

Es entstand ein Rechtsstreit über die zivilrechtliche Frage, ob der Treuhänder der Anleihe, die britische Bank, zur Abmilderung der Folgen aus der Kündigung des DBA die Einschaltung einer niederländischen Zwischengesellschaft verlangen konnte, oder ob sie eine Kündigung der Anleihe hinnehmen musste.

Das britische Gericht hatte also zu entscheiden, ob die indonesischen Steuerbehörden eine derartige Gestaltung anerkennen würden, so dass dieser Weg eine Alternative zur Kündigung der Anleihe darstellen konnte.

Der Britische Court of Appeal entschied, dass die Zwischenschaltung der niederländischen Gesellschaft in Indonesien nicht anerkennt werden würden, denn nicht die in Mauritus ansässige Tochtergesellschaft und damit einhergehend auch nicht die niederländische SPV sei als Nutzungsberechtigter („beneficial owner") der Zinsen, die die indonesische Muttergesellschaft an diese gezahlt hatte, anzusehen. Denn die Tochtergesellschaft war verpflichtet, den von der Muttergesellschaft gezahlten Zins an die Anleihenehmer weiterzureichen und sie verfügte auch nicht über eigne Mittel, so dass sie die Zinsen, die sie an die Anleihenehmer zahlen musste, hätte anderweitig finanzieren können. Außerdem berechnete sie der Muttergesellschaft den gleichen Zins, wie sie den Anleihenehmern zahlte. Daher hatte die Tochtergesellschaft keine uneingeschränkte Verfügungsmacht über den Gegenwert der Zinszahlungen. Aus diesem Grund sei keine der streitigen Holdinggesellschaften für eine Reduzierung der Quellensteuer nach dem jeweiligen Doppelbesteuerungsabkommen als berechtigt anzusehen.

III. Ansässigkeit einer Gesellschaft

Im Kommentar zum OECD-Musterabkommen zu Art. 1 heißt es:

„10.1. Auch kann in einigen Fällen die Inanspruchnahme von Abkommensvorteilen durch Tochtergesellschaften, insbesondere wenn sie in Steueroasen errichtet worden sind oder in den Genuss von schädlichen Vorzugsregelungen kommen, abgelehnt werden, wenn die sorgfältige Abwägung der Umstände eines Einzelfalls ergibt, dass der Ort der tatsächlichen Geschäftsleitung der Tochtergesellschaft nicht in ihrem angeblichen Ansässigkeitsstaat, sondern im Ansässigkeitsstaat der Muttergesellschaft liegt, so dass sie für Zwecke des innerstaatlichen Rechts und des Abkommens in letzterem Staat ansässig ist (dies wird von Bedeutung sein, wenn das innerstaatliche Recht eines Staats zur Bestimmung der Ansässigkeit einer Körperschaft auf den Ort der Geschäftsleitung oder ein ähnliches Merkmal abstellt).

10.2. Die sorgfältige Abwägung der Umstände eines Einzelfalls kann auch ergeben, dass die Geschäftsleitung der Tochtergesellschaft in der Weise in dem Staat der Ansässigkeit der Muttergesellschaft ausgeübt worden ist, dass die Tochtergesellschaft dort eine Betriebsstätte hatte (z.B. in Form eines Ortes der Geschäftsleitung), der ihre gesamten Gewinne oder ein wesentlicher Teil davon zutreffend zuzurechnen waren."

B. DBA-"Subject to tax"-Klauseln, neues DBA Großbritannien, § 50d Abs. 8 bis 10 EStG

Dr. Dirk Pohl, Rechtsanwalt, Fachanwalt für Steuerrecht, Steuerberater, München

Fall 18:

Die A GmbH, die B GmbH und die C GmbH jeweils mit Sitz und Geschäftsleitung in Deutschland beteiligten sich als Limited Partner an einer britischen Limited Partnership. Die Geschäftsführung der Limited Partnership erfolgte ausschließlich über eine britische Kapitalgesellschaft, dem General Partner mit Sitz und Geschäftsleitung in Großbritannien. Die ausschließlich vermögensverwaltend tätige Limited Partnership erwarb Anfang 01 in Großbritannien belegenen Grundbesitz. Vom Gesamtkaufpreis in Höhe von 100 GE entfielen 10 GE auf verschiedene Gegenstände der Geschäftsausstattung (sog. Fixtures). Nach dem britischen Capital Allowances Act (CAA) erlaubte Großbritannien in den Folgejahren lediglich Abschreibungen i.H.v. 1 GE p.a. auf die Fixtures, nicht jedoch auf Grund und Boden und das Gebäude selbst.

Neben den Mieteinkünften erzielte die Gesellschaft Zinserträge aus der kurzfristigen Anlage von Liquiditätsüberschüssen. Diese Zinsen wurden im Erstbescheid über die einheitliche und gesonderte Feststellung als in Deutschland freigestellte gewerbliche Einkünfte eingestuft.

Ende 05 wird die Immobilie an fremde Dritte veräußert. Vom Verkaufspreis i.H.v. 150 GE entfallen 9 GE auf die Fixtures. Mangels Ansässigkeit des Veräußerers in Großbritannien und fehlender Eigenschaft als Property Trader kam es in Großbritannien nicht zu einer Besteuerung nach dem Taxation of Chargeable Gains Act (TCGA). Allerdings waren auf der Basis des CAA die zuvor gewährten Abschreibungen bis zur Höhe der ursprünglichen Anschaffungskosten *„nachzuversteuern"*, soweit der auf die Fixtures entfallende Veräußerungspreis deren Restbuchwert überstieg (sog. *„claw-back"*). Die geltend gemachten Abschreibungen (d.h. 5 GE) mussten damit *„nachversteuert"* werden, soweit diese sich in Anbetracht des Veräußerungsgewinns als *„zu hoch"* erwiesen haben (d. h. hier i.H.v. 4 GE).

Wie sind Zinsen sowie der Veräußerungsgewinn in Deutschland zu versteuern?

(Der Fall ist an Sachverhalt des BFH-Urteils vom 9. Dezember 2010, I R 49/09, BStBl II 2011, 482, angelehnt).

Teil V. Missbrauchsbekämpfung im Internationalen Steuerrecht

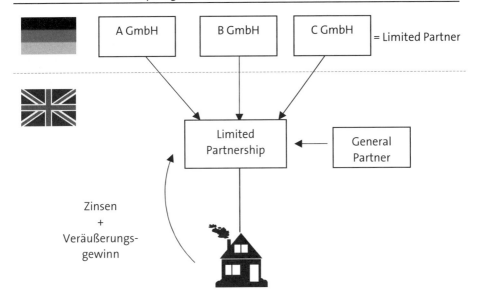

Lösungshinweise:

Schrifttum: *Bahns/Sommer*, Neues DBA mit Großbritannien in Kraft getreten – ein Überblick, IStR 2011, 201; *Brodersen/Duttiné*, Anm. zu BFH Urteil v. 9. Dezember 2010, I R 49/09, BB 2011, 1057, 1062 ff.; *Buciek*, Anm. zu BFH Urteil v. 9. Dezember 2010, I R 49/09, IStR 2011, 263, 268 f.; *Büttgen/Kaiser/Raible*, Praxishinweise zum neuen DBA mit Großbritannien, BB 2011, 862; *Eisenack/Pohl*, Altes und Neues zur Besteuerung von Immobilieninvestitionen in Großbritannien, IStR 2011, 259; *Schmidt*, Anm. zu BFH Urteil v. 9. Dezember 2010, I R 49/09, *Schmidt*, Anm. zu BFH Urteil v. 9. Dezember 2010, I R 49/09, GWR 2011, 174; *Schütz*, Anm. zu BFH Urteil v. 9. Dezember 2010, I R 49/09, SteuK 2011, 177.

I. Neues DBA-GB

1. Die Bundesrepublik Deutschland hat mit dem Vereinigten Königreich Großbritannien und Nordirland am 30. März 2010 ein neues Doppelbesteuerungsabkommen auf dem Gebiet der Steuern vom Einkommen und Vermögen abgeschlossen. Das Zustimmungsgesetz datiert auf den 18. November 2010 (BGBl. II 2010, 1333). Das neue DBA trat am 30. Dezember 2010 in Kraft. Es ist in Deutschland auf Veranlagungszeiträume beginnend ab dem am 1. Januar 2011 anwendbar. In Großbritannien kommt das Abkommen entsprechend dem Beginn des britischen Steuerjahres seit dem 6. April 2011 für die *income tax* und die *capital gains tax* bzw. seit dem 1. April 2011 für die *corporation tax* zur Anwendung.

2. Das Abkommen ersetzt das bisherige DBA vom 26. November 1965 (BGBl. II 1966, 359) in der Fassung des Revisionsprotokolls vom 23. März 1970 (BGBl. II 1971, 45). Es erfolgte ein Anpassung des Abkommens an die aktuelle Abkommenspolitik beider Staaten. Dabei orientiert es sich weitgehend am OECD-Musterabkommen (in der Fassung vom 17. Juli 2008). Die bisherige Gliederung mit römischen Ziffern wurde auf arabische Ziffern umgestellt.

3. Auf folgende wesentliche Änderungen ist hinzuweisen:
Dividenden, Art. 10 DBA-GB: Im Falle einer Schachtelbeteiligung beträgt der Quellensteuersatz maximal 5 % des Bruttobetrags der Dividenden. Eine solche Beteiligung liegt vor, wenn es sich beim nutzungsberechtigten Empfänger um eine Gesellschaft handelt, die mindestens 10 % des Kapitals der ausschüttenden Gesellschaft hält. Allerdings darf die Empfängergesellschaft keine deutsche Personengesellschaft sein. Insoweit erfolgte im Vergleich zum bisherigen Art. VI DBA a.F. eine Absenkung der Beteiligungshöhe von bisher 25 % um 15 %-Punkte. (Hinweis: Allerdings entfällt nach der Mutter-Tochter-Richtlinie vom 23. Juni 1990, ABl. EG Nr. L 225, S. 6, zuletzt geändert durch RL. vom 22. Dezember 2003, ABl. EG 2004, Nr. L 7, S. 41, für eine in einem EU-Mitgliedsstaat ansässige Muttergesellschaft die Quellensteuer vollständig, wenn die Muttergesellschaft an der Tochtergesellschaft mindestens zu 10 % beteiligt ist und die Beteiligung 12 Monate ununterbrochen bestanden hat.) Für Altersvorsorgeeinrichtungen (*„pension schemes"*) als Nutzungsberechtigtem beträgt der Quellensteuersatz 10 %. In allen übrigen Fällen (z.B. für Streubesitzdividenden) beträgt der Quellensteuersatz 15 % des brutto Dividendenbetrages.

Remittance Basis Taxation, Art. 24 DBA-GB: Die sog. *„remittance basis taxation"* sieht vor, dass eine Besteuerung ausländischer Einkünfte und Vermögenswerte nach britischem Recht erst und nur dann vorgenommen wird, wenn diese Einkünfte vom Ausland nach Großbritannien transferiert worden sind. Damit werden ausländische Einkünfte von in Großbritannien ansässigen Steuerpflichtigen (*„resident but not domiciled"*), nur dann einer britischen Besteuerung unterworfen, wenn diese Einkünfte nach Großbritannien gelangen.

Das britische Steuerrecht unterscheidet zwischen Personen, die als nicht ansässig gelten und daher nur mit ihren Einkünften aus britischen Quellen besteuert werden, und zwischen Ansässigen, die grundsätzlich mit ihrem gesamten Welteinkommen der Besteuerung in Großbritannien unterliegen. Allerdings wird innerhalb der Gruppe der Ansässigen weiter zwischen Personen mit *residence* und solchen mit *domicilie* in Großbritannien unterschieden. Beide Begriffe orientieren sich an den tatsächlichen Verhältnissen. Als resident gilt, wer in Großbritannien ansässig ist. Im Gegensatz hierzu hat jemand unter der zusätzlichen subjektiven Voraussatzung sein *domicile* in Großbritannien, wenn er sich dort als beheimatet fühlt. Wer mindestens sieben der vergangenen neun Jahre *resident*, aber nicht *domiciled* war bzw. nicht *ordinarily resident* in Großbritannien war, kann für sich die *remittance basis taxation* in Anspruch nehmen, wenn er pauschal einen jährlichen Betrag von 30.000 GBP entrichtet.

Durch Art. 24 DBA-GB soll verhindert werden, dass es durch diese Form der Besteuerung zu einer doppelten Nicht- oder Niedrigbesteuerung kommt. Die durch Deutschland zu gewährenden Steuerbefreiungen und Steuerermäßigungen werden deshalb auf den Teil der Einkünfte beschränkt, der tatsächlich in das Vereinigte Königreich überwiesen und dort besteuert wird.

Auch nach Art. 2 Abs. 2 des DBA in der bisherigen Fassung bestand bereits ein sog. Repatriierungsvorbehalt, der der Besonderheit der *remittance basis taxation* Rechnung tragen sollte. Allerdings kam der Vorschrift nicht die Bedeutung einer eigenständigen subject to tax-Klausel zu, die auf alle Einkünfte anzuwenden gewesen wäre, sondern sie setzte das Bestehen einer subject to tax-Klausel voraus, die sie konkretisierte. Sie war deshalb z.B. auf Veräußerungsgewinne nach Art. VIII DBA a.F. nicht anwendbar (s. *Beckmann*, in: Debatin/Wassermeyer DBA, Art. II DBA-GB, Rn. 55).

4. Durch die Anpassung des DBA an das OECD-Musterabkommen stimmt eine Vielzahl der Änderungen mit den Anpassungen überein, wie sie auch im neuen DBA mit Irland vorgenommen wurden. Hierauf sei, insbesondere mit Blick auf folgende Aspekte verwiesen:

- *Unternehmensgewinne*, Art. 7 DBA: Auch hier kam noch die alte Fassung des OECD-MA zur Anwendung.
- Seeschiffe oder Luftfahrzeuge, Art. 8 DBA
- Verbundene Unternehmen, Art. 9 DBA
- Zinsen und Lizenzgebühren, Art. 11 und 12 DBA
- Veräußerung von Vermögen, Art. 13 DBA
- Einkünfte aus unselbständiger Arbeit, Art. 14 DBA
- Ruhegelder und Renten, Art. 17 DBA
- Offshore Activities, Art. 20 DBA

II. Subject to tax Klauseln

1. Im DBA von 1965/1970 erstreckte sich die "*subject to tax*"-Klausel nach Art. XVIII Abs. 2 lit. a DBA-GB nur auf Gewinne aus der Veräußerung von Grundstücken.

2. Die "*subject to tax*"-Klausel in Art. 23 Abs. 1 lit. a) des neuen DBA-GB ist nicht mehr nur auf die Besteuerung von Gewinnen aus Grundstückveräußerungen beschränkt, sondern findet generelle Anwendung. Danach hat eine Steuerfreistellung von Einkünften aus britischen Quellen in Deutschland als Ansässigkeitsstaat zur Voraussetzung, dass diese Einkünfte in Großbritannien tatsächlich besteuert werden. Eine abstrakte Steuerpflicht dürfte hierfür nicht genügen. Vielmehr ist anzunehmen, dass eine tatsächliche Besteuerung erfolgte. Nach der Regierungsbegründung (s. Denkschrift zu Art. 23 DBA) sollen Einkünfte als nicht tatsächlich besteuert anzusehen sein, wenn sie nicht steuerbar sind, aufgrund einer sachlichen oder persönlichen Steuerbefreiung nicht besteuert wurden oder eine Besteuerung nicht durchgeführt wurde.

3. Ob es Art. 23 Abs. 1 lit. a) des neuen DBA-GB auch im Falle einer sog. *claw-back of capital allowances*, also der Besteuerung von zuvor vorgenommenen Abschreibungen, zu einer Anwendung der "*subject to tax*"-Klausel und damit zu einer Versagung der Freistellungsmethode kommt, ist nach der Entscheidung des BFH vom 9. Dezember 2010 (I R 49/09, BStBl II 2011, 482) sehr fraglich. In der Lit. wird hierzu – zumindest vor Veröffentlichung des BFH-Urteils vom 9. Dezember 2010 unter Berücksichtigung der Auffassung der Vorinstanz (FG Düsseldorf v. 28. April 2009, 17 K 1070/07 F) – vertreten, dass die Besteuerung von zuvor vorgenommenen Abschreibungen die Voraussetzung des Art. 23 Abs. 1 lit. a) DBA-GB erfüllt, so dass die Veräußerungsgewinne freizustellen sind. Denn in diesem Fall wird eine Besteuerung in Großbritannien vorgenommen – auch wenn sie sich in Form einer Nachbesteuerung auf die zuvor geltenden gemachten Abschreibungen darstellt und den Veräußerungsgewinn bei isolierter Betrachtung – je nach Sachverhalt – als steuerlich nicht relevant ansieht. Hierbei handelt es sich lediglich um einen steuersystematischen Unterschied, der – da tatsächlich eine Besteuerung erfolgt – nichts an der Steuerfreistellung nach Art. 23 DBA ändern darf. Hätten die Vertragsparteien zu einem anderen Ergebnis kommen wollen, hätte man im Vertragstext auf das Kriterium der (tatsächlichen) „*Steuerzahlung*" abstellen müssen (vgl. Bahns/Sommer, IStR 2011, 201, 207).

III. Zum Fall

1. **Zinsen**: Bei der britischen Limited Partnership handelt es sich nach deutschem Steuerrecht um eine gewerblich geprägte Personengesellschaft nach § 15 Abs. 3 Nr. 2 EStG. Dies hat zur Folge, dass die auf der Ebene der Limited Partnership erzielten Zinseinkünfte als gewerbliche Einkünfte (um-)qualifiziert werden. Soweit diese Qualifikation auf das Abkommen durchschlägt, könnten die Zinsen als Unternehmensgewinne einer britischen Betriebsstätte in Deutschland von der Besteuerung gem. Art. XVIII Abs. 2 lit. a i.V.m. Art. III, Art- VII Abs. 5 DBA a.F. freizustellen sein

(vorausgesetzt es besteht eine Geschäftsleitungs-Betriebsstätte in Großbritannien, der die Zinsen zugeordnet werden können). Jedoch kennt das britische Recht keine „*gewerbliche Prägung*", so dass aus britischer Sicht eine Zuordnung zu einer britischen Betriebsstätte nicht möglich ist. Bei Eingreifen des Zinsartikels (Art. VII Abs. 1 DBA a.f.) besteht ein Besteuerungsrecht in Deutschland, nicht in Großbritannien.

2. Die Finanzverwaltung vertritt die Auffassung, dass entsprechend Art. 3 Abs. 2 OECD-MA die Qualifikation nach deutschem Recht maßgeblich ist und rechnet daher zu den „*Gewinnen eines Unternehmens*" bzw. zu den „*gewerblichen Gewinnen*" auch die Gewinne gewerblich geprägter sowie gewerblich infizierter Personengesellschaften. Diese Auffassung vertrat die Finanzverwaltung bereits im Betriebsstättenerlass vom 24. Dezember 1999 (BMF-Schreiben v. 24. Dezember 1999, BStBl. I 1999, 1076, Tz. 2.2.1) und bestätigte diese zuletzt im BMF-Schreiben vom 16. April 2010 (BStBl. I 2010, 354, T. 2.2.1). Danach wären die von der gewerblich geprägten Limited Partnership erzielten Zinserträge abkommensrechtlich als Unternehmensgewinne zu qualifizieren.

3. Im Schrifttum hingegen wurde überwiegend auf eine abkommensautonome Auslegung abgestellt. Danach ist die Vermögensverwaltung dem Typusbegriff Unternehmen nicht zuzuordnen (s. *Hemmelrath*, in: Vogel/Lehner, DBA, 5. Aufl. 2008, Art. 7, Rn. 57; vgl. *Weassermyer*, in: Debatin/Wassermeyer, DBA, Art. 7 MA, Rn. 16a, 49, 85; *Bahns*, in: Debatin/Wassermeyer, DBA, Art. III Großbritannien, Rn. 30; *Krabbe*, IStR 2002, 145).

4. Dieser Ansicht hat sich zwischenzeitlich auch der BFH angeschlossen (BFH, Urteil v. 28. April 2010, I R 81/09, IStR 2010, 525). Nach Ansicht des BFH hat der abkommensspezifische Zusammenhang nach Art. 3 Abs. 2 DBA-USA Vorrang. Für diese Auffassung spricht auch, dass § 15 Abs. 3 Nr. 2 EStG die Einkünfte gewerblich geprägter Gesellschaften lediglich als gewerbliche Einkünfte fingiert, so dass nach der mangels einer eigenständigen Definition im Abkommen maßgeblichen Sicht Deutschlands als Anwenderstaat begrifflich zumindest keine „*originären*" DBA-Unternehmensgewinne vorliegen können. In seiner Entscheidung vom 9. Dezember 2010 (a.a.O.) hat der BFH diese Auffassung für die insoweit wortgleiche Regelung in Art. II Abs. 3 DBA-GB a.F. bestätigt. Klarstellend weist der BFH darüber hinaus darauf hin, dass es dabei unerheblich ist, ob in einem DBA von „*gewerblichen Gewinnen*" oder von „*Unternehmensgewinnen*" die Rede ist. Die höchstrichterliche Rspr. dürfte mithin insoweit als (endgültig) gefestigt anzusehen sein. Eine Reaktion der Finanzverwaltung ist bisher noch nicht erfolgt.

5. Trotz ihrer gewerblichen Prägung greift für die von der Limited Partnership erzielten Zinserträge daher abkommensrechtlich ausschließlich der Zinsartikel ohne Betriebsstättenvorbehalt (Art. VII DBA a.f.).

6. **Veräußerungsgewinn**: Für die Veräußerung einer Immobilie einschließlich der Gegenstände der Geschäftsausstattung (sog. *Fixtures*) greift einheitlich die Abkommensbestimmung über die Veräußerung von unbeweglichem Vermögen. Entsprechend können daher nach Art. VIII DBA-GB a.f. im Belegenheitsstaat Großbritannien besteuert werden.

7. Jedoch ist in Deutschland der Veräußerungsgewinn nach der *"subject to tax"*-Klausel des Art. XVIII Abs. 2 lit. a Hs. 2 DBA-GB a.F. nur dann von der Besteuerung freizustellen, wenn dieser in Großbritannien steuerpflichtig ist. Da in Großbritannien mangels Einstufung der deutschen Gesellschaft als Property Trader keine Besteuerung nach dem Taxation of Chargeable Gains Act (TCGA) stattfindet, kommt es darauf an, ob die Rückgängigmachung der in Großbritannien erlaubten Abschreibungen – die sog. *„claw-back"*-Besteuerung – für die *„subject to tax"*-Klausel als Veräußerungsgewinnbesteuerung anzusehen ist.

8. In der finanzgerichtlichen Rechtsprechung inzwischen gesichert – und durch die vorliegende Entscheidung des BFH nochmals im Grundsatz bestätigt – ist, dass es für die Freistellung eines Veräußerungsgewinns in Deutschland allein darauf ankommt, ob nach dem Recht Großbritanniens *„abstrakt"* eine Steuerpflicht besteht. Denn nach dem eindeutigen Wortlaut des Art. XVIII Abs. D 2 lit. a Hs. 2 DBA-GBR greift die Freistellung, wenn (und nicht etwa soweit!) sich wegen der Veräußerung eine Steuerpflicht in Großbritannien ergibt. Maßgeblich ist mithin keine quantitative, sondern eine qualitativ-konditionale Betrachtungsweise (so BFH vom 27. August 1997, I R 127/95, BStBl II 1998, 58 zum insoweit wortgleichen DBA-Kanada). Für die Beurteilung der Besteuerung in Deutschland ist es damit weder nötig noch möglich, den betreffenden Gewinn *„zu sezieren und in seine Einzelteile zu zerlegen"* (Hey, RIW 1997, 82).

9. Nach Auffassung des BFH (Urteil v. 9. Dezember 2010, a.a.O.) ist die *„claw-back"*-Besteuerung jedoch nicht als Veräußerungsgewinnbesteuerung konzipiert, weil die Veräußerung lediglich die Rückforderung eines in der Vergangenheit gewährten Steuervorteils auslöst. Dieser Auffassung wird man entgegenhalten können, dass auch nach deutschem Steuerrecht die „Aufholung" von in der Vergangenheit gewährten Abschreibungen regelmäßig Bestandteil der Ermittlung eines Veräußerungsgewinns ist. Es ist daher – unabhängig von der gänzlich unterschiedlichen Besteuerungssystematik in Großbritannien – u.E. nicht ersichtlich, warum diese Besteuerung aus deutscher Sicht nicht als Veräußerungsgewinnbesteuerung angesehen werden kann. Dies widerspricht Grundprinzipien der deutschen Gewin-

nermittlung und verwundert umso mehr, als der BFH ausweislich der Entscheidungsbegründung die „*qualitativ-konditionale*" Betrachtungsweise als weiterhin allein maßgeblich ansieht. Auch der OECD-MK Nr. 12 zu Art. 13 OECD-MA stellt darüber hinaus klar, dass die Berechnung eines Veräußerungsgewinns dem innerstaatlichen Recht des Anwenderstaates überlassen bleibt. Es ergibt sich daraus – und aus den bei OECD-MK Nr. 15 zu Art. 13 OECD-MA angeführten Überlegungen – u. E. gerade nicht, dass die Aufholung von Abschreibungen gewissermaßen ein „*aliud*" zur Veräußerungsgewinnbesteuerung darstellen soll. Die Auffassung des BFH überzeugt daher nicht.

10. Folgt man der Auffassung des BFH, dann stellt sich allerdings die Frage, wie der nach diesen Grundsätzen in Deutschland steuerpflichtige Veräußerungsgewinn zu ermitteln ist. Nach den Feststellungen des FG hatte das Finanzamt im streitgegenständlichen Fall den in Deutschland steuerpflichtigen Veräußerungsgewinn als Differenz aus Veräußerungspreis und Anschaffungskosten abzüglich der Veräußerungskosten ermittelt. Diese Feststellungen des FG hat der BFH auch in rechtlicher Hinsicht nicht beanstandet. Zu einer Anrechnung der britischen Steuer auf den Teil des Veräußerungsgewinns, der auf die nicht dem tatsächlichen Wertverzehr entsprechenden Abschreibungen entfällt, äußert sich der BFH allerdings nicht. Im Ergebnis ist der Steuerpflichtige damit einer Doppelbesteuerung ausgesetzt (im Urteilsfall durchaus in namhafter Größe). Damit besteht die Gefahr, dass die Anwendung der „*subject to tax*"-Klausel unberechenbar wird, weil es am Ende nicht mehr um ihre Anwendung in einem klaren Fall der Nichtbesteuerung geht, sondern darum, ob eine ausländische Besteuerung auch alle wesentlichen Einkunftsteile umfasst und bei wertender Betrachtung als „*genügend hoch*" eingestuft wird.

IV. § 50d Abs. 8 bis 10 EStG

Im Urteilsfall ergab sich eine auch für die Praxis wichtige Besonderheit, die hier zu einer Zurückverweisung der Sache an das FG führte. Wegen § 176 Abs. 2 AO darf bei der Änderung eines Steuerbescheides nicht zuungunsten des Steuerpflichtigen berücksichtigt werden, dass eine allgemeine Verwaltungsvorschrift einer obersten Bundesbehörde von einem obersten Gerichtshof des Bundes als nicht mit dem geltenden Rechts des Bundes in Einklang stehend bezeichnet worden ist. Werden also in einem Steuerbescheid – der Auffassung des BMF entsprechend – die ausländischen Einkünfte einer gewerblich geprägten Personengesellschaft abkommensrechtlich als Unternehmensgewinne qualifiziert und daher von der Besteuerung in Deutschland freigestellt, dann können diese Einkünfte grundsätzlich nicht in einem späteren Änderungsbescheid zum Nachteil des Steuerpflichtigen als in Deutschland steuerpflichtige Zinseinkünfte behandelt werden. (Dies setzt allerdings voraus, dass der Änderungsbescheid zeitlich nach der Änderung der Rspr. erlassen worden ist, vgl. BFH v. 20. Dezember 2000,

I R 50/95, BStBl. II 2001, 409; Diese Einschränkung erscheint u.E. allerdings verfassungsrechtlich und mit Blick auf den Wortlaut der Vorschrift bedenklich. *Loose*, in: Tipke/Kruse, AO, § 176, Rn. 20 ff. erwähnt die Beschränkung nicht, während v. *Groll*, in: Hüpschmann/Hepp/Spittaler, AO § 176, Rn. 213 mit dem BFH übereinstimmt.). Nach dem BFH gilt dies unabhängig davon, ob wegen § 50d Abs. 9 Nr. 1 EStG eine Freistellung in Deutschland möglicherweise nicht gewährt werden darf. U.E. zielt die Auffassung des BFH damit letztlich auf eine verfassungskonforme Einschränkung des § 50d Abs. 9 EStG. Nach Auffassung des BFH soll die Regelung des § 50d Abs. 9 EStG die abkommensrechtliche Lage entweder klarstellen oder überspielen. Sie darf dabei aber nach § 176 Abs. 2 AO zumindest das Vertrauen in eine vorherige Steuerfestsetzung (auch ggf. unter dem Vorbehalt der Nachprüfung) auf der Grundlage eines BMF-Schreibens nicht entwerten. Es bleibt abzuwarten, ob daran anknüpfend nun generell Vertrauensschutz in allen Fällen zu gewähren ist, in denen § 50d Abs. 9 EStG rückwirkend in einem Änderungsbescheid zur Anwendung kommen soll – und ob aus den unilateralen deutschen switch over und treaty override Vorschriften in § 50d Abs. 9 und 10 EStG damit letztlich doch „*zahnlose Tiger*" (*Schmidt*, DStR 2010, Heft 38, S. VI) werden. (Zu grundsätzlichen Zweifeln an der verfassungsrechtlichen Zulässigkeit des unilateralen treaty override vgl. *Gosch*, IStR 2008, 413 ff.)

C. Goldhandel und negativer Progressionsvorbehalt

Dr. Stephan Salzmann, Rechtsanwalt und Steuerberater, LKC Rechtsanwaltsgesellschaft mbH, München

Fall 19:

Die Brüder A, B und C, wohnhaft in Deutschland, sind als alleinige Kommanditisten an einem namhaften Medizintechnikunternehmen beteiligt. Sie veräußern ihre Beteiligungen per 30.09.2010 mit einem Veräußerungsgewinn in Höhe von jeweils € 10 Mio., weitere wesentliche Einkünfte erzielen sie im VZ 2010 nicht. Mit Gesellschaftsvertrag vom 01.12.2010 gründen sie in Luxemburg eine Personengesellschaft in der Rechtsform einer S.à.r.l. & S.e.c.s. (im Folgenden: „LuxKG") luxemburgischen Rechts (vergleichbar einer GmbH & Co. KG). Sie leisten Einlagen von jeweils € 11 Mio, die sie zu 50 % fremdfinanzieren. Gegenstand des Unternehmens ist der Edelmetallhandel unter Einsatz von Derivaten zur Risikobegrenzung. Zu diesem Zweck ist auch Fremdkapitalaufnahme erlaubt. Das Geschäftsjahr entspricht dem Kalenderjahr. Zum geschäftsführenden Gesellschafter wird A bestellt. Der Geschäftsbetrieb der LuxKG wird ab 13.12.2010 von angemieteten Büroräumen in Luxemburg aus von einem angestellten Mitarbeiter („Manager") abgewickelt, der damit betraut ist, die Handelsgeschäfte der Klägerin entsprechend den Anweisungen des geschäftsführenden Gesellschafters durchzuführen. Zur Ingangsetzung des Geschäftsbetriebs schließt A am 13.12.2010 einen Rahmenkreditvertrag sowie einen Golddepotvertrag mit einer Bank in Luxemburg ab. Zudem erhält die LuxKG die Möglichkeit, telefonisch Direktaufträge an der Handelsplattform der Bank zu platzieren. Auf dieser Grundlage werden im Dezember 2010 Goldbarren für insgesamt € 33 Mio. angeschafft. Unter Berücksichtigung weiterer laufender Kosten, insbesondere für das Büro in Luxemburg, Managergehalt, Beraterentgelte sowie Partner-Reisekosten entsteht der LuxKG im Rumpfwirtschaftsjahr 2010 ausweislich einer Einnahmen-Überschussrechnung nach § 4 Abs. 3 EStG ein Verlust in Höhe von € 33,1 Mio. Die nach luxemburgischem Recht zu erstellende Handelsbilanz zum 31.12.2010 weist ein in etwa ausgeglichenes Ergebnis aus. Die im Dezember 2010 angeschafften Goldpositionen werden im Laufe des Jahres 2011 nach und nach mit Gewinn veräußert und die Gesellschaftereinlagen so weit reduziert, dass die Fremdfinanzierung der Gesellschafter zurückgeführt werden kann. Mit den verbleibenden Mitteln sowie mit Hilfe von Bankkrediten werden die Goldpositionen je nach Marktsituation von der LuxKG wieder aufgebaut. Das zuständige Finanzamt erlässt einen negativen Feststellungsbescheid für den VZ 2010 und weigert sich, Feststellungen nach § 180 Abs. 5 AO zu treffen. Zu Recht?

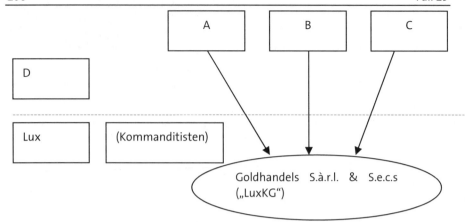

Lösungshinweise:

Rechtsprechung: BFH v. 13.09.1989, I R 117/87, BStBl. II 1990, S. 57; BFH v. 22.02.2004, I R 42/02, BStBl. II 2005, S. 14; BFH v. 02.09.2008, X R 14/07, BFH/NV S. 2012; BFH v. 08.04.2009, I B 223/08, IStR S. 503 (mit Anm. Wassermeyer); BFH v. 19.08.2009, III R 31/07, BFH/NV S. 844; BFH v. 28.04.2010, I R 81/09, BFH/NV S. 1550; BFH v. 09.12.2010, I R 49/09, BStBl. II 2011, S. 482; BFH v. 24.08.2011, I R 46/10, IStR 2011, S. 925 (mit. Anm. Wassermeyer); Sächsisches FG v. 05.05.2010, 8 K 1853/09, n.v.; Hessisches FG v. 29.10.2010, 11 V 252/10, IStR 2011, S. 116 (mit Anm. Rohde)

Schrifttum: *Baranowski*, Zur Ermittlung der Umrechnung ausländischer Einkünfte, DB 1992, S. 240; *Drüen*, „Präzisierung" und „Effektuierung" des § 42 AO durch das Jahressteuergesetz 2008 ? Ubg. 2008, S. 31; *Hey*, Spezialgesetzgebung und Typologie zum Gestaltungsmissbrauch, DStJG 33 (2010) S. 139; *Naujok*, Anmerkungen zum Anwendungsschreiben zu § 15 EStG vom 17.07.2007, DStR 2007, S. 1601; *Schmidt/Heinz*, Steuerliche Ergebnismittlung einer ausländischen Personen(handels)gesellschaft für deutsche Beisteuerungszwecke, GmbHR 2008, S. 581; *Spindler*, § 42 AO n. F. – was hat sich geändert? StbJb 2008/2009, S. 39; *Stahl/Mann*, Die Missbrauchsvorschrift des § 4 Abs. 3 Satz 4 Alt. 2 EStG für Wertpapiere und vergleichbare Forderungen und Rechte, FR 2011, S. 1139

I. Verfahrensrecht

Auch im Falle von abkommensrechtlich freizustellenden Auslandseinkünften erfolgt eine einheitliche und gesonderte Feststellung der betreffenden Einkünfte, soweit die freigestellten Einkünfte bei der Festsetzung der Steuern der beteiligten Personen „von Bedeutung sind" (§ 180 Abs. 5 Nr. 1 AO). Dies ist im Hinblick auf den (positiven oder negativen) Progressionsvorbehalt regelmäßig der Fall. Wenn mehrere Steuerinländer an einer ausländischen Personengesellschaft beteiligt sind, erfolgt die Feststellung dabei auf Ebene dieser Gesellschaft (hier: LuxKG), es sei denn, die Inlandsbeteiligten sind an der ausländischen Personengesellschaft ihrerseits ausschließlich über eine inländische Personengesellschaft beteiligt (BFH v. 09.07.2003, I R 5/03, BFH/NV 2004, S. 1 und v. 09.12.2010, I R 49/09, BStBl. II 2011, S. 482). Es wäre daher vorliegend ein die LuxKG betreffendes Feststellungsverfahren durchzuführen (vgl. zur örtlichen Zuständigkeit BMF v. 11.12.1989, BStBl. I, S. 470). Folgerichtig sollte die LuxKG ebenso wie inländische Personengesellschaften (vgl. BFH v. 18.05.2004, IX R 83/00, BStBl. II 2004, S. 898 und v. 27.05.2004, IV R 48/02, DStRE S. 1250) im Verfahren der einheitlichen und gesonderten Einkünftefeststellung beteiligtenfähig und klagebefugt sein.

II. Abkommensrechtliche Freistellung der über die LuxKG erzielten Einkünfte

1. Betriebsstättenprinzip

Die von A, B und C als inländischen Beteiligten aufgrund ihrer Beteiligung an der LuxKG erzielten Einkünfte sind in Deutschland freizustellen, wenn sie als Mitunternehmer der LuxKG Einkünfte aus einem gewerblichen Unternehmen bezogen haben, dessen Tätigkeit sich auf das Gebiet von Luxemburg als Quellenstaat erstreckt, und diese Einkünfte auf eine dort befindliche Betriebsstätte entfallen (Art. 20 Abs. 2 Satz 1 i. V. m. Art. 5 Abs. 1 DBA-Luxemburg). Solche Einkünfte unterliegen grundsätzlich nach Art. 20 Abs. 2 Satz 2 i. V. m. § 32b Abs. 1 Satz 1 Nr. 3 EStG dem – positiven wie negativen – Progressionsvorbehalt.

2. Gewerbliche Prägung der LuxKG

Zunächst stellt sich die Frage, ob die Inlandsbeteiligten über die LuxKG als Mitunternehmer „Einkünfte aus einem gewerblichen Unternehmen" bezogen haben. Der Begriff ist im Abkommen selbst nicht definiert. Art. 2 Abs. 1 Nr. 5 DBA-Luxemburg zeigt aber, dass insoweit ein Rückgriff auf das jeweilige innerstaatliche Recht nach Art. 2 Abs. 2 DBA-Luxemburg zulässig ist. Für Deutschland als Anwendestaat gilt daher der innerstaatliche Begriff des Gewerbebetriebs nach § 15 Abs. 2 Satz 1 EStG (vgl. Siegers, in: Debatin/Wassermeyer Luxemburg Art. 5 Rz. 36).

Nach der Rechtsprechung des BFH (zuletzt Urteil vom 24.08.2011, I R 46/10, IStR 2011, S. 925; jetzt auch II. Senat mit Urteil v. 04.05.2011, BFH/NV S. 1637) genügt jedoch eine gewerbliche Prägung der Personengesellschaft nicht, um zur Begründung eines abkommensrechtlichen gewerblichen Unternehmens zu gelangen (a. A. zumindest für den Inbound-Fall die Finanzverwaltung: BMF v. 16.04.2010, BStBl. I S. 354, Tz 2.2.1; vgl. zur Auffassung der Finanzverwaltung auch Hessisches FG a.a.O., unter 2 a) bb)). Eine gewerbliche Prägung der LuxKG wäre hier anzunehmen, da die S.à.r.l. auch als ausländische Kapitalgesellschaft die Geprägewirkung des § 15 Abs. 3 Nr. 2 EStG entfalten kann (vgl. BFH v. 14.03.2007, XI R 15/05, BStBl. II, S. 924).

3. Gewerbliche Tätigkeit der LuxKG

Wenn demnach die LuxKG als Personengesellschaft für abkommensrechtliche Zwecke eine tatsächliche gewerbliche Betätigung nach § 15 Abs. 2 Satz 1 EStG ausüben muss, sind die dort genannten Tatbestandsmerkmale der Selbständigkeit, der Nachhaltigkeit und der Gewinnerzielungsabsicht hier ohne weiteres erfüllt. Näher zu prüfen sind die Beteiligung am allgemeinen wirtschaftlichen Verkehr sowie das Hinausgehen über den Bereich der privaten Vermögensverwaltung.

a) Beteiligung am allgemeinen wirtschaftlichen Verkehr

Eine Beteiligung am allgemeinen wirtschaftlichen Verkehr erfordert eine am Markt gegen Entgelt und für Dritte äußerlich erkennbar angebotene Tätigkeit. Hierfür genügt die Erkennbarkeit für einen oder mehrere Auftraggeber (vgl. BFH v. 26.06.2007, IV R 49/04, BStBl. II 2009 S. 289 unter I Ziff. 1 c)). Es reicht daher aus, als Anbieter von Leistungen oder Gütern gegenüber nur einem einzigen Anbieter oder Nachfrager am Markt aufzutreten (BFH a.a.O., zu einem Flugzeug-Leasing-Fonds, der am Markt nur gegenüber der jeweiligen Fluggesellschaft als Leasingnehmer auftritt). Dass die LuxKG nur eine Bankverbindung unterhält, ist daher ohne Bedeutung. Die Funktion des Merkmals „Teilnahme am allgemeinen wirtschaftlichen Verkehr" erschöpft sich darin, diejenigen Tätigkeiten aus dem Bereich der Gewerblichkeit auszugrenzen, die nicht auf einen Leistungs- oder Güteraustausch gerichtet sind (vgl. z. B. BFH v. 13.12.1995, XI R 43-45/89, BStBl. II 1996 S. 232, 239 zur Veräußerung nur eines Grundstücks an einen Erwerber im Rahmen eines gewerblichen Grundstückshandels).

b) Abgrenzung zur privaten Vermögensverwaltung

Die Grenze von der privaten Vermögensverwaltung zum Gewerbebetrieb wird überschritten, wenn nach dem Gesamtbild der Betätigung und unter Berücksichtigung der Verkehrsauffassung die Ausnutzung substantieller Vermögenswerte durch Umschichtung gegenüber der Nutzung der Vermögenswerte im Sinne einer Fruchtziehung aus zu erhaltenden Substanzwerten entscheidend in den Vordergrund tritt (vgl. z. B. BFH v. 26.06.2007, IV R 49/04, BStBl. II 2009, S. 289). Dies ist der Fall, wenn sich der Steuerpflichtige „wie ein Händler" verhält, indem er planmäßig und auf Dauer mit auf Güterumschlag gerichteter Absicht tätig wird. Entsprechend wird ein kurzfristiger und/oder mit Hilfe von Fremdfinanzierung erfolgender Umschlag von Beteiligungen auch im BMF-Schreiben vom 16.12.2003 (BStBl. 2004, S. 40, Textziffer 7, 9 und 14) zur einkommensteuerlichen Behandlung von Venture Capital und Privat Equity Fonds als Indiz für „händlertypisches Verhalten" angesehen (insoweit zustimmend BFH v. 24.08.2011, I R 46/10, IStR S. 925 unter a) bb) ccc)), ebenso die Unterhaltung eines Büros zur Durchführung der Geschäfte. Es reicht nach der Rechtsprechung sogar aus, wenn eine Veräußerung erst nach einer langen Nutzungsphase Teil des betrieblichen

Konzepts zur Erreichung eines Totalgewinns ist (vgl. BFH a.a.O., unter Ziff. 1 f) bb) zur geplanten Veräußerung von Flugzeugen durch den Leasinggeber nach mehrjähriger Grundmietzeit; bestätigt durch BFH v. 24.09.2010, IV B 34/10, BFH/NV 2011 S. 241 für Ein-Objekt-Gesellschaften; ebenso BMF v. 01.04.2009, BStBl. I S. 515).

Zurückhaltender bei der Annahme der Gewerblichkeit ist die BFH-Rechtsprechung zum Halten und zur Pflege eines privaten Wertpapierdepots, wo es im wesentlichen darum ging, den Versuch privater Anleger abzuwehren, durch Veräußerung von Wertpapieren realisierte Verluste im Nachhinein als Teil einer gewerblichen Tätigkeit darzustellen (vgl. zuletzt BFH v. 02.09.2008, X R 14/07, BFH/NV S. 2012 und v. 19.08.2009, III R 31/07, BFH/NV S. 844). Selbst eine Vielzahl von Transaktionen mit einem hohen Umsatzvolumen zur Umschichtung von Wertpapieren gehört danach noch zur privaten Vermögensverwaltung, wenn nicht besondere Umstände für eine Zuordnung zum „Bild des Wertpapierhandels" sprechen. Neben dem Umfang der Geschäfte und dem Unterhalten eines Büros oder einer Organisation zur Durchführung der Geschäfte spielen hierbei händlertypische „Merkmale der Professionalität" eine ausschlaggebende Rolle. Beim Tätigwerden nur für eigene Rechnung ist „händlertypisch", dass die Wertpapieraktivitäten nicht nur über eine depotführende Bank abgewickelt werden, sondern eine direkte Marktteilnahme auch mit institutionellen Partnern erfolgt.

Ob eine Übertragung dieser Rechtsprechungsgrundsätze auch auf den Rohstoffhandel möglich ist, erscheint fraglich. Der Ankauf von Gold kann schon deshalb nicht auf Fruchtziehung gerichtet sein kann, weil Edelmetall keine laufenden Erträge abwirft. Das Geschäftskonzept eines Goldhändlers lässt sich daher nur durch Warenumschlag verwirklichen, da nur so die Erträge zur Abdeckung der laufenden Kosten und zur Erzielung eines Gewinns generiert werden können (ebenso BFH v. 24.08.2011, I R 46/10, IStR S. 925 zur Abdeckung von Fremdkapitalkosten bei einem Private Equity-Fonds unter 2 a) bb) ccc).

Unabhängig davon wäre die LuxKG hier auch unter Zugrundelegung dieser Rechtsprechungsgrundsätze gewerblich tätig geworden, da sie direkten Zugang zur Handelsplattform der Bank hatte und damit selbst am Marktgeschehen, einschließlich des Handels mit institutionellen Partnern, teilnehmen konnte. Ausreichend dürfte aber sein, dass die LuxKG schon im Zeitpunkt der Anschaffung der Goldbarren allein die Verwertung der Vermögenssubstanz durch marktmäßigen Umschlag beabsichtigt hat. Dies ist unabhängig von „artspezifischen Besonderheiten" der Tätigkeit das entscheidende Abgrenzungskriterium zwischen Vermögensverwaltung einerseits und Gewerbebetrieb andererseits (vgl. z. B. BFH v. 17.12.2009, III R 101/06, BStBl. II 2010 S. 541 zum gewerblichen Grundstückshandel).

4. Geschäftsleitungsbetriebsstätte der LuxKG in Luxemburg

Weitere Voraussetzung für die abkommensrechtliche Freistellung ist, dass die „Einkünfte aus einem gewerblichen Unternehmen" der Inlandsbeteiligten der LuxKG auf eine in Luxemburg befindliche Betriebsstätte der LuxKG entfallen (Art. 5 Abs. 1 a. E. DBA-Luxemburg). Eine solche Betriebsstätte der LuxKG als Personengesellschaft ist abkommensrechtlich den Gesellschaftern A, B und C als eigene zuzurechnen (vgl. z. B. BFH v. 17.10.2007, I R 5/06, BStBl. II 2009, S. 356; ebenso BMF v. 16.04.2010, BStBl. I S. 354, Tz. 2.2.2).

Die LuxKG hat laut Sachverhalt nicht nur ihren statutarischen Sitz, sondern auch ihre Geschäftsleitungsbetriebsstätte, also eine feste Geschäftseinrichtung, in der sich der Ort der Leitung befindet (Art. 2 Abs. 1 Nr. 2 lit. a) aa) DBA-Luxemburg) in Luxemburg. Angemietete und voll eingerichtete Büroräume, in denen Mitarbeiter tätig sind, erfüllen stets die Anforderungen an eine feste Geschäftseinrichtung im Sinne einer Zusammenfassung körperlicher Gegenstände, die eine feste Beziehung zur Erdoberfläche hat, der Tätigkeit des Unternehmens dient und sich in seiner Verfügungsmacht befindet (vgl. Tipke in Tipke/Kruse, § 12 AO, Tz. 14). Die Geschäftsleitung als Mittelpunkt der geschäftlichen Oberleitung findet dort statt, wo diejenigen Handlungen, die der gewöhnliche Betrieb des Unternehmens mit sich bringt (sogenannte Tagesgeschäfte), getätigt (nicht notwendig: angeordnet) werden (vgl. Tipke in Tipke/Kruse, § 10 AO, Textziffer 2).

Sachverhaltsgemäß wurden die Goldhandelsaktivitäten durch einen angestellten „Manager" auf Weisung des geschäftsführenden Gesellschafters ausschließlich vom Büro in Luxemburg aus getätigt. Da die LuxKG nur in Luxemburg über eine (Geschäftsleitungs-)Betriebsstätte verfügt, „entfällt" ihre Tätigkeit auch ausschließlich auf diese und ist damit in vollem Umfang dem Quellenstaat Luxemburg zuzuordnen.

III. Einkünfteermittlung durch Einnahmen-Überschussrechnung

Die Höhe der abkommensrechtlich freizustellenden Einkünfte ist nach deutschem Recht zu ermitteln. Zur Ermittlung der Höhe der Gewinnanteile der inländischen Beteiligten besteht für die LuxKG als ausländische Personengesellschaft das Wahlrecht zwischen Bestandsvergleich (§ 4 Abs. 1 EStG) und Einnahmen-Überschussrechnung (§ 4 Abs. 3 EStG), weil sie als ausländische Personengesellschaft nicht der handelsrechtlichen Buchführungspflicht nach § 140 AO i. V. m. §§ 238 ff. HGB unterliegt. Sie ist m. a. W. nicht aufgrund „gesetzlicher Vorschriften" dazu verpflichtet, Bücher zu führen und regelmäßig Abschlüsse zu machen (vgl. § 4 Abs. 3 Satz 1, 1. Alt. EStG). Dies entspricht sowohl der Auffassung der Finanzverwaltung (R 4.1, Abs. 4 Satz 1 EStR 2008) als auch der Fachliteratur (vgl. z. B. Schmidt/Heinz, GmbHR 2008, S. 581, 582 f.).

Die LuxKG erstellt aber in Erfüllung handelsrechtlicher Verpflichtungen in Luxemburg auch eine Handelsbilanz nach derartigem Recht. Es stellt sich daher die Frage, ob die LuxKG dadurch „Abschlüsse macht", was nach § 4 Abs. 3 Satz 1, 2. Alt. EStG die Einnahmen-Überschussrechnung ausschließen würde. Der Rechtsprechung des BFH lehnt eine derartige „Einstrahlungswirkung" der ausländischen Rechtsordnung auf das Inland jedoch ab; das Wahlrecht nach § 4 Abs. 3 EStG kann losgelöst von einer nach ausländischem Recht vorgeschriebenen Gewinnermittlung durch Bilanzierung – gewissermaßen ein zweites Mal – ausgeübt werden (vgl. Urteil v. 13.09.1989, I R 117/87, BStBl. II 1990 S. 57; ebenso Hessisches FG v. 29.10.2010, 11 V 252/10, IStR 2011 S. 116 m. Anm. Rohde; und Schmidt/Heinz a.a.O.; a. A. Baranowski, DB 1992, S. 240, 243 und ev. auch Wachter, FR 2006, S. 393, 399 sowie neuerdings BMF v. 16.05.2011, BStBl. I S. 530, Tz. 3; folgerichtig auch eine „Ausstrahlungswirkung" der deutschen Gewinnermittlungsvorschriften ins Ausland ablehnend: BFH v. 17.07.2008, I R 77/06, BStBl. II 2009).

Da es sich bei dem VZ 2010 angeschafften Goldbarren um Umlaufvermögen handelt, sind die Anschaffungskosten im Zeitpunkt der Verausgabung als Betriebskosten anzusetzen (§ 4 Abs. 3 Satz 4 EStG gilt nicht). Dadurch ergibt sich der im Sachverhalt erwähnte Verlust. § 4 Abs. 3 Satz 4 Alt. 2 EStG – Anschaffung von Wertpapieren, vergleichbaren nicht verbrieften Forderungen und Rechten – ist nach dem Sachverhalt schon deshalb nicht einschlägig, weil die LuxKG ein Golddepot unterhielt, das nicht nur einen schuldrechtlichen Anspruch auf Auslieferung von Gold, sondern Eigentum daran als Sondervermögen vermittelt. Auch in solchen Fällen von einer „Vergleichbarkeit" mit Wertpapieren auszugehen (so aber Vertreter der Finanzverwaltung: *Stahl/Mann*, FR 2011, S. 1139/1145), ist schon nach dem Wortlaut der Norm nicht haltbar.

IV. Ausschluss des negativen Progressionsvorbehalts durch Verlustverrechnungsbeschränkungsvorschriften?

1. Keine „passiven" Auslandseinkünfte i. S. des § 2a EStG

Positiver und negativer Progressionsvorbehalt wurden zwar durch das Jahressteuergesetz 2008 vom 20.12.2007 (BGBl. I S. 3150) innerhalb der EU bzw. des EWR weitgehend abgeschafft. Dies gilt allerdings nicht für „aktive" Betriebsstätten (§ 32b Abs. 1 Satz 2 Nr. 2 i.V. m. § 2a Abs. 2 Satz 1 EStG). Bei der von der LuxKG ausgeübten Goldhandelstätigkeit handelt es sich um (aktive) eine „Lieferung von Waren" i. S. des § 2a Abs. 2 Satz 1 EStG.

2. Verluste im Zusammenhang mit einem Steuerstundungsmodell (§ 15b EStG)

Zweck des § 15b EStG ist es, die auf vertraglichen Gestaltungen beruhende gezielte zeitweilige Verlustnutzung durch vorgefertigte „Modelle" zu verhindern (Schmidt/Seeger, EStG § 15b Rz. 2).

Es ist fraglich, ob § 15b EStG überhaupt im Rahmen des negativen Progressionsvorbehalts zu berücksichtigen ist. Die Vorschrift spricht – ähnlich wie § 15a Abs. 1 Satz 1 EStG – von Verlusten, die mit positiven Einkünften aus Gewerbebetrieb oder mit Einkünften aus anderen Einkunftsarten ausgeglichen oder nach § 10d EStG abzogen werden könnten (§ 15b Abs. 1 Satz 1 EStG). Darüber hinaus verlangt die Definition des Steuerstundungsmodells in § 15b Abs. 2 EStG die Erzielung „negativer Einkünfte", die dem Steuerpflichtigen die Möglichkeit verschaffen sollen „Verluste mit übrigen Einkünften zu verrechnen". Diese Möglichkeit zur Verrechnung mit im Inland steuerbaren positiven Einkünften besteht bei Auslandsverlusten, die lediglich dem Progressionsvorbehalt unterliegen, aber gerade nicht. § 15b EStG dürfte daher den negativen Progressionsvorbehalt nicht ausschließen (so z. B. Schmidt/Seeger, EStG § 15b Rz. 3 unter Verweis auf den Wortlaut des § 20 Abs. 7 EStG; Kaeser, in: Kirchhof/Soeren/Söhn, EStG, § 15b Rz. B 42; Naujok, DStR 2007 S. 1601, 1606; a. A. BMF v. 17.07.2007, BStBl. I S. 542, Rz. 24; Blümich/Heuermann § 15b EStG Rz. 5 (ohne Begründung)). Auch die Rechtsprechung äußert Zweifel an der Anwendbarkeit des § 15b EStG auf den negativen Progressionsvorbehalt (vgl. Hessisches FG, Beschluss v. 29.10.2011, 11 V 252/10, IStR 2011, S. 116, rkr; Sächsisches FG vom 05.05.2010, 8 K 1853/09, n.v.).

Selbst wenn man die Anwendbarkeit auf den negativen Progressionsvorbehalt bejaht, fehlt es lt. Sachverhalt am Vorliegen einer „modellhaften Gestaltung" bzw. eines „vorgefertigten Konzepts" (vgl. § 15b Abs. 2 Sätze 1 und 2 EStG). Charakteristisch hierfür ist das Zusammenwirken „aktiver" Initiatoren mit „passiven" Investoren, wobei letztere lediglich eine – in Prospekten, Vertragsbündeln u.ä. abgebildete – Geschäftsidee bzw. Vertragsgestaltung der Initiatoren übernehmen (vgl. Schmidt/Seeger, EStG § 15b Rz. 4; in diesem Sinne auch BFH v. 08.04.2009, I B 223/08, BFH/NV 2009, S. 1437 – keine Anwendung auf Einzelfallgestaltung – und Hessisches FG, a.a.O.). Dies ist nicht der Fall, wenn eine überschaubare und/oder bereits persönlich oder geschäftlich verbundene Personengruppe gemeinsam unternehmerisch tätig wird. Allein das Auftauchen ähnlich strukturierter Fälle sowie das Zusammenwirken bestimmter steuerlicher Vorschriften zur Ermöglichung steuerlicher Vorteile kann nicht die „Modellhaftigkeit" i. S. des § 15b EStG begründen (so zutreffend Sächsisches FG, a.a.O. und Hessisches FG, a.a.O.).

3. Verluste bei beschränkter Haftung (§ 15a EStG)

Die im Verhältnis zu § 15b EStG nachrangige (vgl. § 15b Abs. 1 Satz 3 EStG) Verlustausgleichsbeschränkung des § 15a Abs. 1 Satz 1 EStG gilt auch für Zwecke des negativen Progressionsvorbehalts (Schmidt/Heinicke EStG § 32b Rz. 5) und für Beteiligungen an ausländischen Personengesellschaften (§ 15a Abs. 5 Nr. 3 EStG).

Unklar ist dabei, wie § 15a EStG im Falle der Anwendung der EinnahmenÜberschussrechnung bei einer ausländischen Personenhandelsgesellschaft wie der LuxKG anzuwenden ist. Die Vorschrift setzt nämlich voraus, dass beim beschränkt haftenden Gesellschafter ein negatives Kapitalkonto entsteht oder sich erhöht. Das Konzept des negativen Kapitalkontos entstammt originär dem deutschen Gesellschaftsrecht im Sinne einer Verlusthaftung (lediglich) mit künftigen Gewinnanteilen, das auf ausländische Rechtsformen nicht ohne weiteres übertragbar ist. Zudem wäre das Entstehen eines negativen Kapitalkontos bei Zugrundelegung der Handelsbilanz der LuxKG zum 31.12.2010 im Hinblick auf das ausgeglichene Ergebnis des Rumpfwirtschaftsjahrs 2010 zu verneinen. Ermittelt man hingegen – wie bei entsprechender Anwendung des § 15a EStG auf Einkünfte aus Vermietung und Verpachtung nach § 21 Abs. 1 Satz 2 EStG (vgl. hierzu z. B. BFH v. 15.10.1996, IX R 72/92, BStBl. II 1997, S. 250) – das Verlustausgleichsvolumen nicht mit Hilfe des (nach ausländischem Recht ermittelten) handelsrechtlichen Kapitalkontos, sondern auf Grundlage der geleisteten Einlage zuzüglich erzielter positiver Einkünfte und sonstiger Vermögenszuflüsse abzüglich negativer Einkünfte und anteiliger Vermögensabflüsse, käme es auch in diesem Fall nach dem Sachverhalt zu keiner Verlustausgleichsbeschränkung im VZ 2010, da A, B und C ausreichend hohe Einlagen geleistet haben. Das negative Sonderbetriebsvermögen aus der Anteilsfinanzierung spielt keine Rolle, es bleibt bei der Ermittlung des Verlustausgleichsvolumens unberücksichtigt.

V. Gestaltungsmissbrauch?

1. Verhältnis des § 42 AO zur spezialgesetzlichen Missbrauchsnorm des § 15b EStG

Nach bisheriger Rechtsprechung (vgl. z. B. BFH v. 31.05.2005, I R 74,88/04, BStBl. II 2006 S. 118 zu § 50d Abs. 1a EStG a.F.) schließt eine spezialgesetzliche Missbrauchsnorm die Anwendbarkeit der Generalnorm des § 42 AO im Ergebnis aus. Die spezielle Vorschrift zur Vermeidung von Gestaltungsmissbräuchen gibt den tatbestandlich enger gefassten Rahmen zur Vermeidung von Wertungswidersprüchen abschließend vor. Es handelt sich um Fälle der verdrängenden Gesetzeskonkurrenz.

Daran hat sich auch durch die Neufassung des § 42 AO durch das Jahressteuergesetz 2008 (BGBl. I, S. 3150) nichts geändert. Selbst wenn man einen Rückgriff auf die Generalnorm des § 42 Satz 1 AO im Sinne kumulativer Gesetzeskonkurrenz zuließe, müsste sich der Rechtsanwender am Leitbild der spezialgesetzlichen Missbrauchsvermeidungsnorm orientieren. Diese konkretisiert den unbestimmten Rechtsbegriff der „Unangemessenheit" in § 42 Abs. 2 Satz 1 AO (vgl. Drüen, in: Tipke/Kruse, § 42 AO Rz. 20b). Solange die spezialgesetzlich aufgezeigten Grenzen nicht überschritten sind, nimmt der Steuerpflichtige auch keinen „gesetzlich nicht vorgesehenen Steuervorteil" i. S. des § 42 Abs. 2 Satz 1 AO in Anspruch (vgl. Hey, DStJG 33 (2010) S. 139, 145). Die spezialgesetzliche Regelung hat demgemäß nicht nur im Fall der „positiven" Spezialität (Erfüllung der speziellen Missbrauchsnorm: vgl. § 42 Abs. 1 Satz 2 AO), sondern auch im Falle der „negativen" Spezialität (keine Erfüllung des spezialgesetzlichen Missbrauchstatbestands) Sperrwirkung gegenüber § 42 AO (vgl. z. B. Drüen, Ubg 2008, S. 31, 34; Spindler, StbJb 2008/2009, S. 39, 52 unter Verweis auf den „spezialgesetzlichen Wertungsvorgang" lt. BFH v. 20.11.2007, I R 85/05, BFH/NV 2008, S. 551).

§ 15b EStG hat in diesem Sinne Spezialnormcharakter. Die Bestimmung soll eine auf vertraglichen Gestaltungen beruhende Verlustnutzung unterbinden. Wenn eine vertragliche Gestaltung wie im vorliegenden Fall mangels Modellhaftigkeit nicht die Voraussetzungen eines Missbrauchs nach § 15b EStG erfüllt, bedeutet dies im Umkehrschluss, dass nicht modellhafte Gestaltungen auch nicht unangemessen i. S. des § 42 Abs. 2 AO sein können. Gleiches gilt für die Ausübung des Wahlrechts nach § 4 Abs. 3 EStG als Ursache der Verlustentstehung. Dass der Gesetzgeber des Gesetzes zur Eindämmung missbräuchlicher Steuergestaltungen vom 28.04.2006 (BGBl. I S. 1095) in § 4 Abs. 3 Satz 4 EStG die Betriebsausgabewirkung der Anschaffung von Rohstoffen – anders als bei Wertpapieren wie z. B. Goldzertifikaten –nicht auf den Zeitpunkt der Veräußerung verschiebt, zeigt, dass er darin gerade keinen Rechtsmissbrauch sieht.

2. Keine Erfüllung des Tatbestands des § 42 Abs. 2 AO

Selbst wenn man die Anwendbarkeit der Generalklausel des § 42 AO trotz Bestehen der speziellen Missbrauchsnormen uneingeschränkt zuließe, würde es eine europarechtskonforme Auslegung vor dem Hintergrund der EU-rechtlich verbürgten Niederlassungsfreiheit (Art. 49 AEUV) erfordern, die – dauerhafte – Errichtung einer Gesellschaft in Luxemburg unter Ausnutzung der dort vorgefundenen Gesellschaftsformen nicht als „unangemessene" rechtliche Gestaltung anzusehen (vgl. hierzu schon BFH v. 22.02.2004, I R 42/02, BStBl. II 2005, S. 14 – „Dublin Docks" – unter I. Ziff. 3 c) -und Gosch, StBp 2003, S. 3338 f.). Der Vergleich zur Gründung einer Inlandsgesellschaft als allein „angemessene" Gestaltung wäre daher von vornherein unzulässig. Auch der Handel mit Gold kann als rechtlich erlaubte und auf Einkünfteerzielung ausgerichtete Tätigkeit nicht einem Missbrauchsvorwurf ausgesetzt sein.

Ergebnis: Das Finanzamt muss negative und nach dem DBA-Luxemburg unter Progressionsvorbehalt freizustellende Einkünfte in Höhe von € 33,1 Mio. für die LuxKG feststellen.

Teil. VI. Praxisfälle zu internationalen Umwandlungen unter Einbezug des ausländischen Rechts im Fokus des UmwSt-Erlasses v. 11.11.2011

Dr. Hans R. Weggenmann, Steuerberater, Nürnberg

A. Hineinverschmelzung einer österreichischen
   Kapitalgesellschaft (Beurkundung im Ausland,
   Gruppenbesteuerung,Vermeidung Gesellschaftssteuer
   in Österreich) Fall 20

B. Hinausverschmelzung einer dt. Kapitalgesellschaft
   (Verschmelzung doppelstöckiger Strukturen) Fall 21

C. Formwechsel im (europäischen) Ausland Fall 22

   ▶ Dreiecksfälle (abkommensrechtliche
     Qualifikation des Übernahmeergebnisses)

   ▶ Formwechsel in Polen (Erfassung in
     unterschiedlichen VZ, Gewerbesteuerpflicht,
     Vermeidung von polnischer Rechtsgeschäftssteuer,
     Verbot des doppelten Alleingesellschafters) Fall 23

D. Einbringung durch Steuerinländer in EU Gesellschaften
   (Einbringung Teilbetrieb, Anrechnung fiktiver
   ausländischer Steuer nach Tz. 20-38 UmwStE) Fall 24

E. Einbringung durch Steuerausländer in deutsche
   AG (Kapitalerhöhung/neue Aktien, Einbehalt von KESt?) Fall 25

F. Verschmelzung einer italienischen s.r. (GmbH)
   auf eine italienische s.a.s. (KG) (Inlandsbezug,
   Rückfallklausel des DBA Italien und Verhältnis
   zum dt. UmwStG, Erfordernis einer dt. Steuerbilanz?) Fall 26

A. Hineinverschmelzung einer österreichischen Kapitalgesellschaft

Fall 20

Eine deutsche Kommanditgesellschaft („Dt. KG") ist zu 100 % an einer deutschen GmbH („Dt. GmbH") und zu 85 % an einer österreichischen GmbH („Ö-GmbH") beteiligt. Die Ö-GmbH ist die Komplementärin einer gewerblich tätigen österreichischen Kommanditgesellschaft („Ö-KG"), die wiederum eine Beteiligung an einer slowenischen Kapitalgesellschaft „d.o.o." hält. Die d.o.o. ist mit einer deutschen GmbH vergleichbar. Die Beteiligung an der d.o.o. ist funktional der Ö-KG zuzurechnen.

Zwischen der Ö-GmbH und der d.o.o. besteht seit circa zwei Jahren eine Gruppe i.S.d. § 9 KStG-Ö, wonach die steuerlichen Ergebnisse der beiden Gruppenmitglieder zusammengefasst werden und der Ö-GmbH als Gruppenträger zugerechnet werden (österreichische Gruppenbesteuerung). Die d.o.o. hat in den letzten Jahren Verluste erwirtschaftet, die die Ö-GmbH mit ihren Gewinnen verrechnen konnte.

Es ist geplant, die Ö-GmbH auf die Dt. GmbH durch Aufnahme zu verschmelzen. Die Hineinverschmelzung soll steuerneutral zu Buchwerten erfolgen. Durch die verschmelzungsbedingte Übertragung der Gruppenträgerstellung auf die übernehmende Dt. GmbH soll die Gruppe i.S.d. § 9 KStG-Ö fortbestehen.

Lösungshinweise:

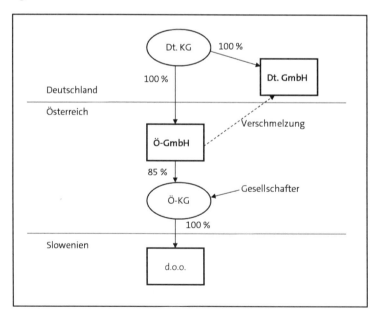

Schrifttum: *Aigner/Selaczek*, Verschmelzung des Gruppenträgers auf eine gruppenfremde Gesellschaft, SWK 2009, S. 801; *Albrecht*, Grenzüberschreitende Verschmelzung von Kapitalgesellschaften, NWB, Fach 18, S. 4469; *Brocker*, Die grenzüberschreitende Verschmelzung von Kapitalgesellschaften, BB 2010, S. 971; *Brocke/Goebel/Ungemach/von Cossel*, Zur steuerlichen Rückwirkung bei grenzüberschreitenden Umwandlungsvorgängen, DStZ 2011, S. 684; *Bullinger*, Änderung der Mutter-Tochter-Richtlinie ab 2005: Erweiterung des Anwendungsbereiches und verbleibende Probleme, IStR 2004, S.406; *Ege/Klett*, Praxisfragen bei grenzüberschreitenden Verschmelzungen im Konzern, GWR 2011, S. 399; *FGS/BDI*, Der Umwandlungssteuer-Erlass 2011, Bonn 2012, *Figna/Fürstenau*, Steuerliche Praxisfragen bei grenzüberschreitenden Verschmelzungen, BB 2010, Special 1/10, S. 12; *Kaufmann*, Die grenzüberschreitende Verschmelzung nach dem EU-Verschmelzungsgesetz, RdW 2008, S. 123; *Patt/Rupp/Aßmann*, Der neue Umwandlungssteuererlass, Weil 2011, *Schmitt/ Hörtnagl/Stratz*, UmwStG, 2009, § 2, Rz. 110; *Schießl*, Erstmalige Feststellung eines steuerlichen Einlagekontos von ausländischen Körperschaften im Fall der Hereinverschmelzung (§ 29 Abs. 6 KStG), DStZ 2008, S. 852; *Stadler/Jetter*, Grenzüberschreitende Verschmelzung von Kapitalgesellschaften und steuerliches Einlagekonto, DStR 2009, S. 336 *Volb*, Der Umwandlungssteuererlass, Herne 2011.

I. Vorbemerkungen

Die grenzüberschreitende Verschmelzung einer österreichischen Gesellschaft auf eine aufnehmende deutsche Gesellschaft berührt mit dem deutschen und dem österreichischen Recht zwei Rechtskreise. Gesellschaftsrechtlich ist für den EU-Raum mit der EU Verschmelzungsrichtlinie (Richtlinie 2005/56/EG) ein rechtliches Instrumentarium für grenzüberschreitende Verschmelzungen vorhanden. Diese Richtlinie wurde sowohl ins deutsche als auch ins österreichische nationale Recht weitgehend deckungsgleich umgesetzt. In Deutschland erfolgte die Umsetzung im UmwG, respektive in den §§ 122a bis 122l UmwG. In das österreichische Recht wurde die Richtlinie im Rahmen eines eigenen Gesetzes, nämlich dem EU-Verschmelzungsgesetz (Bundesgesetz über die grenzüberschreitende Verschmelzung von Kapitalgesellschaften in der Europäischen Union) umgesetzt. Somit liegt ein rechtliches Instrumentarium für grenzüberschreitende Verschmelzungen vor. Steuerrechtlich ist eine derartige Harmonisierung noch nicht erfolgt. Vielmehr sind für eine steuerrechtliche Beurteilung der Verschmelzung sowohl die nationalen österreichischen als auch die deutschen Vorschriften zu beachten.

II. Rechtliche Umsetzung der Hineinverschmelzung

Die Durchführung einer grenzüberschreitenden Verschmelzung ist rechtlich sehr umfangreich und könnte in folgenden Schritten erfolgen. Dabei sind sowohl die Vorgaben des österreichischen EU-Verschmelzungsgesetzes (EU-VerschG) als auch des deutschen Umwandlungsrechts (UmwG) zu beachten:

1. Schritt: Gesellschafterbeschluss auf Ebene der Dt. KG

Vor Beginn der Verschmelzung wird es regelmäßig erforderlich sein, auf Ebene des Gesellschafters der beteiligten Gesellschaften, hier auf Ebene der Dt. KG einen Gesellschafterbeschluss zu verabschieden, der die verantwortlichen Personen (z.B. hier die Komplementäre der Dt. KG) zur Durchführung der Verschmelzung bevollmächtigt.

2. Schritt: Erstellung eines gemeinsamen Verschmelzungsplans

In einem zweiten Schritt haben die Ö-GmbH als übertragender Rechtsträger und die Dt. GmbH als übernehmender Rechtsträger einen gemeinsamen Plan für die grenzüberschreitende Verschmelzung aufzustellen (§ 5 EU-VerschG i.V.m. § 220 AktG-Ö; § 122c UmwG). Dieser Entwurf ist durch die Geschäftsführer der beteiligten Gesellschaften aufzustellen und privatschriftlich zu unterzeichnen.

Der genaue Inhalt des Verschmelzungsplans ergibt sich aus § 5 Abs. 2 EU-VerschG i.V.m. § 220 AktG-Ö bzw. § 122c Abs. 1 UmwG. So sind u.a. Angaben zu dem Umtauschverhältnis der Gesellschaftsanteile, Auswirkung auf die Beschäftigung, eine Bewertung des Aktiv- und Passivvermögens der übertragenden Gesellschaft sowie Angaben zum Verschmelzungsstichtag erforderlich. Des Weiteren ist die Satzung der übernehmenden Gesellschaft aufzunehmen.

Darüber hinaus hat gemäß § 5 Abs. 4 EU-VerschG der Verschmelzungsplan auch die Bedingungen der Barabfindung für einen Austritt eines Gesellschafters darzustellen. Solche Angaben sind allerdings nicht erforderlich, wenn sich die Anteile der Gesellschaft wie im Sachverhalt zu 100 % in der Hand eines Gesellschafters befinden oder die Gesellschafter schriftlich oder in der Niederschrift zur Gesellschafterversammlung auf ihr Recht auf Barabfindung verzichten.

Weiterhin ist laut § 7 EU-VerschG sowie § 122f UmwG eine Prüfung des Verschmelzungsplans durch einen Verschmelzungsprüfer durchzuführen. Der Inhalt der Verschmelzungsprüfung richtet sich in Österreich bei der Verschmelzung von GmbH nach § 220b AktG-Ö. Im Fall einer Hinausverschmelzung aus Österreich muss im Prüfbericht zudem eine Erklärung über die Höhe des Nennkapitals und der gebundenen Rücklagen der beteiligten Gesellschaften enthalten sein. Die Bestellung eines gemeinsamen Verschmelzungsprüfers für die zu verschmelzenden Gesellschaften ist möglich. Von der Überprüfung des Verschmelzungsplans kann allerdings abgesehen werden, wenn die Gesellschafter der beteiligten GmbH entweder schriftlich oder in der Niederschrift zur grenzüberschreitenden Verschmelzung darauf verzichten.

3. Schritt: Einreichung des Verschmelzungsplans im Entwurf

Mindestens einen Monat vor dem Tag der Beschlussfassung über die grenzüberschreitende Verschmelzung ist der Verschmelzungsplan bzw. dessen Entwurf bei dem für die übertragende Ö-GmbH zuständigen Firmenbuchgericht sowie bei dem für die übernehmende Dt. GmbH zuständigen Handelsregister einzureichen.

Zudem ist der Hinweis auf die Einreichung des Verschmelzungsplans in Österreich zu veröffentlichen (§ 8 Abs. 1 Nr. 1 EU-VerschG; § 122d UmwG). Die Angaben zu dieser Veröffentlichung sind in § 8 Abs. 2 EU-VerschG i.V.m. § 221a Abs. 1 AktG-Ö geregelt. Insbesondere ist auch ein Hinweis auf die Modalitäten für die Ausübung der Rechte der Gläubiger zu veröffentlichen. Im Fall einer Hinausverschmelzung sind bekannte Gläubiger unmittelbar zu verständigen, wenn die Summe des Nennkapitals und der gebundenen Rücklagen der aus der grenzüberschreitenden Verschmelzung hervorgehenden Gesellschaft niedriger als die Summe des Nennkapitals und der gebundenen Rücklagen der übertragenden Gesellschaft ist. Die Gläubiger können die Zusendung der Unterlagen verlangen.

Weder auf die Einreichung des Verschmelzungsplans zum Firmenbuch bzw. Handelsregister noch auf die Veröffentlichung des Hinweises auf die Einreichung kann verzichtet werden. Die Unterzeichnung des Verschmelzungsplans bzw. des Entwurfs des Verschmelzungsplans bedarf sowohl in Deutschland als auch in Österreich einer notariell beglaubigten Unterzeichnung. Der deutsche Notariatsakt wird dabei grundsätzlich auch in Österreich anerkannt.

4. Schritt: Erstellung der Verschmelzungsberichte

Im unmittelbaren zeitlichen Zusammenhang nach Einreichung des Verschmelzungsplans bzw. des Verschmelzungsplanentwurfs sollte sowohl durch die Geschäftsführer der übernehmenden Dt. GmbH als auch durch die Geschäftsführer der übertragenden Gesellschaft Ö-GmbH jeweils ein gesonderter Verschmelzungsbericht erstellt werden (§ 6 EU-VerschG; § 122e UmwG). Gegenwärtig ist unklar, ob auch ein gemeinsamer Verschmelzungsbericht der zu verschmelzenden Gesellschaften zulässig ist. Der Verschmelzungsbericht soll die Auswirkungen der grenzüberschreitenden Verschmelzung auf die Gläubiger und die Arbeitnehmer der an der grenzüberschreitenden Verschmelzung beteiligten Gesellschaften einschließlich der Auswirkungen auf die schuldrechtlichen Ansprüche der Arbeitnehmer, d.h. insbesondere Abfertigungs- und Pensionsansprüche, erläutern. Nach österreichischem Recht hat der Verschmelzungsbericht bei einer Hinausverschmelzung auch eine Erklärung über die Höhe des Nennkapitals und der gebundenen Rücklagen der beteiligten Gesellschaften zu enthalten (§ 6 Abs. 2 EU-VerschG).

Der Verschmelzungsbericht ist dem zuständigen Organ der Arbeitnehmervertretung zu übermitteln. Besteht ein solches Organ nicht, ist der Verschmelzungsbericht den Arbeitnehmern der an einer Verschmelzung beteiligten Gesellschaften **mindestens einen Monat** vor dem Tag der Gesellschafterversammlung, die über die Zustimmung zur Verschmelzung beschließen soll, zur Verfügung zu stellen (§ 6 Abs. 1 EU-VerschG; § 122e UmwG). Sofern ein Arbeitnehmervertreter eine Stellungnahme zu der Verschmelzung abgibt, ist diese Stellungnahme dem Bericht anzufügen.

Sind keine Arbeitnehmer angestellt wird vereinzelt argumentiert, dass ein Verschmelzungsbericht entbehrlich sei. Dies stellt jedoch keine gesicherte Rechtsauffassung dar, so dass zur Sicherheit eine entsprechende Abklärung mit dem zuständigen Richter erfolgen sollte. Gleiches gilt für die oben beschriebene Frage, ob auch ein gemeinsamer Verschmelzungsbericht aufgestellt werden kann.

Eine Unterzeichnung des Verschmelzungsberichts bei einem Notar ist nicht erforderlich, eine privatschriftliche Unterzeichnung durch die Geschäftsführer der beiden Gesellschaften ist somit ausreichend.

Exkurs:

Gläubigerschutz

Bei der betrachteten Verschmelzung greift ein vorgelagerter Gläubigerschutz (§ 13 EU-VerschG; § 122j UmwG). Die Gläubiger haben Anspruch auf Sicherheitsleistung für entstandene Forderungen, wenn sie ein solches Begehren binnen zwei Monaten nach Bekanntmachung des Verschmelzungsplans anmelden. Zwischen Bekanntmachung des Verschmelzungsplans und Anmeldung der beabsichtigten Verschmelzung müssen daher mindestens zwei Monate liegen, da bei der Anmeldung ein Nachweis der Sicherstellung des Gläubigerschutzes erforderlich ist (§ 14 Abs. 1 Nr. 9 EU-VerschG, siehe hierzu Schritt 7). Die Gewährung der Sicherheitsleistung ist durch die Glaubhaftmachung einer Gefährdung der Gläubigerinteressen infolge der grenzüberschreitenden Verschmelzung bedingt. Eine Glaubhaftmachung der Interessengefährdung ist nicht erforderlich, wenn bei der aus der Verschmelzung hervorgehenden Gesellschaft, die Summe des Nennkapitals und der gebundenen Rücklagen geringer ist, als die Summe des Nennkapitals und der gebundenen Rücklagen der übertragenden Gesellschaft. Kein Anspruch auf Sicherheitsleistung besteht, wenn die Gläubiger Befriedigung verlangen können (siehe § 13 EU-VerschG).

Barabfindung

Sollte ein Gesellschafter im Wege der Verschmelzung aus der Gesellschaft austreten, hat er ein Recht auf angemessene Barabfindung bei gleichzeitigem Austritt aus der Gesellschaft (§ 10 EU-VerschG; § 122i UmwG). Eine dafür notwendige Mindestbeteiligung gemäß § 225c Abs. 3 AktG-Ö wird nicht verlangt.

5. Schritt: Verschmelzungsbeschluss

Die grenzüberschreitende Verschmelzung bedarf sowohl auf Ebene der Dt. GmbH als auch auf Ebene der Ö-GmbH eines entsprechenden Beschlusses. Dieser Verschmelzungsbeschluss kann allerdings frühestens einen Monat nach der Einreichung des Verschmelzungsplans zum Handelsregister sowie der Zugänglichmachung des Verschmelzungsberichts verabschiedet werden. Die Gesellschafterversammlung einer jeden der zu verschmelzenden Gesellschaften kann die Verschmelzung von der Bestätigung der Modalitäten für die Mitbestimmung der Arbeitnehmer abhängig machen (§ 9 Abs. 1 EU-VerschG; § 122g Abs. 1 UmwG). Die Verschmelzungsbeschlüsse bedürfen einer notariellen Beurkundung. Der Verschmelzungsbeschluss der Anteilsinhaber der übertragenen Gesellschaft ist nicht erforderlich, wenn sich wie im Sachverhalt alle Anteile der übertragenden Gesellschaft in der Hand der übernehmenden Gesellschaft befinden (§ 9 Abs. 2 EU-VerschG; § 122g Abs. 2 UmwG).

6. Schritt: Gemeinsamer Verschmelzungsplan

Nach dem Verschmelzungsbeschluss ist der gemeinsame Verschmelzungsplan durch die Geschäftsführer der beteiligten Gesellschaften zu unterschreiben und notariell zu beurkunden. Da insofern nur eine notarielle Beurkundung erforderlich ist, steht es den Beteiligten frei, ob die Beurkundung in Deutschland oder Österreich erfolgen soll. Somit kann das kostengünstigere Notariat mit der Beurkundung beauftragt werden.

7. Schritt: Eintragung der beabsichtigten Verschmelzung in das österreichische Firmenbuch sowie Erhalt einer Verschmelzungsbescheinigung

Die Rechtmäßigkeitskontrolle der grenzüberschreitenden Verschmelzung verläuft in einem mehrstufigen Verfahren (siehe die Schritte 7 bis 9). Zunächst hat die Geschäftsführung der übertragenden Ö-GmbH die beabsichtigte Verschmelzung zur Eintragung in das österreichische Firmenbuch anzumelden. Dieser Anmeldung sind die in § 14 Abs. 1 EU-VerschG genannten Dokumente beizufügen:

- Verschmelzungsplan,
- Niederschrift des Verschmelzungsbeschlusses der Ö-GmbH,
- Verschmelzungsbericht und Schlussbilanz der Ö-GmbH,
- Nachweis der Veröffentlichung des Hinweises auf die Einreichung des Verschmelzungsplans,
- Nachweis der Sicherstellung der Gläubiger und eine Erklärung, dass sich andere als die befriedigten oder sichergestellten Gläubiger innerhalb der zweimonatigen Frist nicht gemeldet haben.

Des Weiteren sind die in § 14 Abs. 2 EU-VerschG aufgezählten Erklärungen abzugeben.

▶ Erklärung, dass keine Klage auf Anfechtung oder Feststellung der Nichtigkeit des Verschmelzungsbeschlusses vorliegt,

▶ Erklärung, ob und wie viele Gesellschafter von ihrem Recht auf Barabfindung Gebrauch gemacht haben.

In der Folge prüft das Firmenbuchgericht, ob die vorangehenden Rechtshandlungen und Formalitäten ordnungsgemäß durchgeführt wurden und die Forderungen der Gläubiger und sonstigen schuldrechtlichen Beteiligten sowie die Abfindung der austrittswilligen Gesellschafter sichergestellt sind.

Die Firmenbucheingabe zur Eintragung der beabsichtigten Verschmelzung wird regelmäßig durch einen Notar eingereicht werden, wobei das Einreichungsschreiben durch die Geschäftsführer der beiden Gesellschaften zu unterzeichnen ist. Die Firmenbucheingabe bedarf zudem einer notariellen Beglaubigung.

Nachdem das österreichische Registergericht die Rechtmäßigkeit des beabsichtigten Verschmelzungsvorgangs überprüft hat, stellt es eine sog. Verschmelzungsbescheinigung aus

8. Schritt: Anmeldung der Verschmelzung zum deutschen Handelsregister

Die von dem österreichischen Registergericht ausgestellte Verschmelzungsbescheinigung dient zur Vorlage beim deutschen Registergericht, das für die aufnehmende Dt. GmbH zuständig ist. Die Anmeldung richtet sich nach § 122k UmwG. Danach prüft das Gericht, ob die Voraussetzungen einer grenzüberschreitenden Verschmelzung erfüllt werden und stellt bei Erfüllung der Voraussetzungen hierüber eine Verschmelzungsbescheinigung aus. Im Verhältnis zu Österreich erfolgt erfahrungsgemäß regelmäßig keine umfassende Überprüfung des Sachverhalts durch das deutsche Registergericht, so dass die (deutsche) Verschmelzungsbescheinigung regelmäßig zeitnah nach der Anmeldung ausgestellt wird. Die Anmeldung zum deutschen Handelsregister ist von einem Notar zu beglaubigen und von den jeweiligen Geschäftsführern zu unterschreiben.

9. Schritt: Firmenbucheingabe an das Landesgericht in Österreich

Unmittelbar nach Vorliegen der durch das deutsche Registergericht ausgestellten Bescheinigung und somit nach Wirksamwerden der Verschmelzung nach dem deutschen Recht, hat der Geschäftsführer der Dt. GmbH, unter Vorlage der vom deutschen Registergericht ausgestellten Bescheinigung, die Eintragung der Durchführung der Verschmelzung und der Löschung der österreichischen Gesellschaft Ö-GmbH zum Firmenbuch anzumelden. Die Firmenbucheingabe muss notariell beglaubigt werden. Mit

Erhalt des vom österreichischen Registergericht getroffenen Beschlusses über die Löschung der Ö-GmbH ist die grenzüberschreitende Verschmelzung abgeschlossen.

III. Steuerliche Auswirkungen der Hineinverschmelzung

1. Österreich

a) Umgründungssteuergesetz/Entstrickungsbesteuerung

Das österreichische Umgründungssteuerrecht ist grundsätzlich auf alle Verschmelzungen anzuwenden, die gesellschaftsrechtlich zulässig sind. Eine sogenannte „ExportVerschmelzung" fällt daher unter den Anwendungsbereich des Art I UmgrStG, sofern sie im österreichischen Firmenbuch bzw. im entsprechenden ausländischen, hier deutschen Register eingetragen wird. Dabei ist allerdings zu beachten, dass das Vermögen der übertragenden Ö-GmbH ohne Abwicklung auf die übernehmende ausländische Körperschaft übergehen muss.

Für steuerliche Zwecke ist es entscheidend, ob durch die Verschmelzung das Besteuerungsrecht Österreichs an den stillen Reserven verloren geht oder nicht. Der verschmelzungsbedingte Entfall der steuerlichen Verstrickung der stillen Reserven in Österreich führt zu einer Nichtanwendbarkeit des Art. I UmgrStG und damit zu einer (partiellen) Liquidationsbesteuerung. Allerdings sieht § 1 Abs. 2 UmgrStG für Exportverschmelzungen in EU-Staaten die Möglichkeit einer aufgeschobenen Besteuerung der stillen Reserven vor. Dabei wird die Steuerschuld auf Antrag des Steuerpflichtigen zwar festgestellt, aber nicht festgesetzt. Die Festsetzung der Steuerschuld erfolgt erst bei Ausscheiden der – mit stillen Reserven befangenen – Wirtschaftsgüter aus der übernehmenden Körperschaft. Im Falle der entsprechenden Antragstellung durch die übertragende (österreichische) Körperschaft wird zum Verschmelzungsstichtag die Körperschaftssteuerschuld, die auf das in das Ausland transferierte Vermögen entfällt, bescheidmäßig festgestellt, aber bis zur tatsächlichen Realisierung der stillen Reserven des Vermögens (Veräußerung, Liquidation, sonstiges Ausscheiden aus der Körperschaft) nicht festgesetzt. Werterhöhungen nach dem Verschmelzungsstichtag bleiben unberücksichtigt, Wertminderungen nach dem Verschmelzungsstichtag, berechnet nach österreichischem Abgabenrecht, sind zu berücksichtigen.

Im betrachteten Sachverhalt werden durch die grenzüberschreitende Verschmelzung keine stillen Reserven der österreichischen Besteuerung entzogen, so dass es keiner Entstrickungsbesteuerung bedarf. Dies ist darin begründet, dass die bislang dem Vermögen der Ö-GmbH zuzuweisende Beteiligung an der Ö-KG auch weiterhin als anteilige Betriebsstätte der Dt. GmbH gilt. Zwar erfolgt ein Wechsel von der unbeschränkten Steuerpflicht der Ö-GmbH zu einer beschränkten Steuerpflicht der Dt. GmbH, da die Beteiligung an der Ö-KG als anteilige österreichische Betriebsstätte gilt. Aufgrund des Art. 7 DBA Österreich steht Österreich aber weiterhin das umfassende Besteuerungsrecht an den stillen Reserven zu. Die im übergegangenen Betriebsvermögen enthaltenen stillen Reserven bleiben somit im Falle der steuerlichen Buchwertfortführung im Rahmen der beschränkten Steuerpflicht steuerverstrickt.

Gleiches gilt für die mittelbare Beteiligung der Ö-GmbH an der slowenischen d.o.o. Zwar wird diese durch die Verschmelzung indirekt auf die Dt. GmbH mitübertragen. Da die Beteiligung aber funktional der Ö-KG zuzuordnen ist, wird Österreich im Falle einer Veräußerung dieser Beteiligung weiterhin das Besteuerungsrecht haben. Soweit das übrige Vermögen der Ö-GmbH aus Forderungen gegenüber der Ö-KG und liquiden Mitteln besteht, werden keine weiteren stillen Reserven vorhanden sein, die zu einer Entstrickungsbesteuerung führen könnten.

Beachte:

Sofern auf Ebene der Ö-GmbH eine Forderung gegenüber der Dt. KG ausgewiesen werden würde, die auf einen Gewinnvortrag beruht, wäre bei einer Ausschüttung in der bisherigen Struktur (= Ausschüttung an die deutsche KG) eine Quellensteuer i.H.v. 15 % angefallen (Art. 10 Abs. 2 Buchstabe b DBA Österreich). Eine derartige Quellensteuer steht Österreich nach der Umstrukturierung nicht mehr zu. Eine Entstrickung wäre dennoch nicht zu erkennen, da insoweit keine stillen Reserven, sondern lediglich ein potentielles Quellenbesteuerungsrecht Österreichs „entzogen" wird.

b) Kapitalverkehrsteuer

Die Ausstattung einer österreichischen Kapitalgesellschaft mit Eigenkapital durch ihren Gesellschafter unterliegt dem Kapitalverkehrsteuergesetz (Gesellschaftsteuer). Die Zuwendung von Eigenkapital wird mit 1 % des Wertes der Zuwendung besteuert. § 6 Abs. 5 UmgrStG sieht jedoch eine Befreiung von der Kapitalverkehrsteuer vor, wenn die übertragende Körperschaft am Tag der Anmeldung der Verschmelzung länger als zwei Jahre bestanden hat. Darüber hinaus ist der Erwerb von Gesellschaftsrechten oder deren Erhöhung von der Gesellschaftsteuer nach § 6 Abs. 1 Ziffer 3 Kapitalverkehrsteuergesetz befreit, wenn als Gegenleistung das gesamte Vermögen, ein Betrieb oder ein Teilbetrieb übertragen wird. Da die Ö-GmbH annahmegemäß schon länger als zwei Jahre besteht und das gesamte Vermögen der Ö-GmbH durch die grenzüberschreitende Verschmelzung auf die Dt. GmbH übertragen wird, entsteht im betrachteten Sachverhalt keine Kapitalverkehrsteuer.

c) Grunderwerbsteuer

Gehört zum Vermögen einer Gesellschaft ein inländische Grundstück, unterliegt ein Rechtsgeschäft, das den Anspruch auf Übertragung von Anteilen der Gesellschaft begründet der Grunderwerbsteuer, wenn durch die Übertragung alle Anteile der Gesellschaft in der Hand des Erwerbers oder in der Hand von organschaftlich verbundenen Unternehmen vereinigt werden. Als Bemessungsgrundlage ist der dreifache Einheitswert des Grundstückes heranzuziehen. Der Steuersatz beträgt 3,5 %.

In Österreich würde somit Grunderwerbsteuer anfallen, wenn alle Anteile an der Ö-GmbH durch die Dt. GmbH oder in der Hand gruppenverbundener Unternehmen vereinigt werden würden. Da vorliegend lediglich 85 % der Anteile an der Ö-KG umstrukturiert werden, fällt somit keine GrESt in Österreich an.

d) Auswirkung der Verschmelzung auf die österreichische Gruppenbesteuerung

Die Ö-GmbH begründet mit der slowenischen d.o.o. annahmegemäß seit circa zwei Jahren eine Gruppe i.S.d. § 9 KStG-Ö. Die hierfür erforderliche finanzielle Beteiligung wird mittelbar über die Beteiligung an der Ö-KG erfüllt. Als Folge dessen werden die steuerlichen Ergebnisse der beiden Gruppenmitglieder zusammengefasst, so dass die auf Ebene der d.o.o. entstandenen Verluste mit den Gewinnen der Ö-GmbH verrechnet werden konnten. Gemäß § 9 Abs. 10 KStG-Ö hat die Gruppe mindestens drei Jahre zu bestehen. Sofern die Gruppe vorher beendet wird, wäre die Gruppenbesteuerung vollumfänglich rückabzuwickeln, d.h. es wird so getan, als hätte die Gruppe nie bestanden. Durch die Verschmelzung der Ö-GmbH auf die Dt. GmbH sollte es zu keiner Rückabwicklung der Gruppenbesteuerung kommen. Allerdings besteht gegenwärtig das Risiko, dass die österreichische Finanzverwaltung mangels Erfüllung der Mindestlaufzeit eine Beendigung der Gruppe annimmt, da der Übergang der Gruppenträgereigenschaft nur bei Vermögensübertragungen innerhalb der Unternehmensgruppe im Wege der Gesamtrechtsnachfolge möglich ist. Zudem könnte die Gruppenträgereigenschaft von der österreichischen Finanzverwaltung als höchstpersönliches Recht der Ö-GmbH angesehen werden.

Hierzu ist festzustellen, dass in Österreich auch beschränkt steuerpflichtige Körperschaften Gruppenträger sein können, wenn ihr Ort der Geschäftsleitung in einem EU-Staat liegt und sie in Österreich mit einer Zweigniederlassung im Firmenbuch eingetragen sind, der die Beteiligung an dem Gruppenmitglied zuzurechnen ist (§ 9 Abs. 3 KStG-Ö). Vorliegend begründet die Dt. GmbH mit ihrer Beteiligung an der Ö-KG eine Zweigniederlassung in Österreich, der die Beteiligung an der slowenischen d.o.o. zuzurechnen ist. Des Weiteren geht die Gruppenträgerstellung der Ö-GmbH zwar auf eine vor der Verschmelzung gruppenfremde Gesellschaft über. Allerdings übernimmt die Dt. GmbH als Rechtsnachfolgerin alle sich aus den Abgabenvorschriften ergebenden Rechte und Pflichten der Ö-GmbH im Wege der zivilrechtlichen und steuerlichen Gesamtrechtsnachfolge. Dies umfasst auch die Gruppenträgerstellung der Ö-GmbH, so dass die Dt. GmbH gleichzeitig zum Gruppenträger wird und somit eine Vermögensübertragung innerhalb der Gruppe stattfindet. Eine Einschränkung der Wirkungen der Gesamtrechtsnachfolge sind den Regelungen zur österreichischen Gruppenbesteuerung nicht zu entnehmen (vgl. § 9 Abs. 5 KStG-Ö). Gemäß herrschender Meinung ist die Gruppenträgereigenschaft auch nicht als höchstpersönliches Recht zu qualifizieren. Weder der

Wortlaut der entsprechenden Norm noch parlamentarische Materialien geben einen Hinweis für diese Auslegung.

Folgt man der herrschenden Meinung hat die grenzüberschreitende Verschmelzung keine Auswirkungen auf den Fortbestand der Gruppe. Statt der Ö-GmbH ist zukünftig die Dt. GmbH Gruppenträger und führt somit die Gruppe fort.

2 Deutschland

a) Anwendbarkeit des UmwStG

Vorliegend handelt es sich um eine grenzüberschreitende Verschmelzung i.S.d. §§ 122a ff. UmwG zwischen EU-Rechtsträgern. Gemäß § 1 Abs. 1 Nr. 1 i.V.m. Abs. 2 i.V.m. §§ 11 ff. UmwStG ist der **sachliche und persönliche Anwendungsbereich des UmwStG eröffnet.**

b) Verschmelzung i.S.d. §§ 11-13 UmwStG

§ 11 UmwStG: Ebene der übertragenden Ö-GmbH

Trotz Ansässigkeit der Ö-GmbH in Österreich ist vorliegend § 11 UmwStG anwendbar. Dies bedeutet, dass grundsätzlich der gemeine Wert in der (für deutsche Zwecke aufzustellenden) Schlussbilanz der Ö-GmbH anzusetzen ist (§ 11 Abs. 1 UmwStG).

Allerdings kann gemäß § 11 Abs. 2 UmwStG auch der Buchwert angesetzt werden, da (a) eine grundsätzliche Besteuerung mit KSt auf Ebene der Dt. GmbH sichergestellt ist, (b) kein Ausschluss bzw. keine Beschränkung des deutschen Besteuerungsrechts vorliegt und (c) keine Gegenleistung gewährt wird bzw. diese in Gesellschaftsrechten besteht. Maßgeblich für (a) ist die Tatsache, dass die Dt. GmbH grds. KSt-pflichtig ist. (b) ist erfüllt, da bislang kein deutsches Besteuerungsrecht an den übertragenen Wirtschaftsgütern bestand, welches nun ausgeschlossen oder beschränkt werden könnte. Die übergehenden Forderungen bzw. liquiden Mittel verfügen zudem über keine stillen Reserven, so dass auch keine Verstrickung in Deutschland stattfindet. Von dem Vorliegen der Voraussetzung (c) ist annahmegemäß auszugehen.

Zu beachten ist, dass mangels einer Steuerpflicht in Deutschland auch der gemeine Wert angesetzt werden könnte. Mangels einer Verstrickung des Vermögens und um eine einheitliche Handhabung in Österreich (= handels- sowie steuerliche Übertragungsbilanz nach österreichischem Recht) und Deutschland (= steuerliche Schlussbilanz nach deutschem Recht) vorzunehmen, könnte ein Antrag auf Buchwertansatz vorteilhaft sein. Allerdings führt dies zu praktischen Problemen, weil gesetzlich nicht klargestellt worden ist, bei welcher Behörde im vorliegenden Fall der Hereinverschmelzung der Antrag abzugeben ist. Es ist davon auszugehen, dass der Antrag bei dem Finanzamt der übernehmenden Dt. GmbH einzureichen ist (vgl. UmwSt-Erlass vom 11.11.2011, Tz. 11.12; vgl. Dötsch in: Dötsch/Patt/Pung/Möhlenbrock, UmwStG, § 11,

Rz. 35, 86; Volb, Der Umwandlungssteuererlass, S. 24; Rupp in: Patt/Rupp/Aßmann, Der neue Umwandlungssteuererlass, S. 44). Insofern sollte die im Rahmen der grenzüberschreitenden Verschmelzung aufgestellte Schlussbilanz der Ö-GmbH vorgelegt werden. Da diese die Buchwerte fortführt (ansonsten Steuerbelastung in Österreich) spricht dies des Weiteren dafür, auch in Deutschland eine Buchwertfortführung vorzunehmen.

§ 12 UmwStG: Ebene der übernehmenden Dt. GmbH

Aufgrund § 12 Abs. 1 UmwStG werden die in der Schlussbilanz der Ö-GmbH nach Maßgabe des § 11 Abs. 2 UmwStG angesetzten Buchwerte auf Ebene der Dt. GmbH übernommen („Buchwertverknüpfung"). Da es sich vorliegend um eine Verschmelzung von Schwesterkapitalgesellschaften handelt, kann kein Übernahmegewinn entstehen. Die Dt. GmbH tritt gemäß § 12 Abs. 3 UmwStG in die Rechtsstellung der Ö-GmbH („Fußstapfentheorie"). § 12 Abs. 4 und Abs. 5 UmwStG sind vorliegend nicht einschlägig.

Die Folgen für das steuerliche Einlagekonto der Dt. GmbH richten sich nach § 29 Abs. 6 KStG (vgl. Dötsch in: Dötsch/Patt/Pung/Möhlenbrock, UmwStG, § 29 KStG, Rz. 58 ff.). Danach gilt, dass an die Stelle des Einlagekontos der Bestand der nicht in das Nennkapital geleisteten Einlagen tritt, falls – wie vorliegend – für die übertragende Kapitalgesellschaft (hier die übertragende Ö-GmbH) ein Einlagekonto bislang nicht festzustellen war (vgl. Schänzle/Jonas/Montag in: FGS/BDI, UmwSt-Erlass 2011, S. 594 ; vgl. Dötsch in: Dötsch/Patt/Pung/Möhlenbrock, UmwStG, § 29 KStG, Rz. 61). Zudem gilt die Regelung des § 27 Abs. 8 KStG entsprechend. Dies bedeutet, dass der Bestand der Einlagen bei der Ö-GmbH auf Antrag gesondert festzustellen ist (§ 29 Abs. 6 Satz 2 KStG i.V.m. § 27 Abs. 8 Satz 3 KStG). Dieser Antrag kann formlos bei dem für die übernehmende Dt. GmbH zuständigen Finanzamt (bzw. im Fall des § 27 Abs. 8 KStG beim BZSt bzw. dem zuständigen inländischen BetrSt-FA) gestellt werden, da anders als für den rein nationalen Fall kein amtlicher Vordruck für einen grenzüberschreitenden Sachverhalt existiert (vgl. UmwSt-Erlass vom 11.11.2011, Tz. K.19; vgl. Dötsch in: Dötsch/Patt/Pung/Möhlenbrock, UmwStG, § 29 KStG, Rz. 65; vgl. Schänzle/Jonas/Montag in: FGS/BDI, UmwSt-Erlass 2011, S. 594 ; vgl. Aßmann in: Patt/Rupp/Aßmann, Der neue Umwandlungssteuererlass, S. 214 f.)..

Zu beachten ist, dass die Antragstellung fristgebunden ist. Nach dem Wortlaut des § 27 Abs. 8 Satz 4 KStG ist der Antrag auf Feststellung einer Einlagenrückgewähr durch eine ausländische Kapitalgesellschaft bis zum Ende des Kalenderjahres zu stellen, in dem die Leistung der ausländischen Kapitalgesellschaft erfolgt. Maßgeblich sollte insoweit der Zeitpunkt der zivilrechtlichen Verschmelzung sein, so dass der Antrag bis zum Ende des auf die Eintragung der Verschmelzung folgenden Kalenderjahres gestellt werden könnte. Auf den steuerlichen Übertragungsstichtag käme es insoweit nicht an. In dem Antrag sollen die Umstände dargelegt werden, die für die Bestimmung der Höhe der Einlagen bei der Ö-GmbH erforderlich sind (§ 29 Abs. 6 Satz 2 i.V.m. § 27 Abs. 8

Satz 7 KStG). Somit sollte es regelmäßig ausreichen, den Bestand der Einlagen bei der Ö-GmbH auf Basis der in der Bilanz der Ö-GmbH ausgewiesenen Kapitalrücklagen zum steuerlichen Übertragungsstichtag zu bestimmen.

§ 13 UmwStG: Ebene der Dt. KG als Anteilseigner

Grundsätzlich gelten nach § 13 Abs. 1 UmwStG die Anteile an der Ö-GmbH als durch die Dt. KG als zum gemeinen Wert veräußert und die Anteile an der Dt. GmbH als zu diesem Wert angeschafft. Allerdings besteht vorliegend ein Wahlrecht zum Buchwertansatz (nicht Zwischenwert), da kein Ausschluss bzw. keine Beschränkung des deutschen Besteuerungsrechts an den Anteilen an der übernehmenden Dt. GmbH vorliegt (§ 13 Abs. 2 Nr. 1 UmwStG). Aufgrund des reinen Inlandssachverhalts steht ausschließlich Deutschland das Besteuerungsrecht an den Dt. GmbH-Anteilen zu. Dieser Buchwertansatz bedarf allerdings eines Antrags. Nach der herrschenden Meinung sollte dieser Antrag konkludent durch entsprechende Bilanzierung auf Ebene der Dt. KG im Veranlagungszeitraum, in dem der steuerliche Übertragungsstichtag fällt, erfolgen (vgl. UmwSt-Erlass vom 11.11.2011, Tz. 13.10; vgl. auch Dötsch in: Dötsch/Patt/Pung/Möhlenbrock, UmwStG, § 13, Rz. 30; vgl. Rödder/Schmidt-Fehrenbacher in: FGS/BDI, UmwSt-Erlass 2011, S. 123 ff., 228 ff., 266 f.; vgl. Volb, Der Umwandlungssteuererlass, S. 51; vgl. Aßmann in: Patt/Rupp/Aßmann, Der neue Umwandlungserlass, S. 50 f.). Namentlich ist die Beteiligung an der Ö-GmbH zu Buchwert auszubuchen und korrespondierend die Beteiligung an der Dt. GmbH einzubuchen (= erfolgsneutraler Aktivtausch).

c) Keine steuerliche Verstrickung

Im vorliegenden Sachverhalt tritt durch die Hineinverschmelzung keine Vermögensposition erstmalig in die deutsche Steuerverhaftung (keine steuerliche Verstrickung i.S.d. § 4 Abs. 1 S. 8 EStG). So hat Deutschland hinsichtlich der der Ö-KG zuzuweisenden stillen Reserven gem. Art. 13 Abs. 1 und 3 i.V.m. Art. 24 Abs.1 DBA Österreich kein Besteuerungsrecht. Gleiches gilt aufgrund der funktionalen Zuordnung für die Beteiligung an der d.o.o. Soweit es an der funktionalen Zuordnung fehlen würde oder Zweifel daran bestehen empfiehlt sich, den gemeinen Wert der Anteile feststellen zu lassen. Zwar ist diese Feststellung der stillen Reserven für die Verschmelzung irrelevant, sie ist aber für die Wertermittlung bei einer späteren Veräußerung hilfreich.

3. Steuerliche Rückwirkung

Sofern die Hineinverschmelzung rückwirkend erfolgen soll, ist dies grundsätzlich möglich. Zur Bestimmung des steuerlichen Übertragungsstichtags und somit der Frage, wieweit die Rückwirkung erfolgen kann, ist entscheidend, welche Rechtsordnung zur Anwendung kommt. So beträgt die steuerliche Rückwirkungsfrist in Deutschland acht Monate (§ 2 Abs. 1 Satz 1 UmwStG i.V.m. § 17 Abs. 2 Satz 4 UmwG), während sie in

Österreich neun Monate beträgt (§ 3 Abs. 2 EU-VerschG i.V.m. § 220 Abs. 2, 3 AktG-Ö i.V.m. § 202 Abs. 2 Ziffer 1 UGB i.V.m. § 2 Abs. 3 UmgrStG). Nach der herrschenden Meinung ist zur Bestimmung des steuerlichen Übertragungsstichtags im Fall der Hineinverschmelzung grundsätzlich auf den Stichtag der Bilanz nach ausländischem Gesellschaftsrecht abzustellen (siehe auch UmwSt-Erlass vom 11.11.2011, Tz. 01.31; (vgl. Möhlenbrock in: Dötsch/Patt/Pung/Möhlenbrock, UmwStG, § 1, Rz. 104; a.A. Sieker/Schänzle/Kaeser in: FGS/BDI, UmwSt-Erlass 2011, S. 64). Da nach österreichischem Recht der grenzüberschreitenden Verschmelzung eine bis zu neun Monate rückdatierte Bilanz zugrunde gelegt werden darf, kann diese Rückwirkungsfrist auch für deutsche Zwecke Anwendung finden, sofern kein Anwendungsfall des § 2 Abs. 3 UmwStG (Verhinderung einer Nichtbesteuerung) gegeben ist (vgl. Beispiele hierzu bei Rupp in: Patt/Rupp/Aßmann, Der neue Umwandlungssteuererlass, S. 24 f.).

B. Hinausverschmelzung einer dt. Kapitalgesellschaft

Fall 21

Eine in Österreich ansässige Ges.m.b.H. (im Folgenden: AU Ges.m.b.H.) hält 100 % der Anteile an einer in Deutschland ansässigen, nicht operativ tätigen FinanzholdingGmbH (im Folgenden: Holding). Die Holding wiederum hält 100 % der Anteile an einer in Deutschland operativ tätigen GmbH (im Folgenden: DE GmbH). Durch Verschmelzung der operativ tätigen DE GmbH auf die AU Ges.m.b.H. soll erreicht werden, dass die in Deutschland erwirtschafteten Gewinne Gegenstand der österreichischen Gruppenbesteuerung werden. In Deutschland würde durch die Verschmelzung lediglich eine Betriebsstätte zurückbleiben. Nachfolgende Grafik stellt den vorliegend zu beurteilenden Sachverhalt vereinfacht dar:

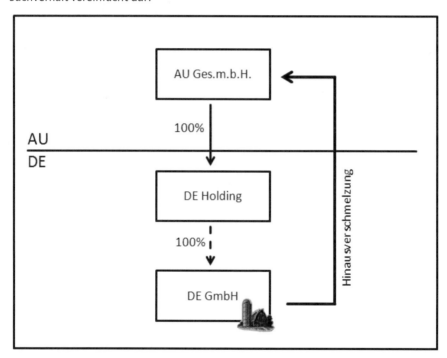

Lösungshinweise:

Schrifttum: BMF-Schreiben vom 24.12.1999, Betriebsstätten-Verwaltungsgrundsätze, BStBl. 1999 I, S. 1076; *Blümich*, EStG, 2011; § 43b EStG, Rz. 12a; *Dötsch/Patt/Pung/Möhlenbrock*, Umwandlungssteuerrecht, 7. Auflage, Stuttgart 2012, vor §§ 11 – 13, Rz. 30; § 11, Rz. 28; *Kessler/Huck*, Der (zwangsweise) Weg in den Betriebsstättenkonzern am Beispiel der Hinausverschmelzung von Holdinggesellschaften, IStR 2006, S. 433; *Körner*, Sofortige Entstrickungsbesteuerung bei Sitzverlegung, IStR 2011, S. 527; *Lutter/Winter*, UmwG, 2009, § 20, Rz. 62 ff.; *Mitschke*, Kein steuerfreier Exit stiller Reserven bei Sitzverlegung einer SE von Deutschland nach Österreich, IStR 2011, S. 294; *Plewka/Marquardt*, Handbuch Umstrukturierung von Unternehmen nach UmwG, UmwStG, SEStEG, 2007, S. 307; *Rödder/Herlinghaus/van Lishaut*, UmwStG, 2008, § 12; Rz. 127; *Schmidt*, EStG, 2011, § 43b Rz. 7, § 50d, Rz. 45; *Widmann/Mayer*, Umwandlungsrecht, § 5, Rz. 56 sowie weitere Literatur zum UmwStE 2011 siehe Nennungen Fall 20.

I. Vorbemerkung

Das gewünschte Ergebnis der Hinausverschmelzung der DE GmbH zur Nutzung der österreichischen Gruppenbesteuerung kann auf verschiedenen Wegen erreicht werden.

Zum einen kann in der vorliegenden doppelstöckigen Struktur eine Kettenverschmelzung der deutschen Gesellschaften ererfolgen:

Hierbei wird die Holding in einem ersten Schritt grenzüberschreitend auf die AU Ges.m.b.H. verschmolzen. Gleichzeitig wird in einem zweiten Schritt die DE-GmbH direkt auf die AU Ges.m.b.H. verschmolzen. Nachteilig ist allerdings, dass bei diesem Vorgehen zwei grenzüberschreitende Verschmelzungen durchgeführt und in das jeweilige Handelsregister eingetragen werden müssen. In Österreich wird es nicht möglich sein, beide Verschmelzungen gleichzeitig in das Handelsregister einzutragen, so dass eine parallele Kettenverschmelzung in der Praxis regelmäßig ausscheidet bzw. nur zeitlich versetzt vorgenommen werden kann.

Alternativ kann zunächst die operativ tätige DE-GmbH auf die Holding und im Anschluss die Holding grenzüberschreitend auf die AU Ges.m.b.H. verschmolzen werden. Hierbei ist nachteilig, dass ein auf Ebene der operativ tätigen DE-GmbH vorhandener Betriebsrat bei beiden Verschmelzungen informiert und hierdurch jeweils eine vierwöchige Frist abgewartet werden muss. Daneben müssen auch grunderwerbsteuerliche Auswirkungen berücksichtigt werden.

Schließlich kann statt einer Kettenverschmelzung mit den aufgeführten Unwägbarkeiten eine direkte Verschmelzung der DE-GmbH (Enkelgesellschaft) auf die AU Ges.m.b.H. (Großmuttergesellschaft) erfolgen. Hierfür werden zunächst die rechtlichen Voraussetzungen dargestellt und im Anschluss aufgezeigt, welche steuerrechtlichen Fragestellungen und Konsequenzen durch diesen Vorgang ausgelöst werden.

II. Rechtliche Möglichkeit der Verschmelzung einer Enkel- auf eine Muttergesellschaft

Die Verschmelzung einer Enkel- (hier: DE-GmbH) auf eine Muttergesellschaft (hier: AU Ges.m.b.H.) ist nach den Vorschriften des UmwG möglich. Nach deutschem UmwG ist jedoch Voraussetzung, dass im Zuge der Verschmelzung der Enkel- auf die Tochtergesellschaft (hier: Holding) grundsätzlich Anteile an der Muttergesellschaft (hier: AU Ges.m.b.H.) gewährt werden. Nach h.M. ist eine Verschmelzung ohne Anteilsgewährung nicht möglich, da die Tochtergesellschaft nicht Dritte i.S.v. §§ 54 Abs. 2, 68 Abs. 2 UmwG ist. Dies ist sachgerecht, da ohne Anteilsgewährung an der Muttergesellschaft den Gläubigern der Tochtergesellschaft ein Kapitalentzug durch Wegfall der Beteiligung an der Enkelgesellschaft ohne Gegenleistung drohen würde.

Die Anteilsgewährung verstößt nicht gegen das Verbot des Erwerbs eigener Anteile (§ 33 GmbHG für die GmbH und § 71d AktG für die AG). Jedoch ist anzumerken, dass hierdurch eine wechselseitige Beteiligung der Tochter- an der Muttergesellschaft entsteht. Eine Gewährung von Anteilen an einer Kapitalgesellschaft, die ihrerseits maßgeblich an einer Kapitalgesellschaft beteiligt ist, wirkt sich wirtschaftlich wie der Erwerb eigener Anteile aus. Dies kann in einem Konzern letztlich dazu führen, dass das Stammkapital der GmbH bzw. das Grundkapital einer AG gefährdet wird. Insoweit muss geprüft werden, ob auf Ebene der Tochtergesellschaft ausreichend offene Gewinnrücklagen vorhanden sind. Zum Schutz des Stammkapitals beabsichtigt die h.M. eine analoge Anwendung des § 33 GmbHG für eine GmbH. Dies hätte jedoch zur Folge, dass die Tochtergesellschaft (hier: Holding) grundsätzlich keine Anteile an der Muttergesellschaft (hier: AU Ges.m.b.H.) übernehmen kann. Im Hinblick auf Kapitalerhaltungsgrundsätze der Tochtergesellschaft kann dieser Grundsatz vorliegend nicht zur Anwendung kommen, da diese ansonsten in Folge des § 33 GmbHG ihre Beteiligung an der Enkelgesellschaft ohne jegliche Gegenleistung verlieren würde. Grundsätzlich kann das GmbHG nur durch eine ausdrückliche gesetzliche Regelung verbieten, was im UmwG zwingend geboten ist. Folglich könnte man mangels entsprechender Regelung im GmbHG im Umkehrschluss daher zu dem Ergebnis kommen, dass ausnahmsweise doch eine Anteilsgewährung der Mutter- an die Tochtergesellschaft erfolgen kann. Aus Gläubigerschutz- und Kapitalerhaltungsgesichtspunkten stellt dies jedenfalls ein sachgerechtes Ergebnis dar.

Auch die teilweise in der Literatur vertretene Auffassung, dass bei einer Verschmelzung der Enkel- auf die Muttergesellschaft eine hierdurch ausgelöste Kapitalerhöhung unzulässig ist, da die Tochtergesellschaft als Dritter iSd. § 54 Abs. 2 bzw. § 68 Abs. 2 zu sehen ist und deshalb die gleichen Grundsätze wie beim upstream merger gelten müssten, ist abzulehnen. Dies würde den Begriff des Dritten überdehnen.

Als Ergebnis ist festzustellen, dass nach deutschem UmwG grundsätzlich eine Verschmelzung einer Enkel- auf ihre Muttergesellschaft möglich sein sollte. Die h.M. geht davon aus, dass die Mutter- der Tochtergesellschaft hierfür Anteile gewähren muss.

Da es sich jedoch um eine grenzüberschreitende Verschmelzung handelt, muss insbesondere auch nach österreichischem Umwandlungsrecht beurteilt werden, ob die Muttergesellschaft (hier: AU-Ges.m.b.H.) Anteile an die Tochtergesellschaft gewähren darf. Dies ist strittig. Im Grundsatz gilt in Österreich, dass die Mutter- keine Anteile an die Tochtergesellschaft gewähren kann. Jedoch sollte eine Anteilsgewährung wie im deutschen UmwG ausnahmsweise möglich sein, so dass dies vorliegend unterstellt wird.

III. Steuerliche Auswirkung der Verschmelzung

Auf die zu beurteilende Hinausverschmelzung der deutschen DE-GmbH auf die österreichische AU Ges.m.b.H. sind grundsätzlich die Vorschriften der §§ 11 bis 13 UmwStG anzuwenden.

Aufgrund der geplanten Verschmelzung und der Eröffnung des Anwendungsbereichs des UmwStG können sich auf den folgenden drei Ebenen steuerliche Auswirkungen ergeben:

- auf Ebene der übertragenden Rechtsträgerin DE-GmbH (§ 11 UmwStG),
- bei der übernehmenden Rechtsträgerin (§ 12 UmwStG) und
- auf Anteilseignerebene, vorliegend der Holding (§ 13 UmwStG).

1. Steuerliche Auswirkungen auf Ebene der übertragenden Rechtsträgerin

Die übertragende Rechtsträgerin (hier die DE-GmbH) hat gem. § 11 Abs. 1 UmwStG eine steuerliche Schlussbilanz zu erstellen. Bei Erstellung der steuerlichen Schlussbilanz können die Wertansätze des übergehenden Betriebsvermögens ohne Berücksichtigung des Maßgeblichkeitsgrundsatzes und somit unabhängig von den Wertansätzen in der Handelsbilanz vorgenommen werden.

In der zu erstellenden steuerlichen Schlussbilanz sind die von der DE-GmbH auf die AU-Ges.m.b.H. übergehenden Wirtschaftsgüter, einschließlich nicht entgeltlich erworbener oder selbst geschaffener immaterieller Wirtschaftsgüter, grundsätzlich mit dem gemeinen Wert anzusetzen (§ 11 Abs. 1 UmwStG). Hierdurch würde es auf Ebene DE-GmbH zu einem in Deutschland steuerpflichtigen Übertragungsgewinn kommen (vgl. Dötsch in: Dötsch/Patt/Pung/Möhlenbrock, UmwStG, § 11, Rz. 16, 21, 22).

Jedoch sollte es im zugrundeliegenden Sachverhalt gem. § 11 Abs. 2 UmwStG auf Antrag möglich sein, die übergehenden Wirtschaftsgüter mit dem Buchwert in der steuerlichen Übertragungsbilanz anzusetzen. Die dafür notwendigen Neutralitätsbedingungen (vgl. UmwSt-Erlass vom 11.11.2011, Tz. 11.05; vgl. Dötsch in: Dötsch/Patt/Pung/Möhlenbrock, UmwStG, § 11, Rz. 33) sind vorliegend erfüllt, da:

▶ bei der übernehmenden AU Ges.m.b.H. die spätere Besteuerung der übergehenden Wirtschaftsgüter mit Körperschaftsteuer sichergestellt ist (§ 11 Abs. 2 Nr. 1 UmwStG);

▶ das Recht der Bundesrepublik Deutschland hinsichtlich der Besteuerung des Gewinns aus der Veräußerung der übertragenden Wirtschaftsgüter vorliegend bei der übernehmenden Körperschaft insoweit nicht ausgeschlossen oder beschränkt wird, als nach der Hinausverschmelzung in Deutschland eine Betriebsstätte (hier der AU Ges.m.b.H.) zurückbleibt und die übergehenden Wirtschaftsgüter dieser funktional zugeordnet (hierbei ist jedoch die Zentralfunktion des Stammhauses zu beachten) werden können (§ 11 Abs. 2 Nr. 2 UmwStG);

▶ eine Gegenleistung, wie bspw.eine Zuzahlung, nicht gewährt wird. Hierzu ist es erforderlich, dass dem übertragenden Rechtsträger im Zuge der Verschmelzung keine Forderungen eingeräumt werden. Unschädlich ist hingegen, wenn als Gegenleistung Gesellschaftsrechte an der aufnehmenden Gesellschaft gewährt werden (§ 11 Abs. 2 Nr. 3 UmwStG).

Sofern demnach für die übergehenden Wirtschaftsgüter, die weiterhin einer deutschen Betriebsstätte der aufnehmenden Gesellschaft zugeordnet werden können, in der steuerlichen Schlussbilanz die Fortführung der Buchwerte beantragt wird, entsteht auf Ebene der übertragenden DE-GmbH kein Übertragungsgewinn, so dass die Verschmelzung im Ergebnis steuerneutral ohne Aufdeckung von stillen Reserven durchgeführt werden kann. Zu beachten ist jedoch, dass eine Buchwertfortführung in der steuerlichen Schlussbilanz nur auf Antrag möglich ist. Dieser Antrag ist grundsätzlich bis spätestens zur erstmaligen Abgabe der steuerlichen Schlussbilanz bei dem für die Besteuerung der umwandelnden Kapitalgesellschaft zuständigen Finanzamt zu stellen (vgl. UmwSt-Erlass vom 11.11.2011, Tz. 03.28; vgl. Dötsch in: Dötsch/Patt/Pung/Möhlenbrock, UmwStG, § 11, Rz. 35 ff.; vgl. Kutt/Carstens in: FGS/BDI, UmwSt-Erlass 2011, S. 155; vgl. Volb, Der Umwandlungssteuererlass, S. 43 f.).

Soweit jedoch Wirtschaftsgüter nicht der im Wege der Hinausverschmelzung in Deutschland zurückbleibenden Betriebsstätte funktional zugeordnet werden können, erfolgt insoweit eine Entstrickungsbesteuerung der stillen Reserven. Gegen diese sofortige Entstrickungsbesteuerung werden in der Literatur unter Berufung auf die Fusionsrichtlinie sowie auf die Niederlassungsfreiheit teilweise erhebliche europarechtliche Bedenken geäußert. Demnach darf sich grundsätzlich erst dann eine Besteuerung der stillen Reserven von Wirtschaftsgütern – die nicht einer inländischen Betriebsstätte zugerechnet werden können – ergeben, wenn diese Realisierung auch im reinen Inlandsfall erfolgen würde. Daher scheint ein Besteuerungsaufschub mit Nachversteuerungsmöglichkeit bis zum Zeitpunkt der tatsächlichen Veräußerung der entsprechenden Wirtschaftsgüter europarechtlich dringend geboten, was durch die EuGH-Entscheidung in der Rs. National Grid Indus B.V. vom 29.11.2011 (Vgl. IStR 2012, S. 27; sowie *Körner*, IStR 2012, S. 1) inzwischen bestätigt ist.

2. Steuerliche Auswirkungen auf Ebene der übernehmenden Rechtsträgerin

Die AU Ges.m.b.H. wird vorliegend als übernehmende Körperschaft durch die Umwandlung mit der in Deutschland zurückbleibenden Betriebsstätte beschränkt steuerpflichtig. Soweit die übergehenden Wirtschaftsgüter dieser inländischen Betriebsstätte zugeordnet werden können, sind diese mit dem in der steuerlichen Schlussbilanz der übertragenden DE-GmbH enthaltenen Wertansatz zu übernehmen (= Wertverknüpfung gem. § 12 Abs. 1 Satz 1 UmwStG). Durch die inländische Betriebsstätte tritt die übernehmende AU Ges.m.b.H., insbesondere bezüglich der Bewertung und Abschreibung der übernommenen Wirtschaftsgüter, der den steuerlichen Gewinn mindernden Rücklagen sowie der Dauer der Zugehörigkeit eines Wirtschaftsgutes zum Betriebsvermögen, in die steuerliche Rechtsstellung der übertragenden DE-GmbH ein (sog. Fußstapfentheorie gem. § 12 Abs. 3 i.V.m. § 4 Abs. 2, 3 UmwStG).

Im Fall der Verschmelzung der Enkel- (hier DE-GmbH) auf die Muttergesellschaft (hier: AU Ges.m.b.H.) muss die Mutter- ihrer Tochtergesellschaft (hier: Holding) Anteile als Gegenleistung dafür gewähren, dass die Tochtergesellschaft aufgrund der Verschmelzung die Anteile an der Enkelgesellschaft aufgibt. Übersteigen die der Muttergesellschaft im Wege der Verschmelzung von der Tochtergesellschaft überlassenen Anteile an der Enkelgesellschaft die dafür von der Mutter- an die Tochtergesellschaft hingegebenen Anteile wertmäßig, so sind „Leistung" der Tochter- an die Muttergesellschaft in Form der Anteilsüberlassung und „Gegenleistung" in Form der Anteilsgewährung durch die Muttergesellschaft nicht gleichwertig. Die Tochtergesellschaft schüttet dann „Gewinne" in Form eines im Gesellschaftsverhältnis gründenden „Preisnachlasses" für die von ihr überlassenen Anteile an der Enkelgesellschaft aus.

Somit muss für steuerliche Zwecke von einer verdeckten Gewinnausschüttung der Tochter- an die Muttergesellschaft ausgegangen werden. Die verdeckte Gewinnausschüttung der Holding an die AU Ges.m.b.H. ist in Höhe der Differenz zwischen dem gemeinen Wert der Beteiligung an der DE-GmbH und dem Wert der Anteile an der AU Ges.m.b.H., die der Holding gewährt werden, anzusetzen. Sie bleibt auf Ebene der Holding gem. § 8b Abs. 2 KStG als fiktiver Veräußerungsgewinn im Ergebnis zu 95 % steuerfrei.

Auf Ebene der Tochtergesellschaft (hier: Holding) wird die bisherige Beteiligung an der Enkelgesellschaft im Zuge der Verschmelzung ausgebucht und die dafür erhaltenen Anteile an der Muttergesellschaft (hier: AU Ges.m.b.H.) werden eingebucht. Eine sich hieraus auf Ebene der Holding resultierende Minderung des Vermögens ist gem. § 8b Abs. 3 KStG steuerlich nicht anzuerkennen.

Daneben stellt sich die Frage, ob durch die verdeckte Gewinnausschüttung der Tochter- auf ihre Muttergesellschaft ein Einbehalt von Kapitalertragsteuer ausgelöst wird. Die AU Ges.m.b.H. unterliegt mit der bezogenen verdeckten Gewinnausschüttung der Holding gem. § 49 Abs. 1 Nr. 5 Buchst. a i.V.m. § 20 Abs.1 Nr. 1 EStG der beschränkten Steuerpflicht in Deutschland. Somit muss von der Holding grundsätzlich Kapitalertragsteuer auf die verdeckte Gewinnausschüttung grundsätzlich von der Holding Kapitalertragsteuer einbehalten und abgeführt werden. Jedoch könnte eine Reduzierung der Quellensteuer durch Anwendung der Mutter-Tochter-Richtlinie gem. § 43 b EStG geboten sein.

Von der Anwendung der Mutter-Tochter-Richtlinie sind gem. § 43b EStG Kapitalerträge i.S.d. § 20 Abs. 1 Nr. 1 EStG erfasst, so dass auch verdeckte Gewinnausschüttungen mit umfasst sind. Weitere Voraussetzung ist, dass die Muttergesellschaft (hier AU Ges.m.b.H.) im Zeitpunkt der Entstehung der Kapitalertragsteuer zu mindest 10 % am Kapital der Tochtergesellschaft (hier: Holding) beteiligt ist und die Beteiligung ununterbrochen 12 Monate bestanden hat. Anzumerken ist, dass § 43b EStG grundsätzlich nicht anwendbar ist, wenn die Kapitalerträge anlässlich einer Liquidation oder Umwandlung der Tochtergesellschaft zufließen. Vorliegend wird jedoch nicht die Tochtergesellschaft liquidiert oder umgewandelt, sondern deren Tochtergesellschaft, so dass § 43b EStG Anwendung findet und grundsätzlich keine Kapitalertragsteuer einbehalten werden muss.

Anzumerken ist jedoch, dass in bestimmten Fällen die durch Anwendung des § 43b EStG bestehende Quellensteuerentlastung aufgrund der Vorschriften des § 50d Abs. 3 EStG ausgeschlossen sein kann, wenn die AU Ges.m.b.H. die in § 50d Abs. 3 Nr. 1 bis 3 EStG aufgeführten Tatbestandsmerkmale erfüllt und die hinter ihr stehenden Gesellschafter die gewährte Quellensteuerentlastung ansonsten nicht hätten in Anspruch nehmen können.

Aufgrund der Annahme einer verdeckten Gewinnausschüttung der Anteile an der Enkelgesellschaft von der Tochter- auf die Muttergesellschaft könnte diese für steuerliche Zwecke im Zeitpunkt der Verschmelzung auch Anteilseignerin der Enkelgesellschaft sein. Demnach könnte überlegt werden, ob die Muttergesellschaft gem. § 12 Abs. 2 UmwStG ein Übernahmeergebnis zu ermitteln hat. Als Übernahmeergebnis ist der Unterschied zwischen dem Wert, mit dem die übergegangenen Wirtschaftsgüter zu übernehmen sind, und dem Buchwert der Anteile an der übertragenden Körperschaft anzusehen. Der Buchwert auf Ebene der Muttergesellschaft entspricht aufgrund der verdeckten Gewinnausschüttung jedoch dem gemeinen Wert der Anteile, so dass vorliegend kein Übernahmegewinn entstehen sollte. Ein deutsches Besteuerungsrecht an einem eventuellen Übernahmegewinn würde ohnehin nicht bestehen, weil das Übernahmeergebnis grundsätzlich dem Österreichischen Fiskus zugesprochen werden würde.

3. Auswirkung auf Ebene der Anteilseigner

Im Fall der Verschmelzung einer Enkel- auf eine Muttergesellschaft wird steuerlich davon ausgegangen, dass die Tochtergesellschaft als bisherige Anteilseignerin der Enkelgesellschaft diese Anteile im Wege einer verdeckten Gewinnausschüttung der Muttergesellschaft überlässt und erst im Anschluss die Verschmelzung durchgeführt wird. Demnach sollte § 13 UmwStG auf Ebene der Tochtergesellschaft für die an der Muttergesellschaft erhaltenen Anteile nicht zur Anwendung kommen. Im Ergebnis bleibt es für steuerliche Zwecke daher bei der verdeckten Gewinnausschüttung der Tochter- an die Muttergesellschaft.

Dennoch könnte überlegt werden, ob steuerlich aufgrund der verdeckten Gewinnausschüttung bereits die Muttergesellschaft im Zeitpunkt der steuerlichen Erfassung der verdeckten Gewinnausschüttung (Übertragung der Anteile der Enkelgesellschaft auf die Muttergesellschaft) Anteilseignerin der Enkelgesellschaft geworden ist, so dass die nachgelagerte Verschmelzung allein zwischen zwischen diesen beiden Gesellschaften zu beurteilen ist. Es würde gleichwohl bei einem Upstreammerger bleiben, bei dem die Anteile untergehen und das Betriebsvermögen der übertragenden Gesellschaft bei der Muttergesellschaft (Anteilseigner) eingebucht wird.

C. Formwechsel im (europäischen) Ausland
Fall 22

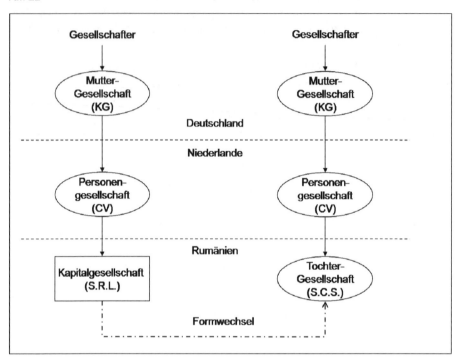

Lösungshinweise:

Schrifttum: BFH vom 26.02.1992, BStBl. 1992 II, S. 937; BFH vom 30.08.1995, BStBl. 1996 II, S. 563; BFH vom 19.12.2007, BStBl. 2008 II, S. 510; BFH vom 13.02.2008, BStBl. 2009 II, S. 414; *Blöchle/Weggenmann*, Formwechsel und Verschmelzung im Ausland nach §§ 3 ff. UmwStG i.d.F. des SEStEG, IStR 2008, S. 87; BMF-Schreiben vom 24.12.1999, Betriebsstätten-Verwaltungsgrundsätze, BStBl.1999 I, S. 1076; BMF-Schreiben vom 16.04.2010, BStBl. 2010 I, S. 354; BR-Drs. 542/06, S. 58; Dötsch/Patt/Pung/Möhlenbrock, Umwandlungssteuerrecht, 7. Auflage, Stuttgart 2012; *Goebel/Boller/Ungemach*, Die Zuordnung von Beteiligungen zum Betriebsvermögen im nationalen und internationalen Kontext, IStR 2008, S. 643; *Jamrozy/Weggenmann*, Rechtsformwechsel einer Kapital- in eine Personengesellschaft in Polen – ein steuerliches Optimierungsvehikel für deutsche Investoren?, IStR 2008, S. 869; *Kinzl*, Zuordnung von Kapitalgesellschaftsbeteiligungen zu ausländischen Betriebsstätten und Grundfreiheiten, IStR 2005, S. 693; *Lemaitre/Schönherr*, Die Umwandlung von Kapitalgesellschaften in Personengesellschaften durch Verschmelzung und Formwechsel nach der Neufassung des UmwStG durch das SEStEG, GmbHR 2007, S. 173; *Kußmaul/Richter/Heyd*, Ausgewählte Problemfelder der Hinausverschmelzung von Kapitalgesellschaften aus Deutschland, IStR 2010, S. 73; *Rödder/Herlinghaus/van Lishaut*, UmwStG, 2008; *Strunk/Kaminski*, AStG/DBA, 2011; UmwStE-Entwurf vom 09.09.2011; *Vogel/Lehner*, DBA, 2008; *Wassermeyer/Richter/Schnittker*, Personengesellschaften im Internationalen Steuerrecht, 2010; *Weggenmann/Blöchle*, Formwechsel in Europa und im EWR, in Strahl (Hrsg.), Ertragsteuern.

I. Steuerliche Zuordnung der Beteiligungen an der ausländischen Gesellschaft

Nach Maßgabe des sog. Rechtstypenvergleichs ist die niederländische CV grundsätzlich mit einer KG deutschen Rechts vergleichbar und damit als eine ausländische Personengesellschaft zu klassifizieren (vgl. BMF v. 24.12.1999, BStBl. 1999 I, S. 1076, Tabelle 1; wegen der Änderungen im niederländischen Personengesellschaftsrecht und den sich daraus ergebenden Folgen für den Typenvergleich: vgl. Spierts/Stevens in Personengesellschaften im Internationalen Steuerrecht, 2010, hrsg. v. Wassermeyer/Richter/Schnittker, Rz. 27.4 ff. und 27.11). Eine Ausnahme gilt dabei für die sog. offene CV, die in den Niederlanden der Körperschaftsteuer unterliegt und deren Einordnung für deutsches Steuerrecht als Kapital- oder Personengesellschaft anhand eines Typenvergleichs vorgenommen werden müsste (vgl. BMF v. 16.4.2010, BStBl. 2010 I, S. 354, Tz. 1.2; ebenso Spierts/Stevens, a.a.O., Rz. 27.10). Im Folgenden soll von dieser Ausnahme abgesehen werden und eine sog. geschlossene CV unterstellt werden.

Ausländische Personengesellschaften werden abkommensrechtlich wie unselbständige Betriebsstätten behandelt. Die Betriebsstätteneinkünfte sind grundsätzlich von der deutschen Besteuerung freizustellen und unterliegen der beschränkten Steuerpflicht in den Niederlanden.

Fraglich ist, unter welchen Voraussetzungen eine ausländische Kapitalgesellschaftsbeteiligung in einem Drittstaat einer Betriebsstätte/ Personengesellschaft zugerechnet werden kann.

In der Literatur wurde in der Vergangenheit zu der Frage, wann ein Wirtschaftsgut einer Betriebsstätte zuzuordnen ist, argumentiert, dass mangels ausdrücklicher abkommensrechtlicher Regelungen auf die Grundsätze des nationalen Rechts des Betriebsstättenstaats zurückzugreifen wäre (vgl. Kinzl, IStR 2005, S. 693). Deshalb würde für eine Zuordnung der Beteiligung zur Betriebsstätte ein lediglich rechtlicher Zusammenhang, also die zivilrechtliche Eigentümerstellung, ausreichen.

Demgegenüber stellt die h.M. auf die „tatsächliche wirtschaftliche Zugehörigkeit" des Wirtschaftsguts zu der Betriebsstätte ab (vgl. Goebel/Boller/Ungemach, IStR 2008, S. 643; Gradel in: Strunk/Kaminski, AStG/DBA, Art. 10, Rz. 84; Kußmaul/Richter/Heyd, IStR 2010, S. 73; Vogel in: Vogel/Lehner, DBA, 2008, Vor Art. 10-12, Rn. 40). Diese liegt nach Ansicht des BFH (vgl. BFH vom 26.02.1992, BStBl. 1992 II, S. 937; BFH vom 30.08.1995, BStBl. 1996 II, S. 563; BFH vom 13.02.2008, BStBl. 2009 II, S. 414) sowie der Finanzverwaltung (vgl. BMF-Schreiben vom 24.12.1999, BStBl 1999 I, S. 1076; BMF-Schreiben vom 16.04.2010, BStBl. 2010 I, S. 354, Tz. 2.2.4.1) nur dann vor, wenn das betreffende Wirtschaftsgut in einem funktionalen Zusammenhang mit der Tätigkeit der Betriebsstätte steht. Die Zuordnung einer Beteiligung zu einer Betriebsstätte hat demnach nach wirtschaftlichen Gesichtspunkten zu erfolgen. Die Beteiligung muss durch die Betriebsstätte tatsächlich genutzt werden bzw. dieser dienen und zu ihrem Betriebsergebnis beitragen. Bei den aus der Beteiligung erzielten Erträgen muss es sich zumindest um Nebenerträge handeln, die nach der allgemeinen Verkehrsauffassung zu der Tätigkeit gehören, bei der das Schwergewicht der in der Betriebsstätte ausgeübten Unternehmenstätigkeit liegt. Es ist zu prüfen, ob die Beteiligung ihrer Substanz nach zu einer Betriebsstätte gehört und somit die wirtschaftliche Kraft der Betriebsstätte stärkt.

Dabei kommt der zivilrechtlichen Zuordnung nur Indizwirkung zu. Die wirtschaftliche Betrachtung kann auch zu einer vom Zivilrecht abweichenden Zuordnung führen. Entscheidend sind im Ergebnis die tatsächliche Nutzung der Beteiligung durch die Betriebsstätte und ein damit einhergehender funktionaler Zusammenhang zwischen der Beteiligung und der Tätigkeit der Betriebsstätte. Nur in diesen Fällen sieht die Finanzverwaltung von einer Zuordnung der Beteiligung nach Maßgabe der sog. Zentralfunktion des Stammhauses ab, wonach bspw. Finanzmittel oder Beteiligungen, die dem gesamten Unternehmen dienen, generell dem Stammhaus zuzuordnen sind.

Die Zuordnung der Beteiligung an der rumänischen S.R.L. zu der niederländischen CV hängt also davon ab, inwieweit eine funktional wesentliche Bedeutung der Beteiligung dargestellt werden kann.

- ▶ Beispiel: rumänische Vertriebskapitalgesellschaft handelt als Kommissionär, niederländische Personengesellschaft/Betriebsstätte handelt als Kommittent; alternativ: Vertriebsgesellschaft handelt als Eigenhändler bezieht aber ihre Waren ausschließlich von der niederländischen Personengesellschaft
- ▶ Geschäftsleitende Holdingfunktion der niederländischen CV führt nicht zwingend zur Zuordnung der Beteiligung (vgl. BMF v. 16.4.2010, a.a.O., Rz. 2.2.4.1)

Im Folgenden soll von einer Zuordnung der Kapitalgesellschaftsbeteiligung zur niederländischen Personengesellschaft/Betriebsstätte ausgegangen werden.

II. Anwendbarkeit des UmwStG

Vorliegend ist davon auszugehen, dass es sich bei der rumänischen Kapitalgesellschaft um eine nach ihrem nationalen Recht gegründete Kapitalgesellschaft handelt deren Sitz und Ort der Geschäftsleitung sich auch in Rumänien befinden (§ 1 Abs. 2 Satz 1 Nr. 1 UmwStG). Für die Frage der Anwendbarkeit des UmwStG kommt es deshalb entscheidend darauf an, dass

- der Umwandlungsvorgang im Ausland einen dem im deutschen UmwG geregelten Formwechsel vergleichbaren Vorgang darstellt
- und dieser Umwandlungsvorgang einen Inlandsbezug aufweist.

Von einem im Ausland vergleichbaren Vorgang ist dann auszugehen, wenn die ausländische Umwandlung dem Wesen nach einer der Umwandlungsarten nach dem deutschen UmwG entspricht (vgl. UmwSt-Erlass vom 11.11.2011, Tz. 01.24, speziell für den Formwechsel siehe Tz. 01.39). Hierfür soll es ausreichend sein, wenn der ausländische Vorgang als solcher vergleichbar ist, das heißt es müssen vorliegend nur die wesentlichen Strukturmerkmale eines inländischen Formwechsels erfüllt sein. Der Gesetzgeber hat somit die Anwendung des UmwStG für diesen Fall ausdrücklich nicht unter die Bedingung gestellt, dass die ausländischen Vorschriften, welche den Formwechsel bewirken, in jedem Punkt vergleichbar sind. Entscheidend ist eine Wesensverwandtschaft bzw. Ähnlichkeit der ausländischen Norm, nicht hingegen eine inhaltliche Identität (vgl. Sieker/Schänzle/Kaeser in: FGS/BDI, UmwSt-Erlass 2011, S. 57 f.). Hierdurch wird dem Umstand Rechnung getragen, dass sich für den Formwechsel, im Gegensatz zu den übertragenden Umwandlungen wie bspw. der Verschmelzung oder der Spaltung, keine definitorischen Anknüpfungspunkte aus dem deutschen UmwG ableiten lassen. Dennoch ist es für eine Vergleichbarkeit ausschlaggebend, dass der ausländische Vorgang die nach deutschem Rechtsverständnis an einen Formwechsel zu stellenden Anforderungen erfüllt.

Wesensmerkmal des inländischen Formwechsels gem. § 190 UmwG ist hierbei die rechtliche Kontinuität des Rechtsträgers vor und nach dem Formwechsel unter Fortbestand aller Rechtspositionen. Die prozentualen Beteiligungsverhältnisse auf Gesellschafterebene dürfen sich durch den Formwechsel nicht verändern. Dies bedeutet, dass der Rechtsträger als solcher fortbesteht und es nicht zu dessen Auflösung oder zu einer Neugründung eines weiteren Rechtsträgers kommt. Insbesondere kommt es zu keiner Vermögensübertragung und daher auch zu keiner Gesamtrechtsnachfolge, sondern lediglich zu einem Wechsel des „Rechtskleides". Die Finanzverwaltung will sogar zulassen, die ggf. fehlende Vergleichbarkeit des ausländischen Gesellschaftsrechts durch einzelvertragliche Regelung zu ersetzen (vgl. UmwSt-Erlass vom 11.11.2011, Tz. 01.25).

Exkurs Formwechsel Rumänien:
Auf den vorliegenden Fall bezogen bedeutet dies: In Rumänien gibt es die Möglichkeit, durch eine formwechselnde Umwandlung die Gesellschaftsform zu wechseln. Dabei wird ein identitätswahrender Vorgang fingiert. Mithin sind die Wesensmerkmale des ausländischen Vorganges vergleichbar mit denen, die sich bei einem Formwechsel i.S.d. § 190 UmwG ergeben. Zu berücksichtigen ist allerdings, dass es nach rumänischem Recht nicht zulässig ist, den Komplementär ohne vermögensrechtliche Stellung in der S.C.S. zu beteiligen. Daher empfiehlt es sich, vor dem Formwechsel einen Anteil der S.R.L. auf die künftige Komplementärin zu übertragen.

Die bisherige rumänische Gesellschaft (S.R.L.) entspricht einer deutschen GmbH. Zu beachten ist, dass die aufnehmende rumänische Personengesellschaft (S.C.S.) nach rumänischem Recht als juristische Person eingeordnet wird und somit selbst ein Steuersubjekt für die Körperschaftsteuer darstellt (= intransparente Besteuerungskonzeption). Dies ist jedoch für die deutsche steuerrechtliche Würdigung des Sachverhaltes unbeachtlich, da die beteiligten Rechtsträger alleine aufgrund des Rechtstypenvergleiches als Kapital- oder Personengesellschaft einzuordnen sind. Die durch den Formwechsel in Rumänien entstehende Personengesellschaft (S.C.S.) ist aus deutscher Sicht mit einer KG vergleichbar und somit für die Anwendung des deutschen Steuerrechts als Personengesellschaft einzustufen, obwohl diese nach rumänischem Recht eine juristische Person ist und als solche in Rumänien intransparent besteuert wird (vgl. BMF v. 24.12.1999, a.a.O., Tabelle 1 sowie BMF v. 16.4.2010, a.a.O., Rz. 1.2).

Der Inlandsbezug der geplanten Umstrukturierung ergibt sich aufgrund der indirekten Beteiligung eines (inländischen) unbeschränkt steuerpflichtigen Gesellschafters. Zwar ist die niederländische CV unmittelbare Anteilseignerin der bestehenden rumänischen Kapitalgesellschaft. Diese ist allerdings für steuerliche Zwecke als transparent zu besteuernde Personengesellschaft einzuordnen mit der Folge, dass gem. § 15 Abs. 1 Satz 1 Nr. 2 Satz 1 EStG die Ergebnisse der CV ihrer deutschen Muttergesellschaft bzw. deren Gesellschafter als Mitunternehmer steuerlich zuzurechnen sind (Transparenzprinzip). Zudem ergibt sich auch nach der Umwandlung ein inländischer Anknüpfungspunkt, da nach erfolgreichem Formwechsel eine mittelbare Mitunternehmerstellung der deutschen Mutter-KG an der dann in Rumänien bestehenden Vertriebspersonengesellschaft i.S.d. § 15 Abs. 1 Satz 1 Nr. 2 Satz 2 EStG besteht. Danach steht der mittelbar über eine oder mehrere Personengesellschaften beteiligte Gesellschafter dem unmittelbar beteiligten Gesellschafter gleich. Folglich ist die Mutter-KG als Mitunternehmerin des Betriebs der in Rumänien bestehenden Personengesellschaft trotz nur mittelbarer Beteiligung anzusehen, da sie und die niederländische CV, die diese Beteiligung vermittelt, jeweils Mitunternehmer der Betriebe der Personengesellschaften sind.

Im Ergebnis finden die Vorschriften des UmwStG Anwendung.

III. Steuerliche Auswirkungen des Formwechsels (nach deutschem Recht)

Steuerliche Rechtsfolgen des Formwechsels können sich auf unterschiedlichen Ebenen ergeben:

- Ebene der in Rumänien bestehenden Kapitalgesellschaft (S.R.L.) als übertragender Rechtsträger gem. § 3 UmwStG
- Ebene der in Rumänien durch Formwechsel entstehenden Personengesellschaft als übernehmender Rechtsträger gem. § 3 UmwStG
- Ebene der Gesellschafter der bestehenden rumänischen Kapitalgesellschaft. Wie bereits angesprochen wird dabei aufgrund des Transparenzprinzips bis zum deutschen Gesellschafter „durchgeschaut" (vgl. § 15 Abs. 1 Nr. 2 Satz 1 EStG). Dadurch kommt es durch den im Ausland durchzuführenden Formwechsel für deutsche Steuerzwecke grundsätzlich zu Einkünften gem. § 7 UmwStG (fiktiver Dividendenteil) sowie zu einem nach § 4 UmwStG zu ermittelten Übernahmeergebnis.

1. Steuerliche Auswirkungen des Formwechsels auf Ebene der bestehenden Kapitalgesellschaft

Nach § 9 Satz 2 i.V.m. § 3 UmwStG hat die übertragende Kapitalgesellschaft für deutsche steuerliche Zwecke eine Schlussbilanz (Übertragungsbilanz) aufzustellen. Diese Verpflichtung gilt unabhängig davon, dass die übertragende rumänische Kapitalgesellschaft keiner inländischen deutschen Steuerpflicht unterliegt. Die Übertragungsbilanz ist nach deutschen Bilanzierungsgrundsätzen zu erstellen, wobei die Wertansätze unabhängig von den handelsrechtlichen Bewertungen im Ausland vorzunehmen sind.

Die Schlussbilanz ist grundsätzlich zum Zeitpunkt der Registereintragung des Formwechsels aufzustellen, jedoch eröffnet § 9 Satz 3 UmwStG die Möglichkeit, die Schlussbilanz auf einen Stichtag bis zu acht Monate vor der Handelsregistereintragung zu erstellen, sofern dies nicht dazu führt, dass Einkünfte im Ausland aufgrund einer abweichenden Rückwirkung der Besteuerung entzogen werden (§ 9 Satz 3 i. V. m. § 2 Abs. 3 UmwStG). Die Achtmonatsfrist soll folgerichtig auch dann maßgebend sein, wenn nach ausländischem Recht eine davon abweichende Regelung besteht (vgl. UmwSt-Erlass vom 11.11.2011, Tz. 09.02 vgl. Cordes/Dremel/Carstens in: FGS/BDI, UmwSt-Erlass 2011, S. 226; vgl. Möhlenbrock in: Dötsch/Patt/Pung/Möhlenbrock, UmwStG, § 9, Rz. 23). In Rumänien ist eine Rückwirkung nicht vorgesehen.

Die Vorlage einer steuerlichen Schlussbilanz soll nur dann nicht erforderlich sein, wenn sie nicht für inländische Besteuerungszwecke benötigt wird (vgl. UmwSt-Erlass vom 11.11.2011, Tz. 03.02). Die Ausführungen des BMF lassen nur vermuten, dass auch bei Einkünften, die lediglich im Rahmen des Progressionsvorbehalts zu berücksichtigen sind, eine Schlussbilanz aufzustellen ist. Insoweit käme es dennoch darauf an, ob die

Anwendung des Progressionsvorbehalts in dem hier vorliegenden EU-Fall nach den Vorschriften des § 32b Abs. 1 S. 2 Nr. 2 i.V.m. § 2a Abs. 2 S. 1 EStG überhaupt eröffnet ist. Werden bspw. gerade durch den Umwandlungsvorgang (Übernahmeergebnis und fiktive Dividenden nach § 7 UmwStG) passive Einkünfte in der niederländischen Personengesellschaft generiert, die nach § 2a Abs. 2 S. 1 EStG die Grenze der Aktivität (10 %) durchbrechen, so dass im Ergebnis passive Betriebsstätteneinkünfte generiert werden, für welche der Progressionsvorbehalt suspendiert ist, könnte eine steuerliche Schlussbilanz entbehrlich werden.

Nach § 9 Satz 1 i.v.m. 3 Abs. 1 UmwStG sind die Wirtschaftsgüter in der Schlussbilanz grundsätzlich mit dem gemeinen Wert anzusetzen. Unter den Voraussetzungen des § 9 Satz 1 i.V.m. 3 Abs. 2 Satz 1 UmwStG besteht jedoch die Möglichkeit, die übergehenden Wirtschaftsgüter auf Antrag mit dem Buchwert oder einem zwischen diesem und dem gemeinen Wert liegenden Zwischenwert anzusetzen. Die dafür notwendigen Bedingungen sind vorliegend erfüllt, da

- die übertragenen Wirtschaftsgüter Betriebsvermögen werden und die Besteuerung der stillen Reserven sichergestellt ist,
- ein deutsches Besteuerungsrecht hinsichtlich des Gewinns aus der Veräußerung der übergehenden Wirtschaftsgüter weder vor noch nach dem Formwechsel besteht, also nicht ausgeschlossen oder beschränkt wird
- und eine Gegenleistung nicht gewährt wird oder in Gesellschaftsrechten besteht.

Mangels inländischer Steuerpflicht wirkt sich der gewählte Wertansatz steuerlich zwar nicht auf Ebene der formwechselnden rumänischen Kapitalgesellschaft aus. Wie im Folgenden darzustellen ist, hat der Wertansatz aber Auswirkungen auf die Höhe der nach § 7 UmwStG zu ermittelnden fiktiven Gewinnausschüttungen sowie auf das nach § 4 Abs. 4 bis 7 UmwStG zu ermittelnde Übernahmeergebnis.

In Rumänien kann der Formwechsel steuerneutral vollzogen werden, insbesondere bleibt für rumänische Steuerzwecke das Körperschaftsteuersubjekt auch nach dem Formwechsel erhalten.

2. Steuerliche Auswirkungen des Formwechsels auf Ebene der entstehenden Personengesellschaften (S.C.S.)

Die durch den Formwechsel in Rumänien entstehende Personengesellschaft hat gem. § 9 Satz 1 i. V. m. § 4 Abs. 1 Satz 1 UmwStG die Wirtschaftsgüter als „übernehmender" Rechtsträger grundsätzlich mit dem in der steuerlichen Schlussbilanz der formwechselnden Kapitalgesellschaft angesetzten Wert zu übernehmen („Werteverknüpfung"). Soweit der Ansatz der Wirtschaftsgüter in der steuerlichen Schlussbilanz der umwandelnden ausländischen Kapitalgesellschaften zum Buchwert erfolgt, muss dieser

Buchwertansatz also zwingend für die Eröffnungsbilanz der durch den Formwechsel entstehenden Personengesellschaft übernommen werden.

Die ausländische Personengesellschaft tritt gem. § 4 Abs. 2 Sätze 1 und 3 UmwStG für deutsche Besteuerungszwecke als „übernehmender" Rechtsträger in die steuerliche Rechtsstellung der übertragenden Körperschaft ein, insbesondere hinsichtlich der Bewertung der übernommenen Wirtschaftsgüter, der Absetzungen für Abnutzung, der Besitzzeiten und der den steuerlichen Gewinn mindernden Rücklagen.

Infolge der vom Gesetzgeber in § 9 Satz 1 UmwStG fingierten Anwendung der §§ 3 bis 8 UmwStG muss unabhängig von der vorgenannten Wertverknüpfung auf Ebene der entstehenden Personengesellschaft ein Übernahmeergebnis ermittelt werden, welches sich aus den §§ 4 Abs. 4 und 5 UmwStG wie folgt darstellt (vgl. auch Pung in: Dötsch/Patt/Pung/Möhlenbrock, UmwStG, § 4, Rz. 43):

Gemeiner Wert der Wirtschaftsgüter der Kapitalgesellschaft in Rumänien gem. § 4 Abs. 4 Satz 2 UmwStG
./. Kosten für den Vermögensübergang
./. Wert der Anteile an der Kapitalgesellschaft in Rumänien auf Ebene der niederländischen CV (= fortgeführter Buchwert i.S.v. §§ 4 Abs. 1 Satz 2, 5 Abs. 3 Satz 1 UmwStG)

Übernahmegewinn/-verlust 1. Stufe

./. offene Rücklagen der Kapitalgesellschaft in Rumänien (=fiktive Gewinnausschüttung gem. § 4 Abs. 5 Satz 2, § 7 UmwStG)

Übernahmegewinn/-verlust 2. Stufe

Zu beachten ist, dass die von der rumänischen Kapitalgesellschaft im Rahmen des Formwechsels übergehenden Wirtschaftsgüter für die Ermittlung des Übernahmeergebnisses auf Ebene der übernehmenden Personengesellschaft mit den gemeinen Werten anzusetzen sind. Dies gilt unabhängig von dem tatsächlichen Wertansatz in der nach § 9 Satz 2 i.V.m. § 3 UmwStG für deutsche Besteuerungszwecke zu erstellende Schlussbilanz. Da die umwandelnde ausländische Kapitalgesellschaft der unbeschränkten Körperschaftsteuerpflicht in Rumänien unterliegt und somit in Deutschland bislang ein Gewinn aus der Veräußerung der Wirtschaftsgüter der umwandelnden Kapitalgesellschaften nicht besteuert werden konnte, ordnet § 4 Abs. 4 Satz 2 UmwStG den zwingenden Ansatz der gemeinen Werte an. Der Gesetzgeber möchte mit dieser Vorgehensweise sicherstellen, dass die gesamten im Anteil an der ausländischen Kapitalgesellschaft vorhandenen stillen Reserven (im letztmöglichen Zeitpunkt) steuerlich erfasst werden.

Von der Ermittlung des Übernahmeergebnisses ist die tatsächliche Besteuerung zu unterscheiden. So wird das Übernahmeergebnis zwar zunächst auf Ebene der formgewechselten Vertriebspersonengesellschaften ermittelt. Dieses Übernahmeergebnis ist sodann aber auf Anteilseignerebene, d.h. auf der Ebene der Anteilseigner der formgewechselten Personengesellschaft zu versteuern.

3. Steuerliche Auswirkungen des Formwechsels auf Ebene der Anteilseigner

Hinsichtlich der steuerlichen Folgen auf Anteilseignerebene ist grundsätzlich zu unterscheiden zwischen

- ▶ der Besteuerung der offenen Rücklagen gem. § 7 UmwStG und
- ▶ der Besteuerung des auf Ebene der „übernehmenden" Personengesellschaft nach § 4 Abs. 4, Abs. 5 UmwStG entstehenden Übernahmeergebnisses der 2. Stufe.

Dabei ist zu beachten, dass als Anteilseigner der umwandelnden rumänischen Kapitalgesellschaft der deutsche Gesellschafter anzusehen ist, da aufgrund der transparenten Besteuerungskonzeption durch die niederländische CV „durchgeschaut" wird. Dies schließt aber steuerliche Auswirkungen des Formwechsels im Ausland, auf Ebene der niederländischen CV, nicht aus.

(1) Offene Rücklagen (§ 7 UmwStG)

Die Vorschrift des § 7 UmwStG regelt die Besteuerung der offenen Rücklagen der umwandelnden Kapitalgesellschaften für diejenigen Anteilseigner, die nicht vor dem Formwechsel ihre Beteiligung veräußern, sondern wie vorliegend Mitunternehmer der entstehenden Personengesellschaften werden. Dadurch soll eine zutreffende Besteuerung für die Fälle sichergestellt werden, in denen das Besteuerungsrecht für die Ausschüttung von dem für den Veräußerungsgewinn an den Anteilen abweicht.

Aus deutscher Sicht sind der Mutter-KG in Deutschland somit grundsätzlich im Zeitpunkt des Formwechsels die offenen Rücklagen der rumänischen (S.R.L.) als Einnahmen aus Kapitalvermögen i.S.d. § 20 Abs. 1 Nr. 1 EStG zuzurechnen (vgl. § 7 UmwStG). Es kommt also zu einer fiktiven Gewinnausschüttung der nach deutschem Bilanzsteuerrecht ermittelten offenen Gewinnrücklagen der ausländischen Kapitalgesellschaft. Diese „offenen Rücklagen" entsprechen dem in der für deutsche Steuerzwecke gem. § 9 Satz 1 i.V.m. § 3 UmwStG zu erstellenden Schlussbilanz ausgewiesenen Eigenkapital abzüglich des Bestands des steuerlichen Einlagekontos i.S.d. § 27 KStG, der sich nach Anwendung des § 29 Abs. 1 KStG ergibt.

Die Anwendung des § 7 Satz 1 UmwStG setzt damit grundsätzlich die Kenntnis der Höhe des steuerlichen Einlagekontos i.S.d. § 27 KStG (sog. neutrales Vermögen) voraus.

Da für Auslandsgesellschaften kein steuerliches Einlagenkonto festgestellt werden kann, tritt gem. § 29 Abs. 6 KStG an die Stelle des Einlagekontos der Bestand der nicht in das Nennkapital geleisteten Einlagen zum Zeitpunkt des Formwechsels. Dieser kann grundsätzlich auch im Schätzungswege unter entsprechender Anwendung der § 29 Abs. 6 und § 27 Abs. 8 KStG erfolgen (vgl. Birkenmeier in: Rödder/Herlinghaus/van Lishaut, UmwStG, § 7, Tz. 11; Pung in: Dötsch/Patt/Pung/Möhlenbrock, UmwStG, § 7, Rz. 8). Ein entsprechender Antrag ist zwar nicht verpflichtend, aber empfehlenswert, da anderenfalls eine Besteuerung des neutralen Vermögens als fiktive Dividende erfolgen könnte.

(2) Übernahmeergebnis (§ 4 Abs. 4, Abs. 5 UmwStG)

Neben der Besteuerung der offenen Rücklagen ist zudem die Besteuerung des Übernahmegewinns (sog. „Übernahmegewinn 2. Stufe") zu beachten. Die steuerlichen Folgen entsprechen denen der Besteuerung der offenen Rücklagen. Dies bedeutet, dass ein Übernahmegewinn zu 60 % mit Einkommensteuer zzgl. Solidaritätszuschlag besteuert wird (§ 4 Abs. 7 UmwStG i.V.m. § 3 Nr. 40 EStG) und sich somit eine Gesamtsteuerbelastung i.H.v. 28,5 % ergibt.

Zusammenhang zwischen der Besteuerung der offenen Rücklagen und des Übernahmeergebnisses:

- Zum Einen beeinflusst das in der für deutsche Steuerzwecke zu erstellenden Schlussbilanz auszuübende Bewertungswahlrecht die Höhe der „offenen Rücklagen" der umwandelnden Kapitalgesellschaften. Beim Buchwertansatz ist die Höhe der korrespondierenden, zu versteuernden „offenen Rücklagen" niedriger als beim Ansatz des gemeinen Wertes.

- Zum Anderen beeinflusst die Höhe der nach § 7 UmwStG zu besteuernden offenen Rücklagen das nachfolgend nach § 4 Abs. 4 bis Abs. 7 UmwStG zu ermittelnde Übernahmeergebnis. Denn das UmwStG führt auf Ebene der übernehmenden Personengesellschaft die Differenz zwischen dem ausgewiesenen Eigenkapital der formwechselnden Kapitalgesellschaft und dem Beteiligungsbuchwert der Anteile einer Besteuerung zu, soweit diese nicht bereits auf die nach § 7 UmwStG als fiktive Gewinnausschüttung zu besteuernden offenen Rücklagen entfällt.

Im Ergebnis führt der Formwechsel in Rumänien damit grundsätzlich zu einer deutschen Besteuerung von offenen Rücklagen und dem Übertragungsgewinn, soweit sich durch abkommensrechtliche Vorschriften keine Freistellung ableiten lässt. Über den in der steuerlichen Schlussbilanz gem. § 3 UmwStG gewählten Wertansatz könnte die Höhe der offenen Rücklagen und somit letztendlich die Höhe des Übernahmeergebnisses Stufe 2 beeinflusst werden.

Zusätzlich ist festzustellen, inwieweit diese Einkünfte überhaupt der deutschen KG zuzurechnen sind und ob das deutsche Besteuerungsrecht eventuell aufgrund von Doppelbesteuerungsabkommen eingeschränkt ist.

IV. Abkommensrechtliche Behandlung der steuerlichen Effekte aus dem Formwechsel

Hinsichtlich der abkommensrechtlichen Behandlung ist zu unterscheiden zwischen
- der Besteuerung der fiktiven Gewinnausschüttungen (§ 7 UmwStG) und
- der Besteuerung des Übernahmegewinns (§§ 4 und 5 UmwStG),

da es ich insoweit um zwei unterschiedliche Einkunftsarten handelt.

1. Anwendbare Doppelbesteuerungsabkommen

Es kommt die Anwendung der DBA zwischen allen beteiligten Staaten in Betracht:

- **DBA zwischen Deutschland und den Niederlanden**
Abkommensberechtigt ist der deutsche Gesellschafter (als natürliche Person), der mittelbar über die deutsche KG Mitunternehmer der niederländischen CV ist.
Die Beteiligung an der rumänischen Gesellschaft ist funktional dem Betriebsvermögen der CV zuzuordnen (siehe oben). Soweit diese Drittstaateneinkünfte also der Betriebsstätte in den Niederlanden zuzurechnen sind, kann sich eine Beschränkung des deutschen Besteuerungsrechts aus dem DBA Deutschland-Niederlande ergeben.

- **DBA zwischen Deutschland und Rumänien**
Da die niederländische CV nach innerstaatlichem Recht als transparenter Rechtsträger anzusehen ist, muss für die Beurteilung der Abkommensberechtigung auch im Verhältnis zu dem Ansässigkeitsstaat des formwechselnden Rechtsträgers, vorliegend also im Verhältnis zu Rumänien, auf die Mitunternehmer der CV abgestellt werden. Danach ist das DBA Deutschland-Rumänien grundsätzlich anwendbar.

- **DBA zwischen den Niederlanden und Rumänien**
Nach deutschem Verständnis ist kein (unmittelbar oder mittelbar beteiligter) Gesellschafter der rumänischen Gesellschaft in einem der Vertragsstaaten ansässig. Die Mitunternehmer der niederländischen CV sind ausschließlich in Deutschland ansässig. Die Existenz einer bloßen Betriebsstätte berechtigt nicht zur Anwendung eines DBA. Die Anwendung des DBA scheitert aus deutscher Sicht demnach an den persönlichen Anwendungsvoraussetzungen des jeweiligen DBA. Aus der Sicht Rumäniens muss bedacht werden, dass sowohl die S.R.L. als auch die S.C.S. quellensteuerpflichtige Dividenden ausschütten. Rumänien wendet die Mutter-Tochter-RL dabei auf vorliegenden Fall nicht an, weder für die S.R.L. noch für die S.C.S.

2. Abkommensrechtliche Einschränkungen der Besteuerung der fiktiven Gewinnausschüttung (§ 7 UmwStG)

Die Bezüge i.S.d. § 7 UmwStG werden als fiktive Gewinnausschüttungen und somit als Einnahmen aus Kapitalvermögen nach § 20 Abs. 1 Nr. 1 EStG eingeordnet. Daher wird vertreten, dass abkommensrechtlich grundsätzlich der Dividendenartikel, somit regelmäßig Art. 10 des jeweiligen DBA Anwendung findet (vgl. UmwSt-Erlass vom 11.11.2011, Tz. 07.02). Dieser Ansicht ist grundsätzlich zu folgen, soweit auch abkommensrechtlich nach dem Recht des Ansässigkeitsstaats der umgewandelten Kapitalgesellschaft der Dividendenbegriff erfüllt wird. Durch den Bezug auf das nationale Recht der formwechselnden Gesellschaft wird sichergestellt, dass auch der andere Staat eine mit § 7 UmwStG vergleichbare Regelung nachvollzieht und es sich insoweit um Einkünfte handelt, die den Einkünften aus Aktien oder Kapitalgesellschaftsanteilen steuerlich gleichgestellt werden.

(1) DBA Deutschland-Rumänien

Die grundsätzliche Anwendung des Art. 10 Abs. 1 des jeweiligen DBA für die abkommensrechtliche Behandlung der fiktiven Gewinnausschüttung ist im zu betrachtenden Sachverhalt allerdings genauer zu untersuchen. Da es sich vorliegend um eine „Dreieckskonstellation" handelt, mithin Gesellschaften aus drei verschiedenen Ländern beteiligt sind, wird für die Anwendung des DBA zwischen Deutschland und Rumänien vorausgesetzt, dass von einer ansässigen Person an eine ansässige Person gezahlt wird. Da die fiktiven Dividenden allerdings zunächst als an die niederländische CV gezahlt gelten, kann nicht ohne weiteres davon ausgegangen werden, dass der Grundfall des Art. 10 Abs. 1 des jeweiligen DBA erfüllt ist. Vielmehr ist zwischen den folgenden zwei Auslegungen zu unterscheiden:

Aus deutscher Sicht vermag die Anwendung des abkommensrechtlichen Dividendenartikels konsequent sein. Da die fiktive Dividende zwar zunächst als an die CV gezahlt gilt, diese aber als Einkünfte den Gesellschaftern zuzurechnen ist, könnte die Definition des Begriffs „zahlen" weit ausgelegt werden mit der Folge, dass aus deutscher Sicht Art. 10 des jeweiligen DBA anwendbar wäre.

Dieser Ansicht könnte entgegengehalten werden, dass vorliegender Sachverhalt vom reinen Wortlaut des Art. 10 Abs. 1 DBA Rumänien nicht umfasst wird. So ist Zahlender zwar eine in Rumänien ansässige Gesellschaft. Da die Zahlung allerdings zunächst an die CV erfolgt, würde es aber zumindest in einem ersten Schritt an der Zahlung an eine im anderen Vertragsstaat (= Deutschland) ansässigen Person mangeln. Die Voraussetzungen des Dividendenartikels wären nicht erfüllt, die fiktive Dividenden müßte als andere bzw. sonstige Einkünfte eingeordnet werden (= Art. 21 DBA Rumänien).

Vorliegend kann es aber dahinstehen, welcher der beiden Auslegungen der Vorzug zu geben ist, da sich unabhängig davon, ob Art. 10 oder Art. 21 DBA Rumänien anzuwenden ist, keine Einschränkungen des deutschen Besteuerungsrechts durch das Abkommensrecht ergeben. Im Ergebnis wird das Recht Deutschlands, die (fiktive) Dividende besteuern zu dürfen nicht durch das DBA Deutschland-Rumänien beschränkt.

Aus der Sicht Rumäniens gilt es zu erwähnen, dass für eine fiktive Ausschüttung keine Veranlassung besteht, weil es insoweit auch nach dem Formwechsel bei einem KSt-Subjekt bleibt.

(2) DBA Deutschland-Niederlande

Neben dem jeweiligen DBA zwischen Deutschland und Rumänien ist allerdings auch das DBA Deutschland-Niederlande zu beachten. In Art. 5 Abs. 1 DBA Niederlande ist für Einkünfte aus Gewerbebetrieb das Betriebsstättenprinzip aufgenommen. Eine Subsidiaritätsklausel analog zu Art. 7 Abs. 7 OECD-MA ist in Art. 5 DBA Niederlande allerdings nicht enthalten. Aufgrund der Betriebsstättenvorbehalte der Verteilungsnormen Art. 13-15 ändert sich allerdings nichts an deren Spezialität und damit Vorrang vor Art. 5 (vgl. Mick in: Debatin/Wassermeyer, Niederlande Art. 5 Rz. 79).

Dennoch ist vorliegend der Dividendenartikel (Art. 13 DBA Niederlande) nicht anwendbar, da die Dividenden nicht „von einer in einem Vertragsstaat ansässigen Gesellschaft an eine im anderen Vertragsstaat ansässige Person gezahlt" werden.

Damit kommt es für ein Besteuerungsrecht auf die Vorschrift für sonstige Einkünfte (Art. 16 DBA Niederlande) an. Danach wären die Einkünfte nur im Wohnsitzstaat des Dividendenempfängers also Deutschland zu besteuern. Auch wenn diese Vorschrift keinen ausdrücklichen Betriebsstättenvorbehalt enthält, ist ein solcher Rechtsgedanke nach deutscher Rechtsprechung gleichwohl in der Vorschrift enthalten (vgl. BFH v. 30.8.1995, I R 112/97, BStBl. 1996 II, 563; BFH vom 19.12.2007, BStBl. 2008 II, S. 510). Nach h.M. in der Literatur ist die Doppelbesteuerung durch die Freistellungsmethode zu vermeiden, weil der Betriebsstättenvorbehalt eine Rückverweisung auf den Artikel für Unternehmensgewinne bewirke (vgl. Schnitger/Rometzki in: Wassermeyer/Richter/Schnittker, Personengesellschaften, 2010, S. 762). Dem folgt auch die Finanzverwaltung, so dass in Deutschland die fiktive Dividende aus Rumänien freizustellen ist (vgl. BMF-Schreiben vom 24.12.1999, a.a.O., Tz. 1.2.4.).

Die fiktive Dividende ist demnach in Deutschland von der Besteuerung freizustellen, da auch keine Einschränkungen der Freistellungsmethode einschlägig sind:

- ▶ Das DBA Niederlande enthält keine Einschränkungen hinsichtlich der Anwendung der Freistellungsmethode.
- ▶ Die Rückfallklausel des § 20 Abs. 2 AStG kommt vorliegend nicht zur Anwendung. Nach dieser Norm wird für Einkünfte aus einer ausländischen Betriebsstätte unter

bestimmten Voraussetzungen eine abkommensrechtliche Freistellung versagt. Voraussetzung hierfür ist u.a., dass die ausländische Betriebsstätte passive Einkünfte, d.h. Einkünfte, die nicht aus aktiven Tätigkeiten i.S.d. § 8 Abs. 1 Nr. 1 bis 10 AStG stammen, erzielt. Da der durch den Formwechsel der ausländischen Vertriebsgesellschaften entstehende Gewinn als aktive Einkunftsart i.S.d. § 8 Abs. 1 Nr. 10 AStG anzusehen ist, ist der Anwendungsbereich des § 20 Abs. 2 AStG u.E. aber vorliegend nicht eröffnet.

▶ Auch die switch-over-Klausel des § 50d Abs. 9 EStG ist nicht einschlägig. Zur Anwendung der Norm bedürfte es eines abkommensrechtlichen Qualifikationskonfliktes, der vorliegend nicht ersichtlich ist.

3. Abkommensrechtliche Einschränkungen der Besteuerung des Übernahmeergebnisses

Abkommensrechtlich handelt es sich bei dem Übernahmegewinn um einen Veräußerungsgewinn aus Gesellschaftsanteilen (vgl. UmwSt-Erlass vom 11.11.2011, Tz. 04.23). Art. 8 Abs. 1 DBA Niederlande sieht diesbezüglich grundsätzlich ein Besteuerungsrecht des Ansässigkeitsstaates des Veräußerers vor (ebenso wie auch Art. 13 Abs. 5 OECD-MA). Dadurch wäre das deutsche Besteuerungsrecht nicht eingeschränkt. Art. 8 Abs. 2 DBA Niederlande enthält allerdings einen Betriebsstättenvorbehalt. Sofern demnach, wie im vorliegenden Sachverhalt, die Beteiligung an der formwechselnden Kapitalgesellschaft dem Betriebsvermögen einer Betriebsstätte (niederländische CV) zuzuordnen ist, ist nicht Art. 8 Abs. 1, sondern Abs. 2 DBA Niederlande anwendbar. Der im Rahmen des Formwechsels entstehende Übernahmegewinn führt demnach aufgrund der fingierten Veräußerung einer Kapitalgesellschaftsbeteiligung zu einem Besteuerungsrecht der Niederlande. Das deutsche Besteuerungsrecht wird demnach durch Art. 8 Abs. 2 DBA Niederlande beschränkt.

Damit sind in Deutschland als Ansässigkeitsstaat der hinter der CV stehenden Mitunternehmer diese Einkünfte freizustellen. Einschränkungen der Freistellungsmethode ergeben sich nicht (vgl. dazu bereits oben).

In den Niederlanden hängt die Besteuerung vornehmlich davon ab, ob eine natürliche Person oder eine Kapitalgesellschaft Anteilseigner der CV ist (vgl. Spierts/Stevens, a.a.O., Rz. 27.24).

V. Steuerliche Folgen im Ansässigkeitsstaat der Auslandsgesellschaft (Rumänien)

Der Formwechsel der rumänischen Kapitalgesellschaft in eine Personengesellschaft führt in Rumänien grundsätzlich zu keiner steuerlichen Belastung. Voraussetzung hierfür ist, dass sich die steuerliche Behandlung der formgewechselten Gesellschaft nicht ändert. Für den Fall, dass die Vertriebsgesellschaft zukünftig bspw. in der Rechtsform einer KG betrieben wird, ist dieses Kriterium erfüllt, da diese Rechtsform nach rumänischem Recht wie eine juristische Person behandelt und auch als solche besteuert werden würde. Sofern Verluste vorhanden sein sollten, können diese auf die formgewechselte Gesellschaft übertragen werden.

Sofern erwirtschaftete Gewinne bzw. vorhandene Gewinnrücklagen nach dem Formwechsel an die CV abgeführt werden würden, würde das rumänische Recht diesen Vorgang als eine Dividendenausschüttung qualifizieren. Hierauf würde grundsätzlich eine Quellensteuer i.H.v. 16 % entfallen. Es kommt allerdings eine Begrenzung der Quellensteuer nach dem DBA Rumänien-Niederlande in Betracht.

VI. Ergebnis

Der Formwechsel führt zu keiner Besteuerung in Rumänien.

In Deutschland ist der Vorgang vom UmwStG umfasst. Grundsätzlich sind auf Anteilseignerebene sowohl eine „fiktive Vollausschüttung" als auch ein Übernahmegewinn zu versteuern. Die Zuordnung der Beteiligung zur niederländischen Betriebsstätte (CV) führt allerdings dazu, dass Deutschland sowohl die fiktive Vollausschüttung als auch den Übernahmegewinn abkommensrechtlich freizustellen hat.

Teil VI. Praxisfälle zu internationalen Umwandlungen

Formwechsel in Polen

Fall 23

Eine deutsche Personengesellschaft ist an einer polnischen GmbH (Sp. z o.o.) beteiligt. Diese Kapitalgesellschaft in Polen soll in eine KG (Sp.k.) umgewandelt werden. Wie erfolgt die steuerliche Behandlung? Ist der Formwechsel steuerneutral möglich?

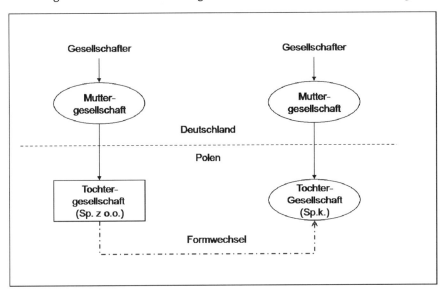

Lösungshinweise:

I. Motivation für den Formwechsel – Steuerbelastungsvergleich

Zwischen Deutschland und Polen besteht ein erheblicher Unterschied im Steuerniveau. Unternehmerische Tätigkeit unterliegt in Polen einer Beteuerung von 19 %, während in Deutschland eine Steuerbelastung von über 40 % hingenommen werden muss.

Die polnische Sp. z o.o. unterliegt als eigenes Körperschaftsteuersubjekt (Art. 1 KStG-Pl) mit ihrem Einkommen der Körperschaftsteuer i.H.v. 19 %. Bei Ausschüttungen fällt eine Quellensteuer von 19 % an. Die QuSt wird abkommensrechtlich auf 15 % reduziert (Art. 10 Abs. 2 Buchst. b DBA-Polen). Die QuSt wird in Deutschland angerechnet nach § 34c EStG.

Die Personengesellschaft wird in Polen – ähnlich wie in Deutschland – aus steuerlicher Sicht im Gegensatz zu einer Kapitalgesellschaft als transparente Einheit behandelt. Steuersubjekt ist also nicht die Personengesellschaft selbst, sondern ihre Gesellschafter, sofern sie sich aus natürlichen und/oder juristischen Personen zusammensetzen. Einkommensteuerpflichtige Gesellschafter unterliegen – auf Antrag – einem linearen Steuersatz von 19 %. Abkommensrechtlich sind die Einkünfte als Unternehmensgewinne (Art. 7 DBA-Polen) in Deutschland freizustellen nach Art. 24 Abs. 1 Buchst. c DBA-Polen, sofern eine Aktivität der Einkünfte gewährleistet ist.

Die folgende Übersicht verdeutlicht den Vergleich der Steuerbelastung:

2010	KapG	PersGes
Polen	100	100
KSt (19%)	19	19
Dividende	81	
Quellensteuer (15%)	12,15	
Deutschland		
Gesellschaftsebene	81[1]	100
Gesellschafterebene	81	
Teileinkünfteverfahren ESt (45%)	21,87	
Anrechnung ESt-Pl. (beachte: AHB)	-12,15	
SolZ (5,5%)	0,53	
Zufluss beim Gesellschafter	58,60	81
Gesamtsteuerbelastung	41,4%	19,0%[2]

[1] Gewerbesteuerbefreiung nur, wenn § 9 Nr. 7 GewStG erfüllt ist
[2] Progressionsvorbehalt beachten

II. Besteuerung des Formwechsels in Polen

1. Gesellschaftsrechtliche Rahmenbedingungen

Nach polnischem Recht sind folgende Schritte für einen Formwechsel einzuhalten:
- Erstellung des Umwandlungsplans,
- Antrag an das Registergericht auf Bestellung des Wirtschaftsprüfers,
- Prüfung des Umwandlungsplans durch einen durch das Gericht bestellten Wirtschaftsprüfer,
- Zweimalige Benachrichtigung der Anteilseigner sowie Vorlage der für die Umwandlung relevanten Dokumente,
- Gesellschafterversammlung der umzuwandelnden Gesellschaft und Beschlussfassung,

- Aufforderung der Anteilseigner, schriftliche Erklärungen über die Beteiligung an der Personengesellschaft abzugeben,
- Registrierung im Handelsregister beim Gericht,
- Bekanntgabe der Umwandlung im Amtsblatt „Monitor Sadowy i Gospodarczy".

Erfahrungsgemäß nimmt der Umwandlungsvorgang in Polen etwa 6-9 Monate in Anspruch. Als Umwandlungsstichtag gilt der Tag, an dem das Gericht den Beschluss über die Umwandlung registriert. Die Gesellschaft kann daher auf den Umwandlungsstichtag keinen Einfluss nehmen.

Zudem ist zu beachten, dass der Komplementär einer polnischen Kommanditgesellschaft nicht zu 0 % am Ergebnis bzw. Vermögen der Gesellschaft beteiligt werden kann. Aus deutscher steuerlicher Sicht ist es für einen steuerneutralen Formwechsel zwingende Voraussetzung, dass Gesellschafteridentität vor und nach dem Formwechsel besteht. Deshalb muss die künftige Komplementärgesellschaft bereits vor dem Formwechsel Anteile an der Kapitalgesellschaft erwerben.

2. Steuerliche Rechtsfolgen des Formwechsels

a) Gesamtrechtsnachfolge

Der Wechsel der Rechtsform stellt in Polen keinen liquidationsähnlichen Vorgang dar, sondern die neue Personengesellschaft tritt im Wege der Gesamtrechtsnachfolge (Art. 93a AO-PL) in alle Rechte und Pflichten der umgewandelten Gesellschaft ein.

Zu beachten ist dabei aber, dass bestehende Verlustvorträge durch den Formwechsel verloren gehen (Art. 7 Abs. 3 Pkt. 4 und Abs. 4 KStG-PL).

b) Buchwertverknüpfung

Die neue Personengesellschaft führt die Buchwerte der umgewandelten Kapitalgesellschaft fort (Art. 22g Abs. 12 EStG-PL). Es werden also keine stillen Reserven aufgelöst und auf Ebene der Kapitalgesellschaft entsteht kein Übertragungsgewinn. Beim Gesellschafter entsteht kein Übernahmegewinn.

c) Gewinnrücklagen

Ähnlich wie im deutschen Steuerrecht, führt der Formwechsel auch nach polnischem Steuerrecht zu einer fingierten Vollausschüttung der Gewinnrücklagen. Deswegen ist der Formwechsel im Ergebnis nicht steuerneutral möglich. Die fiktive Dividende unterliegt in Polen grundsätzlich einer Quellensteuer i.H.v. 19 %.

Eine Reduzierung der Quellensteuer aufgrund der Mutter-Tochter-Richtlinie kommt nicht in Betracht, da die fiktive Dividende nicht von einer deutschen Kapitalgesellschaft empfangen wird. Im Fall einer Kapitalgesellschaft als Muttergesellschaft wäre zudem zu beachten, dass nach Ansicht der polnischen Finanzverwaltung die Umwandlung der Sp. z o.o. zu einer Unterbrechung der 2-jährigen Haltefrist führt.

Jedoch erfolgt eine Reduzierung der Quellensteuer nach Art. 10 Abs. 2 Buchst. b DBA Deutschland-Polen auf 15 %. Wäre eine Kapitalgesellschaft, die unmittelbar oder mittelbar über mindestens 10 % des Kapitals der die Dividende zahlenden Gesellschaft verfügt, nutzungsberechtigte Dividendenempfängerin, wäre eine Reduzierung der Quellensteuer auf 5 % möglich.

In diesem Zusammenhang ist zu beachten, dass in Polen eine Unsicherheit hinsichtlich der steuerlichen Behandlung der in der Personengesellschaft verbleibenden Rücklagen herrscht, nachdem diese als fiktive Dividende behandelt wurden. Unklar ist dabei, ob sie bei einer späteren Repatriierung (nochmals) der Besteuerung unterliegen. Im polnischen Körperschaftsteuergesetz ist dieser Sachverhalt nicht explizit geregelt. Eine Regelung der Steuerbefreiung für die Einlagenrückgewähr an natürliche Personen, die analog auf juristische Personen Anwendung fand, wurde zum 01. Januar 2011 abgeschafft. Es ist deshalb zu empfehlen, diese Frage im Rahmen einer verbindlichen Auskunft mit den polnischen Finanzbehörden abzuklären.

d) Steuer auf zivilrechtliche Handlungen (PCC)

Sofern der Formwechsel zu einer Erhöhung des gezeichneten Kapitals der polnischen Gesellschaft führt, unterliegt er zusätzlich einer Art Stempelsteuer, der sog. „Steuer auf zivilrechtliche Handlungen". Diese beträgt 0,5 % vom Nominalbetrag der Kapitalerhöhung. Im Falle der Umwandlung einer Sp. z o.o. in eine Kommanditgesellschaft (Sp.k.) bedeutet dies, dass die Differenz zwischen dem Stammkapital der Gesellschaft mit beschränkter Haftung und der Summe der Einlagen in die Kommanditgesellschaft die Bemessungsgrundlage bildet. Die Steuer auf zivilrechtliche Handlungen wird zum Zeitpunkt der Fassung des Umwandlungsbeschlusses vom Notar erhoben.

III. Besteuerung des Formwechsels in Deutschland

1. Anwendbarkeit des deutschen UmwStG

Ein Formwechsel im Ausland ist nicht vom deutschen UmwG umfasst. Die Anwendbarkeit des deutschen UmwStG hängt davon ab, ob ein einer deutschen Umwandlung vergleichbarer ausländischer Vorgang vorliegt. Die Vergleichbarkeit bezieht sich dabei sowohl auf die Rechtsfolgen des Umwandlungsvorgangs (z.B. Gesamtrechtsnachfolge) als auch die beteiligten Rechtsträger (Typenvergleich), sowie Regelungen zu baren Zuzahlungen.

Die Wesensmerkmale eines Formwechsels sind der Austausch des Rechtskleides ohne Beteiligung einer zweiten Gesellschaft und der damit verbundene Fortbestand aller Rechtspositionen. Beim Formwechsel nach polnischem Recht besteht der Rechtsträger als solches fort, d.h. es bestehen zu keinem Zeitpunkt zwei Rechtsträger. Damit ist er mit einem deutschen Formwechsel vergleichbar.

Beim umwandelnden Rechtsträger handelt es sich um eine Gesellschaft i.S.d. Art. 48 EG, sodass die Anwendbarkeit des UmwStG gegeben ist. Der vom Gesetzgeber geforderte Typenvergleich kann u.E. als erfüllt angesehen werden, da die polnische Gesellschaft in der tabellarischen Übersicht des BMF (BMF-Schreiben vom 24.12.1999, BStBl. 1999 I, S. 1076) ihrem deutschen Pendant gegenübergestellt ist.

2. Rückwirkungszeitraum

Die Rückwirkung von Umwandlungen für Zwecke der Besteuerung ist in § 2 UmwStG geregelt. Die Besteuerung erfolgt danach, als wäre die Umwandlung zu einem früheren Tag erfolgt, als sie zivilrechtlich tatsächlich wirksam wurde. Aus praktischer Sicht ist diese Rückwirkung unerlässlich, da auf den Umwandlungsstichtag regelmäßig Bilanzen beim Handelsregister einzureichen sind. § 2 UmwStG enthält keine eigenständige Rückwirkungsregelung, sondern knüpft an das Handels- und Gesellschaftsrecht an. Im Fall von Auslandsumwandlungen soll zur Bestimmung des Umwandlungsstichtages auf das ausländische Handels- und Gesellschaftsrecht abgestellt werden (BR-Drs. 542/06, S. 58). Dabei akzeptiert das deutsche UmwStG auch eine Rückwirkungsfrist des ausländischen Rechts. Dies gilt aber nur für ausländische Umwandlungsvorgänge, die mit einer Verschmelzung vergleichbar sind. Liegt dagegen ein Formwechsel vor, ist ausschließlich § 9 UmwStG maßgeblich. Nach § 9 Satz 3 UmwStG können die nach Satz 2 der Vorschrift zu erstellenden Schluss- und Eröffnungsbilanzen auch auf einen Stichtag erstellt werden, der höchstens acht Monate vor der Anmeldung des Formwechsels zur Anmeldung in ein öffentliches Register liegt.

Das bedeutet im Ergebnis, dass, obwohl das polnische Recht für den Formwechsel keine Rückwirkungsfrist vorsieht, die Übertragungs- und Eröffnungsbilanz für deutsche steuerliche Zwecke auf bis zu acht Monate vor Anmeldung zum Handelsregister bei Gericht zurückbezogen werden können. Die steuerlichen Rechtsfolgen des Formwechsels treten damit zu diesem Stichtag bzw. für diesen Veranlagungszeitraum ein. Da das polnische Recht aber – wie gesagt – keine Rückwirkung vorsieht, kann es zu einer Erfassung in Polen und Deutschland in verschiedenen VZ kommen. Dies ist zulässig, soweit damit keine weißen Einkünfte entstehen (§ 9 Satz 3 Halbsatz 2 i.V.m. § 2 Abs. 3 UmwStG; vgl. Möhlenbrock in: Dötsch/Patt/Pung/Möhlenbrock, UmwStG, § 9, Rz. 28; vgl. Rupp in: Patt/Rupp/Aßmann, Der neue Umwandlungssteuererlass, S. 22).

3. Rechtsfolgen beim neuen Rechtsträger (polnische Personengesellschaft)

Das deutsche UmwStG stellt den Formwechsel von Kapital- in Personalgesellschaften einer Verschmelzung von Kapital- auf Personengesellschaften gleich. § 9 UmwStG ordnet die entsprechende Anwendung der Vorschriften der Verschmelzung auf den

Formwechsel an. Die Rechtsfolgen des Formwechsels beim neuen Rechtsträger (polnische Personengesellschaft) auf deutscher Seite ergeben sich abschließend aus den §§ 4, 6 und 8 UmwStG.

Nach § 4 Abs. 1 UmwStG hat die übernehmende Personengesellschaft die in der steuerlichen Schlussbilanz der Kapitalgesellschaft ausgewiesenen Werte für die übergegangenen Wirtschaftsgüter zu übernehmen. Zwar sieht auch das polnische Recht die Fortführung der Buchwerte in der neuen Rechtsform vor, doch kommt es für die deutsche Besteuerung nicht auf die ausländische Schlussbilanz an, sondern allein auf die nach deutschen steuerlichen Gewinnermittlungsvorschriften zu erstellende Schlussbilanz.

Zu beachten ist, dass die ausländische Kapitalgesellschaft vor dem Formwechsel nicht zur Erstellung einer deutschen Steuerbilanz verpflichtet war, weil keine Steuerpflicht in Deutschland vorlag (Ausnahme: Die polnische Kapitalgesellschaft hat ihren Geschäftsleitungssitz in Deutschland oder verfügt über eine deutsche Betriebsstätte). Damit ist im Regelfall die nach § 3 i.V.m. § 9 UmwStG vorzulegende Steuerbilanz (Übertragungsbilanz) erstmalig zu erstellen. Trotz fehlender inländischer Steuerpflicht der polnischen Kapitalgesellschaft ist die Bilanz zu erstellen, da sie für die Festlegung der Steuerpflichten ihrer in Deutschland ansässigen Anteilseigner benötigt wird.

Die Regelbewertung des § 3 Abs. 1 UmwStG sieht dabei einen Wertansatz mit dem gemeinen Wert vor. Auf Antrag ist nach § 3 Abs. 2 UmwStG ein Wertansatz mit Zwischen- oder Buchwert möglich. Entscheidend ist, dass die Schlussbilanz nach deutschen Gewinnermittlungsvorschriften erfolgen muss. Die Wahl der Wertansätze in der deutschen steuerlichen Schlussbilanz hat materiell betrachtet grundsätzlich zwei wesentliche Auswirkungen:

- ▶ Werden in der Schlussbilanz der Kapitalgesellschaft die gemeinen Werte angesetzt, setzt sich wegen § 4 Abs. 1 UmwStG das höhere Abschreibungspotential in der neuen ausländischen Rechtsform fort. Der nach deutschen Gewinnermittlungsvorschriften zu ermittelnde Gewinn würde entsprechend geringer ausfallen.

Dies gilt im Rahmen der Anrechnungsmethode, aber auch dann, wenn – wie im Regelfall – die ausländischen Gewinne in Deutschland freizustellen sind. Im Fall der Freistellung wäre bezogen auf natürliche Personen für Zwecke des Progressionsvorbehalts nach § 32b Abs. 1 Nr. 3 EStG der Gewinn der ausländischen Personengesellschaft dennoch nach deutschen Gewinnermittlungsvorschriften zu erfassen.

- ▶ Durch die Wertansätze in der Schlussbilanz der übertragenden Gesellschaft bestimmen sich schließlich auch die offenen Gewinnrücklagen, die gemäß § 7 UmwStG beim Anteilseigner anteilig zunächst als Einkünfte aus Kapitalvermögen i.S.d. § 20 Abs. 1 Nr. 1 EStG erfasst werden.

Dessen ungeachtet schreibt § 4 Abs. 4 Satz 2 UmwStG zwingend vor, dass für die Ermittlung des Übernahmegewinns oder –verlusts die übergegangenen Wirtschaftsgüter mit dem gemeinen Wert anzusetzen sind, soweit an ihnen kein Recht Deutschlands zur Besteuerung des Gewinns aus der Veräußerung bestand (vgl. Pung in: Dötsch/Patt/Pung/Möhlenbrock, UmwStG, § 4, Rz. 58; vgl. Volb, Der Umwandlungssteuererlass, S. 30). Dadurch wird sichergestellt, dass die untergehenden Anteile an der ausländischen Kapitalgesellschaft, für die Deutschland nach Art. 13 Abs. 5 DBA-Polen ein Besteuerungsrecht innehat, auch bei Umwandlungen erfasst werden. Nach der Gesetzesbegründung gingen ohne diese Regelung die stillen Reserven für die deutsche Besteuerung endgültig verloren. Im Ergebnis werden somit die gesamten in der Beteiligung an der ausländischen Kapitalgesellschaft liegenden stillen Reserven erfasst, soweit sie auf Anteile entfallen, die am steuerlichen Übertragungsstichtag zum Betriebsvermögen des übernehmenden Rechtsträgers gehören. Da der Übernahmegewinn abkommensrechtlich als Anteilsveräußerung i.S.d. Art. 13 Abs. 5 DBA-Polen zu werten ist, besteht für Deutschland regelmäßig ein Besteuerungsrecht.

Das Übernahmeergebnis wird nach § 4 Abs. 5 Satz 2 UmwStG in ein Übernahmeergebnis und in Bezüge nach § 7 UmwStG i.V.m. § 20 Abs. 1 Nr. 1 EStG aufgeteilt. Dabei ist auf Ebene der formgewechselten Personengesellschaft zu entscheiden, ob die beiden Bestandteile jeweils der Gewerbesteuer im Inland unterliegen (ausführlich: Blöchle/Weggenmann, IStR 2008, 87 (93)). Soweit von einer Gewerbesteuerpflicht ausgegangen wird, lässt sich eine Besteuerung mit Gewerbesteuer nur dann vermeiden, wenn für die betreffenden Beträge die Kürzungsvorschrift des § 9 Nr. 7 GewStG erfüllt ist bzw. im Fall von Kapitalgesellschaften als Anteilseigner das abkommensrechtliche Schachtelprivileg eine Gewerbesteuerbelastung vermeidet. Durch die Möglichkeit, die Umwandlung nach § 9 UmwStG zurückzubeziehen, lässt es sich grundsätzlich gestalten, die zeitlichen Voraussetzungen des § 9 Nr. 7 GewStG zu erfüllen. Die Mindestbeteiligung von 10 % muss für EU-Kapitalgesellschaften seit Beginn des Erhebungszeitraumes vorliegen. Bei einer polnischen Kapitalgesellschaft ist hierfür keine Anforderung an deren Aktivität gestellt.

4. Rechtsfolgen beim deutschen Anteilseigner

Für den deutschen Anteilseigner ergeben sich, je nach steuerlicher Qualifikation der Beteiligung, Steuerpflichten aus dem ermittelten Übernahmeergebnis und aus der Besteuerung der offenen Rücklagen.

Grundvoraussetzung für die Anknüpfung von Steuerpflichten des Anteilseigners bei der Besteuerung des Übernahmeergebnisses ist, dass die Anteile im Zeitpunkt des zivilrechtlichen Vollzugs des Formwechsels im Inland steuerverstrickt sind. Aus § 4 Abs. 4 i.V.m. § 5 UmwStG lässt sich entnehmen, dass hierfür folgende Bedingungen erfüllt sein müssen:

▶ Die Anteile müssen entweder zu einem (inländischen) Betriebsvermögen gehören, eine wesentliche Beteiligung i.S.d. § 17 EStG darstellen oder einbringungsgeboren i.S.d. § 21 UmwStG a.F. sein und

▶ Deutschland muss nach dem betreffenden Abkommen das Besteuerungsrecht für eine Veräußerungsgewinnbesteuerung zustehen, was bei Ansässigkeit des Anteilseigners im Inland regelmäßig der Fall ist.

Im Ergebnis bedeutet dies, dass Anteile i.S.d. § 23 EStG (außerhalb der Jahresfrist ohne zugleich Anteile i.S.d. § 17 EStG zu sein) und abkommensrechtlich nicht in Deutschland verstrickte Anteile nicht der Übernahmegewinnbesteuerung unterliegen.

Unabhängig von der vorgenannten steuerlichen Qualifikation der Anteile unterliegen jedoch sämtliche Anteilsgeiner gemäß § 7 UmwStG der Besteuerung der offenen Gewinnrücklagen (Ausnahme: Anteilseigner mit weltweit mehreren Wohnsitzen, die nach der Tie-Breaker-Rule des Abkommens in einem anderen Staat ansässig sind.). Das von § 7 UmwStG verfolgte Modell der „fiktiven Totalausschüttung" knüpft bei der Ermittlung der fiktiven Ausschüttung u.a. an das steuerliche Eigenkapital der formgewechselten ausländischen Körperschaft auf den steuerlichen Übertragungsstichtag an. Maßgeblich ist damit die gemäß § 9 i.V.m. § 3 UmwStG aufzustellende Übertragungsbilanz. Die fiktive Ausschüttung wird mit anderen Worten durch einen realisierten steuerlichen Übertragungsgewinn gemehrt.

Auch wenn der nach § 9 i.V.m. § 3 UmwStG in der allein für deutsche Besteuerungszwecke aufzustellenden Übertragungsbilanz ggf. auszuweisende Übertragungsgewinn in Deutschland nicht steuerpflichtig ist, weil die ausländische Kapitalgesellschaft annahmegemäß nicht der deutschen Körperschaftsteuerpflicht unterliegt, ergeben sich dennoch steuerliche Auswirkungen für den Anteilseigner. Der gemäß § 9 i.V.m. § 3 UmwStG realisierte steuerliche Übertragungsgewinn erhöht die fiktive Ausschüttung gemäß § 7 UmwStG. Bei Anteilseignern, die nicht der Übernahmegewinnbesteuerung unterliegen, würde somit eine Steuerbelastung erst ausgelöst. Das Ansatzwahlrecht des § 3 Abs. 2 UmwStG kann somit auch für ausländische Kapitalgesellschaften an Bedeutung gewinnen. In jedem Fall sollte das neutrale Vermögen nach § 27 KStG nach Maßgabe des § 27 Abs. 8 KStG auch für die ausländische Kapitalgesellschaft festgestellt werden, um Doppelbesteuerungen vermeiden zu können.

5. Drohende Doppelbesteuerung durch Erfassung in unterschiedlichen Veranlagungszeiträumen

Beispiel:
Anmeldung des Formwechsels in Polen im August 2008, Eintragung ins Handelsregister 2009, Aufstellung der Schlussbilanz gem. § 9 Satz 2 und 3 UmwStG auf den 31.12.2007.

In Polen würden die steuerlichen Konsequenzen im VZ 2009 gezogen, in Deutschland im VZ 2007. Erhebt Polen auf offene Gewinnrücklagen eine Quellensteuer in 2009, ist eine Anrechnung in Deutschland gemäß § 34c EStG in 2007 auf Einkünfte gem. § 7 UmwStG i.V.m. § 20 Abs. 1 Nr. 1 EStG jedenfalls gefährdet.

Vor diesem Hintergrund sei auch auf das Verhältnis zwischen § 3 UmwStG und § 4 Abs. 4 Satz 2 UmwStG verwiesen. § 4 Abs. 4 Satz 2 UmwStG ordnet an, dass für die Ermittlung des Übernahmeergebnisses die auf die ausländische Personengesellschaft übergegangenen Wirtschaftsgüter der formwechselnden Kapitalgesellschaft mit dem gemeinen Wert anzusetzen sind, soweit an ihnen kein Recht Deutschlands zur Besteuerung des Gewinns aus einer Veräußerung bestand. Vom Wortlaut der Vorschrift erfasst ist demnach auch der Fall, in dem eine ausländische Kapitalgesellschaft mit im Inland unbeschränkt steuerpflichtigen Gesellschaftern in ein Personenunternehmen umgewandelt wird. Hier besteht vor der Umwandlung kein deutsches Besteuerungsrecht und nach dem Formwechsel ein durch Steueranrechnung beschränktes deutsches Besteuerungsrecht (§ 20 Abs. 2 AStG oder Nicht-Freistellungsfall nach DBA) oder aufgrund der abkommensrechtlichen Freistellung von Betriebsstättengewinnen wiederum kein Besteuerungsrecht. Zunächst sei klargestellt, dass die Bewertung in der Übertragungsbilanz nach § 3 UmwStG unabhängig von dem Wertansatz für die Ermittlung des Übernahmeergebnisses gemäß § 4 Abs. 4 UmwStG erfolgt. Der gesetzlich in § 4 Abs. 4 Satz 2 UmwStG angeordnete Bewertungsmaßstab hat allerdings nicht zur Folge, dass die betreffenden Wirtschaftsgüter damit auch für die weiteren deutschen Besteuerungszwecke ebenfalls mit dem gemeinen Wert anzusetzen sind. Hier bleibt es dabei, dass dafür allein die Werte in der nach § 9 i.V.m. § 3 UmwStG aufzustellenden Übertragungsbilanz entscheidend sind. Diese Werte sind wegen § 4 Abs. 1-3 UmwStG für die weitere Besteuerung in der umgewandelten Personengesellschaft allein entscheidend.

Aufgrund der Tatsache, dass der Gesetzgeber zur Ermittlung des Übernahmeergebnisses ohnehin die gemeinen Werte der Wirtschaftsgüter der ausländischen formwechselnden Gesellschaft verlangt, könnte aus praktischen Gründen erwogen werden, die gemeinen Werte bereits in der Übertragungsbilanz zum Ansatz zu bringen. Dafür spricht, dass sich nur so erhöhte Wertansätze für die weitere Besteuerung der ausländischen Personengesellschaft in Deutschland realisieren lassen. Andererseits muss berücksichtigt werden, dass damit auch offene Gewinnrücklagen durch den damit aufgedeckten steuerlichen Übertragungsgewinn erhöht werden. Zwar ist der steuerliche Übertragungsgewinn in Deutschland grundsätzlich nicht steuerbar, die offenen Gewinnrücklagen unterliegen jedoch der Besteuerung nach § 7 UmwStG. Zudem muss zusätzlich die Hinzurechnungsbesteuerung nach §§ 7 ff. AStG, insbesondere § 8 Abs. 1 Nr. 10 AStG mit ins Kalkül gezogen werden.

IV. Ergebnis

Aus steuerlicher Sicht ist eine polnische Personengesellschaft einer Kapitalgesellschaft vorzuziehen. Ihre Gewinne werden einmalig beim Gesellschafter mit einem linearen Steuersatz von 19 % besteuert. Je nach Art der ausgeübten Tätigkeit (aktiv oder passiv) kann in Deutschland die Freistellungsmethode (ggf. unter Progressionsvorbehalt) zur Anwendung kommen.

Die Steuervorteile können durch einen Formwechsel nutzbar gemacht werden. In Polen vollzieht sich der Formwechsel weitgehend steuerneutral. Auf deutscher Seite muss bei einer Vorteilhaftigkeitsanalyse die Besteuerung der stillen Reserven in den Anteilen und/oder der offenen Gewinnrücklagen aufgrund des Formwechsels mit ins Kalkül gezogen werden.

D. Einbringung durch Steuerinländer in EU Gesellschaft
Fall 24

Eine in Deutschland unbeschränkt steuerpflichtige GmbH bringt zwei Teilbetriebe gegen Gewährung von Anteilen in eine französische SARL ein. Der eine Teilbetrieb umfasst eine Betriebsstätte in Portugal, der andere Teilbetrieb besteht aus einer in Kanada belegenen Betriebsstätte. Annahmegemäß erzielen beide Betriebsstätten passive Einkünfte. Sowohl der portugiesischen als auch der kanadischen Betriebsstätte sind stille Reserven zuzuweisen.

Die Einbringung der Teilbetriebe soll steuerneutral zu Buchwerten erfolgen.

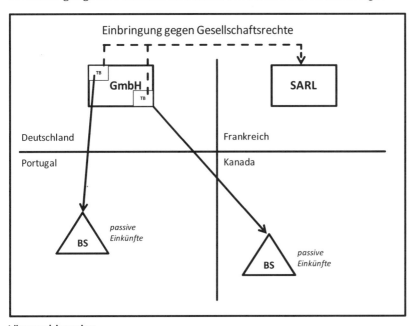

Lösungshinweise:

Schrifttum: *Blümich*, UmwStG, 2011, § 20, Rz. 114; *Claß/Weggenmann*, Ein neues Teilbetriebsverständnis im Umwandlungssteuerrecht – entscheidet zukünftig der EuGH?!, BB 2012, 552; *Haritz/Menner*, UmwStG, 2009, § 20, Rz. 238-245 sowie Rz. 731-740; *Mutscher*, Anwendungsbereich der fiktiven Steueranrechnung im UmwStG, IStR 2010, S. 820; *Plewka/Marquardt*, Handbuch Umstrukturierung von Unternehmen nach UmwG, UmwStG, SEStEG, 2007, S. 414; *Schmitt*, Auf und Abspaltungen von Kapitalgesellschaften – Anmerkungen zum Entwurf des Umwandlungssteuererlasses, DStR

2011, S. 1108; UmwStE-Entwurf vom 09.09.2011; *Widmann/Mayer*, UmwStG, 2007, § 20, Rz. 758 sowie weitere Literatur zum UmwStE 2011 siehe Nennungen Fall 20.

I. Vorbemerkungen

Die grenzüberschreitende Einbringung von inländischem Betriebsvermögen wird grundsätzlich vom UmwStG erfasst. Der hier zu betrachtende Sachverhalt fällt in den sachlichen (§ 20 bzw. § 21 UmwStG) und persönlichen (§ 1 Abs. 2-4 UmwStG) Anwendungsbereich des UmwStG, weil es sich um die Einbringung von Betriebsvermögen in eine EU-Gesellschaft handelt.

Der steuerliche Übertragungsstichtag (Einbringungsstichtag) darf im Falle einer Ausgliederung i.S.d. § 123 Abs. 3 UmwG acht Monate vor der Anmeldung der Einbringung zur Eintragung ins Handelsregister liegen (§ 20 Abs. 6 S. 2 i.V.m. S. 1 UmwStG). Die übernehmende Gesellschaft muss dafür einen Antrag stellen (vgl. Volb, Der Umwandlungssteuererlass, S. 91 ff.). Zudem müssen die Teilbetriebsvoraussetzungen nach Ansicht der Finanzverwaltung bereits am steuerlichen Übertragungsstichtag vorgelegen haben (vgl. UmwSt-Erlass vom 11.11.2011, Tz. 20.14; vgl. Hötzel/Kaeser in: FGS/BDI, UmwSt-Erlass 2011, S. 337 f.).

Neben dem UmwStG können grenzüberschreitende Einbringungen auch von der Fusionsrichtlinie erfasst werden. Die Fusionsrichtlinie hat zum Ziel, Unternehmenszusammenschlüsse und Reorganisationen innerhalb der EU dadurch zu ermöglichen bzw. zu fördern, dass eine Aufdeckung von stillen Reserven bei den Umstrukturierungsvorgängen vermieden werden kann. Grenzüberschreitende Umstrukturierungen sollen möglichst steuerneutral durchgeführt werden können. So beinhaltet z.B. Art. 10 der Fusionsrichtlinie für den Fall der Einbringung einer ausländischen Betriebsstätte mit passiven Einkünften unter gewissen Voraussetzungen die (fiktive) Anrechnung ausländischer Steuern. Die Einbringungsvorschriften des UmwStG verweisen zum Teil auf die Vorgaben der Fusionsrichtlinie (vgl. z.B. § 20 Abs. 7, Abs. 8 UmwStG).

II. Begriff des Teilbetriebs

Die Einbringung von Unternehmensteilen in eine Kapitalgesellschaft wird in den §§ 20-23 UmwStG geregelt. Diese Vorschriften kommen gem. § 20 Abs. 1 UmwStG aber nur im Falle einer Einbringung von Betrieben, Mitunternehmeranteilen oder Teilbetrieben zur Anwendung. Der Begriff des Teilbetriebs ist weder im UmwStG noch in den anderen nationalen Normen definiert. Nach Ansicht der Finanzverwaltung ist ein Teilbetrieb die Gesamtheit der in einem Unternehmensteil einer Gesellschaft vorhandenen aktiven und passiven Wirtschaftsgüter, die in organisatorischer Hinsicht einen selbständigen Betrieb, d.h. eine aus eigenen Mitteln funktionsfähige Einheit darstellen. Zu einem Teilbetrieb gehören alle funktional wesentlichen Betriebsgrundlagen (vgl. UmwSt-Erlass vom 11.11.2011, Tz. 20.06 i.V.m. Tz. 15.02). Die Finanzverwaltung wendet somit als Ausgangspunkt bei der Auslegung des UmwStG die in der Fusionsrichtlinie enthaltene Teilbegriffsdefinition und somit einen europäischen Teilbetriebsbegriff an (vgl. Claß/Weggenmann, BB 2012, S. 552; vgl. Schumacher/Bier und Hötzel/Kaeser in: FGS/BDI, UmwSt-Erlass 2011, S. 270 ff. und S. 324 ff.; vgl. Dötsch/Pung in: Dötsch/Patt/Pung/Möhlenbrock, UmwStG, § 15, Rz. 79 ff.).

In dem zu betrachtenden Fall soll es sich annahmegemäß unstrittig um zwei Teilbetriebe handeln. Die Betriebsstätte in Portugal bzw. in Kanada verfügt über eigene funktionale Zuständigkeiten, eigenes Personal und eine eigene Buchführung, so dass darin eine selbständige und abgrenzbare Unternehmenseinheit zu sehen ist.

III. Voraussetzungen für eine erfolgsneutrale Einbringung

Die Erfolgsneutralität der Einbringung des Teilbetriebs hängt von dem Wert ab, mit dem die übernehmende SARL das eingebrachte Vermögen ansetzt (§ 20 Abs. 3 UmwStG). Dabei ist grundsätzlich der gemeine Wert anzusetzen (§ 20 Abs. 2 Satz 1 UmwStG). Auf Antrag ist es jedoch möglich, entweder einen Zwischenwert oder einen Buchwert anzusetzen, wenn die folgenden drei Bedingungen erfüllt sind:

1. Das eingebrachte Vermögen wird später bei der übernehmenden SARL der Körperschaftsteuer unterworfen;

2. Die Passivposten des eingebrachten Betriebsvermögens übersteigen die Aktivposten nicht und

3. Für eine spätere, auf Ebene der SARL erfolgende Veräußerung des eingebrachten Betriebsvermögens ist das Besteuerungsrecht der Bundesrepublik Deutschland weder ausgeschlossen noch beschränkt.

Zu 1):

Im betrachteten Fall ist die erste Voraussetzung erfüllt, da die französische SARL als übernehmende Gesellschaft nicht von der Körperschaftssteuer befreit ist, sondern einer, mit der deutschen Körperschaftsteuer vergleichbaren ausländischen Steuer unterliegt. Eine abkommensrechtliche Einschränkung des Besteuerungsrechts Frankreichs hat keine Auswirkung auf die Erfüllung der ersten Voraussetzung.

Zu 2):

Die Passivposten übersteigen annahmegemäß nicht die Aktivposten, so dass die zweite Voraussetzung erfüllt wird.

Zu 3)

Vorliegend werden zwei Teilbetriebe in die französische SARL eingebracht. Für die Erfüllung der dritten Voraussetzung ist jeder Vermögensbestandteil gesondert zu betrachten:

1. Einbringung der portugiesischen Betriebsstätte

Da die portugiesische Betriebsstätte annahmegemäß passive Einkünfte erzielt, steht Deutschland vor der Einbringung abkommensrechtlich ein Besteuerungsrecht mit Anrechnungsverpflichtung zu (Art. 24 DBA Portugal i.V.m. Protokoll Tz. 8 Buchst. a zu Art. 24 DBA Portugal). Durch die Einbringung dieser Betriebsstätte in die französische SARL wird Deutschland dieses Besteuerungsrecht verlieren. Der deutschen GmbH sind stattdessen anteilig die im Rahmen der Einbringung gewährten Anteile an der SARL zuzurechnen. Folglich ist die Buchwertfortführung gem. § 20 Abs. 2 S. 2 Nr. 3 UmwStG nicht möglich und es entsteht in Höhe der Differenz zwischen gemeiner Wert und Buchwert des Betriebsstättenvermögens ein steuerpflichtiger Einbringungsgewinn in Deutschland. Diese Besteuerung ist auch nach der Fusionsrichtlinie zulässig, da Deutschland ein System der Welteinkommensbesteuerung hat (vgl. Art. 10 Abs. 2 Fusionsrichtlinie). Die Fusionsrichtlinie ist in unserer Fallkonstellation sowohl sachlich als auch persönlich anwendbar. Der sachliche Anwendungsbereich ist damit begründet, dass es sich in dem vorliegenden Sachverhalt um eine Einbringung handelt (Art. 1 Buchst. a Fusionsrichtlinie). Da in unserem Fall die Vermögensübertragung grenzüberschreitend von einer körperschaftsteuerpflichtigen Gesellschaft eines Mitgliedsstaates der EU auf eine andere körperschaftsteuerpflichtige Gesellschaft eines anderen Mitgliedsstaates der EU erfolgt, sind die persönlichen Anwendungsvoraussetzungen ebenfalls erfüllt (Art. 1 Buchst. a i.V.m. Art. 3 Fusionsrichtlinie).

Die Fusionsrichtlinie fordert für diesen Fall aber auch die Anrechnung einer fiktiven portugiesischen Steuer auf die entstehende deutsche Steuerbelastung (vgl. Art. 10 Abs. 2 Fusionsrichtlinie). Dieser Vorgabe kommt der Gesetzgeber mit der Ausnahmeregelung des § 20 Abs. 7 i.V.m. § 3 Abs. 3 UmwStG nach, die vorliegend zur Anwendung kommt, da die deutsche GmbH als einbringender Rechtsträger in Deutschland unbeschränkt steuerpflichtig ist, die französische SARL als übernehmende Gesellschaft in Deutschland nicht unbeschränkt steuerpflichtig ist und der Einbringungsgegenstand eine portugiesische Betriebsstätte ist, bei deren Besteuerung die Bundesrepublik Deutschland vor der Einbringung die Doppelbesteuerung im Wege der Anrechnungsmethode zu vermeiden hat. Da § 3 Abs. 3 UmwStG auf § 26 KStG verweist, ergibt sich daraus, dass die fiktive ausländische Steuer der deutschen Körperschaftsteuer entsprechen muss.

Die fiktive ausländische Steuer ist die Steuer, die im Betriebsstättenstaat bei einer tatsächlichen Veräußerung der Wirtschaftsgüter der Betriebsstätte anfallen würde und ist in dem vorliegenden Fall nach dem portugiesischen Steuerrecht anhand einer Hilfsveranlagung zu ermitteln (vgl. UmwSt-Erlass vom 11.11.2011, Tz. 20.36). Die Finanzverwaltung möchte sich dabei über ein Auskunftsersuchen an die ausländische Finanzbehörde behelfen (vgl. Rupp in: Patt/Rupp/Aßmann, Der neue Umwandlungssteuererlass, S. 45). Die Bemessungsgrundlage für die Berechnung der fiktiven portugiesischen Steuer ergibt sich aus der Differenz zwischen dem nach deutschem Recht ermittelten gemeinen Wert der Betriebsstätte und den nach portugiesischem Recht ermittelten Buchwerten der Wirtschaftsgüter der Betriebsstätte (vgl. Patt in: Dötsch/Patt/Pung/Möhlenbrock, UmwStG, § 20, Rz. 339).

Im Ergebnis führt die Einbringung der portugiesischen Betriebsstätte zu einer sofortigen Steuerbelastung, soweit die deutsche Steuer auf den Einbringungsgewinn die anzurechnende fiktive Steuer des Betriebsstättenstaats Portugal übersteigt.

2. Einbringung der kanadischen Betriebsstätte

Aufgrund der annahmegemäß passiven Tätigkeit der kanadischen Betriebsstätte steht Deutschland – analog zu der Einbringung der portugiesischen Betriebsstätte – abkommensrechtlich ein Besteuerungsrecht mit Anrechnungsverpflichtung zu (Art. 23 Abs. 2 Buchst. c DBA Kanada). Durch die Einbringung geht dieses Besteuerungsrecht verloren. Der deutschen GmbH sind stattdessen anteilig die im Rahmen der Einbringung gewährten Anteile an der SARL zuzurechnen. In Höhe der Differenz zwischen gemeiner Wert und Buchwert des Betriebsstättenvermögens entsteht ein steuerpflichtiger Einbringungsgewinn. Die Fusionsrichtlinie kommt nicht zur Anwendung, weil die Betriebsstätte in einem Drittstaat belegen ist. Im Ergebnis unterliegen die der kanadischen Betriebsstätte zuzuweisenden stillen Reserven in Deutschland einer Besteuerung ohne Anrechnung einer fiktiven kanadischen Steuer.

IV. Ergebnis

Die Einbringung der portugiesischen sowie der kanadischen Betriebsstätte führt zu einem Ausschluss des deutschen Besteuerungsrechts. Hieraus ergibt sich ein steuerpflichtiger Einbringungsgewinn i.H.d. Differenz zwischen Buchwert und dem gemeinen Wert der betroffenen Wirtschaftsgüter. Hinsichtlich der portugiesischen Betriebsstätte hat aufgrund § 20 Abs. 7 i.V.m. § 3 Abs. 3 UmwStG eine Anrechnung der fiktiven Steuer zu erfolgen, die im Falle einer Veräußerung in Portugal angefallen wäre. Als Folge dessen reduziert sich die auf den anteiligen Einbringungsgewinn entfallende deutsche Steuerbelastung. Damit kommt der Gesetzgeber den Vorgaben der Fusionsrichtlinie nach. Aufgrund der Drittstaatenkonstellation unterliegen die der kanadischen Betriebsstätte zuzurechnenden stillen Reserven hingegen vollumfänglich der deutschen Besteuerung. Eine Anrechnung einer fiktiven kanadischen Steuer erfolgt nicht.

E. Einbringung durch Steuerausländer in deutsche AG

Fall 25

Schritt 1 – Anteilstausch

Eine deutsche Aktiengesellschaft (im Folgenden: AG) soll Anteile an einer Limited (im Folgenden: Ltd.), die ihren Sitz und den Ort der Geschäftsleitung in Großbritannien (im Folgenden: GB) hat und somit in Deutschland weder unbeschränkt noch beschränkt steuerpflichtig ist, im Rahmen einer Sacheinlage übernehmen und als Gegenleistung hierfür neue Anteile an den bisherigen Gesellschafter der Ltd. gewähren (sog. qualifizierter Anteilstausch). Zur Übernahme der Anteile an der Ltd. wird eine Kapitalerhöhung bei der AG beschlossen, um dem bisherigen Gesellschafter der Ltd. als Gegenleistung neue Anteile in Höhe von 10 % an der AG gewähren zu können. Der bisherige Gesellschafter der Ltd. soll hierbei eine natürliche Person mit Wohnsitz und Ort des gewöhnlichen Aufenthalts in GB sein, der somit gem. § 1 Abs. 4 EStG nur mit den in § 49 EStG genannten Einkünften in Deutschland beschränkt steuerpflichtig ist.

Schritt 2 – Exit:

Im Anschluss an die Einbringung seiner Anteile an der Ltd. veräußert der in GB ansässige Gesellschafter seine im Rahmen des Anteilstausches erhaltenen Anteile an der AG.

Nachfolgende Grafik stellt die vorliegend zu beurteilenden Sachverhalte vereinfacht dar:

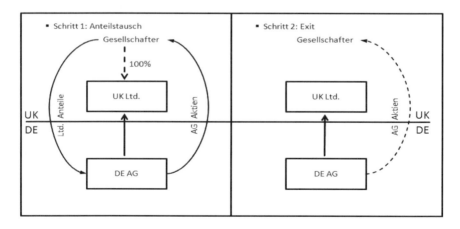

Lösungshinweise:

Schrifttum: *Becker-Pennrich*, Die Sofortversteuerung nach § 21 Abs. 2 Satz 2 UmwStG beim grenzüberschreitenden Anteilstausch, IStR 2007, S. 684; *Blümich*, EStG, 2011, § 20, Rz. 356 ff., § 43, Rz. 2 ff.; BMF-Schreiben vom 22.12.2009, Einzelfragen zur Abgeltungssteuer, BStBl. 2010, S. 94; *Bron/Seidel*, Die Besteuerung von Kapitalmaßnahmen (§ 20 Abs. 4a EStG) nach dem JStG 2010, BB 2010, S. 2599; *Bruns/Patzner*, Fondsverschmelzungen und weitere Kapitalmaßnahmen im internationalen Umfeld, IStR 2009, S. 672; *Franz/Winkler/Polatzky*, Einbringung in Kapitalgesellschaften, BB special 1, S. 15; Schmidt, EStG, 2011, § 49, Rz. 4 ff.

I. Vorbemerkung

Vorliegend muss für deutsche Steuerzwecke geprüft werden, ob durch die beiden vorgenannten Sachverhalte des Anteilstausches und der anschließenden Veräußerung der erhaltenen Anteile eine Besteuerung nach nationalem Steuerrecht verursacht wird. Insbesondere ist hierbei fraglich, ob ein Einbehalt von Kapitalertragsteuer (im Folgenden: KESt) nach deutschen Steuervorschriften ausgelöst wird.

II. Schritt 1 – Anteilstausch

Durch den in Schritt 1 vorzunehmenden Anteilstausch und der dadurch veranlassten Kapitalerhöhung bei der AG kommt es grundsätzlich zu einer Depotübertragung bei der verwahrenden oder verwaltenden Stelle (i.d.R. eine Bank). Für Zwecke des Kapitalertragsteuerabzugs gilt hierbei der Depotübertrag eines von einer auszahlenden Stelle verwahrten oder verwalteten Wirtschaftsguts auf einen anderen Gläubiger gemäß § 43 Abs. 1 S. 4 EStG als Veräußerung des entsprechenden Wirtschaftsguts, worauf die auszahlende Stelle grds. KESt einbehalten muss. Für die Beurteilung, ob bei Durchführung des Depotübertrags ein Einbehalt von Kapitalertragsteuer ausgelöst wird, ist auf den der Einbuchung ins Depot zu Grunde liegenden o.g. Anteilstausch abzustellen. Hierbei gilt grundsätzlich der Wert, mit dem die übernehmende Gesellschaft die eingebrachten Anteile ansetzt, als Veräußerungspreis der eingebrachten Anteile und als Anschaffungskosten der erhaltenen Anteile.

Eine fingierte Veräußerung gem. § 43 Abs. 1 S. 4 EStG würde hingegen dann nicht angenommen werden, wenn der Steuerpflichtige der auszahlenden Stelle gem. § 43 Abs. 1 S. 5 EStG nachweisen kann, dass es sich um eine unentgeltliche, formgerechte und unwiderrufliche Übertragung von Aktien (z.B. Schenkung) handelt. Die auszahlende Stelle ist gem. § 43 Abs. 1 S. 6 EStG verpflichtet, bestimmte Daten (bspw. Name und Steuer-ID des Übertragenden und des Empfängers, Wert des übertragenen Wirtschaftsgutes und Übertragungszeitpunkt) bis zum 31. Mai des jeweiligen Folgejahres auf elektronischem Weg dem Betriebsstättenfinanzamt mitzuteilen. Dies gilt allerdings nicht für die Daten, die berechtigterweise nicht vollständig mitgeteilt werden können (z.B. Steuer ID bei einem Ausländer). Der im Ausgangssachverhalt beschriebene Vorgang ist hingegen als entgeltliche Übertragung zu qualifizieren. Folglich müsste grundsätzlich auf den daraus resultierenden Veräußerungsgewinn KESt einbehalten werden. Von diesem Grundsatz kann u.a. nur abgewichen werden bzw. vom Einbehalt der KEST abgesehen werden, falls der zu Grunde liegende Veräußerungsvorgang in Deutschland nicht steuerbar ist.

Der in GB ansässige Gesellschafter ist nach § 1 Abs. 1 S. 1 EStG für deutsche Besteuerungszwecke nicht unbeschränkt steuerpflichtig, da er weder seinen Wohnsitz (§ 8 AO) noch den gewöhnlichen Aufenthalt (§ 9 AO) im Inland hat. Trotzdem kann der Gesellschafter der beschränkten Steuerpflicht i.S.d. § 1 Abs. 4 EStG unterliegen, sofern er durch den anzunehmenden Anteilstausch im Inland Einkünfte nach § 49 EStG erzielt.

§ 49 EStG enthält eine abschließende Aufzählung von beschränkt steuerpflichtigen Einkünften, so dass der Gesellschafter vorliegend ausschließlich gewerbliche Einkünfte nach § 49 Abs. 1 Nr. 2 Buchst. e) i.V.m. § 17 EStG erzielen kann. Dabei muss mindestens eine von den in § 49 Abs. 1 Nr. 2 Buchst. e, Doppelbuchst. aa und bb EStG genannten Voraussetzungen erfüllt werden. Der dem Depotübertrag maßgebliche Anteilstausch begründet keine beschränkte Steuerpflicht für den in GB ansässigen Gesellschafter gem. § 49 Abs. 1 Nr. 2 Buchst. e Doppelbuchst. aa EStG, da die Ltd., deren Anteile veräußert werden, weder ihren Sitz noch ihre Geschäftsleitung im Inland hat. Auch die Voraussetzungen des § 49 Abs. 1 Nr. 2 Buchst. e Doppelbuchst. bb EStG für eine beschränkte Steuerpflicht sind vorliegend nicht erfüllt. Folglich wird durch den im Rahmen des Depotwechsels fingierten Veräußerungsvorgang keine beschränkte Steuerpflicht für den in GB ansässigen Gesellschafter begründet. Im Ergebnis ist daher auf die nach § 43 Abs. 1 S. 4 EStG fingierte Veräußerung keine KESt einzubehalten.

Dieses Ergebnis lässt sich auch dem Schreiben des Bundesministerium für Finanzen zur Einzelfragen der Abgeltungssteuer vom 22. Dezember 2009 entnehmen. Soweit bei Kapitaleinkünften die Voraussetzungen für eine beschränkte Steuerpflicht nicht vorliegen, ist aus Sicht der Finanzverwaltung von der auszahlenden Stelle für diese Einkünfte auch kein KESt-Einbehalt vorzunehmen (Siehe BMF vom 22. Dezember 2009, S 2252/08/10004, Tz. 313). Hierbei muss die Ausländereigenschaft des Kunden (sog. Ansässigkeitsbescheinigung) bewiesen werden. Es wird auf die Merkmale der Legitimationsprüfung nach § 154 AO oder der Identifizierung nach § 2 GwG, die bei der Kontoeröffnung erhoben werden, abgestellt (Siehe BMF vom 22. Dezember 2009, S 2252/08/10004, Tz. 312 ff.).

III. Schritt 2 – Exit

1. Steuerpflicht und Kapitalertragsteuerabzug

Im Zeitpunkt der tatsächlichen Veräußerung der erhaltenen wesentlichen (>1 %) Anteile an der AG (EXIT) durch den in GB ansässigen Gesellschafter wird für den Veräußerungsgewinn in Höhe der Differenz zwischen Veräußerungspreis und Anschaffungskosten eine beschränkte Steuerpflicht gem. § 49 Abs. 1 Nr. 2 Buchst. e Doppelbuchst. aa i.V.m. § 17 EStG begründet, da die AG ihren Sitz und den Ort der Geschäftsleitung in Deutschland hat. Die Anschaffungskosten der Anteile an der AG bestimmen sich anhand des Wertansatzes der eingebrachten Anteile an der Ltd. auf Ebene der AG. Der Gesellschafter ist somit in Deutschland beschränkt steuerpflichtig und muss, vorbehaltlich abweichender abkommensrechtlicher Vorschriften des DBA Deutschland Großbritannien (im Folgenden: DBA GB), den Veräußerungsgewinn als gewerbliche Einkünfte in Deutschland versteuern.

Grundsätzlich wird die Steuerschuld bei beschränkt steuerpflichtigen Einkünften aus Gewerbebetrieb nicht durch Steuerabzug vom Kapitalertrag abgegolten, sondern im Rahmen der Veranlagung festgesetzt (§ 50 Abs. 2 S. 1 i.V.m. S. 2 EStG). Fraglich ist jedoch, ob die Regelung des § 43 Abs. 4 EStG, bei der ein KESt-Einbehalt auch dann vorzunehmen ist, wenn die Einkünfte aus Kapitalvermögen aufgrund der Subsidiarität den gewerblichen Einkünften zugeordnet werden, vorliegend von Bedeutung ist. Anders als im Rahmen der unbeschränkten Steuerpflicht kann ein in Deutschland nur beschränkt Steuerpflichtiger durch die Systematik des § 49 EStG lediglich Einkünfte aus der Veräußerung von wesentlichen Anteilen gem. § 49 Abs. 1 Nr. 2 Buchst. e i.V.m. § 17 EStG erzielen. Einkünfte aus der Veräußerung von nicht wesentlichen Anteilen i.S.d. § 20 Abs. 2 EStG sind nicht in der abschließenden Aufzählung des § 49 EStG genannt. Folglich sind die Vorschriften auf den Kapitalertragsteuerabzug gem. § 43 ff. EStG für den Veräußerungsvorgang einer wesentlichen Beteiligung im Rahmen einer beschränkten Steuerpflicht nicht zu berücksichtigen.

Die Finanzverwaltung kommt in ihrem Schreiben zu dem gleichen Ergebnis. Demnach führt die Regelung des § 43 Abs. 4 EStG bei grenzüberschreitenden Fällen zu keinem Einbehalt von KESt, wenn der Steuerausländer Anteile an einer Kapitalgesellschaft veräußert, die in einem inländischen Depot liegen und er an der Kapitalgesellschaft zu mindestens 1 % beteiligt ist (BMF Schreiben vom 22. Dezember 2009, S 2252/08/10004, Tz. 315).

2. Besteuerung der Veräußerung der Anteile nach DBA-GB

Fraglich ist, ob das im Fall des EXIT im Rahmen der beschränkten Steuerpflicht bestehende deutsche Besteuerungsrecht vorliegend durch die Bestimmungen des DBA-GB eingeschränkt wird. Wie auch nach nationalen Vorschriften wird der Exit im DBA-GB als

Fraglich ist, ob das im Fall des EXIT im Rahmen der beschränkten Steuerpflicht bestehende deutsche Besteuerungsrecht vorliegend durch die Bestimmungen des DBA-GB eingeschränkt wird. Wie auch nach nationalen Vorschriften wird der Exit im DBA-GB als Veräußerung von Anteilen (hier: Aktien) gesehen. Verkauft eine in GB ansässige Person Aktien einer in Deutschland ansässigen AG, kann der Veräußerungsgewinn in Deutschland nicht besteuert werden (Art. 13 Abs. 5 DBA-GB). Lediglich für sog. Grundstücksgesellschaften stünde Deutschland ein Besteuerungsrecht zu, soweit für die Anteile kein Börsenhandel stattfindet (Art. 13 Abs. 2 DBA-GB).

Teil VI. Praxisfälle zu internationalen Umwandlungen 273

F. Verschmelzung einer italienischen s.r.l. (GmbH) auf eine italienische s.a.s. (KG)

Fall 26

Eine in Deutschland unbeschränkt steuerpflichtige natürliche Person (Gesellschafter) hält 100 % der Anteile an einer italienischen Kapitalgesellschaft (im Folgenden: KapGes) in der Rechtsform der società a responsabilità limitata (im Folgenden: s.r.l.). Des Weiteren ist der in Deutschland ansässige Gesellschafter auch Mitunternehmer an einer italienischen Personengesellschaft (im Folgenden: PersGes) in der Rechtsform der società in accomandita semplice (im Folgenden: s.a.s.). Im Rahmen einer Umstrukturierungsmaßnahme soll die italienische s.r.l. zur Aufnahme auf die s.a.s. verschmolzen werden.

Folgende Grafik stellt den zu beurteilenden Sachverhalt nochmals zusammenfassend dar:

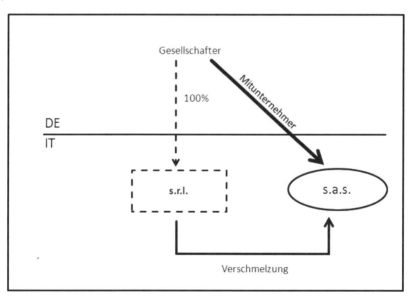

Lösungshinweise:

Schrifttum: *Behrens/Grabbel*, Werden nun auch die entsprechenden Regelungen anderer DBA als Rückfallklauseln eingeordnet?, BB 2008, S. 818; *Benecke/Schnitger*, Neuregelung des UmwStG und der Entstrickungsnormen durch das SEStEG, IStR 2006, S. 765;

BFH vom 17.10.2007, BStBl. 2008 II, S. 953; BFH vom 19.12.2007, BStBl. 2008 II 2008, S. 510; BFH vom 13.02.2008, BStBl. 2009 II, S. 414; BMF Schreiben vom 24.12.1999, Betriebsstätten-Verwaltungsgrundsätze, BStBl. 1999 I, S. 1076; BT-Drs. 16/2710,S. 35; *Förster/Felchner*, Umwandlung von Kapitalgesellschaften in Personenunternehmen nach dem Referentenentwurf zum SEStEG, DB 2006, S. 1072; *Hagemann/Jakob/Ropohl/ Viebrock*, SEStEG – Das neue Konzept der Verstrickung und Entstrickung sowie die Neufassung des Umwandlungssteuergesetzes, NWB Sonderheft 1/2007, S. 12; *Widmann/Mayer*, Verschmelzung Italien, Rn. N I 251 ff.; *Vogel/Lehner*, DBA, 2008, Art. 13, Rz. 84; *Rödder/Herlinghaus/van Lishaut*, UmwStG, 2007, § 1, Rn. 89; *Schell*, Eine Analyse steuerlicher Fragestellungen im Lichte des neuen Entwurfs zum Umwandlungssteuererlass, IStR 2011, S. 704 sowie weitere Literatur zum UmwStE siehe Nennungen Fall 20.

I. Besteuerung in Italien

Für italienische Besteuerungszwecke kann die Verschmelzung einer KapGes auf eine PersGes steuerneutral, das heißt zu Buchwerten ohne Aufdeckung der stillen Reserven, für alle beteiligten Rechtsträger durchgeführt werden. Folglich kann nach italienischem Steuerrecht eine Besteuerung eines entsprechenden Übertragungs- bzw. Übernahmegewinns vermieden werden.

Anders als für deutsche Besteuerungszwecke kommt es nach italienischem Steuerrecht im Zeitpunkt der Verschmelzung einer KapGes auf eine PersGes auch nicht zu einer Besteuerung einer fiktiven Gewinnausschüttung der offenen Rücklagen i.S.d. § 7 UmwStG. Die nach italienischem Recht festzustellenden offenen Rücklagen i.S.d. § 7 UmwStG werden stattdessen bei dem übernehmenden Rechtsträger (hier: s.a.s.) in einer Art „Erinnerungsposten" in der Bilanz fortgeschrieben und können somit erst zu einem späteren Zeitpunkt an die Gesellschafter ausgeschüttet werden. Dies hat zur Folge, dass es für italienische Steuerzwecke erst bei der tatsächlichen Ausschüttung des „Erinnerungsposten" zu einer Besteuerung kommt. Im Zeitpunkt der Ausschüttung unterliegen die offenen Rücklagen nach italienischem Steuerrecht einer Besteuerung i.H.v. 14 %.

II. Anwendung des deutschen UmwStG

Um die steuerlichen Auswirkungen des Umwandlungsvorgangs in Italien beurteilen zu können, muss deshalb in einem ersten Schritt die Anwendbarkeit des deutschen UmwStG geprüft werden. Eine Anwendung des UmwStG könnte sich ergeben, da an der Verschmelzung in Italien ein deutscher Gesellschafter teilnimmt und dadurch ein Inlandsbezug begründet wird.

Die Etablierung des „Gesetzes über steuerliche Begleitmaßnahmen zur Einführung der Europäischen Gesellschaft und zur Änderung weiterer steuerlicher Vorschriften (SEStEG)" vom 07.12.2006 hat eine **sog. „Europäisierung"** des deutschen Umwandlungssteuerrechts nach sich gezogen. Allerdings umfasst das UmwStG nicht alle Umwandlungsvorgänge, die in den Mitgliedstaaten der EU oder EWR stattfinden. § 1 UmwStG verlangt persönliche (Anknüpfungspunkt im Inland) und sachliche (vergleichbarer Umwandlungsvorgang) Voraussetzungen, die für die Vergleichbarkeit des ausländischen Vorgangs erfüllt sein müssen.

Nach dem Wortlaut des § 1 Abs. 1 S. 1 Nr. 1 UmwStG sind nunmehr auch die der nach deutschem Recht definierten Verschmelzung vergleichbaren ausländischen Vorgänge vom Anwendungsbereich des UmwStG erfasst. Für die Anwendbarkeit des UmwStG auf den hier zu beurteilenden Fall setzt § 1 Abs. 2 S. 1 Nr. 1 UmwStG zusätzlich zu § 1 Abs. 1 S. 1 Nr. 1 UmwStG voraus, dass die übertragende und übernehmende Gesellschaft jeweils eine nach den italienischen Rechtsvorschriften gegründete Gesellschaften i.S.d Art. 48 des Vertrags zur Gründung der Europäischen Gemeinschaft ist. Des Weiteren muss sich der Sitz und Ort der Geschäftsleitung des übertragenden und übernehmenden Rechtsträgers innerhalb des Hoheitsgebiets Italiens befinden.

1. Persönlicher Anwendungsbereich

Der Inlandsbezug ist vorliegend erfüllt, da an der Verschmelzung in Italien eine natürliche Person beteiligt ist, die ihren Wohnsitz innerhalb des Hoheitsgebiets der BRD hat. Daneben ergibt sich ein Inlandsbezug, da die Verschmelzung einer KapGes auf eine PersGes eine Mitunternehmerstellung in Italien für deutsche Steuerzwecke vermittelt.

2. Sachlicher Anwendungsbereich

§ 1 Abs. 1 S. 1 Nr. 1 UmwStG setzt zudem voraus, dass der ausländische Umwandlungsvorgang mit einer deutschen Verschmelzung vergleichbar ist. Es ist zu betonen, dass eine Identität für die Beurteilung der Vergleichbarkeit nicht erforderlich ist. Vielmehr sollte auf wesentliche Strukturmerkmale einer deutschen Verschmelzung abgestellt werden. Diese sind (vgl. UmwSt-Erlass vom 11.11.2011, Tz. 01.30; vgl. Sieker/Schänzle/Kaeser in: FGS/BDI, UmwSt-Erlass 2011, S. 62):

▶ Übertragung des gesamten Aktiv- und Passivvermögen eines übertragenden oder mehrerer übertragender Rechtsträger auf einen übernehmenden Rechtsträger,

▶ aufgrund eines Rechtsgeschäfts (Verschmelzungsvertrag, -plan),

▶ kraft Gesetzes

▶ gegen Gewährung von Anteilen am übernehmenden Rechtsträger an die Anteilsinhaber des übertragenden Rechtsträger,

▶ bei Auflösung ohne Abwicklung des übertragenden Rechtsträger oder der übertragenden Rechtsträger.

Bei einem Vergleichverfahren mit Auslandsbezug haben diese Merkmale allerdings unterschiedliche Gewichtungen.

Verschmelzung in Italien:

Nach Art. 2501 c.c.f. des italienischen Zivilgesetzbuches kann in Italien die Verschmelzung durch Aufnahme (fusione mediante incorporazione) oder durch Errichtung einer neuen Gesellschaft (fusione propria) erfolgen. Dabei geht das Vermögen der übertragenden Gesellschaft als Ganzes kraft Gesetzes auf die übernehmende Gesellschaft über. Die Gesellschafter der übertragenden Gesellschaft erhalten Anteile an der übernehmenden Gesellschaft. Die Verschmelzung in Italien wird grundsätzlich als Gesamtrechtsnachfolge (Universalsukzession) verstanden, bei der die untergehende Gesellschaft erlischt. Der Gesetzestext spricht jedoch nicht mehr von erloschenen Gesellschaften, sondern vielmehr davon, dass die übernehmende Gesellschaft alle Rechte und Verbindlichkeiten an der übertragenden Gesellschaft erwirbt. Demnach wird nunmehr argumentiert, dass es sich bei der Verschmelzung in Italien ausschließlich um eine Änderung des Gesellschaftsvertrages handelt, wobei die Satzung der übertragenden Rechtsträger an die des übernehmenden Rechtsträger angepasst wird.

Die Verschmelzung bedarf eines Verschmelzungsbeschlusses. Sie erfolgt durch den Verschmelzungsvertrag, in dem auch ein Austrittsrecht für die Gesellschafter der übertragenden Gesellschaft vorgesehen werden muss. Erst mit der letzten gesetzlich erforderlichen Eintragung im Unternehmensregister der Handelskammer ist die Verschmelzung rechtlich wirksam vollzogen.

Ergebnis:

Die aufgeführten charakteristischen Merkmale der Verschmelzung in Italien weisen darauf hin, dass die zu beurteilende Umstrukturierungsmaßnahme mit der Verschmelzung nach nationalem Recht vergleichbar sein sollte. Anzumerken ist, dass für die Vergleichbarkeitsprüfung eines ausländischen Umwandlungsvorgangs seine konkrete rechtliche Ausgestaltung und nicht das ausländische Umwandlungsrecht als solches maßgebend ist (vgl. UmwSt-Erlass vom 11.11.2011, Tz. 01.25; vgl. *Sieker/Schänzle/Kaeser* in: FGS/BDI, UmwSt-Erlass 2011, S. 59 f.; vgl. *Möhlenbrock* in: Dötsch/Patt/Pung/Möhlenbrock, UmwStG, § 1, Rz. 97; vgl. *Rupp* in: Patt/Rupp/Aßmann, Der neue Umwandlungssteuererlass, S. 6 ff.). Soweit bspw. das ausländische Umwandlungsrecht anderweitige Bestimmungen hinsichtlich der Zulässigkeit von Barausgleichen vorsieht, kann die Vergleichbarkeit des ausländischen Umwandlungsvorgangs dennoch erreicht werden, in dem vertraglich nur die in Deutschland zulässigen 10 % vereinbart werden.

3. Rechtstypenvergleich

Da die Vorschriften des deutschen UmwStG lediglich auf die Rechtsformen der nach deutschem Recht definierten Rechtsträger abstellen, muss des Weiteren ein Rechtstypenvergleich der an der Verschmelzung beteiligten ausländischen Rechtsträger durchgeführt werden. Die hierfür wesentlichen Merkmale legt das BMF-Schreiben zu den Betriebsstätten-Verwaltungsgrundsätzen (BMF vom 24.12.1999; Tabelle 1 – Rechtsform internationaler Unternehmen (außer Osteuropa) sowie BMF vom 19.03.2004, Kapitel IV – Einordnung der LLC für Zwecke der deutschen Besteuerung, BMF-Schreiben zur steuerliche Einordnung der nach dem Recht der Bundesstaaten der USA gegründeten Limited Liability Company) fest. Aufgrund der Ausgestaltung der Geschäftsführung, Beschränkung der Haftung, Gewinnzu- und -verteilung und der Vorschriften für die Kapitalaufbringung ist im Ergebnis festzuhalten, dass:

- die italienische Rechtsform der s.r.l. einer deutschen GmbH und
- die italienische Rechtsform der s.a.s. einer deutschen Kommanditgesellschaft

entspricht.

Anzumerken ist, dass die Rechtsform der s.a.s. nicht in der dem Betriebsstätten-Erlass vom 24.12.1999 beigefügten Liste enthalten ist, so dass diese Übersicht für eine Einordnung der s.a.s. nicht herangezogen werden kann, sondern anhand der aufgeführten Kriterien erfolgen muss.

III. Steuerliche Rückwirkung des § 2 UmwStG

Durch Anwendung des UmwStG hat die übertragende Gesellschaft (hier: s.r.l.) gem. § 3 UmwStG eine Schlussbilanz zu erstellen. Die Schlussbilanz der übertragenden Gesellschaft ist grundsätzlich auf den Zeitpunkt der Verschmelzung zu erstellen. Abweichend eröffnet der § 2 UmwStG die Möglichkeit, diese Schlussbilanz für einen Stichtag aufzustellen, der höchstens acht Monate vor Anmeldung der Umwandlung zur Eintragung in das Handelsregister liegt. Im Fall von Auslandsumwandlungen soll zur Bestimmung des Umwandlungsstichtages auf das ausländische Handels- und Gesellschaftsrecht abgestellt werden (BR-Drs. 542/06, 58). Maßgeblich hierfür ist das Recht des Ansässigkeitsstaates der übertragenden Gesellschaft. Dabei akzeptiert das deutsche UmwStG auch eine Rückwirkungsfrist des ausländischen Rechts. Dies gilt aber nur für ausländische Umwandlungsvorgänge, die einer Verschmelzung vergleichbar sind. Gem. § 2 Abs. 3 UmwStG ist eine steuerliche Rückwirkung für grenzüberschreitende Vorgänge nicht möglich, wenn die zeitliche Festlegung des steuerlichen Übertragungsstichtages im deutschen und im jeweiligen ausländischen Recht (hier Italien) unterschiedlich geregelt ist und dadurch v.a. sog. weiße Einkünfte entstehen (vgl. *Dietrich/Kaeser* in: FGS/BDI, UmwSt-Erlass 2011, S. 119 f.; vgl. *Dötsch* in: Dötsch/Patt/Pung/Möhlenbrock, UmwStG, § 2, Rz. 77). Nicht besteuerte weiße Einkünfte können v.a. im Fall der Hinausverschmelzung entstehen, wenn aufgrund der steuerlichen Rückwirkung gem. § 2 UmwStG in Deutschland Gewinne des übertragenden Rechtsträger nicht mehr besteuert werden und diese aufgrund einer fehlenden Rückwirkungsvorschrift im ausländischen Staat ebenfalls nicht besteuert werden können (vgl. Beispiele bei *Rupp* in: Patt/Rupp/Aßmann, Der neue Umwandlungssteuererlass, S. 24 ff.).

IV. Steuerliche Auswirkungen der Verschmelzung in Italien nach deutschem Steuerrecht

- Ebene des übertragenden Rechtsträgers gem. § 3 UmwStG (hier: s.r.l)
- Ebene des übernehmenden Rechtsträgers gem. § 4 UmwStG (hier: s.a.s.)
- Ebene der Gesellschafter der übertragenden Gesellschaft (hier: der in Deutschland ansässige Gesellschafter)

Die italienische s.r.l. ist in Deutschland weder unbeschränkt noch beschränkt steuerpflichtig, so dass ein aus Anwendung der § 3 UmwStG resultierender Übertragungsgewinn ausschließlich einer italienischen Besteuerung unterliegen kann.

Die italienische s.a.s. als übernehmende Rechtsträgerin wird sowohl aus deutscher als auch aus italienischer Sicht als transparente PersGes behandelt. Aufgrund dieser Besteuerungskonzeption erfolgt eine Besteuerung des Übernahmegewinns grundsätzlich nicht bei der s.a.s. selbst, sondern durch das Transparenzprinzip auf Ebene der Mitunternehmer der s.a.s. (hier: deutscher Gesellschafter). Jedoch gelten für die Ermittlung des Übernahmeergebnisses die Anteile an der s.r.l. als an diesem Stichtag in das Betriebsvermögen des übernehmenden Rechtsträgers (hier: s.a.s.) mit den Anschaffungskosten eingelegt. Insoweit muss beurteilt werden, ob durch diesen fiktiven Einlagevorgang aus deutscher Sicht steuerfreie Betriebsstätteneinkünfte entstehen können.

Auf Ebene des deutschen Gesellschafters sind daher für deutsche Besteuerungszwecke folgende Bezüge zu unterscheiden:

- Offene Rücklagen gem. § 7 UmwStG,
- Übernahmeergebnis der 2. Stufe gem. § 4 Abs. 4 und 5 UmwStG.

1. Übertragende Gesellschaft

Nach § 3 Abs. 1 UmwStG hat die italienische s.r.l. alleine für Zwecke der Besteuerung des in Deutschland unbeschränkt steuerpflichtigen Gesellschafters im Zeitpunkt der Verschmelzung eine steuerliche Schlussbilanz nach deutschem Recht zu erstellen.

Grundsätzlich sind die übergehenden Wirtschaftsgüter (im Folgenden: WG) in der steuerlichen Schlussbilanz mit dem gemeinen Wert anzusetzen. Sofern bestimmte Voraussetzungen erfüllt sind, können die WG auf Antrag jedoch einheitlich mit dem Buchwert oder einem Zwischenwert angesetzt werden. Zu beachten ist, dass die Wahl der Wertansätze in der Schlussbilanz unabhängig von den italienischen handels- und steuerrechtlichen Bilanzierungsvorschriften erfolgt. Die Bilanzierung mit dem Buchwert oder mit einem zwischen diesem und dem gemeinen Wert liegenden Zwischenwert kann im vorliegenden Fall erfolgen, wenn

1. das Vermögen der s.r.l. dem Betriebsvermögen der s.a.s. zugeordnet wird und später einer ertragsteuerlichen Besteuerung in Italien unterliegt.
2. das Besteuerungsrecht der Veräußerungsgewinne der übertragenden WG der BRD nicht ausgeschlossen oder beschränkt wird. Vorliegend bestand ein solches Besteuerungsrecht der BRD weder vor noch nach der Verschmelzung.
3. keine Gegenleistung gewährt wird oder in Gesellschaftsrechten besteht.

Dennoch ist die Ausübung des obigen Wahlrechts für die s.r.l. materiell ohne Bedeutung, da sie in Deutschland weder unbeschränkt noch beschränkt durch eine Betriebsstätte (im Folgenden: BS) in Deutschland steuerpflichtig ist. Sofern demnach nur für deutsche Steuerzwecke in der steuerlichen Schlussbilanz der s.r.l. die gemeinen Werte der WG angesetzt werden. ist ein hieraus resultierender Übertragungsgewinn in Deutschland nicht steuerbar, ABER: Die Ausübung des Wertansatzwahlrechts beeinflusst die für deutsche Steuerzwecke zu bestimmende Höhe der fiktiven Ausschüttungen nach § 7 UmwStG und des Übernahmeergebnisses nach § 4 UmwStG. Wie bereits festgestellt, ist zur Besteuerung dieser aus der Verschmelzung entstehenden Einkünfte der deutsche Gesellschafter verpflichtet.

2. Übernehmende Gesellschaft

Nach § 4 Abs. 1 UmwStG hat der übernehmende Rechtsträger (hier: die s.a.s.) die übergehenden WG mit dem in der steuerlichen Schlussbilanz des übertragenden Rechtsträgers (hier: der s.r.l.) enthaltenen Wert zu übernehmen (sog. Wertverknüpfung; vgl. Pung in: Dötsch/Patt/Pung/Möhlenbrock, UmwStG, § 4, Rz. 11; vgl. Volb, Der Umwandlungssteuererlass, S. 25 f.).

Gemäß § 4 Abs. 2 UmwStG tritt der übernehmende Rechtsträger in die steuerliche Rechtsstellung des übertragenden Rechtsträgers, insbesondere hinsichtlich der Bewertung der WG, der Absetzung für Abnutzungen und der den steuerlichen Gewinn mindernden Rücklagen ein (vgl. Pung in: Dötsch/Patt/Pung/Möhlenbrock, UmwStG, § 4, Rz. 18; vgl. Volb, Der Umwandlungssteuererlass, S. 26 f.).

Des Weiteren ist auf Ebene der s.a.s ein Übernahmeergebnis zu ermitteln, dessen Höhe sich nach Vorschriften des § 4 Abs. 4 bis 7 UmwStG bestimmen lässt. Diesbezüglich sind im vorliegenden Fall insbesondere die Vorschriften des § 4 Abs. 4 S. 2 und Abs. 5 UmwStG zu beachten.

So bestimmt § 4 Abs. 4 S. 2 UmwStG, dass das Auslandsvermögen bei der Ermittlung des Übernahmegewinns unabhängig von dem tatsächlich gewählten Wertansatzwahlrecht in der Schlussbilanz mit gemeinen Werten anzusetzen ist, soweit an diesem kein

Recht der BRD zur Besteuerung des Veräußerungsgewinns bestand. Ohne diese Regelung ginge das im Zeitpunkt der Anteilsveräußerung bestehende deutsche Besteuerungsrecht der in den Anteilen steckenden stillen Reserven endgültig verloren.

Im hier zu beurteilenden Sachverhalt besteht für Deutschland kein Besteuerungsrecht hinsichtlich des Veräußerungsgewinns der übergangenen WG der s.r.l., da diese aufgrund ihrer Rechtsform eine in Italien unbeschränkt steuerpflichtige Person ist und somit die von ihr erwirtschafteten Gewinne nur in Italien besteuert werden können. Das DBA Deutschland Italien (im Folgenden: DBA-Italien) kommt hier mangels eines Inlandsbezugs nicht zur Anwendung, so dass die Vorschrift des § 4 Abs. 4 S. 2 UmwStG zur Anwendung kommt und die übergehenden WG bei der Berechnung des Übernahmeergebnisses für deutsche Zwecke mit gemeinen Werten angesetzt werden müssen.

Zu einem anderen Ergebnis gelangt man nur, sofern Wirtschaftsgüter einer deutschen Betriebsstätte der s.r.l. zugeordnet werden können. Insoweit die s.r.l. über Betriebsstättenvermögen in Deutschland verfügt, hat die BRD das Recht zur Besteuerung des Gewinns aus der Veräußerung dieser WG (siehe Art. 7 Abs. 1 DBA-Italien). Folglich finden insoweit die Regelungen des § 4 Abs. 4 S. 2 UmwStG keine Anwendung. Dies hat zur Folge, dass für die der deutschen Betriebsstätte der s.r.l. zugeordneten Wirtschaftsgüter das nach § 3 Abs. 2 UmwStG bestehende Wertansatzwahlrecht auch für die Ermittlung des Übernahmeergebnisses wirksam ausgeübt werden kann. Somit können auf Ebene einer Betriebsstätte der s.r.l. bei entsprechendem Antrag die Buchwerte fortgeführt werden.

Die Ermittlung des jeweiligen Übernahmeergebnisses vollzieht sich in zwei Stufen. Zunächst ergibt sich ein Übernahmegewinn/-verlust in Höhe des Unterschiedsbetrages zwischen dem Wert, mit dem die übergegangenen WG zu übernehmen sind (vorbehaltlich § 4 Abs. 4 S. 2 UmwStG) abzüglich der Kosten für den Vermögensübergang und dem Wert der Anteile an der übertragenden Kapitalgesellschaft. In einem letzen Schritt weist § 4 Abs. 5 UmwStG darauf hin, dass der nach vorstehenden Grundsätzen ermittelte Übernahmegewinn um die Bezüge, die nach § 7 UmwStG zu Einkünften aus Kapitalvermögen i.S.v. § 20 Abs. 1 Nr. 1 EStG gehören, zu vermindern bzw. zu erhöhen (im Falle, dass diese Bezüge negativ sind) sind. Diese Maßnahme dient der Vermeidung der Doppelbesteuerung der offenen Rücklagen.

3. Anteilseigner der übertragenden Gesellschaft

- Offene Rücklagen gem. § 7 UmwStG (als Gesellschafter der übertragenden Gesellschaft),
- Übernahmeergebnis der 2. Stufe gem. § 4 Abs. 4 und 5 UmwStG (als Gesellschafter der übernehmenden Gesellschaft).

Im vorliegenden Sachverhalt muss der Gesellschafter die nach deutschen Steuervorschriften nach § 7 UmwStG zu bestimmenden offenen Rücklagen der s.r.l. als Einkünfte aus Kapitalvermögen i.S.d. § 20 Abs. 1 Nr. 1 EStG versteuern.

Die Höhe der offenen Rücklagen ergibt sich aus dem anteiligen in der Steuerbilanz ausgewiesenen Eigenkapital abzüglich des Bestandes des steuerlichen Einlagekontos i.S.d. § 27 KStG. Zu beachten ist, dass die Anwendung des § 7 Satz 1 UmwStG grundsätzlich die Kenntnis der Höhe des steuerlichen Einlagekontos i.S.d. § 27 KStG (sog. neutrales Vermögen) voraussetzt. Da für Auslandsgesellschaften kein steuerliches Einlagenkonto festgestellt werden kann, tritt gem. § 29 Abs. 6 KStG an die Stelle des Einlagekontos der Bestand der nicht in das Nennkapital geleisteten Einlagen zum Zeitpunkt der Verschmelzung. Dieser kann nach h.M. grundsätzlich auch im Schätzungswege unter entsprechender Anwendung der § 29 Abs. 6 und § 27 Abs. 8 KStG erfolgen. Zwar besteht mangels einer „echten Leistung" (d.h. einer echten Rücklagengewährung) keine Antragspflicht. Sofern demnach in der Schlussbilanz die gemeinen Werte angesetzt werden, erhöhen sich hierdurch auch die zu versteuernden offenen Rücklagen. Auf Ebene des Gesellschafter, soweit er eine natürliche Person ist, unterliegen die offenen Rücklagen grundsätzlich einer Besteuerung mit dem Teileinkünfteverfahren gem. § 3 Nr. 40 EStG.

Die Höhe der nach § 7 UmwStG zu ermittelten offenen Rücklagen haben aufgrund der Ermittlungsmethodik des § 4 Abs. 5 UmwStG Einfluss auf das Übernahmeergebnis auf Ebene der übernehmenden Gesellschaft (siehe Kapitel IV.1). So wird der Übernahmegewinn in einer zweiten Stufe um die Bezüge, die nach § 7 UmwStG zu Einkünften aus Kapitalvermögen i.S.v. § 20 Abs. 1 Nr. 1 EStG gehören, vermindert bzw. ein Übernahmeverlust erhöht. Demnach kann über den in der Schlussbilanz der übertragenden Gesellschaft gewählten Wertansatz die Höhe der offenen Rücklagen und somit letztendlich auch die Höhe des Übernahmeergebnisses bestimmt werden.

Die Besteuerung eines aus der Verschmelzung entstehenden Übernahmegewinns erfolgt auf Ebene des deutschen Gesellschafters wiederum im Rahmen des Teileinkünfteverfahrens gem. § 3 Nr. 40 EStG, so dass im Ergebnis nur 60 % der Einkünfte besteuert werden. Ein Übernahmeverlust kann demnach auch nur in Höhe von 60 %, höchstens jedoch bis zur Höhe von 60 % der offenen Rücklagen berücksichtigt werden (§ 4 Abs. 6 S. 4 UmwStG, vgl. Pung in: Dötsch/Patt/Pung/Möhlenbrock, UmwStG, § 4, Rz. 138).

Ergebnis:

Nach nationalem Steuerrecht ergeben sich vorliegend für den Gesellschafter für deutsche Besteuerungszwecke folgende steuerliche Konsequenzen:

▶ Gemäß § 7 UmwStG hat der deutsche Gesellschafter durch die Verschmelzung in Italien die offenen Rücklagen der s.r.l. einer Besteuerung im Rahmen des Teileinkünfteverfahrens zu unterwerfen. Hierbei hat der Wertansatz in der steuerlichen Schlussbilanz Auswirkung auf die Höhe der offenen Rücklagen und somit letztlich auch auf die Höhe des Übernahmeergebnisses.

▶ Daneben hat der deutsche Gesellschafter ein Übernahmeergebnis gem. § 4 Abs. 4 und 5 UmwStG zu ermitteln. Zu beachten ist hierbei die Vorschrift des § 4 Abs. 4 S. 2 UmwStG, nach der für die Ermittlung des Übernahmeergebnisses unabhängig vom tatsächlichen Wertansatz in der Schlussbilanz für neutrales Auslandsvermögen zwingend der gemeine Wert angesetzt werden muss.

V. Auswirkungen des DBA Deutschland-Italien auf das deutsche Besteuerungsrecht

1. Anwendbarkeit des DBA Deutschland-Italien aus deutscher Sicht

Persönlicher Anwendungsbereich:

Das DBA-Italien gilt für die Personen, die in Deutschland oder Italien oder in beiden Staaten ansässig sind (Art. 1 DBA-Italien). Der Gesellschafter der italienischen s.r.l. ist eine in Deutschland ansässige Person, so dass die persönliche Voraussetzung des DBA-Italien erfüllt ist.

Sachlicher Anwendungsbereich:

Das DBA-Italien ist sachlich anwendbar, wenn es sich um die Besteuerung vom Einkommen bzw. vom Vermögen der in Art. 1 DBA-Italien dargestellten Person aus einem der Vertragsstaaten handelt. Folglich ist diese Voraussetzung auch erfüllt, da der deutsche Gesellschafter Einkünfte aus der s.r.l., deren Verschmelzung sowie der s.a.s. erzielt.

2. Einschränkung des Besteuerungsrechts des Übernahmeergebnisses

Abkommensrechtlich ist auf einen Übernahmegewinn, welcher bei Verschmelzung einer Kapital- auf eine Personengesellschaft entsteht, Art. 13 DBA-Italien anzuwenden. Art. 7 DBA-Italien würde insoweit zurücktreten. Für die abkommensrechtliche Einordnung ist hingegen entscheidend, wem die Anteile an der s.r.l. tatsächlich wirtschaftlich zuzurechnen sind.

a) Anteile an der s.r.l. können keiner Betriebsstätte in Italien zugeordnet werden

Gewinne aus der Veräußerung von beweglichem Vermögen, das nicht zum Betriebsvermögen einer im jeweils anderen Vertragsstaat belegenen Betriebsstätte des Veräußerers gehört, können dagegen nur im Ansässigkeitsstaat, mithin in Deutschland besteuert werden (Art. 13 Abs. 4 DBA-Italien). Soweit demnach die Anteile an der s.r.l. keiner Betriebsstätte in Italien wirtschaftlich zugeordnet werden können, darf auch abkommensrechtlich gem. Art. 13 Abs. 4 DBA Italien Deutschland das Übernahmeergebnis besteuern.

b) Anteile an der s.r.l. können einer Betriebsstätte in Italien zugeordnet werden bzw. stellen Sonderbetriebsvermögen der s.a.s. dar

Art. 13 Abs. 2 Satz 1 DBA-Italien bestimmt, dass Gewinne aus der Veräußerung beweglichen Vermögens vom Betriebsstättenstaat besteuert werden dürfen, wenn das veräußerte Vermögen zum Betriebsvermögen einer dort belegenen Betriebsstätte zählt.

Auf einen Übernahmegewinn, welcher bei Verschmelzung einer Kapital auf eine Personengesellschaft entsteht, ist laut BMF (vgl. UmwSt-Erlass vom 11.11.2011, Tz. 4.23) Art. 13 Abs. 5 OECD-MA anzuwenden, vorliegend somit grundsätzlich Art. 13 Abs. 4 DBA-Italien. Die genannte Norm ist jedoch regelmäßig subsidiär anzuwenden, d.h. soweit die Beteiligung an der Kapitalgesellschaft vor der Umwandlung zum Betriebsvermögen einer Betriebsstätte gehörte, geht Art. 13 Abs. 2 des DBA vor (Reimer, in: Vogel/Lehner, Art. 13, Rn. 84). Die Zuordnung betreffend ist auf die tatsächliche wirtschaftliche Zugehörigkeit der Anteile abzustellen. Im vorliegenden Sachverhalt ist der in Deutschland ansässige Gesellschafter auch Mitunternehmer einer italienischen Personengesellschaft. Diese Personengesellschaft wird abkommensrechtlich als Betriebsstätte eingestuft.

Ob das veräußerte Vermögen (hier die Anteile an der s.r.l.) dem Betriebsvermögen der Betriebsstätte der s.a.s. zuzuordnen ist und somit als maßgebende Verteilungsnorm Art 13 Abs. 2 DBA-Italien und nicht Art. 13 Abs. 4 DBA-Italien zur Anwendung kommt, muss nach sachlichen Kriterien entschieden werden, auf die rechtliche Zuordnung kommt es hingegen zunächst nicht an. Die Zuordnung der Anteile an der s.r.l. zum Betriebsstättenvermögen der s.a.s ist dann vorzunehmen, wenn diese nach wirtschaftlichen Gesichtspunkten tatsächlich zugerechnet werden können. Eine solche Zuordnung zum Betriebsvermögen der s.a.s. könnte bspw. aufgrund der wirtschaftlichen Verflechtung der Geschäftstätigkeiten der s.r.l. und der s.a.s. angenommen werden (siehe hierzu Fall 23).

Eine Zuordnung der Anteile an der s.r.l. zum Betriebsvermögen der s.a.s. könnte sich vorliegend auch aus dem BFH Urteil vom 13.02.2008 ableiten lassen. Danach sind Anteile an einer Kapitalgesellschaft grundsätzlich notwendiges Sonderbetriebsvermögen einer Personengesellschaft, wenn diese in erster Linie aus geschäftlichem Interesse der Personengesellschaft gehalten werden. Hiervon ist auszugehen, wenn die Beteiligung geeignet und dazu bestimmt ist, die Beteiligung des Gesellschafters an der Personengesellschaft zu stärken, wobei es auf die Zuordnungsentscheidung des Gesellschafters nicht ankommt. Sofern man diese Grundsätze auf den vorliegenden Sachverhalt spiegelbildlich anwendet, würden die Anteile der s.r.l. für deutsche Steuerzwecke notwendiges Sonderbetriebsvermögen der s.a.s. darstellen und somit eine Betriebsstätte i.S.d. Art. 13 Abs. 2 DBA Italien begründen.

Sofern demnach die Anteile an der s.r.l. der s.a.s. wirtschaftlich zugeordnet werden können oder als Sonderbetriebsvermögen der s.a.s. zu qualifizieren sind, ist das nach deutschen Grundsätzen ermittelte Übernahmeergebnis nach Art. 24 Abs. 3 Buchst. a Satz 1 DBA-Italien von der Bemessungsgrundlage der deutschen Steuer auszunehmen. Wie in der Vorbemerkung dargestellt, löst die Verschmelzung jedoch in Italien keine Besteuerung aus. In diesem Zusammenhang ist daher die in Abschnitt 16 des Protokolls zum DBA Italien enthaltene Rückfallklausel (subject-to-tax-Klausel) und die hierzu ergangene Entscheidung des BFH vom 17.10.2007 (I R 96/06) zu beachten. Die der Entscheidung vom 17.10.2007 zugrunde liegende formwechselnde Umwandlung einer italienischen Personengesellschaft (s.a.s.) in eine Kapitalgesellschaft (s.r.l.) war nach italienischem Steuerrecht ebenfalls unter Fortführung der Buchwerte ohne eine Gewinnrealisierung durchgeführt worden. Nach Ansicht des erkennenden Senats war damit eine effektive Besteuerung unterlieben. Dies habe wiederum zur Folge, dass es bei dem Besteuerungsrecht Deutschlands für den Veräußerungsgewinn, dessen Ermittlung und Besteuerung sich – unbeschadet der Handhabung des betreffenden Vorgangs im italienischen Steuerrecht und der grundsätzlichen abkommensrechtlichen Besteuerungszuordnung – aus Abkommenssicht grundsätzlich allein nach deutschem Steuerrecht richtet, verbleibt.

Maßnahmen zur Missbrauchsbekämpfung nach DBA-Italien Rückfallklausel (subject-to-tax-Klausel)

Abschn. 16 (d) des Protokolls zum DBA-Italien definiert Einkünfte einer in einem Vertragsstaat ansässigen Person aus dem anderen Vertragsstaat stammend, wenn diese im anderen Vertragsstaat effektiv besteuert worden sind. Basierend auf dieser Definition wird Deutschland in dem vorliegenden Sachverhalt ein Besteuerungsrecht ableiten wollen, da der Veräußerungsgewinn bei Zuordnung der Anteile zum Betriebsvermögen der s.a.s. in Italien gerade nicht besteuert wird.

Obwohl in Abschn. 16 (d) des Protokolls zum DBA-Italien nicht ausdrücklich definiert, stellt sie eine Rückfallklausel dar. Diese Auffassung wird sowohl durch BFH Rechtsprechung als auch die Finanzverwaltung vertreten. Das Urteil des BFH vom 17.10.2007 (I R 96/06, IStR 2008. S. 262 ff.) führte in Abkehr von der bisherigen Rechtsprechung (insb. BFH v.17.12.2003 – I R 14/02, BStBl. II 2004, S. 260) dazu, dass die Rückfallklausel dann Anwendung findet, wenn im anderen Vertragsstaat (hier: Italien) die betreffenden Einkünfte nicht effektiv besteuert werden. Das Tatbestandsmerkmal „stammend" in Abschn. 16 (d) bestimme entgegen dem Wortlaut nicht lediglich die Herkunft der Einkünfte. Vielmehr fehlt es nach Abschn. 16 (d) an einer für die Freistellung nach Art. 24 Abs. 3 a DBA erforderlichen Herkunft der Einkünfte aus Italien, wenn die Einkünfte in Italien nicht effektiv besteuert würden. Denn: Einkünfte, die dort nicht besteuert werden, „stammen" auch nicht aus Italien iSd Abschn. 16 (d). Diese Rechtsprechung hat zur

Folge, dass das Besteuerungsrecht dann an Deutschland zurückfällt, wenn die Voraussetzungen des Art. 24 Abs. 3 Buchst. a DBA-Italien für die Freistellung in Deutschland nicht erfüllt sind (Krabbe in: Debatin/Wassermeyer, Art. 24 DBA-Italien, Rz. 48). Da nur die Einkünfte aus Italien nach Art. 24 Abs. 3 Buchst. a DBA-Italien freigestellt sind, fehlt es an einer solchen Herkunft der Einkünfte aus Italien. Die Einkünfte sind von der deutschen Besteuerung folglich nicht von Art. 24 Abs. 3 DBA-Italien umfasst. Basierend auf der in Abschn. 16 (d) vorgenommenen Definition wird Deutschland in dem vorliegenden Sachverhalt ein Besteuerungsrecht ableiten wollen, da der Veräußerungsgewinn bei Zuordnung der Anteile zum Betriebsvermögen der s.a.s. in Italien gerade nicht besteuert wird. Dennoch ist insbesondere zweifelhaft, ob die in dem BFH Urteil vom 17.10.2007 dargestellten Rechtsfolgen auf den hier vorliegenden Sachverhalt der Verschmelzung einer Kapital- auf eine Personengesellschaft übertragen werden können. Zum Einen ist das Urteil zu dem UmwStG 1995 ergangen und berücksichtigt daher noch nicht die durch Einführung des SEStEG erfolgte Europäisierung des UmwStG. Vor der Änderung des Umwandlungs- und Umwandlungssteuerrechts im Zuge des SEStEG war den Vertragsstaaten vornehmlich an der Vermeidung „weißer Einkünfte" gelegen, weshalb die Aufnahme einer Rückfallklausel in ein DBA gefordert wurde (vgl. Schmidt/Weggenmann in: Strunk/Kaminski/Köhler, Art. 23 A/B OECD-MA, Rz. 165). Dass der BFH zur nach Einführung des SEStEG eingeführten Rechtslage wohl heute anders entschieden hätte, wird insbesondere anhand der abkommensrechtlichen Entwicklung deutlich, nach welcher viele der neueren DBA keine Rückfall-Klausel mehr enthalten, von einer Aufnahme solcher Klauseln vielmehr abgeraten wird. Die dargestellte Abkommenspolitik kann wohl mittlerweile als aufgegeben betrachtet werden (vgl. Schmidt/Weggenmann in: Strunk/Kaminski/Köhler, Art. 23 A/B OECD-MA, Rz. 165). Zudem könnte argumentiert werden, dass die Regelungen des UmwStG i.d.F. SEStEG nunmehr als lex specialis zur allgemeinen Rückfallklausel zu sehen sind und insoweit die frühere Mißbrauchsnorm abgelöst haben, lex posterior derogat lege priori. Zum Anderen begründet die Rückfallklausel im DBA kein Besteuerungsrecht, sondern gesteht Deutschland lediglich ein Besteuerungsrecht zu. Wird dieses Besteuerungsrecht nicht durch eine nationale Norm ausgefüllt, bleibt die Rückfallklausel letztlich wirkungslos. Es könnte in Frage gestellt werden, ob § 4 Abs. 7 UmwStG dieses Besteuerungsrecht auszufüllen vermag, weil gleichzeitig § 5 Abs. 2 UmwStG die fiktive Einlage der Anteile in die Personengesellschaft verlangt und somit die Besteuerungsfolgen allein auf Ebene der Personengesellschaft (hier s.a.s.) abbildet. Diese Fiktion schlägt auf das DBA allerdings nicht durch, da es für abkommensrechtliche Zwecke allein auf die wirtschaftliche Zuordnung der Anteile ankommt. Insoweit muss davon ausgegangen werden, dass das in Abschn. 16 (d) Protokoll DBA-Italien zugewiesene Besteueuerungsrecht auch ausgefüllt wird. Somit bleibt schließlich darauf hinzuweisen, dass zahlreiche

DBA keine Rückfallklausel (mehr) enthalten, so dass die Frage gestellt werden kann, ob Deutschland auch ohne DBA-Rückfallklausel von der Freistellung absehen könnte:

Nationale Missbrauchsvorschriften des § 50d Abs. 9 EStG

§ 50d Abs. 9 Satz 1 Nr. 1 EStG würde insbesondere Einkünfte erfassen, bei dem der andere Staat Abkommensregeln durch Qualifikationskonflikte anders auslegt als der deutsche Staat und daher gänzlich auf die Besteuerung verzichtet. Die Anwendung der Vorschrift des § 50d Abs. 9 Satz 1 Nr. 1 EStG setzt voraus, dass die Nichtbesteuerung des Quellenstaats auf der Abkommensanwendung und nicht etwa auf innerstaatlichem Recht des Quellenstaats beruht. § 50d Abs. 9 Satz 1 Nr. 2 EStG knüpft zwar an die Regelungen des innerstaatlichen Rechts an; wenn diese wie vorliegend die Verschmelzung generell, also nicht nur für aus Quellenstaatssicht beschränkt Steuerpflichtige steuerneutral zum Buchwert zulässt, ist auch § 50d Abs. 9 Satz 1 Nr. 2 EStG nicht anwendbar.

3. Abkommensrechtliche Behandlung der Besteuerung offener Rücklagen

Die offenen Rücklagen der s.r.l. werden gem. § 7 UmwStG als fiktive Gewinnausschüttung qualifiziert und führen nach nationalem Recht zu Einkünfte aus Kapitalvermögen gem. § 20 EStG (gem. UmwSt-Erlass vom 11.11.2011, Tz. 07.05). Abkommensrechtlich werden diese ebenfalls als Dividenden behandelt, so dass Art. 10 DBA Italien anzuwenden ist. Demzufolge darf Deutschland als Ansässigkeitsstaat nach Art 10 Abs. 1 DBA-Italien die Dividenden besteuern.

Nach Art. 10 Abs. 2 DBA-Italien ist Italien zur Erhebung einer Quellensteuer berechtigt, die bei der Besteuerung in Deutschland angerechnet werden soll. Erfolgt die Verschmelzung in Italien allerdings zu Buchwerten, wird eine solche Dividendenbesteuerung in Italien nicht ausgelöst. Sofern demnach die Anteile an der s.r.l. nicht dem Betriebsvermögen der s.a.s. zugeordnet werden können, darf Deutschland die fiktiven Gewinnausschüttungen i.S.d. § 7 UmwStG besteuern.

Eine Einschränkung des deutschen Besteuerungsrechts könnte sich lediglich aus Art. 10 Abs. 7 DBA-Italien ergeben. Danach wird Italien das Besteuerungsrecht zugewiesen, wenn die Beteiligung, für welche die Dividende gezahlt wird, wirtschaftlich der s.a.s. tatsächlich zugeordnet werden kann (siehe bereits oben).

Abgesehen von der vorstehenden Zuordnungsfrage muss für das DBA-Italien wiederum beurteilt werden, ob Deutschland aufgrund der Rückfallklausel in Abschn. 16 Buchst d des Protokolls zum DBA-Italien ein Besteuerungsrecht zugewiesen bekommt. Da in Italien zunächst keine Besteuerung einer fiktiven Dividende vorgenommen wird, wäre der Anwendungsbereich der Rückfallklausel jedenfalls eröffnet, so dass Deutschland für sich ein Besteuerungsrecht ableiten könnte. Bei differenzierter Beurteilung lässt sich jedoch feststellen, dass Italien die thesaurierten Gewinne zwar noch nicht im Zeitpunkt der Verschmelzung besteuert, diese Gewinne allerdings in einen Erinnerungsposten vorträgt, um später im „Ausschüttungsfall" die Besteuerung vornehmen zu können. Aus diesem Grund muss bezweifelt werden, ob in diesem Sinne eine effektive Besteuerung in Italien tatsächlich unterbleibt. Durch die spätere Nachholung der Besteuerung der Dividenden sollte auch § 50d Abs. 9 EStG keine Anwendung finden.

Stichwortverzeichnis

A

Abgeltungssteuer, Schweiz 78
Abwehrgesetzgebung 190
Amtshilfe, Schweiz 78
Amtshilfeverordnung, Schweiz 80
Änderungsprotokoll, DBA Irland 107
Angemessener Risikozuschlag 163
Ansässigkeit 108
Ansässigkeit einer Gesellschaft 194
Anteilseigner 237
Anteilstausch 269
AOA 123, 124
Art. 7 OECD-MA 181
Art. 7 OECD-MA 2010 173
AStG, § 1 158
Athorized OECD Approach 183
Auffassung der OECD, Verrechnung fiktiver Lizenzgebühren 185
Auskunftsersuchen 53
Ausländische Betriebsstätte, Markenlizensierung 173
Ausländische Tochtergesellschaft 158
Auslandseinkünfte 206
Auslandsgeschäfte 72
Auslandsgesellschaft 251
Außenprüfungsanordnung 42

B

Barabfindung 220
Basisgesellschaft 190
Behandlung der Teilwertabschreibung 163
Beneficial ownership 190
Beneficial Ownership 192
Berichtigungsbescheid 49
Beschränkung des deutschen Besteuerungsrechts 179
Beteiligungen an ausländischer Gesellschaft 239
Betriebsprüfung 135, 136
Betriebsprüfung, Verhalten in der 29
Betriebsstättenprinzip 207
Beweisverwertungsverbot 14
BMF 121
BND 4
Branchenklassifizierung 138
Buchwertverknüpfung 255
Bußgeldverfahren 50

C

Cayman Islands 191
Commodity-Geschäft 149

D

Darlehen 114
Darlehensgewährung 162
Datenbankanalyse 136
Datenbankstudie 136
Datenbeschaffung 4
Daten-CDs, Ankauf von 2
Datenerhebung, Möglichkeit und Grenzen der 2
Datenverwendung 9
Dauerverluste 142, 149
DBA Frankreich 173
DBA Großbritannien 196
DBA Irland 107
DBA Italien 283
DBA Kanada 267
DBA Niederlande 248
DBA Niederlande-Rumänien 248

DBA Rumänien 248
DBA Schweiz-Luxemburg 96
DBA, Diskriminierungsklauseln 114
Delikt mit materieller
   Versuchsstruktur 18
Depotübertragung 269
Diskriminierungsklauseln, DBA 114
Dividenden 92, 109, 198
Dokumentation 156
Doppelbesteuerung 260
Downstream-Darlehen 160
Drittanzeige, strafbefreiende
   Wirkung 59

E

EAV 119
Einbringung, erfolgsneutrale 265
Einbringung, Steuerausländer 268
Einbringung, Steuerinländer 263
Einkünftekorrekturen 153
Einnahmen-Überschussrechnung 210
Einstellungsvorschriften, Nutzung der
   gesetzlichen 25
Enkelgesellschaft 232
Entstrickungsbesteuerung 223
Entwicklungen im internationalen
   Steuerrecht 121
Ergebnisabführungsvertrag 119
Erklärungsfrist, Ablauf der steuerlichen
   51
EU Gesellschaft 263
Europäisches Missbrauchsrecht 70
Europarechtswidrigkeit des § 1 AStG
   168
Eventualvorsatz 58
Evokationsrecht 32
Exit 271

F

Fahndungsprüfung 49
Fahrlässigkeit 39
Fahrlässigkeit, grobe 59
Fall 1   2
Fall 2   17
Fall 3   55
Fall 4   55
Fall 5   61
Fall 6   67
Fall 7   88
Fall 8   98
Fall 8a 103
Fall 9   114
Fall 10 136
Fall 11 144
Fall 12 149
Fall 13 154
Fall 14 156
Fall 15 158
Fall 16 173
Fall 17 190
Fall 18 196
Fall 19 205
Fall 20 216
Fall 21 230
Fall 22 238
Fall 23 253
Fall 24 263
Fall 25 268
Fall 26 273
Fiktive Gewinnausschüttung 249
Fiktive Lizenzgebühr 178
Forderungsverzicht 158, 167
Formwechsel 243
Formwechsel im (europäischen)
   Ausland 238
Formwechsel, Polen 253

Fremdübliche Sicherheit 159
Fremdvergleichswerte, Ermittlung von 137
Fristsetzung durch die Betriebsprüfung 154
Fristsetzung zur Steuernachzahlung 58
Funktionsanalyse 150, 184

G

Gesamtrechtsnachfolge 255
Geschäftsleitungsbetriebsstätte 210
Gesellschafterbeschluss 218
Gestaltungsmissbrauch 213
Gewerbesteuerliche Organschaft 115
Gewerbliche Einkünfte 200
Gewinnaufschläge 137
Gewinnausschüttungen 95
Gewinnfeststellungserklärungen, unzutreffende 57
Gewinnrückführung 102, 104
Gewinnrücklagen 255
GKKB 130, 131, 132
Gläubigerschutz 220
Goldhandel 205
Grenzkontrolle 51
Großbritannien 114, 268
Grunderwerbsteuer 224
Grunderwerbsteuer, Freistellung von 99
Grunderwerbsteuer, Spanien 99
Gründung 89
Gruppenbesteuerung 122, 231

H

Haftungsbescheid 51
Handelsregister, Anmeldung 222
Handelsspannen 137

Hinausverschmelzung 230
Hineinverschmelzung, Kapitalgesellschaft 216
Hinzurechnungsbesteuerung 190
Holdinggesellschaften 190
Holdingstandort, Schweiz 78, 88
Holdingstandort, Spanien 98

I

Immaterielles Wirtschaftsgut 177
Immobilien, Spanien 98
Immobilieninvestition in Spanien 103
Implementierung 125, 126
Informationsaustausch 128, 129
Internal dealing 183
Interquartilsbandbreite 141
Investitionen, deutscher Unternehmer 98
Investitionsstruktur, Spanien 98
Investmentvermögen 113
Irland 107
Italien 274
Italienische Tochtergesellschaft 158

J

Jahresendabrechnungen 136, 144
Jahressteuergesetz 2010 19

K

Kantonales Holdingprivileg 91
Kapitalerhöhung 269
Kapitalertragsteuerabzug 271
Kapitalgesellschaft, bestehende 243
Kapitalverkehrsteuer 224
Kommanditisten 205
Kontrollmitteilungen 52
Konzernrückhalt 161

Korrektur der Verrechnungspreise 152

L

Liechtensteinischer Computerexperte 2
Lieferungs- und Leistungsbeziehungen 137
Limitation on benefits 190
Limited Partnership 200
Lizenzverhältniss 184
Luxemburg 96, 205

M

Mandatsentzug 65
Mandatsniederlegung 65
Margenschwäche 149
Markenlizensierung in einer ausländischen Betriebsstätte 173
Mehrwertsteuer 95
Methodenartikel 111
Minimierung der Frachtkosten 149
Missbrauch von Amtsbefugnissen 28
Missbrauchsbekämpfung im Internationalen Steuerrecht 189
Missbrauchsbeschluss, Schweizerischer 94

N

Nacherklärung 33
Nacherklärungspflicht 36
Nettoumsatzrenditen 137
Nichtigkeit 49
Nutzungsüberlassung 175

O

OECD-MA 147
OECD-MK 147

OECD-RL 2010 147
Offene Rücklagen 287
Offshore Activities 111
Organschaft, DBA 114
Organschaft, gewerbesteuerliche 119
Organschaft, körperschaftsteuerliche 119
Organschaft, Spanien 100
Organträger, Ausländischer 118
Österreich 216, 230

P

Passive Auslandseinkünfte 211
Personengesellschaft, entstehende 244
Polen 253
Portugal 263
Preisbezogene Einkünftekorrekturen 167
Privatvermögen 103
Progressionsvorbehalt, negativer 205
public limited company 114

R

Rechtsträgerin, übernehmende 235
Rechtsträgerin, übertragende 233
Rechtstypenvergleich 239, 276
Rechtswidrigkeit der Prüfungsanordnung 49
Remittance Basis Taxation 198
Revision des DBA Schweiz 78
Rückfallklausel 284
Rücklagen 246
Rückwirkungszeitraum 257
Ruhegelder und Renten 111
Rumänien 248, 251

Stichwortverzeichnis

S

s.a.s. 273
s.r.l. 273
Schätzung 156
Schwarzgeldbekämpfungsgesetz 17, 19
SchwGeldBekG 54
Schweiz 78
Seeschiffe oder Luftfahrzeuge 109
Selbstanzeige 12
Selbstanzeige im Unternehmen 55
Selbstanzeige im verschärften Steuerstrafrecht 20
Selbstanzeige, neue 17
Selbstanzeige, Risiken des steuerlichen Beraters 61
Spanien 98
Spanische Akquisitionsgesellschaft 98
Stammhaus 174
Steuerabkommen Deutschland Schweiz, Zusammenarbeit Steuern und Finanzmarkt 81
Steuerbelastungsvergleich 253
Steuergeheimnis 62
Steuerhinterziehung 63, 68
Steuerliche Rückwirkung 228
Steuerstundungsmodell 211
Steuerumgehung 68
Steuervermeidung 68
Strafbefreiende Wirkung, Drittanzeige 59
Strafgelder 156
Strafmilderungsgründe 23
Strafschärfungsgründe 23
Subject to tax Klauseln 196, 199
System der steuerlichen Mitwirkungspflichten 18

Systematische Funktion und Einordnung 17

T

Teilbetrieb 264
Teilwertabschreibungen 158
TNMM 145
Transaktionsteuern 105
Treaty override 190
Trennungsgebot 4

U

Übernahmeergebnis 247
Übernehmende Gesellschaft 279
Übersetzung 157
Übertragende Gesellschaft 278
Umgehung der Rechtshilfe 8
Umgründungssteuergesetz 223
Umkehr der Beweislast, Betriebsprüfung 151
Umsatzabgabe auf Wertpapiergeschäfte 94
Umwandlungen, internationale 215
UmwSt-Erlass 215
UmwStG 226, 256, 274
Unabhängigkeitskriterium 139
Unternehmensgewinne 108
Unternehmensqualifizierung 150
Urkundendelikte 29

V

Veranlagungszeitraum 35, 52
Veräußerung der Wohnimmobilien, mittelbare 106
Veräußerung der Wohnimmobilien, unmittelbare 106
Veräußerung von Vermögen 110

Veräußerungsgewinn 202
Verbundene Unternehmen 109
Verfahrensrecht 154
Vergleichbarkeitsfaktoren 137
Verhältnismäßigkeitsgrundsatz 157
Verjährung, Verlängerung der strafrechtlichen 25
Verkürzte Vorlagefrist 155
Verlängerung der Vorlagefrist 155
Verlustberücksichtigung 122
Vermietung von Wohnimmobilien 105
Vermögensteuer 104
Vermögensverwaltung 208
Verrechnungspreise, in der Betriebsprüfung 135
Verrechnungspreise, in international tätigen Unternehmen 67
Verrechnungspreise, Nachträgliche Anpassung 144
Verrechnungspreiskorrekturen 157
Verrechnungspreismethode, Auswahl der 140
Verrechnungssteuer, Schweizerische 95
Verschmelzung 273
Verschmelzung in Italien 276
Verschmelzungsbescheinigung 221
Verschmelzungsplan, gemeinsamer 221
Verstoß gegen Völkerrecht 8
Vertragsbedingungen 137
Vodafone 190
Vollmacht 56
Vorlagefrist, außergewöhnliche Geschäftsvorfälle 154
Vorlagefrist, gewöhnliche Geschäftsvorfälle 154
Vorsatz 39
Vorsteuerabzug 95

W

Wertpapiergeschäfte 94
Widerruf der Selbstanzeige 62

Z

Zahlungsfristen 61
Zinsbesteuerungsabkommen 97
Zinsen und Lizenzgebühren 110
Zinsen, Limited Partnership 200